모험자본 조성의 원천

재단과 대학기금의 투자운용

박원준, 송경섭, 오세임, 김규진 공역

FOUNDATION AND ENDOWMENT INVESTING :

Philosophies and Strategies of Top Investors and Institutions

(9780470122334/ 0470122331)

by Lawrence E. Kochard and Cathleen M. Rittereiser

추천의 글

한국 금융업계는 새로운 비즈니스 모델을 찾아 야성과 돌파력, 상상력에서 앞서 나가느냐 하는 과제를 맞이하고 있습니다.

자본시장과 금융투자업계가 수행해야 할 역할은 크게 2가지라고 생각합니다. 하나는 개인과 기관투자자의 자산 증식을 위한 자산관리자의 역할이고, 또 하나는 다양한 성장 산업과 벤처기업에 모험자본을 공급하는 것입니다. 자산운용산업의 경우 그간의 양적 성장에 비해 수익률 측면에서 만족스럽지 못한 면이 있었습니다. 해외투자를 확대하고, 새로운 시장을 개척하여 다양한 상품을 소비자에게 제공해야 할 것입니다. 가계금융자산에서 해외투자가 차지하는 비중은 1%에 불과한데, 이는 해외투자의 향후 성장 여력이 더 크다는 것을 의미합니다. 이에 자산의 60% 이상을 해외 상장주식에 투자하는 비과세 해외주식형 펀드가 도입되어 절찬리에 판매되고 있습니다. 사모펀드는 2015년 10월의 규제 완화 이후 사모펀드 시장이 공모펀드 규모를 상회했으며, 전문투자형 사모펀드(한국형 헤지펀드) 운용사의 협회 회원사가 날이 갈수록 늘고 있습니다. 안타깝게도 파생시장은 많은 규제로 위축되어 있고, 모험자본이 미흡한 상황에 있습니다.

하지만, 국내 연기금의 운용자산 규모는 2030년 약 3,500조 원으로 증가가 예상되는 만큼, 앞으로 자산운용시장은 엄청난 성장 잠재력을 가지고 있습니다.

기획재정부는 국민연금의 자산운용 평가에서 국내 타 기금과 동일한 기준을 적용해 왔으나, 2017년도부터는 규모·성격이 유사한 해외 연기금의 사례를 참조하여 별도의 평가 지침을 적용할 것입니다.

이러한 중대한 변화의 시기에, 미국 재단과 대학기금들이 해외투자와 부동산펀드의 선구자였고, 사모투자와 파생상품을 잘 활용하여 모험자본의 원천 역할을 수행하였다는, 모든 측면에서 우리 업계에게 시의 적절한 아이디어를 제시해 주는 번역서 출간은 매우 반가운 일이며, 역자들의 노력을 치하합니다.

2017. 5.

금융투자협회장 황 영 기

서 문

저자는 미국에서 가장 오래된 가톨릭 재단 대학인 조지타운 대학의 투자 부서를 만드는 역할을 맡아 2004년 대학 재단에 부임하면서, 조지타운이 다른 선도 대학기금에서 발전한 투자 부서에서 수행하는 최선의 실무를 벤치마킹하면 도움이 될 것이라고 보았다. 저자는 재단과 대학기금 투자 업계 동료들을 인터뷰하여, 그들의 투자 프로그램이 성공하는 데 기여한 지배구조와 투자 절차를 학습하고자 했다.

또한 저자는 시의 적절하게도, 조지타운 대학의 학부와 대학원에서 '재단과 연금의 투자운용' 과목을 강의하는 기회를 얻었다. 이 과목에서는 재단과 연금의 목적, 포트폴리오 선정, 운용사 선정, 자산 배분, 위험관리 및 대체투자 자산군 투자들을 다루었다. 강의의 교재는 예일 대학 기금의 CIO인 데이비드 스웬슨(David Swenson)이 집필한 Pioneering Portfolio Management(국내 번역서명 '포트폴리오 성공 운용')였다(스웬슨은 개인 투자자를 위한 두 번째 저서도 집필했다). 스웬슨은 가장 성공한 재단 CIO로 유명하며, 그가 1985년 예일 대학에 부임한 이래 연 16.3%의 수익률을 달성해 왔다. 예일 대학 기금은 하버드 경영대학원의 연구사례로 채택되었으며, 업계의 주목을 받았으므로(예로서, 뉴욕타임즈 2007.2.18 기사, For Yale's Money Man, a Higher Calling), 다른 투자자들도 예일의 재단 투자 접근방식을 따르게 되었다.

스웬슨이 수 차례 시장의 순환주기를 거치면서도 성공을 지속했기에, 그가 다년간 주목을 받는 상황은 타당하다. 다른 투자자들도 그의 비밀스런 운용기법을 학습하고자 하였다. 여러 조지타운 동문들도 "우리도 예일처럼 운용해야 한다"고 필자에게 제언해 왔다. 필자의 답변은 "우리는 스웬슨의 성공에 기여한 절차, 철학 및 규율을 채택하도록 노력해야 하지만, 예일의 방식을 단순히 모방해서는 안 된다"는 것이었다. 그러한 '모방' 투자 접근은 결국 실망스런 결과로 이어질 것이다.

저자는 재단과 기금 업계의 동료를 인터뷰한 결과, 다른 CIO들도 스웬슨과 유사한 투자 성공을 달성하고 있음을 깨달았다. 저자는 Jack Schwager가 쓴 '시장의 마법사(국내 번역서 : 새로운 시장의 마법사들, 2015)' 및 Peter Tanous가 쓴 'Investment Gurus : A Road Map to wealth from the World's Best Money Managers(투자 귀재, 1997)' 등 펀드 매니저들을 인터뷰하여 집필한 투자서적들을 탐독하고서, 재단과 기금 CIO에 대한 유사한 책을 찾고자 했다. 그러나 그러한 책이 없었다. 데이비드 스웬슨 및 그보다는 덜하지만 하버드 대학의 Jack Meyer의 두 사람만이 알려져 있었다.

저자는 조지타운의 학생 및 다른 투자자들이 성공한 타 재단과 기금 CIO들의 경험도 학습하기를 원했다. 필자는 기관이든 개인이든 다른 투자자들도 재단과 대학기금 CIO의 접근방식과 철학을 전반적으로 파악하면 유익하다고 확신하였다. 그리고 스웬슨이 칭송받듯이, 다른 CIO들도 그들이 만든 투자 프로그램과 조직에 대해 그 공로를 인정받아야 마땅하다.

저자는 Alternative Asset Managers LP사의 Cathleen Rittereiser를 2002년 7월 헤지펀드 컨퍼런스에서 처음 만났고, 내가 2004년 조지타운에 합류한 후 이메일로 연락을 주고받으며 친분을 나누었다. 우리는 같은 세미나에 참석했고, 이름이 알려지지 않은 재단과 대학기금의 CIO들의 세력이 확대되고 있다고 느꼈다. 이에, 나의 재단투자 관련 저서 집필 비전과 Cathleen의 저술 능력, 투자 마케팅 경험 그리고 두 사람의 업계 네트워크 및 훌륭한 관계가 시너지를 낸다면, 영향력 있는 투자자들의 이야기를 모은 공저를 집필할 최고의 팀이 된다는 합의가 이루어졌다.

저자가 인터뷰한 투자자들은 성공한 CIO들이므로, 독자들이 그들의 경험 · 철학 및 전략을 배운다면, 보다 많이 알고서 사려 깊은 투자 결정을 내리게 될 것이다. 이 책은 장기 자산배분과 투자의 접근 방식에 대해 더 많은 통찰력을 주고, 쉽지 않은 현행 투자 환경하에서 성공하기 위한 자세와 지식을 제시해 줄 것이다.

저자는 다른 재단 CIO에 대한 비공식적인 설문조사를 통해, 조지타운 대학의 투자정책 또는 로드맵의 우수한 실행 체계를 구축할 수 있었다. 이 책의 내용은 소형기관, 패밀리 오피스 및 개인투자자를 포함한 다른 투자자들에게도 길잡이가 되어 줄 것이다. 우리는 먼저 재단과 투자업계의 배경 및 이 집단이 왜 보다 강하고 영향력 있는 투자 세력이 되었는지를 설명할 것이다.

어떤 분야에서든 성공한 사람들은 항상 새로운 아이디어를 다른 혁신자 및 지도자로부터 배우기를 원한다. 기관이든 가문이든 투자자들은 성공적인 투자 절차를 체계적으로 수립하고, 포트폴리오 수익 제고 방식을 개선하고자 한다. Cathleen과 나는 선도 재단과 대학기금 투자자로부터 배우는 영광을 누렸으며, 인터뷰에 참여해 주신 분들에게 감사를 드린다. 공저자들의 목표는 그들의 절차를 파악함으로써 독자들이 그들의 철학을 이해하고 투자에 대한 통찰력을 얻도록 하는 것이다. 우리는 우리의 목표가 달성되었다고 믿는다.

2007. 6.

Lawrence E. Kochard

Cathleen M. Rittereiser

역자 서문

200여년 전 하버드 대학교에 장학금을 기부한 사람들이 '원금은 보존하고 수익금만으로 지급하라'는 조건을 내 걸었기 때문에, 미국의 대학기금은 '만기가 없는' 자본이 되었다. 1969년 이후 선발 기관투자자로 급부상한 대학기금들은 해외주식과 대체투자에 자산 배분을 주도하였으며, 경제를 이끌어 가는 핵심 모험자본으로 발전하였고, 유동성이 낮은 금융상품을 매입하여 초과수익을 얻을 수 있다. 미국의 민간 재단들도 목적사업에 연간 5%의 지출을 해야 하는 세법상 비과세 요건을 충족하면서도 기금의 원금은 보전하고자, 대학기금의 자산 배분 모델을 채택하였다.

비영리기관의 수탁자위원회와 투자위원회는 컨설팅사의 자문을 받아 자산 배분 결정을 내리고, 개별 종목 선정은 외부운용사에 위탁한다. 금융업계에서 성공한 동문들이 모교에 투자위원회 위원으로 참여하고 기부도 하므로, 금융에서 진정한 '산학협동'이 일찍부터 이루어지고 있다. 대학기금, 연기금 및 자산운용 업계 간 인력교류가 활발하여, 대학기금의 CIO들은 경영대학에서 투자론을 강의하고, 그 졸업생을 투자전문인력으로 양성한다.

한편 본서는 조지타운 대학이 선도 대학기금을 벤치마킹하려고 집필되었기에, 중소규모 대학기금의 입장을 많이 반영하고 있다. 중소규모 기금은 전담 CIO를 고용하기 어려우므로, 대학기금 CIO 출신자들이 자산운용사를 창업하여 복수의 대학기금에 용역을 제공하는데, 이것이 Outsourced CIO(OCIO, 외주 CIO) 모델이다(제15장 Morgan Creek 챕터 참조).

본서는 닷컴 버블 붕괴 이후 헤지펀드에 미국의 기금 자금이 몰려든 상황이 뚜렷했던 2007년에 발간되었다. 역자들은 10여년 전의 미국 상황이 헤지펀드 투자가 본격화되는 한국의 현 상황과 유사하다고 보아 소개한다. 캘퍼스의 헤지펀드 진입 과정(제11장)은 현재 국내의 연기금에게 소개할 가치가 높다.

국내에서도 개인종합자산관리계좌(ISA)와 로보어드바이저 도입과 함께 자산 배분에 대한 관심이 높아졌다. 공모펀드의 활성화를 위해서는 해외주식과 실물자산에 대한 배분이 필요한데, 미국의 경험에서 나타나듯이 인적자원이 부족한 국내기관은 OCIO의 활용을 검토할 필요가 있을 것이다.

특히, 역자들은 미국 비영리기관의 투자 결정 과정에서 비금융전문가와 금융전문가가 위원회를 통하여 협업하고, 월스트리트의 높은 연봉과 비영리법인의 낮은 연봉 간에 조화를 이루어 낸 일련의 사례가 이 책에서 가장 소중한 교훈이라고 본다.

2017. 5.

박원준, 송경섭, 오세임, 김규진

목 차

제3부 재단 운용의 투자 핵심 및 장래 요약과 분석

표와 그림 목차

제 1 부

재단과 대학기금이 강력한 기관투자자로 부상

제 1 장

재단과 대학기금의 투자운용 : 약체로부터 강력한 기관투자자로 발전

뛰어난 투자 인재들이 선진 투자기법으로 운영하는 재단과 대학기금들이 강력한 기관투자자로 부상하였다. 재단과 대학기금은 그 운용자산이 연금기금보다 작음에도 불구하고, 기관투자자로서의 영향력은 강화되어 왔다. 그 이유는 다른 투자자 계층보다 일찍부터 장기투자 관점을 가지고 투자 위험을 질 수 있는 더 많은 재량권과 새로운 자산군과 전략을 택할 동기를 갖추고 있었기 때문이다. 재단과 대학기금의 절대 숫자가 늘고 있지는 않지만, 투자 부서에 전담 전문가를 두기로 결정한 재단과 대학기금의 수는 증가하여 왔다. 투자 스태프 또는 신임 CIO를 내부에 영입한 재단과 대학기금의 수는 과거보다 많다.

이러한 상황이 미국에서도 '필연적'이었다고 볼 수는 없다. 1969년까지 다수 대학기금들은 보수적인 포트폴리오를 갖고 있었고, 그 운용 성과는 다른 투자자들에 뒤처져 있었다. 만일 포드 재단의 맥조지 번디(McGeorge Bundy)가 없었더라면, 재단과 대학기금들은 현재에도 약체의 기관투자자로 머물렀을 수도 있었다.

이 책의 제1장에서는 하버드 대학기금이 최초로 기부금을 받던 시점에서부터 포드 재단의 맥조지 번디의 보고서로 중대한 혁신이 이루어진 시점까지, 재단 및 대학기금 투자운용의 발전과정의 진화, 투자 성과를 좌우하였던 글로벌 경제 및 시장 상황, 그리고 재단과 대학기금의 CIO의 부상을 시간 순으로 다룬다. 이들 기관들이 강력해진 과정 및 이를 달성한 유능한 CIO들의 프로필을 따라가야 할 논리도 간략히 제시한다.

1. 대학기금(Endowment) 운용의 기원

대학기금의 기원은 잉글랜드에서 교회와 학교가 존속을 유지하도록 기부자들이 기부를 하던 15세기로 거슬러 올라간다. 기부자들은 기부금의 사용처를 교수 지원금이나 장학금 등 특정 목적으로 제한하는 경우가 많았다. 일반적으로 이러한 기부금에는, 기금이 수익금은 사용할 수 있지만, 원금(당초 기부액)은 보존해야 한다는 제한조건이 붙어 있었다. 대학기금이 원래 수입원이 없는 교육기관에게 지속적인 수입원이 되어 주고자 결성되었기 때문이었다.

재단이나 교육기관이 운용하는 핵심 자산군을 endowment라고 칭하는데, 이 용어가 투자업계에서는 교육기관이 하는 투자를 표현하는 약어로 사용된다. 본서에서는 endowment라는 용어를 '교육기관 또는 특정 기관의 자산'을 표현하는 의미로 사용한다(한글 번역판에서는 '대학기금'이라고 표현한다). 이 용어는 제1장에서 및 본서에서 때로는 '비영리조직의 자산'이라는 의미로도 사용된다.

하버드 대학은 1642년 입학하여 그 학교의 최초 교수가 되었던 John Bulkeley와 George Downing 및 1646년 학번인 Samuel Winthrop과 John Alcock가 대학에 기부하였던 여러 부동산으로 대학기금을 설치하였다. 과거에는 목장이었던 사과 과수원은 Fellow's Orchard라고 불렀다. 이 토지에는 현재 하버드 캠퍼스의 Widener 도서관 일부가 위치한다. 1669년에 목재상들이 하버드에 7년간 매년 60파운드를 기부하기로 약정하였고, 그 약정은 현물 목재로 이행되었다. 하버드는 이 목재를 매각했다. 현재 하버드 대학기금은 약 11,000가지로 구별되는 기금들로 구성되며, 그

대부분은 지속성을 위하여 장학금, 건물 유지, 교수, 연구와 학생활동 등 특정 프로그램으로 그 사용제한이 정해져 있다.

1890년 노스캐롤라이나의 감리교 산하 기관인 Trinity 대학이 새로운 부지로 Raleigh와 Durham의 두 군데 중에 Raleigh시를 선정하였다. 그러나 Durham시 측 사회 지도층들이 막후에서 은밀한 공작을 통해 듀크 워싱턴으로 하여금 Durham시에 학교를 세우도록 8만5천 달러를 기부한다고 약정하게 만들었다. 트리니티 대학 학장 John F. Cromwell은 Durham시 서부 외곽의 땅을 현물로 기부받았다. 듀크 워싱턴이 3월 20일 수탁자위원회에 공식 제안을 했을 때, 시민들이 학교에 9,361달러의 기금을 추가로 조성해 주었다. 트리니티 대학은 현재의 Duke 대학으로 Durham에 소재한다.

하버드와 듀크는 현대 대학기금의 기원의 좋은 사례로서, 대학기금 재산이 어떻게 취득, 관리 및 운용될 것인지를 추측하게 해준다. 하버드가 기부받았던 목장은 대학기금을 특별하게 한 몇 가지 요소, 즉 유력 동문의 거액 기부와 영향력 행사, 현물 기부품의 취급 및 실명 기부/맷칭 기부 방식들을 보여 준다. 트리니티 대학의 수탁자들은 거액의 현금 기부가 예정됨에 따라 당초의 설립지를 변경하였다. 이에 대해 수탁자들은 신중한 관리자(prudent man) 규칙을 준수하였고, 그 수탁자 책임을 준수하였다고 인정받았다. 부유하고 영향력 있는 동문들은 전통적으로 재산을 학교에 기부하고 나서는 그 자산 운용 역할을 수행하겠다고 나섰고, 위원회를 구성하여 그 역할을 담당시켰다. 이들은 개인적으로 자산의 운용에 별다른 능력을 갖추지 못했음에도 불구하고, 하버드가 목재상으로부터 목재를 기부받은 300년 후인 1969년까지도 운용에 관여해 왔다.

힘 있고 부유한 졸업생들이나 재단의 후원자들이 여전히 재단 및 대학기금 조직과 그 투자활동에 막대한 영향력을 행사하고 있었지만, 1969년부터는 보다 구조화되고 현대적이며 직업적인 형태의 투자운용이 자리를 잡기 시작했다. 포드 재단이 후원한 중대한 영향력을 가진 2개의 연구보고서에서는 대학기금이 과도한 운용

제약으로 인해 그 자산 보전에 지장을 받는다는 증거를 제시했고, 마코비츠의 현대 포트폴리오 이론이라는 학술연구가 그 이론적인 배경이 되었다. 수탁자 법규와 투자정책이 변화하자 대학기금 운용도 변화하였고, 강력한 투자자로서 부상할 기반이 형성되었다.

하버드 동문인 John Bulkeley와 George Downing들은 알지 못하였지만, 그들이 기부한 농장이 Widener도서관뿐 아니라, 유명하고 전문적인 재능을 가진 성공한 CIO들이 주도하는 강력하고 영향력 있는 기관투자자 그룹을 만드는 기반이 되었다.

2. 변화의 촉매제

1960년대 말 포드 재단(학교재단에 대한 선도적인 기부자였음)의 맥조지 번디 이사장은 고등교육비의 상승을 우려하게 되었다. 그는 대학기금의 자산이 더 잘 생산적으로 운용될 수 있을지 여부 및 가능하다면 이 문제를 개선시키는 데 자신이 기여할 수 있을지 여부를 조사하기 시작하였다.

당시의 기금 재산은 개인신탁법을 적용받는 부유한 수탁자들에 의해 운용되고 있었다. 투자금은 투자법인 내에 혼장하여(commingled) 보관될 수 없었고, 수탁자들이 투자 결정을 타인에게 위임하는 행위는 금지되었으며, 대학기금은 배당과 이자수입액만으로 지출하도록 규정하고 있었다. 기금은 현행 수익률을 내고, 시간이 흘러도 원금을 보전하도록 운용되었기 때문에, 주식보다는 채권 및 다른 고정수익자산에 투자하였다. 유가증권의 가격을 취득원가로 계상하고 매도 시에만 가치를 조정하는 원가회계로 인해, 장기적으로 채권이 실제 가치는 하락하고 주식의 장기수익이 일반적으로 더 낫다는 사실이 묻혀졌다.

1830년 하버드 대학 대 Amory 사이의 저명한 판례에서 '신중한 관리자' 원칙이 최초로 만들어졌으나, 이 원칙을 좁게 해석함으로써 투자접근방식 또한 제한되었다. 이 판례에서, 고(故) John McLean은 유산을 수탁자가 운용하여 미망인에게 정기적으로 지급을 하다가, 미망인 사후에는 하버드와 매사추세츠 병원에 기부하라고 유언하였다. 수탁자인 Amory는 유언에 따라서 당해 재산을 주식에 투자하였다. 두 수혜기관들은 기부금의 원금 손실을 우려하여, '주식은 너무 위험하다'면서 소송을 제기하였다. J. Putnam 판사는 하버드와 매사추세츠 병원 측 패소 및 Amory 측 승소를 판결하면서, 다음과 같이 판결문을 썼다[1] ;

"수탁자는 투자를 하는 데에서 스스로 신의성실하게 행동하고 건전한 재량을 행사하도록 요구된다. 그는 신중함, 재량권과 지성을 갖춘 사람이, 투기가 아닌 소득 가능성 및 투자자본 안전성 고려하에 자금의 영속적 사용과 관련하여, 자기 자신의 재산을 관리하였을 경우와 동일한 방식을 준수하여야 한다."

이에 따라서 '신중한 관리자 규칙'이 신탁 및 유사 자산의 운용에서 표준이 되었다.

그러나, 이 규칙은 시간이 지나면서 더 좁게 해석되었는데, 이는 주로 하버드 법대 Austin Wakeman Scott 교수의 "신탁의 재선언(Restatement of Trusts : 1935)" 및 "Scott의 신탁(Scott on Trust : 1939)"이라는 저서의 영향력 때문이었다. 그가 규칙을 재선언한 방식에 대해, 현대의 학자들 및 법학자들은 "규정에 융통성이 없고, 수탁자들로 하여금 투자를 포트폴리오의 일부가 아니라 개별투자 건별로 평가하도록 했다[2]"라고 평가한다.

---

1) "All that can be required of a trustee to invest is, that he shall conduct himself faithfully and exercise a sound discretion. He is to observe how men of prudence, discretion and intelligence manage their own affairs, not in regard to speculation, but in regard to the permanent disposition of their funds, considering the probable income, as well as the probable safety of the capital to be invested."

2) Dale, Harvey P. 2006, "Prudence Perverted : Politics, Perceptions, and Pressures"

포드 재단의 번디 이사장이 이러한 상황에 개입하기 이전에도, 이들 자산 관련 투자 접근방식에 변경이 필요하다는 신호는 나타나고 있었다. 1952년 해리 마코비츠의 논문 "포트폴리오 선택"이 투자에 대한 새로운 사고를 도출하여 현대 포트폴리오 이론이 태동하였고, 마코비츠 본인은 노벨 경제학상을 받았다. 그보다는 약하지만 그래도 중요한 변화로, College Retirement Equities Fund(CREF)[3]가 1952년에 총수익률(total return)과 시가회계(market value accounting) 개념을 업계에 도입하였다. 1966년에는 Peter Dietz의 '연금 : 투자 성과 측정(Pension Funds : Measuring Investment Performance, 컬럼비아 경영대학원)'이라는 책이 총수익률 측정과 시가회계 적용을 주장하였다. 대학기금 수탁자위원회의 위원 다수가 기업 최고경영자들로서 이러한 개념에 익숙하였으므로, 수탁자들은 기금운용에 시가회계 적용을 고려하기 시작하였다. 예일대 재무임원인 John Ecklund[4]의 연구를 포함한, 설득력 있는 투자서적 및 학술연구들이 성장기업 주식에 투자를 주장하였고, 사고의 전환을 가져왔다.

그러나 변화가 실현되기 위해서는 맥조지 번디의 리더십과 포드 재단의 자금이 필요하였다. 번디는 포드 재단의 1967년 연차보고서에서 다음과 같이 언급하였다;

"우리는 기금 운용에 개선할 여지가 많다고 믿는다. 나는 기존의 수탁자들이 대학에게 성과를 내 주었다고 자신감을 가질 이유가 전혀 없다고 본다. 우리는 파격적인 투자를 할 경우에 위험이 수반되는 점은 인정하지만, 자금운용 성과에 대한 진정한 기준은 존경받는 원로들의 의견이 아니라 달성한 실적 수치이다. 우리는 대학들이 몸을 사리느라고, 경솔하게 과도한 위험을 부담했을 경우보다 더 큰 비용을 오랫동안 지불했다는 느낌을 받는다. 포드 재단은 이에 대해 신중하고 전반적인 연구를 하려 한다."

---

3) **역자 주** : 1918년 앤드류 카네기와 카네기 재단이 교육자를 위한 연금으로 설립한 비영리기업 Teachers Insurance and Annuity Association(TIAA)이다. 2차 대전 후에 주식으로 다변화를 위해서 CREF를 설립하여 TIAA-CREF가 되었다. 2016년에는 다시 상호를 TIAA로 단순화.

4) **역자 주** : 1941년 예일 로스쿨 졸업생으로서 변호사이면서 1965년 대학 재무임원직을 수행하였다. 예일 대학기금에 전산회계, 총수익 투자, 증권 대차, 복수 운용사 투자를 도입하였다.

포드 재단이 의뢰한 두 건의 조사연구결과 보고서는 1969년에 발표되었다. 첫 번째 연구인 William L. Cary와 Craig B. Bright의 "대학기금의 법과 기존 전통(The Law and the Lore of Endowment Funds)" 보고서는 대학기금의 투자를 지배해 온 원칙의 방식과 정책의 변경을 제안하였다. 두 번째 연구인 Robert R. Barker의 "교육기금 운용(Managing Educational Endowments)" 보고서는 투자 성과를 분석하여 투자 절차와 과정을 변경하라고 권고하였다.

1) 대학기금의 법과 기존 지식

포드 재단의 번디는 대학기금에 적용되는 개인신탁법이 변화를 지연시키는 요인이라고 보았는데, 이는 실제로는 잘못된 견해였다. 그는 뉴욕 Patterson, Belknap & Webb 법무법인의 William L. Cary와 Craig B. Bright 변호사에게 이러한 법적 제약을 검토할 임무를 맡겼다. Cary 변호사는 증권거래위원회 위원장을 역임했고, 컬럼비아대 Dwight 법대 교수였다.

Cary 보고서는 수탁자들이 스스로 만든 투자제약으로부터 벗어나게 해주었고, 대학기금 자산 운용에 몇 가지 결론을 도출하여 지속적인 변화의 길을 열어 주었다. 그 내용은 :

- 대학기금은 단일 수익자를 가진 법인으로, 다수 수익자를 가진 개인신탁을 지배하는 법의 적용대상이 아니다.
- 수탁자는 기관을 대표하며, 지출과 투자정책을 수립할 책임을 맡는다.
- 수탁자가 투자정책의 실행을 자격 있는 외부 투자자문역에게 위탁할 수 있으나, 자문역을 감독하고 모니터할 책임은 수탁자에게 있다.

Cary 보고서는 또한 통일된 주법(uniform state law)을 입법함으로써, 수탁자들이 지출정책을 결정할 때, 배당 및 이자 수입과 함께 실현된 이익과 미실현 이익을 감안한 포트폴리오의 총수익을 고려하도록 하라고 권고하였다. 이로써 1972년 기관자금 통일운용법(Uniform Management of Institutional Funds Act)이 즉각 입법되었다[5].

2) 교육기금 운용

번디 이사장이 교육기금의 운용 현황만을 우려한 것이 아니었다. 그는 포드 재단이 자산 운용 성과를 통해, 고등교육을 지원하겠다고 제시한 약정을 지킬 수 있을지에 대해서도 우려하였다. 그는 포드 재단의 1966년 연차보고서에서 "재단 자산의 투자 성과가 1%만 개선된다면, 재단이 기부할 수 있는 금액이 배가 될 것이다"라고 언급하였다.

1969년에 발표된 두 번째 보고서인 Robert R. Barker[6](학자이고, Smith 대학교 기금의 투자위원회 위원임)의 "교육기금 운용(Managing Educational Endowments)"에서는 '대학기금의 투자기법이 경직되어서 성장과 성과를 억누르고 있다'고 지적하였다.

동 보고서에서는 1959년부터 1968년까지의 15개 주요 교육기금의 성과를 균형(balanced)과 성장 중심(growth oriented) 뮤추얼펀드 및 로체스터 대학교[7]의 전문투자 오피스의 수익률과 비교하였다. 대학기금들의 평균 연간수익률 8.7%는 다른 모든 수치에 뒤처졌다. 균형 뮤추얼펀드는 대학기금을 불과 0.5%만 초과하였지만, 성장 중심 뮤추얼펀드와 로체스터 팀은 각각 14.6%와 14.4%를 시현하여, 거의 연

5) Murray, Roger F. 1996 "The Formative Years : A Founder Reflects," pp.10~16, and Keane, George F., 1996 "A Brief History : A Dream Fulfilled," pp.20~38, in The Commonfund, A Common Vision : Working in Partnership for the Benefit of All. The Twenty-fifty Anniversary of the Commonfund.

6) **역자 주** : 1969년 당시 포드 재단의 자문위원장.

7) **역자 주** : 하버드, 로체스터와 코넬 대학은 당시에도 우수한 수익률을 시현한 것으로 보도되었다. John H. Allan, Universities Flunk Investing, The New York Times, 1972.9.24.

6%의 우월한 수익률 성과를 보였다.

동 보고서에서는 대학기금의 성과가 저조한 원인이 수탁자위원회에 있음을 지목하면서, "수탁자위원회는 손실은 회피하면서 현행 소득의 극대화에 집착함에 따라 수익률이 더 좋은 성장주식 대신에 채권을 선택하였는데, 그 근거는 성장주식이 거의 배당을 지급하지 않는다는 이유였다"고 지적하였다. 보고서에서는 이러한 방식은 대학기금의 장기 가치에 매우 불리한 영향을 줄 것이라고 예측하였고, "대학기금 운용자들은 운영 예산의 균형을 맞추기 위해 수입 배당과 이자의 극대화를 추구하기보다, 장기 총수익률에 근거하여 증권을 선정할 수 있어야 한다"고 권고하였다. "적격한 조직에 소속된 유능한 전문 포트폴리오 운용자에게 투자를 위탁하는 것이 성공하는 데 필수적이다"라고도 주장하였다. 보고서에서는 기금의 지출비율을 정할 때 자산시가 총액의 3년 이동평균의 비율에 근거하는 규칙을 지지하였다[8]. Smith 대학의 수탁자위원회는 이 연구의 결과에 따라 실제로 1969년에 총수익률과 시가회계 접근방식을 실시하였다[9].

또한 1969년에 국세청은 민간재단이 비과세 취급을 받는 목적을 손상시키는 투자를 할 경우에는 과세하는 규칙(no jeopardizing investment)을 채택(내국세법 4944절)하면서, 단일 투자 건을 판단하는 기준에 포트폴리오 전체에 대한 고려를 포함시켰다.

이에 따라 다수 역사가들이 1969년을 미국에서 획기적인 해로 본다. 닐 암스트롱이 달 표면을 걸었으며, 우드스톡 페스티벌이 열렸고, 뉴욕 메츠가 월드시리즈에서 우승하였다. 1969년은 투자의 역사에서도 획기적인 해였다. Barker 보고서의 투자 방식, Cary와 Bright의 법적인 견해, 및 국세청의 정책 사고방식들이 한 곳으로 모아졌고 재단 및 대학기금 운용에 대한 접근방식에 상당한 변화가 지속적으로 이루어져 현재의 걸출한 투자가 실현되었다.

---

8) Yoder, J. 2004. Endowment Management : A Practical Guide. Washington DC : Association of Governing Boards of Universities and Colleges, p.8.

9) Murray, Roger F. 전게서.

3) 변천 과정

포드 재단의 연구가 발표되었지만, 당시에는 기금을 새로운 접근방식으로 운용할 능력을 갖춘 기관이 거의 없었다. 이에 따라, 교육기금들로 구성된 참가회원들이 자산을 모아(pooling) Commonfund라는 투자회사를 설립하여 전문적으로 투자하는 진전이 이루어졌다(www.commonfund.org). Commonfund는 63개 대학기금으로부터 7,200만 달러를 출연받아 1971년 7월 1일에 출범하였으며, 포드 재단이 Commonfund의 초기자본에 280만 달러를 출연하였다. 이 회사는 선도 자산운용사로 현존하고 있으며, 대학·재단 및 의료기구의 기금의 선도자로 인정받는다. 1991년에 설립된 The Investment Fund for Foundations는 비영리재단의 투자임원들에게 투자자문 서비스를 제공한다(www.tiff.org).

Cary와 Bright의 보고서는 1972년에는 신중한 관리자의 선례에 따른 기관자금 통일운용법(Uniform Management of Institutional Funds Act)의 통과로 이어졌으며, 이 법은 재단과 대학기금 자산의 운용방식을 법제화하여 새로운 기준을 설정해 주었다. 전국적인 법제 통일위원회(National Conference of Commissioners on Uniform State Laws : 시카고 소재)는 다음과 같은 입법 요약문을 제시하였다.

"전국적인 법제 통일위원회가 1972년 기관자금 통일운용법을 공표한 이래 46개 주가 이 법을 입법하였다. 이 법은 병원이나 대학의 지배기구인 이사회에게 그 기관기금의 총수익을 추구하는 투자를 하도록 명확한 권한을 주었다. 이는 예컨대, 이사회가 고수익률을 즉시 시현해 주는 투자에만 집중하기보다, 배당은 거의 지급하지 않더라도 장기가치 상승 잠재성이 높은 성장주식에 투자할 수 있음을 의미한다.

이 법은 기관 이사회의 행위규범도 규정하였다. 이에 따라 이사들은 결정이나 조치를 내릴 때 현재의 사실과 상황을 고려하고 일반적인 사업상의 주의와 신중함을 기울이면서, 자체 목적 수행 시 현재와 미래에 기대되는 재무적 요건, 투자의 예상 총수익률,

물가 추이 및 일반 경제 상황들을 고려하도록 요구된다.

동법 하에서, 이사회는 전문적인 투자 자문역과 운용사를 고용할 수 있고, 진부하고 적합하지 않은 비실질적인 기부금 제약 조항들을 제거할 수 있다.

동법에서는 '해당 기관'을 교육, 종교, 자선 또는 다른 구제목적만을 위해 설립·운영되는 법인/비법인조직, 또는 정부조직으로 정하고 당해 기관의 자금이 그 기관의 목적 범위 내에서 운용됨을 규정한다[10].

대학기금 자산운용에 상당한 변화는 거의 300년이 걸려서 일어났지만, 일단 발생한 변화는 더 큰 변화를 가져왔다. 1972년부터 2006년 사이에, 이들 기관은 위험회피적이고 규정에 집착하는 자원봉사형 투자자 집단으로부터, 유능한 전문가의 감독 아래 보다 복잡하고 수준 높은 포트폴리오를 운용하는, 권위 있는 투자조직으로 탈바꿈하였다.

3. 새로운 모습

보다 수준 높은 투자결정이 허용되었음에도 불구하고, 대다수 재단과 대학기금에게 1980년대 말까지 새로운 투자결정 방식이란 주식과 채권에 대한 배분 비율에서 주식을 높이는 조정을 의미하였다. Commonfund가 1990년에 수행한 '재단의 성장 상황 연구'에 의하면 발전이 더 필요했다. 기금은 현저히 성장하였지만 투자의 질적 수준은 크게 발전하지 못하였다.

10) National Conference of Commissioners on Uniform State Laws, 211 E. Ontario Street, Suite 1300, Chicago.

1) 1990년에도 부진

Commonfund의 연구팀이 수집한 데이터가 단편적이고 제한적이었지만, 제시한 증거는 투자과정이 더 발전할 필요가 있다는 결론을 내는 데 충분했다. 1962년 정부의 의료, 교육 및 복지부처가 105개 대학기금을 대상으로 실시했던 설문조사 결과를 기반으로, 연구자들은 35개 조직으로부터 충분한 데이터를 수집하였는데, 자산 배분 정보는 소수 기관으로부터만 입수되었다.

연구의 결과, 자산의 증가는 주로 1982년에 시작된 주식시장 호황 시기에 낸 투자 성과 덕분에 달성되었지만, 그 수익률은 주요 투자지표들에 뒤처졌음을 보여주었다. 기금의 평균 지출비율은 시장가치의 4.4% 수준으로서, 역사적으로 일정하게 유지되었다. 연구팀은 역사적 자산 배분에 대해 관련성이 있는 데이터는 거의 구하지 못했지만, 자산 배분정책의 중요성을 인정하여, 참가기관들의 가장 최근(1989년) 현재의 자산 배분 혼합을 분석하였다.

분석의 결과는 대학기금들이 더욱 보수적인 투자정책을 지속하고 있음을 보여주었다. 예컨대, 권고 수준이 60%인 주식에 대한 배분은 실제 53.7%만 이행되었고, 그 결과로 저조한 투자 성과가 지속되었다. 주식투자 대부분이 미국주식에만 투자되었는데, 미국주식은 전세계 시가총액의 40%만을 차지하였다. 실제로, 연구자들도 연구 결과를 제시하면서, 외국주식을 '대체자산(alternative asset)'이라고 표현하였다. Commonfund는 비시장성 대체투자－주로 사모주식(private equity)－에 10%의 배분을 권고하였지만, 연구에 참여한 대학기금의 평균 배정 실적치는 3.5%였다.

연구자들은 자산 배분기준을 제시하면서, '더 위험한 자산으로 투자를 다변화하면 포트폴리오 전체의 위험은 감소하면서 수익률은 높일 수 있다'라고 재강조하였다. 그리고 연구 팀은 감독자들에게 '위험을 계속 회피한다면 표준 이하의 성과에 머무를 수 있고, 장기 목표를 달성할 능력은 저하될 수 있다'라고 경고하였다[11].

---

11) Wingred, Daniel, Lyn Hutton, James McDiarmid, Victor E. McGee, J. Peter Williamson, 1993 Commonfund: The Growth of College Endowments, 1960～1990. Commonfund

2) 글로벌한 진전이 성장과 도전을 촉발

Commonfund의 1990년 설문조사 이후, 글로벌 금융시장, 정부 및 산업계가 중요한 진전을 달성하여 기금자산이 많이 증가되었지만, 투자환경은 더욱 힘들어졌다. 재단과 대학기금들은 이러한 상황에서 고급인력을 배치하고 더 다변화되고 복잡한 포트폴리오를 구축함으로써 투자의 명가(powerhouse)가 되었다. 이러한 진전은 다음의 상황들을 수반하였다.

가. 닷컴 이후의 헤지펀드 선호

1982년에 시작된 주식 강세 장은 부침은 있었지만 1990년대까지 지속되다가, 닷컴 버블에 의해 막을 내렸다. 1992.9.1부터 2000.3.31 동안에 S&P500 주가 지수의 연복리 총수익률은 배당 재투자를 포함하여 19.75%였다. 재단과 대학기금들은 미국 주식을 상당부분 보유했었기에 이러한 시장 수익률의 혜택을 누렸다. 재단과 대학기금들은 1980년대 말까지 벤처캐피털 등 사모자산에 더 많은 투자를 시작하였고, 기술주 붐은 벤처자산 투자의 성과도 높여 주었다. 그러다가 폭락이 다가왔다. 2002.9.30까지 주식시장은 시가총액 6조 달러를 잃어버렸다. 재단과 대학기금들은 2001년과 2002년 내내 가치를 상실하였다.

대부분의 대형 재단과 대학기금이 헤지펀드에 이미 다년간 투자했었지만, 2000년부터 2003년 사이의 주식 불황기에 더 많은 기관이 헤지펀드의 위험/보상 특성과 다변화 효익에 이끌려서 신규 참여하였다. 운용사 측에 매력적인 수수료 구조의 헤지펀드에 대한 수요가 증가하자, 헤지펀드 업계 측에서도 더 많은 자산군에 투자하는 다양한 포트폴리오 구성 방식의 헤지펀드들을 만들었다.

재단 및 대학기금 측에는 헤지펀드 운용자를 선정하기 위해 철저한 실사(due diligence)와 전문적인 지식이 요구된다. 재단 및 대학기금들은 혁신적인 신규 파생

Press, Introduction, Chapter 7, 7-1.

증권인 신용부도 스왑, 목재 등의 실물자산이나 익숙하지 않은 해외시장 등에도 투자하게 되었다.

나. 기 술

기술의 발전으로 1990년대 말 기술주 강세 장이 불붙었고 기관의 투자 수익률이 가파르게 상승했을 뿐만 아니라, 기관투자자들은 다른 측면에서도 영향을 받았다. 투자자들은 기술을 활용한 개선된 분석 도구들을 훨씬 저비용으로 갖추게 되는 등 수준이 높아졌다. 또한 신속하고 효율적으로 전달되는 정보시스템 덕분에 특정 투자자에게 정보 우위가 발생할 여지가 제거됨으로써 공정한 경쟁이 가능해졌고, 투자자들의 수준은 더욱 높아졌다. 이같이 초를 다투는 신속한 정보 배분으로 인해, 시장의 속도 또한 빨라졌다. 저비용으로 세밀한 분석을 가능하게 하는 소프트웨어 분석 패키지 덕분에, 투자자는 보다 효율적 및 효과적으로 리스크를 분석하고 측정하게 되었다.

투자 기능의 일부분은 대량 정보에 접근하고 분석하는 능력을 통해 쉬워진 반면, 시장을 항해하면서 기회를 발견해 내기는 더 어려워졌다. 선진기술이 그 효율적인 절차로 기술주 활황기에 높은 수익률을 시현해 줌으로써, 재단과 대학기금의 자산 증가에 기여하였다. 기술을 통해 파악한 변수에 근거해 투자선택을 할, 자격을 갖춘 재능 있는 인재에 대한 수요 또한 생겼다.

다. 자산 배분

포드 재단의 연구가 발표되고 기관자금 통일운용법이 입법된 이래, 재단과 대학기금들에게는 철저하고 엄격한 자산 배분 방법론이 그 성장과 직업적 전문성을 갖추는 데 주된 동력이 되었다.

1986년 Gary Brinson 팀이 발표한 연구 결과에서는 “포트폴리오 수익률의 격차는 자산 배분의 차이에 기인한다”라고 결론지었다. 다른 연구자들이 브린슨의 연구 결과를 부인할 논리를 제시하지 못함에 따라, 이 발견은 투자운용의 '복음'이 되어 왔다. 대형 펀드들은 일반적으로 주식과 채권을 7 대 3, 6 대 4로 배분하던 데서 새로운 자산군 및 맞춤 배분정책을 채택하기 시작하였고, 다른 투자자들도 이를 뒤따랐다. 재단과 대학기금들은 고유한 자산 배분정책을 고안하여 실행하고 새로운 자산 분야로 확장함으로써 영향력 있는 투자자로 부상하였으며, 이에 따라 숙련된 CIO에 대한 수요 또한 커졌다.

라. 위탁운용사(manager) 선정

새로운 자산군과 파생증권이 폭발적으로 성장함에 따라서, 포트폴리오 구성과 리스크 관리 기술을 갖춘 투자운용사들은 더 세분화, 또는 보다 복잡한 전문성을 추구하게 되었다. 재단 및 대학기금 측 입장에게는 기금 운용에 있어서, 신규로 발전된 부문에 강점을 가진 외부 위탁운용사를 선발해야 한다는, 또 하나의 복잡성이 더해진 것이다.

전통적 자산에서 수익률이 저조하였기에, 재단 및 대학기금의 CIO들은 새로운 전략이나, 유동성이 미흡한 자산군에서 투자 기회를 찾을 수밖에 없었다. 새로운 자산군을 추구하려면 학습을 통해 전문적인 운용사를 탐색하고, 당해 운용사가 적절한 기량을 실제 보유했는지 여부를 평가해야 했다. 재단과 대학기금들이 직면하게 된 운용사 선정이라는 도전 과제의 대표적 사례가 확대된 헤지펀드의 전략의 폭과 깊이를 평가할 전문적 역량의 필요성이었다.

마. 글로벌화

1990년 Commonfund의 연구 이래, 재단과 대학기금들은 인도, 중국 및 러시아 등 신흥시장을 포함한 글로벌 증권시장에 자산 배분을 확대하여 왔다. 글로벌화로 인해서 재단과 대학기금들은 다른 시장에서 얻을 수 있는 다변화를 통한 투자 수익률 제고 기회뿐만 아니라 다른 영향도 받았다.

글로벌 투자를 하면 포트폴리오 투자 리스크에 추가하여, 관리·감독 및 운영 리스크 또한 발생한다. 일부 시스템이나 통신기술이 부족할 수 있고, 증권제도가 취약하고 투자자를 보호하는 데 미흡할 수 있다. 정부 규제체계나 인권 보호에서의 차이가 투자 성과에 불리한 영향을 줄 수 있고, 사회적 책임 투자에 대해 우려가 제기될 수 있다. 시차 및 현지 운용사를 모니터하기 위한 출장 시간과 비용 등의 외부 리스크도 추가로 발생할 수 있다.

이러한 어떤 위험도 글로벌 투자를 기각할 이유가 되지는 못하지만, 이들 위험은 반드시 통제되어야 한다. 정보기술의 덕분으로 일년 내내 정보 이동이 가능해지는 글로벌화가 진전됨에 따라 정보 전달과 가치의 하락이 아주 빠르게 진행된다. 이러한 복잡성에 불구하고, 운용을 잘 하는 대학기금이라면, 글로벌 시장에 투자하는 외에 다른 선택의 여지가 없다.

바. 정 부

미국 정부가 1974년 입법한 종업원 퇴직소득보장법(Employee Retirement Income Security Act : ERISA)은 재단 및 대학기금 투자업계에게도 일부 영향력을 미쳤다[12]. 재단의 경우, 정부는 엄격한 과세정책에 의해 그 자산 운용에 영향을 미쳤다. 교육기금의 경우, 정부는 많은 재무적 지원을 철회하면서 어려운 재무상황을 감당하도록 강제하였다[13]. 학생에 대한 지원금을 포함한 재단의 비용은 계속 증가하는 반면, 연방정부와 주정부의 지원제도는 감소하였다. 과거 어느 때보다도 대학기금의 수입에 대한 의존도가 높아진 대학들에게, 투자 성과 개선을 통해 기금 자산을 보전하고 축적할 필요성이 더욱 절실해졌다.

---

12) Light, Jay O. 1996, "Five Trends that Transformed Institutional Asset Management", The Commonfund, A Common Vision : Working in Partnership for the Benefit of All. The Twenty-fifth Anniversary of the Commonfund, pp.80~88.

13) Lascell, David M., 1996, "Changing Nature of Trusteeship", The Commonfund, A Common Vision : Working in Partnership for the Benefit of All. The Twenty-fifty Anniversary of the Commonfund, pp.80~88.

버지니아 대학교 투자회사(University of Virginia Investment Company)의 전 대표인 Alice Handy(제6장 참조)는 업계 세미나에서 "주정부의 지원은 대학교 운영예산의 10% 미만으로 감소하였고, 학교는 기금에 대한 의존도가 높아졌다"고 언급하였다[14]. 사립학교들조차도 연구 재원을 상실했다. "수탁자들은 그들의 대학기금 관리에서 더 이상 선택 대안을 갖지 못하였다."

이러한 진전으로 인해, 자산운용은 더욱 복잡해졌다. 기금과 대학들은 현행의 수준을 유지하려면, 자산 배분, 시장 및 증권에 대해 더 높은 수준의 지식과 역량을 필요로 한다. 의사결정을 내리려면 더 많은 데이터를 분석하고 보다 많은 투자 건들 중에서 선택해야 하기 때문에 많은 시간이 소요된다. 실무조직 없이 투자위원회만으로 기능해 왔었던 기금과 대학들은 투자업무 자체가 많은 노동량과 전문성을 요하게 되자 풀 타임으로 전담 근무하는 투자 전문가를 고용하게 되었다. 기관들은 보다 복잡하고 도전적인 환경에서 자산 수익률을 내야 하므로, 이를 운용할 재능 있는 전문가들을 필요로 한다.

4. CIO의 부상

현재 재단과 대학기금들은 보유하고 있는 상당한 규모의 자산으로 기관의 비용지출에 충당하고 있다. 전미 대학사업임원협회(National Association of College and University Business Officers : NACUBO)의 설문 결과에 의하면, 미국과 캐나다의 약 746개 교육재단들이 2005년 현재 2,990억 달러의 자산을 보유하였다. 재단센터(Foundation Center)는 65만 개를 넘는 다양한 재단들이 4,800억 달러의 자산을 보유하는 것으로 집계하였다. 상위 100개 재단이 전체 재단 자산의 1/3 이상을 운용

14) Clarke, Teresa H, Rumi Malott, and Neil Mehrotra. 2005, "Critical Issues in Endowment Management" Global Markets Institute (GMI) at Goldman Sachs, University Endowment Summit Conference Proceedings : www.gs.com/gmi, January 26.

한다.

맥조지 번디와 포드 재단의 업적은 기금 자산 축적의 기반이 되었을 뿐만이 아니라(1980년부터 2005년 사이에 하버드의 대학기금은 1,508%, 예일은 2,176%, 텍사스 대학기금은 821% 증가), 이들 기관들이 어리석고 잘못된 투자정책에서 벗어나, 수준 높은 투자기관이 되어 기관투자업계의 영향력 있는 선도자로 발전할 수 있게 해주었다.

그러나 재단과 대학기금들의 리더십에 불구하고, 또는 그러한 리더십으로 인해서, 이들이 직면하는 투자전망의 미래는 더 불투명하고 복잡해지고 있다. CIO들이 직면하는 시장 상황을 재단센터의 보고서에서 다음과 같이 설명해 준다.

"1990년대 후반 재단 자산의 가치가 증가한 이유는, 주가 급등과 경기 호황 그리고 기부금과 유산 기증이 증가한 데 주로 기인하였다. 같은 기간 개인 재산이 급증함에 따라 다수의 개인도 재단을 설치하였다 그러나 2000년부터 2002년 사이 주식시장이 하락하고 경기가 침체되면서, 재단의 자산 가치의 10.5%가 감소하였다. 다수의 대형 재단에서 자산이 감소하였다. 이러한 추세는 2003년에 주식시장의 수익률이 회복 덕분에 반전될 수 있었다. 그러나 재단 자산의 증가율은 2003년의 9.5% 이후, 2004년에는 증가율이 7.1%로 떨어졌고, 2005년에는 2% 내지 4%의 증가만이 예상되었다. 유례 없는 2년 동안의 자산가치 하락 이후 자산증가율도 하락하면서, 재단들은 지출 수준을 확대하는 데 조심스러워진 것으로 보인다. 2004년과 2005년에, 재단의 지출 증가율은 전년도 자산 증가율보다 몇 포인트 낮았다[15]."

재단과 대학기금들은 자산 배분과 시장, 증권 및 운용사의 선정을 포함하여, 투자과정 전반에 걸쳐 더욱 복잡성에 직면하였다. Cambridge Associate 컨설팅은 다양한

15) "The State of Foundation Giving 2006", Excerpted from Foundation Yearbook 2006. The Foundation Center.

자산 배분정책을 비교하여 <그림 1.1>과 같은 효율적 프론티어 도표를 작성하였다.

그래프에서는 가장 최적화된 위험조정 수익률 포트폴리오인 **85%/15%** 다변화 조합이 가장 복잡하고 다변화된 포트폴리오로서, 대체투자에 가장 노출도가 큰 것으로 나타난다. 복잡성의 원인은 글로벌 추세 및 확대된 자산군만이 아니며, 복잡성이 걸출한 성과를 달성할 최선의 기회를 제공해 주기 때문이다. 이러한 복잡성으로 인해 자산을 전문적으로 운용할 필요성이 대두하였으며, 재단과 대학기금의 수탁자들은 투자전문가를 풀 타임 CIO로 고용하게 되었다.

< **그림 1.1** > 자산 배분정책 비교

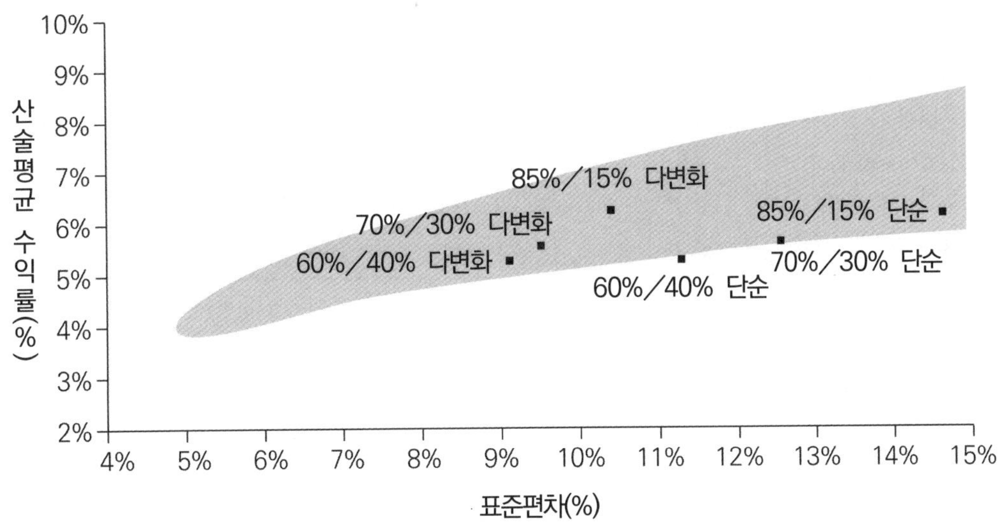

	단순	다변화	단순	다변화	단순	다변화
	60%/40%		70%/30%		85%/15%	
미국 주식	60.0%	30.0%	70.0%	30.0%	85.0%	20.0%
글로벌 주식	-	12.5	-	12.5	-	15.0
절대수익	-	2.5	-	5.0	-	10.0
헤지펀드	-	2.5	-	5.0	-	10.0
벤처캐피털	-	2.5	-	4.0	-	7.5
PE	-	2.5	-	3.5	-	7.5
REITs	-		-	1.0	-	5.0
부동산	-	5.0	-	4.0	-	2.5
원자재	-	2.5	-	5.0	-	7.5
미국 채권	40.0	40.0	30.0	30.0	15.0	15.0
산술적 수익률	5.4%	5.4%	5.8%	5.7%	6.4%	6.4%
표준편차	11.4%	9.2%	12.7%	9.6%	14.8%	10.5%
실질복리수익률	4.8%	5.0%	5.0%	5.3%	5.4%	5.9%
산술적 수익/위험	0.47	0.59	0.46	0.59	0.43	0.61
샤프 비율	0.39	0.48	0.38	0.49	0.36	0.51

주 : 제약받지 않는 프론티어를 가정

자료 : Cambridge Associate LLC 컨설팅. 본 예시는 Cambridge Associate 컨설팅의 승인 없이는 복제 불가

세인트 토마스 대학교의 Michael Sullivan은 2005년의 행사에서 "2000년 이전에는 CIO라는 직위가 대학인력전문가협회의 데이터베이스에 전혀 없었다"라고 언급하였다. 2004년 현재 100인의 CIO가 데이터베이스에 등록되어 있다. 같은 해에, Heidrick and Struggles 헤드헌터사는 20개 CIO 자리를 물색 중이었고, 이 중 8자리는 신설된 자리였다고 밝혔다.

이러한 변화는 부분적으로는 전문적 투자 운용의 필요성에 따라 생긴 것이지만, 재단과 대학기금들 자체가 보다 복잡한 사업이 되었기 때문이기도 하다. 재무담당자들과 CFO들이 업무의 부담이 너무나 커진 측면에서 자산운용을 겸직할 수가

없게 되었다.

Princeton University Investment Company(PRINCO)의 앤드류 골든(Andrew Golden) 대표는 골드만 삭스의 컨퍼런스에서 연설하면서, "CIO가 필요한 이유는 여러 가지다"라고 언급했다. 그가 처음 CIO직을 맡았던 당시, 학교의 수탁자(trustee)들이 모든 의사결정에 깊이 관여하고 있어, 가장 중요한 목표를 달성하는 데에만 집중할 수 있었다. 당시 골든은 "조직이 보다 집중하여 세부사항을 실행한다면 낼 수 있는 가치 창출 기회를 놓치고 있다"고 생각하였다. 그는 PRINCO에서 수탁자들로 하여금 투자업무는 투자 스태프에게 넘기고, 자신들은 장기 정책에 집중하도록 체제를 개선하였다. CIO는 풀 타임으로 절차를 맡아서 건전한 재무적 판단을 내리며, 관례적으로 하던 투자 결정은 하지 않으므로, 수탁자의 책임을 또한 강화해 줄 수 있다.

심리학자 Barry Schwartz는 2004년 '선택의 역설(The Paradox of Choice : Why More is Less, Ecco)'이라는 저서에서 과도한 선택권이 만드는 복잡성을 연구하였다. 선택 대안이 복잡해진 것이 향후 재단과 대학기금의 CIO들에게 도전 과제가 될 것이다. 더 많은 기회, 위험, 자산군, 상품, 지적 자본, 기술적 발전이 주어질 것이며, 좋은 정보와 아이디어 및 투자에서는 경쟁이 심화될 것이다.

5. 역사로부터의 학습

1969년에 재단과 대학기금의 수탁자들은 '무선택권의 역설(paradox of no choice)'에 직면해 있었다. 구법 체계의 잘못된 견해의 한계 속에서, 재단 및 대학기금 자산은 정체되었고, 포드 재단의 번디 이사장이 없었더라면 기금 자산이 감소하였을 것이다.

재단과 대학기금들은 항상 유능한 CIO를 필요로 했는데, 1669년이나 1969년의 시점에서는 그 사실이 인식되지 못했을 뿐이었다. 그 필요성을 일찍 인식했던 기관은 본서에서 소개하는 여러 CIO들을 영입하여 그들의 역량으로부터 혜택을 받았다. 투자수익의 중요성은 커지는 반면 그러한 수익을 만들어 낼 능력은 더욱 희소해졌기 때문에 다수의 다른 재단과 대학기금들도 유능하며 지식과 결단력을 가진 CIO 또는 그에 상당하는 인력을 필요로 할 것이다.

본서에서 소개하는 CIO들은 지난 35년간 재단 및 대학기금 투자업계의 최고 인재들을 망라한다. 저자는 재단 및 대학기금 투자업계를 현재의 투자 명가로 만드는 과정에 참여하였고, 향후 30년간 업계를 이끌어갈 CIO들의 프로필을 수집하였다. 이들은 명석하고, 창조적이고, 통찰력을 지니고 또 성공하였지만, 대중에게 알려지지 않고 있었다. 향후 더 많은 기관들이 CIO직을 설치함에 따라서 이들의 영향력은 더욱 확대될 것이다. 이들의 이야기를 통해 이들의 지식, 경험 및 조언을 배우면 독자들에게 유익할 것이고, 재단 및 대학기금의 CIO들이 왜 투자업계의 강력한 집단이 되어 그 세력을 유지할 것인지도 입증될 것이다.

제 2 장

재단과 대학기금 투자 안내 : 성공한 CIO의 필수적인 실무

재단 및 대학기금들은 상당한 규모의 자본을 그들의 조직을 지속적으로 지원하기 위한 전용 기금으로 관리한다. 재단 및 대학기금들은 다른 투자자층과 대비하여 장기투자라는 특징하에서, 유사한 위상과 접근방식을 갖추고 있다. 재단 및 대학기금의 자산이 수혜자들을 위해 운용되므로, 재단 및 대학기금의 CIO는 기금의 수탁자 지위에서 일하고 투자위원회에 보고한다. 기금의 투자위원회는 일반적으로 기금조직의 이사, 법인수탁자 및 외부 자문역들로 구성된다. 이들 위원 개인들 또한 수탁자로서의 역할을 수행한다. 재단 및 대학기금의 CIO 및 투자위원들은 수탁자 지위에서 철저한 분석과 신중한 의사결정을 하기 위해, 표준화 · 구조화된 투자 과정을 채택한다.

어떤 기관투자자든지 투자 과정에 참여하는 인력의 수준 및 기관의 목적에 부합하도록 지배구조와 투자 과정을 수립하는 것은 중요하다. 본 제2장에서는 재단 및 대학기금의 CIO들이 실행하는 투자 과정의 주요 구성요소를 살펴본다. 본 장에서는 재단과 대학기금 조직 형태 간 유사점과 차이점이 투자정책에 미치는 영향을 살펴 볼 것이며, 또한 수탁자 지위에 수반되는 책임, 규제 및 투자위원회에 대해서도 다룬다.

1. 수탁자 원칙(Fiduciary principle)

CIO, 투자 스태프, 법인 수탁자, 이사회 구성원 및 컨설턴트들은 재단 및 대학기금 투자의 수탁자로서 직무를 수행하며, 이들은 기금을 운용 또는 자문 시 따르는 중대한 책임을 인식해야 한다.

수탁자란 단순하게는 '다른 사람이나 법인을 위해 금전이나 재산을 운용할 법적 책임을 맡고, 자산에 대해 재량적 통제나 권한을 행사하고, 신뢰받는 투자 자문을 지속적이고 포괄적 · 전문적으로 제공하는 활동을 수행하는 사람'이라고 정의된다. 수탁자들은 주의(care)와 충성(loyalty)이라는 원리에 입각하여, 투자계획의 정의, 실행 및 평가를 포함하는 투자 과정을 신중하게 관리해야 한다.

재단 및 대학기금 투자에 관련된 수탁자의 직무 수행 과정은 두 가지 법규에 의해 지배된다. 기관자금 통일운용법(Uniform Management of Institutional Funds Act)은 1972년 입법되어 교육기관 및 대학기금에 '신중한 관리자 규칙' 하에 총수익률 투자 결과에 근거하여 투자하도록 재량권을 확대해 주었다. 통일된 신중한 투자자법(Uniform Prudent Investor Act : UPIA)은 수탁자의 통일적 주의 표준(Uniform Fiduciary Standards of Care)이라고 알려진 기준을 정의한다. 이 기준에 따라 수탁자들에게 다음 의무가 부과된다:

- 기준, 법규 및 신탁계약 조항을 숙지한다.
- 자산을 수익자 또는 고객의 특정한 위험/수익 프로필에 맞추어 다변화한다.
- 투자정책서를 작성한다.
- 신중한 전문가(투자 운용사)를 활용하고, 실사(due diligence)를 서면화한다.
- 투자비용을 통제하고, 입증한다.
- 신중한 전문가의 활동을 모니터링 한다.
- 이해상충 상황 및 금지된 거래를 회피한다[16].

16) Prudent Investment Practices : A Handbook for Investment Fiduciaries, Foundation for Fiduciary Studies, 2004.

수탁자들은 때로는 '신중한 관리자' 규칙을 보수적인 사람(conservative man) 규칙이라는 의미로 잘못 해석하기도 하였다. '신중한 관리자' 규칙은 '수탁자가 가장 보수적인 투자를 선택해야 한다'는 의미가 아니다. 이 규칙은 '투자 대안을 선택하는 과정이 신중한 방식으로 수행되어야 함'을 의미한다. 필요 시, 투자 분석과 의사결정 과정을 검토하여 신중한 기준이 충족되었는지 여부를 판정한다. 따라서 공격적이고 비전통적인 투자 건도 신중하다고 간주될 수 있는 반면, 보수적인 투자라도 기관의 투자 목적에 맞지 않고 적절한 검토 절차 없이 실행되었다면 신중하지 못하다고 간주될 수 있다.

2. 임무 진술서

본 제2장에서 투자 절차를 논의하기 전에, 독자들은 먼저 포트폴리오의 목적 및 투자 오피스의 목적을 이해해야 한다. 대학기금을 단순히 표현하면, 비영리기관의 영구자본으로서, 학술 또는 자선 목적을 위해서 현재와 미래에 걸쳐서 학생이나 수혜자들에게 기금을 집행한다. 이러한 목적을 달성하려면 학생들이나 프로그램의 전체 세대(all generation)에 걸쳐서 수요에 부응하는 투자 프로그램을 설계해야 하고, 상이한 자산 배분과 운용사들의 혼합으로부터의 위험/수익 간에 균형을 잡아야 한다. 데이비드 스웬슨은 Pioneering Portfolio Management라는 저서에서 다음과 같이 언급하였다.

"자산을 축적하는 목적을 이해하는 것이 투자 과정의 제일 앞 단계이다. 영구 존속하는 기금은 당해 기관에게 독립성, 재무적 안정성과 우위요소 창출의 수단을 제공한다. 대학기금의 근본적 목적에 집중하게 되면 합리적인 투자 과정을 개발할 기반이 확보된다."

단순히 투자수익률을 내는 것만으로는 충분하지 않다. 투자정책과 프로그램을 성공적으로 정의하고 실행하려면, CIO, 투자 스태프 및 수탁자들이 기금이 지원하는 조직의 임무와 목적을 반드시 이해해야 한다. 투자 과정에 관련하여 작성되는 임무진술서에는 다음 항목들이 포함된다;

- 장 · 단기 재원으로서의 기금에 대한 기대치
- 기부자, 규제당국 및 수혜자들에게 주는 이미지
- 법적 요건(재단의 세금 등)
- 기관의 프로그램의 특성
- 기부자들이 부과한 특정한 제한 사항

3. 투자정책

투자의 중요한 첫 단계는 투자정책을 수립하고 투자정책서로 서면화하는 것이다. 투자정책서는 투자목적, 지배구조 및 투자 스태프들이 활용할 절차를 서술한다. 기관은 투자를 실행하기 전에, 투자체계를 제공하는 투자정책을 개발하여야 한다. 투자정책서는 투자 오피스의 중요한 기능과 CIO 및 투자위원회의 책임 항목을 정의하며, 투자정책의 각 측면에 관한 의사결정과 방침들을 설명한다. 투자정책서에는 다음 항목들이 포함된다.

- 목적
- 지출정책
- 자산 배분 목적과 절차 : 자산분류의 정의와 목적, 투자 위험, 리밸런싱
- 투자정책 실행
- 투자 지표(benchmark)
- 지배 구조(governance)

본서의 저자인 Larry Kochard는 2004년 조지타운 대학 투자정책서를 작성하는 과정에서, 총 1천억 달러 이상을 운용 중인 22개 대학기금, 재단 및 연금에게 자산 배분과 의사결정 접근방식을 설문하였다. 이것은 공식 설문이 아니라, 타 기관에서 흥미로운 투자 접근방식을 구사하거나, 기존에 없던 투자 오피스를 모범적인 방식으로 만드는 도전적인 임무를 최근에 완수한, 투자전문가 및 CIO들과의 대화였다. 이 설문 활동은 저자가 본서를 집필하기 위하여 CIO들을 인터뷰하게 된 촉매제가 되었다.

이러한 초기 설문을 통해서, 저자는 투자위원회와 투자 스태프 간 상호 작용 및 자산 배분 변경과정에 중점을 두면서, 대학기금의 투자 오피스가 사용하는 대체 모델들의 범위를 명확히 파악할 수 있었다. 이하에서는 투자정책서의 중요 부분과 그 실행에 대해서 논의한다.

1) 목 적

투자정책을 수립함에 있어, CIO는 조직의 다음과 같은 특정한 수입원 및 투자 목적을 이해할 필요가 있다.

- 조직의 형태
- 총수익률 목표
- 예상 수입금 : 기부금, 유산 기증액
- 필요한 유동성
- 이사회, 투자위원회 및 투자 팀의 위험 수용도

2) 재단과 대학기금 간의 차이

당해 조직이 재단인지 대학기금인지 여부가 투자 목적과 정책에 영향을 준다.

두 기관 형태의 차이는 다음과 같다:

- 시간 관점 : 모든 재단이 영속적인 법인은 아니며, 기금을 특정 기간 내에 전액 집행하여 소진하도록 할 수 있다. 현재 미국에서 이러한 정책을 갖고 있는 가장 저명한 재단으로는 Atlantic Philanthropies가 있다.
  본서에서 인터뷰한 재단들의 경우는 영구 존속을 목적으로 하므로, 교육기금과 유사한 투자 프로필을 가질 것이다. 교육기금은 기금운용 기준으로 '세대 간 형평(intergenerational equity)'이라는 개념을 적용하여, 차세대에게 인플레이션 조정 가치 기준으로 현 세대와 동일한 기금을 집행함으로써, 전후 세대를 동등하게 대우한다. 세대 간 형평 정책으로 인해서 기금은 영속하려는 목적으로 운용된다.
- 재단에 대한 규제 : 재단과 대학기금이 공히 자선단체로 간주되지만, 또 하나의 차이는 재단 재산의 운용과 배분 실무의 적정성에 대해 미국 세법 조항이 더욱 엄격하다는 것이다.
- 신규자산 유입 제한 : 다음 절에 후술하듯이, 대부분의 재단은 부유한 개인이나 가문의 기부금이나 유산 기증에 의해서 설치되었고, 이를 핵심 자산으로 한다. 다수 재단들이 신규자산을 받아들이지 않는다. 만일 이러한 재단이 영구 존속을 목적으로 한다면, 보다 공격적인 투자정책을 구사할 개연성이 높다.

이 책에 소개된 재단들의 다수는 가문재단(family foundation)이라고 알려진 민간재단으로 분류된다. 개인이나 가문들이 자선사업의 목적으로 재단에 돈을 기부하였다.

자선활동은 주로 다른 자선기관에 기부하는 방식으로 수행된다. 반면 운영재단(Operating foundation)의 경우, 다른 자선기관을 지원하기보다는 독자적인 자선활동을 수행하는 재단으로서, 지출요건 및 기부자에 대한 과세취급에 관련하여 공적 자선기구 또는 교육기금처럼 취급받는다[17].

재단들은 가문이나 소수인들에 의해서 지배되기 때문에, 자선활동에 책임을 질 수 있는 기부자들이 조성한 공적 자선기구보다 자선활동에 관한 법규를 위반할 개연성이 높다고 인식되며, 이에 따라 더 강력한 감독과 규제를 받는다. 미국 국세청은 재단들의 부적절한 실무를 정의해 놓았고, 재단들로 하여금 채택해 놓은 임무를 달성하도록 규율하는 기준을 수립하였다. 위반하는 재단은 소비세(excise tax)를 과세당할 수 있다.

세법 4942절은 재단의 투자정책에 가장 직접 영향을 미친다. 이 절은 '지출 요건(payout requirement)' 또는 '배분 요건(distribution requirement)'이라고 알려지며, 재단으로 하여금 기금의 최소한의 금액을 적격지출에 배분하도록 설정한 요건이다. 현행 요건은 재단의 투자자산의 평균 공정시장가치의 5%이다. 독립적인 자선기관은 기부금 외에, 급여, 임차료, 출장, 재산 구입 등 행정비용도 재단이 명시한 비과세 목적에 기여하는 한에서, 적격지출로 인정받는다. 재단은 지출 요건을 과세연도 말 이후 12개월 이내에 이행하면 된다. 재단이 최소 지출을 이행하지 못하면 30%의 과세를 당하며, 과세기간 이내에 지출하지 못하면 100%를 과세당한다.

재단은 순투자수입에 대해서 매년 2%의 소비세를 납세해야 한다. 세법은 특정한 조건이 충족되면 세율을 1%로 감액해 주고 있다. 순투자수입은 총투자수입과 순자본이득의 합계로부터 투자소득 창출원가(투자 운용 및 브로커 수수료 등)를 공제한 금액과 동일해야 한다. 이같은 세금 감액을 위한 산출 산식이 너무 복잡해서, 다수 재단은 소비세의 세금 감액을 받으려는 시도를 포기한다.

실무에서는 소비세, 수혜자들에 제공한 장기 약정 및 성과가 부진했던 기간의 보충으로 인해서, 재단의 지출율은 5%를 초과하는 경향이 있으며, 최근 Commonfund의 지표 조사에 의하면 평균 6%에 달하였다[18].

---

17) **역자 주** : Private operating foundation이라고도 칭하며, 카네기 재단과 Getty Trust가 대표적이다. 제10장 헨리 J. 카이저 가문 재단 참조.

18) Commonfund Benchmarks Study of Foundations, July 8, 2003, Commonfund Institute.

재단에게 적용되는 다른 규정으로는 자기 거래(self-dealing) 또는 수탁자/기부자 등 비적격자와 재단 간의 거래들을 규제하는 규정이 포함된다. 재단은 자체의 임무 수행능력을 위협할 수 있는 위태로운 투자를 해서는 안 된다. 재단은 비적격자와 합계 기준으로 어떤 법인의 의결권 주식을 20%를 초과하여 보유할 수 없다. 단, 재단이 비상장주식의 기부를 받았다면, 재단은 이러한 지분을 5년 동안에 정리할 기간을 부여받는다.

이러한 규정들이 대학기금에는 적용되지는 않지만, 수탁자 법규(fiduciary law)와 유사하기 때문에 대학기금들도 이러한 기준을 준수한다. 교육기금은 조세회피지역(tax shelter) 거래에 대해서 세법 4956절에 따라 소비세를 과세당할 수 있다.

3) 지출정책

당해 기관의 지출정책은 투자정책을 수립하는 데에서 반드시 고려해야 할 핵심 목적 또는 변수이다. 전술하였듯이, 재단은 투자목적과 정책을 수립할 때 재단 자산의 5%를 매년 지출하도록 요구하는 규정을 준수해야 한다. 교육기금 쪽은 기금 재산의 배분에 있어서, 보다 융통성을 누린다. 정부가 부과하는 의무지출비율의 적용을 받지 않는 기관들도 대다수가 연간 수입의 원천을 기금에 의존한다. 기금이 안정적인 현금흐름을 제공해야 하므로, 대학기금의 투자정책은 지출정책상의 수요에 부합해야 한다.

일반적으로, 기금은 수익흐름이 조직의 비용 구조에 맞추어 증가하도록 운용될 것이다. 공교롭게도 자산가치의 5%라는 비율은 모든 형태의 기관에서 원금을 보전하면서도 꾸준한 현금흐름을 유지해 주는 수준으로 나타났다[19].

'세대 간 형평' 개념은 교육기금이 영구 존속한다는 목적에 강력한 영향을 주며, 이에 따라 지출정책에도 영향을 준다. 세대 간 형평을 달성하려면 당해 조직은 단기

19) Griswold, John, 2006, "Principles on Non-Profit Management", Commonfund.

수입과 장기 지출 소요 간에 균형을 잡고, 미래의 세대를 위하여 기금의 가치를 보전하는 방식으로 기금을 지출하여야 한다. 근래의 표준 공식은 3년 이동평균 공정가치의 5%였는데, 다수 기관들은 여기에 인플레이션에 부응하기 위한 산식을 추가하였다.

지출정책의 발전에 대해서는 예일 대학교의 2005년 대학기금 보고서에서 잘 언급되어 있다.

≪ 예일 대학교의 지출 정책 ≫

지출 규정은 대학기금의 재정적 규율의 핵심 요소이다. 기관이 현행 운영에 상당한 지원을 하면서 기금 재산의 구매력도 보전해야 한다는 상반되는 목표 간에 타협점이 지출정책에 의해서 정의된다. 예산 균형이라는 개념이 의미를 가지려면, 지출 규정이 명확히 정의되고, 일관성 있게 적용되어야 한다.

예일 대학교의 정책은 두 가지 상반된 목표를 충족하도록 설계되었다. 첫 번째 목표는 상당액의 현행 수입금을 운영예산 쪽에 '안정적으로 전입시켜 주는 것'이다. 수입이 들쭉날쭉하게 변동하더라도 대학교의 활동이나 프로그램을 조정하기가 어렵기 때문이다. 두 번째 목표는 대학기금을 인플레이션으로부터 보호함으로써, 현행 프로그램이 미래에도 현행 수준으로 지원될 수 있게 해주는 것이다.

예일 대학교의 지출 규정은 장기 지출율을 대학기금 시장가치의 변동에 비례하여 점진적으로 지출율을 조정하는 완충규칙과 조합하여 적용함으로써, 이러한 두 가지 목표를 달성하려고 시도한다.

지출규칙으로 운영예산전입금액은 전년도의 인플레이션을 조정한 후 지출액과 현행 기금 시장가치에 목표비율을 적용하여 나온 금액의 가중평균치로 한다.

지출 규칙은 두 가지 의미를 시사한다. 첫째, 전년도의 지출액을 규칙에 반영함으로써, 과도한 변동을 제거하고, 대학교로 하여금 운영예산 소요 계획을 수립할 수 있게 해준다. 지난 20년 동안에, 지출액의 연간 변동성은 기금 가치의 변동성의

1/3 미만이었다.

둘째, 지출액을 장기 목표지출수준에 맞추어 조정함으로써, 이 규칙은 지출이 기금 시장가치의 변동에 민감하게 반응하도록 만들고, 장기 구매력의 안정성을 확보한다.

4. 자산 배분

Gary P. Brinson, L. Randolph Hood 및 Gilbert L. Beebower은 금융분석 저널 1986년 7/8월호에 게재한 "포트폴리오 성과의 판정(Determination of Portfolio Performance)"이라는 중대한 논문에서, 투자 수익률의 93.6% 이상이 종목 선정이나 매매 타이밍 포착(market timing)[20]이 아닌 전략적 자산 배분에 기인하였다고 결론을 냈다.

이러한 발견으로 인해 투자 운용정책이 근본적인 영향을 받았고, 자산 배분이 투자 결정을 실행하는 데 가장 중요한 측면이라는 신념이 뿌리를 내렸다. 이 논문의 결론의 여러 요소, 특히 질문의 문언의 하자를 밝혀 내는 연구가 다수 발표되기는 했지만, 학자들은 포트폴리오 전체 수익률의 대부분이 장기 자산 배분정책에 좌우된다고 일관적으로 보고하였다[21].

자산 배분이란 다양한 포트폴리오 자산별로 투자될 비율을 조직의 투자 목적과 위험 수용도에 따라 결정하는 활동으로서, 재단 및 대학기금의 CIO 또는 투자위원회가 내리는 가장 중요한 결정 중 하나이다. 자산 배분에서 올바른 답변을 도출하는 것만큼 어려운 결정은 거의 없으며, 그 결과에 따라서 투자 포트폴리오의 기본

20) 역자 주 : Market timing이란 장기적인 정책적 자산 배분으로부터 단기적으로 벗어나는 포지션을 취하는 것임.

21) Tokat, Yesim PhD, "The Asset Allocation Debate : Provocative Questions, Enduring Realities", The Vanguard Group, Investment Counseling and Research Analysis, April 2005.

위험과 수익 특성이 정의된다. 투자위원회와 CIO 간에 효율적인 상호작용의 중요성과 필요성이 크기에, 펀드의 자산 배분 철학과 절차를 명확히 서면화한 정책서를 구비하는 것이 매우 중요하다. 자산 배분에 대한 CIO와 투자위원회의 견해가 투자정책서의 한 가지 중요 요소이다.

자산 배분 절차는 크게 두 가지 접근방식에 따라 결정될 수 있다. 첫 번째 접근방식인 전략적(strategic) 자산 배분은 한번 설정되면 잘 변경되지 않으며, 기금은 자산 배분 목표를 규율적인 리밸런싱에 의해서 철저하게 준수한다.

두 번째 접근방식은 보다 전술적(tactical) 자산 배분으로서, 기관은 항상 변화하는 시장 기회를 활용하기 위한 시도로서 자산분류 간에 빈번한 이동을 수행한다. 실무에서는 다수 기관들이 중간 영역에 속하여, 장기 전략적 자산 배분을 설정하는 한편, 단기적인 전술적 tilt(기울임)에 의해 가치 창출을 허용하고 실현한다.

다수의 성공적인 재단 및 대학기금들이 자산 배분에 대한 관점을 상향식(bottom-up)과 하향식(top-down)을 혼합한 과정을 통해 발전시켜 왔다[22]. 기관들은 테마의 영향을 더욱 받고 있으며, 자산 배분은 자산 스타일 구간(bucket)[23]을 채우는 과거의 접근방식 대신에 기관이 어디에서 기회를 포착하는가에 의해 더욱더 좌우된다. 게다가 공모주식, 사모주식, 헤지펀드와 부동산의 특성을 모두 갖고서 출현한 변종이 가장 흥미로운 기회이므로, 상이한 자산군 간의 구분이 더욱더 모호해지고 있다.

1) 자산군

투자정책에서 채택되는 자산 배분 절차의 첫 단계는 전체 포트폴리오에 편입될

---

22) **역자 주** : Top down은 세계경제에 대한 분석에서 시작하여 개별 자산군을 선택하며, Bottom up은 개별 자산 분석에서 시작하여 거시경제를 반영하는 방식이다.

23) **역자 주** : Harold Evensky가 저금리하에서 퇴직자들의 투자를 지원하고자 도입한 개념이다. 자산 스타일 구간 1은 생계비용 단기 현금성 자산이다. 자산 스타일 구간 2는 5년간 안정적 수익을 목표로 하며, 주로 우량채권 및 고배당주식이다. 자산 스타일 구간 3은 장기 고수익 투자이다. 대학기금의 자산 스타일 구간 적용 예시는 제13장 4. 3) 테마에 의한 배분정책 참조.

각 자산군을 정의하고 그 목적을 서술하는 것이다. 자산군의 가짓수에 대해 통일된 기준은 없다. 몇몇 대학기금의 경우 2000년대 중반의 추세는 가짓수를 줄이는 것이었다. 예로서 주식(미국과 비미국 주식 및 공모와 사모 주식), 채권 및 헤징(다른 두 자산 분류와 상관관계가 없거나 낮음)의 세 가지 분류였다. 더 많은 가짓수로 분류하는 기관의 경우 주식을 소형, 대형, 가치주와 성장주로, 사모주식을 벤처, 바이 아웃, 메자닌 및 부실기업으로 세분한다. 각 자산군은 포트폴리오에 고유한 위험과 수익(또는 위험 축소) 속성을 더해 주어야 한다.

또 다른 방식은 미국 공모주식, 비미국 공모주식, 투자 적격 등급 채권, 투자 비적격 등급 채권, 현금, 부동산, 절대수익률 및 사모주식으로 분류하는 것이다.

가. 전통적인 자산군

미국 상장주식

이들 투자는 미국 상장기업의 이익 증가를 자본화하는 유동성 높은 기회이다. 이들 증권은 인플레이션으로부터 장기적인 헤지를 제공해 준다(이 증권은 예상하지 못했던 인플레이션의 시기에는 단기적으로 저조한 성과를 보인다). 그러나 이 증권의 단기 내지 중기 위험이나 변동성이 더 크기에, 이를 보상하려면 채권에 대비하여 위험 스프레드가 요구된다.

해외 상장주식

이러한 투자는 미국 외의 선진국 및 개발도상국의 상장기업의 이익 증가를 자본화하기 위한 유동성 높은 기회이다. 이들 증권은 미국계와 비미국계 기업 이익 간의 상관관계가 낮으므로 다변화의 혜택을 제공한다(미국과 해외 주식 간의 상관관계는 단기적으로 높아졌다는 인식이 높아졌지만). 이들 증권은 외국통화 노출도를 제공하며, 이는 달러 인플레이션에 대한 헤지를 제공하는 데에 기여한다. 이들 증권은 중장기적으로 미국 상장주식보다 수익률이 좋거나 나쁠 수 있으나, 채권 자산의 수익률보다는 역사적으로 더 좋았다. 해외주식에서도 미국 상장주식에서처럼 단기 내지 중기 위험이나 변동성이 더 크기에, 이를 보상하려면 채권에 대비하여 위험 스프레드가 요구된다.

● 투자 적격 등급 채권

중장기 투자 적격 등급 채권은 불황기에 잘 버티는, 보다 예측 가능한 현금흐름을 제공함으로써 디플레이션에 대한 보호를 제공한다. 수익률은 우상향의 수익률 곡선으로 인해서 역사적으로, 현금 보유보다 높았다. 그러나 이들 증권은 예상하지 못한 인플레이션이 진행되면 투자의 진정한 가치가 단기간 내에 떨어질 리스크에 노출된다.

● 투자 비적격 채권

신용위험이 높은 채권은 투자 적격 채권보다 고수익률의 기회를 제공한다. 역사적으로 신용위험이 높은 채권의 평균 수익률과 위험은 상장주식과 투자 적격 채권의 중간 수준에 있었다. 이러한 리스크 프리미엄은 시점에 따라 달라진다.

● 현금

현금과 현금등가물(예로서 고 신용 단기채권)은 최저 위험(공히 변동성과 유동성 면에서)을 제공하지만, 장기적으로 수익률이 가장 낮다.

나. 대체투자 자산군

● 실물자산

이 자산군은 인플레이션 위험에 대해 최선의 헤지를 제공한다. 이 자산군의 최대 비중은 부동산이 점유하지만, 인플레 연동채권, 원자재, 석유와 가스, 광물, 목재/농장, 및 고 인플레이션 기간에 좋은 성과를 낼 기타 실물자산들이 포함된다. 이러한 자산군은 초 저위험(변동성과 유동성 측면에서)인 인플레이션 연동채권으로부터 사모주식에 유사한 고위험/수익의 석유와 가스 탐사까지 포함한다.

사모주식(Private equity)

사모주식 투자는 투자자로 하여금 비상장기업에 접근하게 해주며, 유동성 위험 프리미엄으로 상장 증권보다 높은 기대수익률(위험도 더 높지만)을 준다. 사모주식은 벤처캐피털, 부실채권, 바이 아웃 및 메자닌 펀드를 포함한다. 이러한 투자들은 유동성이 가장 낮으며, 전형적으로 유한책임 파트너십으로 구성되어 투자자에게 장기간 현금흐름을 돌려 준다. 이같이 낮은 유동성, 높은 복잡성 및 업무집행조합원(general partner : 즉 사모주식 운용사)이 포트폴리오에 가치를 창출해 주는 역량에 따라 사모주식 투자가 상장주식 투자보다 더 매력적인 잠재성을 가진다. 그러나 이들 투자는 상이한 운용사들 간에 가능한 투자수익률의 편차가 넓게 확대되는 특성을 보이므로, 어떤 다른 자산군에서보다 운용사 선정이 더 중요해진다.

절대수익률

절대수익률 전략은 재정거래, 주식 보유와 공매도 및 부실채권 투자 등 다양한 적극적 전략을 구사하는 재능 있는 펀드매니저에게 투자하는 기회이다. 이러한 투자는 다른 자산군 대비 변동성이 낮지만, 측정하기 어려운 다른 형태의 '꼬리 위험(tail risk)'이 수반되며 투명성이 낮으므로, 전통적 자산군 대비 가장 신중한 관리를 요한다. 절대수익률 투자는 전통적인 자산군보다 유동성이 낮지만, 사모주식보다는 록업 기간이 더 짧기 때문에 유동성이 높다.

2) 자산 배분 분석과 도구

재단 및 대학기금은 장기간 영속하는 주체이고, 미래의 학생과 수혜자들의 여러

세대에 걸쳐서 학문 또는 자선활동 임무를 지원하는 목적하에 그 포트폴리오를 유지한다. 따라서, 금융시장의 활동에서 어떤 특별한 단기적인 통찰력이나 지식이 없다면, 이들의 투자계획은 장기여야 하며, 이는 통상 10년으로 단순화된다. 자산 배분 과정이 장기에 집중하지만, 수시로 발생하는 예외적인 단기 투자기회를 분석하고 행동할 여지가 인정될 수 있다.

가. 역사적 실적과 기대수익률

얼마나 긴 시야를 갖고 자산 배분을 기획하든 간에, 모든 과정에서 자산군의 수익률의 기대 특성과 상호 상관관계에 대한 가정이 요구된다. 특히, 자산 배분에서의 고려사항은 기대수익률, 표준편차 및 상관관계이다. 전통적으로 수익률을 가정할 때, 현행 가용 시장수익률에 강력히 영향을 받는 채권을 제외하고는, 다수의 애널리스트들이 자산군의 역사적 수익률 실적에 중점을 두는 경향이 있다. 그러나 이러한 후행적(backward-looking) 분석으로 인해, 1990년대에 자산 배분에서 다수 투자자들이 당시의 너무 높은 주식 수익률 가정을 적용하도록 유도당했고, 다수 기관들이 주식에 과대 배분한 결과가 초래되었다. 이같이 주식 수익률 기대치는 역사적 평균에 과도하게 의존하여 개발된 반면, 채권수익률은 현행 시장 평가를 사용하여 예측되었다(즉, 채권 가격이 상승하면, 수익률이 하락하고 따라서 장래 수익도 낮아짐).

한편, 선행적(forward-looking) 수익률은 수익과 가치평가에서의 변경을 포함하여, 장래 총수익률에 영향을 주는 잠재 요소들을 합리적으로 분석하는 데에 기반한다. 이러한 요소(building block) 접근방식에 의해 구해지는 10년 수익률의 가정치는 특정 자산군의 전체 역사상 관찰된 수치와 상당한 차이가 나는 경우가 많다. 대체 자산군에 대한 기대수익률 추정은 더 어려워서, 기술이라기보다 예술이다. 대체자산에 역사적 평균을 사용하는 것은 시작점으로서는 좋지만, 대체투자 자산에 몰려드는 자본액을 고려하여 수치가 감액 적용되어야 한다.

나. 자산 배분의 재검토 주기

또 한가지 결정 사항은 자산 배분의 재검토 주기이다. 전통적으로, 대다수 초대형 기관은 운용을 함에 있어 '매매 타이밍 포착(market timing)은 작동하지 않는다'는 생각을 갖고 있었다. 전략적 자산 배분은 일단 설정되면 변경되지 않았다. 이 같은 규율이 수립되면, 투자위원회에 의해 주도되는 기관들로 하여금 수익률을 좇는 집단행동을 추종하고자 하는 유혹을 회피하도록 기여하였다.

그러나 다수의 재단 및 대학기금과 연금들은 자사의 자산 배분을 보다 자주 검토하게 되었다. 이 책의 저자의 설문에 응답한 대부분의 기관들은 전략적 자산 배분을 매년 재검토한다. 게다가, 다수 기관들이 자사의 CIO로 하여금 당초의 전략적 자산 배분 당시에 미리 설정해 놓은 허용 범위 내에서 소폭의 전술적 이동(shift)을 허용하며, 이를 권장하는 경우도 많다. 전략적 자산 배분과 전술적 배분 사이의 구분도 점점 모호해져 왔다[24]. 이는 '장기투자자는 장기적인 가정을 사용해야 한다'는 개념과 다소 어긋나 보일 수 있다.

다만, 시장 내에 존재하는 변동성 수준에서 볼 때, 더 빈번한 검토는 필요하다. 금융자산 가격은 단기간에도 상당히 변동할 수 있으며, 이러한 변동에 의해 필연적으로 장래수익률이 영향을 받는다. 이러한 영향의 명백한 사례는 채권시장에서 나타난다. 3%의 수익률에서 매수된 채권 포트폴리오는 그 이후에 5% 수익률에서 매수된 동일한 채권 포트폴리오에 대비하여 기대수익률이 더 낮다.

동일한 관점이 주식 및 다른 자산에도 적용될 수 있고, 또 적용되어야 한다. 높은 배당수익률과 낮은 가격에서 매수된 주식 포트폴리오의 기대수익률은, 성장 기대치에서 설득력 있는 수준의 차이가 발생하지 않는 한, 낮은 배당수익률과 높은 가격에서 매수된 동일 포트폴리오보다 더 높아야 한다. 여기에서 핵심 포인트는

---

24) **역자 주** : 전략적 자산 배분은 장기적 관점에서 투자의 목표를 정하고 달성할 수 있도록 자산군별 상대적 투자 비중을 결정해 가는 과정으로 정의된다. 전술적 자산 배분은 전략적 자산 배분을 통해 도출된 모델 포트폴리오에 기초하되 변화하는 시장상황에 능동적으로 대응하기 위하여 운용자가 주관적인 투자전략을 가미하여 실제 투자 가능한 상품으로 구성된 포트폴리오를 도출하는 과정이다.

어떤 자산군의 현행 수익률과 가격이 장래 총수익률에 중요한 요소인데, 이들이 항상 변화하고 있다는 점이다.

자산 배분 과정에 대한 이러한 논란은 주로 2003년 초 Peter Bernstein[25)]의 연설에서부터 촉발되었다. Bernstein은 '주식은 항상 역사적인 두 자릿수 초반의 평균 수익률을 창출한다고 기대된다'라는 잘못된 신념[26)]에 대항하여, 다른 연구자 및 투자자들(Jeremy Grantham, Robert Shiller, Cliff Asness[27)], Rob Arnott)이 수년 동안 주장해 왔듯이 '가격이 중요하다'라고 주장하였다. 그는 자산 배분이 설정되면 몇 년간 불변해야 하는 것이 아니며, 그 이유는 가격과 시장에서의 기회가 계속 변화하기 때문이라고 강력히 주장하였다. 장기적인 사고의 혜택은 다수 투자자로 하여금 가장 최근의 유행을 좇도록 만드는 행동상의 함정을 회피할 능력을 얻을 수 있다는 점이다. 그러나 만일 모든 이들이 '마켓 타이밍은 작동하지 않는다'라는 신념 하에서 행동한다면, 보다 전술적으로 행동할 기회가 아마도 주어질 것이다.

다. 경쟁사 분석

기관의 전략적 자산 배분 내역은 유사한 목적을 가진 다른 기관의 배분과 비교의 필요성이 있다. 이러한 분석은 배경 정보로 사용하고자 의도된 것이므로, 자산 배분 의사결정을 제약하지는 말아야 한다. 각 기금이 고유한 투자 목적, 의무 및 위험 수용도를 가졌기 때문에, 성과의 직접 비교를 위한 경쟁사 분석은 신중하게 활용되어야 한다.

---

25) **역자 주** : Peter Bernstein은 미국의 경제학자이자 연방준비은행과 자산운용사에서 근무하였다. *The Journal of Portfolio Management*의 초대 편집자이다. 그는 market timing이 필요한 것이라고 재단과 대학기금들에게 주장하여 호응을 받았다. Peter Bernstein, Are Policy Portfolios Obsolete? Economics & Portfolio Strategy, 2003.3.1.

26) **역자 주** : 제6장. Alice Handy의 3. CIO 직위 1) 자산운용 절 참조

27) AQR 헤지펀드의 Cliff Asness는 20세기 중반까지 주식 배당수익률이 장기국채 수익률을 크게 상회하였던 상황이 사라진 것이 주식과 채권 간의 장기 변동성 차이에 좌우된다고 주장하였다. Cliff Asness, Stocks vs. Bonds : Explaining the Equity Risk Premium, Financial Analysts Journal 2000.3.

경쟁사 분석은 두 가지 측면에서 유용하다. 첫째로, 분석의 목적이 평균을 능가하는 성과라면, 차별적인 또는 '평균 이상'의 자산 배분이 당연히 필요할 것이다. 둘째, 역발상 투자는 일정 기간 이상 유지하기가 어렵기 때문에(즉, 역발상 포지션이 일시적으로 작동하지 못하는 때), 자산 배분이 타 기관, 특히 가장 유사하다고 파악되는 곳과 어떻게 비교되는지를 파악하면 유용하다. 그러면 해당 역발상 포지션을 어려운 기간 동안 지켜 나가는 데에 도움이 될 수 있다.

자산 배분과 자산/부채 분석에는 고난도의 계량적 기법이 수반되며, 그 산출물이 정확하다고 가정하고 싶은 유혹을 받게 된다. 그러나 이러한 모델의 기저의 취약성과 기반 가정의 민감도 · 중요도들을 이해해야 하며, 결국 이들 모델과 절차는 의사결정 과정을 지원하는 도구로만 간주되어야 한다. 최종적인 정책 믹스(mix)는 직관적 판단 관점에서 타당한 것이어야 한다.

라. 위 험

자산 배분 과정은 당해 조직이 수임받은 투자, 금융시장의 패턴 및 불확실한 조건하에서 효과적으로 집단적 의사 결정을 내리는 데 필요한 구조들에 좌우된다. 넓은 관점에서 볼 때, 재단 및 대학기금의 목적은 '위험을 통제하면서 수익을 극대화한다'라는 것으로서 다른 투자자들과 다를 것이 없다. 고수익의 혜택은 명백하다. 기금의 수익이 높을수록, 재단 및 대학기금이 미래의 학문 또는 자선 프로그램에 기여할 재원이 더 커진다.

그러나 고수익 추구는 위험관리 체계하에서 수행되어야 한다. 투자 위험도의 척도가 없으면 잠재적인 또는 실현된 수익률의 매력도나 성공 여부를 평가할 수가 없다. 아마도 가장 중요한 정책 결정은 어느 정도의 위험을 수용할 것인가의 결정일 것이다. 포트폴리오의 관리에서는 변동성, 추적 오류, 유동성 위험, 복잡성 위험(즉, 투자의 진정한 손실 위험에 대해서 알지 못할 위험), 특정한 수익률 임계치에 도달하지 못할 위험 등을 포함하여, 다수의 상이한 위험 척도들이 사용된다.

이 척도들이 모두 유용하지만, 이 척도들은 자산 포트폴리오 내의 위험을 취급하는 것일 뿐, '비영리기관이 장래의 프로그램을 위한 펀딩 목표 이외에 부채도 부담하고 있으며, 이 목표 및 부채가 금융자산의 수익률을 결정하는 일부 동일한 경제적 요소(즉, 금리와 인플레이션)들에 대해 공히 민감할 수 있다'는 사실이 반영되어 있지 않다.

대학기금의 자산 배분에 대한 완전한 분석을 위해서는, 당해 기관의 대차대조표의 양 측면을 보면서, 다양한 대체적 포트폴리오 구조가 총 위험의 핵심 척도에 미칠 잠재 영향의 추정이 필요하다. 이를 달성하는 데 자산/부채 모델이 사용될 것이다. 자산/부채 모델의 산출물이 각 대체 포트폴리오에 대해 결과물의 확률 분포를 설명해 준다. 이를 측정하는 척도는 당해 기금이 기관의 예산에 기여한 비율 및 아마도 기관의 신용등급 등의 핵심 요소들이다.

마. 리밸런싱(Rebalancing)

투자정책에서는 자산 배분 접근방식 및 과정에 추가하여, 리밸런싱 접근방식을 수립해야 한다. 리밸런싱은 i) 시간의 경과, ii) 자산 배분이 설정된 범위를 이탈하거나, iii) 투자위원회나 CIO의 정성적 의견상 위험(변동성이나 측정 오차)이 배정된 위험 예산 초과시에 발동되거나, iv) 전혀 발동되지 않을 수 있다. 투자 과정이 전략적 또는 장기 자산 배분 목표에 따라 운용한다는 규율을 따르고 있다면, 세 가지 발동 요건 중 하나를 사용할 것이다.

시간 경과 접근방식은 CIO로 하여금, 전형적으로 월 · 분기 또는 연 단위로 사전에 정해진 기간 경과시마다 목표 자산 배분으로 돌아가는 기계적인 리밸런싱을 실시하도록 요구한다. 경우에 따라, 특히 거시적 사건(예를 들면 테러 사건, 시장 급락) 시에는 정성적인 overlay[28]가 허용된다(본절 후술 참조). 그러나 리밸런싱에 수반되는 규율과 위험관리에서는 리밸런싱이 상당히 기계적인 절차로 진행할 것이

28) **역자 주** : 리밸런싱 overlay는 실물자산의 매도 대신 파생상품을 전형적으로 사용하므로, CIO가 운용사들 간에 실물자산을 이동시킬 필요가 없고 비용이 저렴하다.

요구된다[29].

리밸런싱에서 또 하나의 이슈는 기관이 장기 목표로 복귀할지, 또는 복귀 도중의 어떤 지점(예컨대, 목표의 언저리)까지 부분적으로 리밸런싱할지의 여부이다.

또 하나의 이슈는 파트너십에 자본을 출자 약정한 후 3~5년에 걸쳐 투자가 집행되는 유동성이 낮은 자산인 대체투자를 취급하는 방식이다. 현금의 분할투자 집행(drawdown) 시점 및 궁극적으로 투자를 회수하는 시점이 불확실하므로, 대체투자 자산군과 하부 자산군을 목표에 맞추어 관리하는 데 어려움이 발생한다. 기관들은 장기 목표 달성에 가장 가까운 연간 출자약정 제공을 목표로 삼는 경우가 많다. 그러나 이러한 방식은 수많은 가정에 근거한 것이고, 단순한 예측일 뿐이다. 대체투자 자산군을 목표대로 관리하는 데 수반되는 애로점을 인정하여, 일부 기관들은 이들 자산을 리밸런싱의 대상에서 제외하고, 유동성이 좋은 자산만을 배분 목표에 맞추어 관리한다.

리밸런싱을 하는 데에 혼장(commingled) 펀드로부터 자산의 매각이나 환매가 수반될 수 있다. 그러나 환매는 운용사가 설정한 lockup(환매 제한 기간)으로 인해 원천 불가능하거나, 운용사가 펀드를 마감한 경우(즉, 신규 투자금을 받지 않음)에는 바람직하지 않을 수 있다. 재단 및 대학기금이 운용사가 이미 마감을 한 펀드로부터 기존 투자금의 전부나 일부를 환매하게 되면, 당해 기관은 장래에 당해 자산군이 장기 또는 전략적 목표에 미달하게 되어서 당해 운용사의 펀드에 재투자하려 해도 거절을 당할 수 있다.

어느 경우에나, 당해 기관은 overlay[30]를 활용하여 리밸런싱을 달성할 수 있다.

---

29) **역자 주** : 시장이 움직이면 목표 자산배분으로부터 실제 자산배분이 달라지는 drift가 발생한다. 1987년 블랙 먼데이 당시 일반 펀드매니저들은 주식을 축소하여 채권으로 몰려들었다. 이때 예일대학기금은 리밸런싱 차원에서 수천만 달러의 주식을 매입하여 결국 큰 차익을 얻었으나, 그 과정에서 한 투자위원으로부터 '자산배분이 매우 공격적'이라는 비판을 받았다[제9장 Ellen Shuman의 4-2). 신흥시장 위기에서 리밸런싱 참조].

30) **역자 주** : Overlay는 기관투자자가 상이한 운용사들에게 자산 운용을 맡긴 경우 개별 운용사의 활동에 따라서 전체 포트폴리오에 영향을 받을 수 있으므로, CIO가 포트폴리오 전체 차원에서 조정해 주는 활동이다.

기관은 overlay에서 운용사에 대한 노출도를 유지하기 위해 스왑이나 선도/선물거래를 활용할 수 있으며, 기존 자산군에 대한 잉여 노출도를 포트폴리오 내에 비중이 미달한 다른 자산군으로 교환(swap) 또는 전환(convert)한다. 이러한 overlay를 실행하려면 적극적인 현금 관리가 필요하다.

5. 투자정책의 실행

일단 투자정책이 문서화되고 책임이 위임되고 나면, 투자절차는 투자 분석과 선정, 포트폴리오 운용 및 위험관리에 집중된다. 투자정책은 소극적 대 적극적 운용 및 내부 대 외부 운용에 관한 자체 정책을 포함해야 한다.

1) 적극적 대 수동적 운용

다수의 재단 및 대학기금들은 적극적 운용이 저비용의 인덱스 투자나 소극적 투자보다 많은 가치를 창출하는 것이 당연하다고 간주하므로, 적극적 운용을 명시적으로 정책으로 채택하지는 않는다. 수동적인 운용은 보다 대형 연금 쪽에서 공통적으로 채택한다. 그러나 적극적 운용은 고비용이 수반되며, 다수의 적극적 운용사들이 수동적 투자의 성과를 능가하지 못했다는 통계를 많은 학자들이 제시한 바 있다.

투자는 그 정의상 제로섬 게임이므로 누군가 지수를 능가하는 수익을 냈다면, 또 다른 투자자의 수익률은 지수에 미달해야만 한다. 실제로 위탁운용사에 지급하는 수수료 부담이 크며, 이는 투자자에게 네거티브섬 게임을 의미한다. 즉, 많은 전문 운용사들도 운용기간이 길어지게 되면 자신들의 지표 수익률을 능가할 가능성이 떨어진다.

이러한 사실을 'Lack of performance persistence(과거의 성과는 장래의 성과를 의미하지 못한다)'는 저명한 논리와 중첩시켜 보면, 찰리 엘리스(Charlie Ellis)[31]가 적극적인 운용사를 잘 선정하려는 시도를 패배자의 게임(loser's game)이라고 비유한 이유가 이해가 된다. 데이비드 스웬슨도 그의 두 번째 저서 '비전통적인 성공 : 개인투자에의 근본적인 접근 방식(Unconventional Success)'에서 "개인투자자 및 인력이 부족한 기관은 전체 포트폴리오를 인덱스화함으로써, 대형기관처럼 인재를 확보하여 투자 아이디어를 발굴하고 조사할 업무 부담을 회피하라"고 권고하였다.

2) 외부운용 대 내부운용

재단 및 대학기금의 투자 오피스와 CIO는 자산 배분, 테마 선택 및 위탁운용사 선정을 통해서 가치를 창출하며, 개별 종목의 선정은 일반적으로 외부운용사에게 운용계약을 통해서 위탁한다.

단, Harvard Management Company만은 내부운용에서 오랜 실적과 성과를 달성한 예외적인 존재이다. 내부운용의 장점은 외부운용사에게 지급하는 수수료 대비 내부 스태프를 고용하는 편이 비용이 저렴하며, 투명성이 더 높아지고, 이에 따라 내부운용에 수반되는 위험의 관리도 용이해진다는 점이다. 내부운용의 단점은 스태프를 고용하고 유지하기가 어렵다는 점이다.

이 문제는 결국 설립하느냐, 인수하느냐의 결정으로 귀결되는데, 통상 최고의 인재는 내부고용보다는 외부용역계약을 하는 편이 확보하기 용이하다. 최고의 펀드매니저가 기관의 내부 스태프로 입사할 가능성은 희박하며, 만일 어떤 기관이 그러한 인재를 유치하는 데 성공하더라도 고용을 유지하려면 비용 부담이 너무 크다

31) **역자 주** : Charlie Ellis는 예일대 학부와 하버드 경영대학원을 나와 Donaldson Lufkin Jenrette 투자은행 근무 후, Greenwich Associates 컨설팅을 창업하였다. 싱가폴 GIS의 자문역임. 저서 Winning the Loser's Game에서 투자 포트폴리오를 인덱스 펀드를 중심으로 구성해야 한다고 주장.

(비영리기관 내의 다른 스태프들의 보수 수준에 대비하여). 재단 및 대학기금은 재능 있는 스태프는 더 많은 보수를 좇아 '비영리'라는 제약을 받지 않는 민간 투자기관으로 떠나는 반면, 재능이 뒤처지는 스태프들만 남게 될 것이라는 '역선택'의 잠재 문제에 직면한다.

일부 대형기관들은 외부운용사와 공동투자(coinvest)함으로써 내부운용을 일부 도입하였는데, 그 전형적인 사례는 기 선정한 PE 운용사가 발굴해 오는 비상장기업에 대한 직접투자이다. 재단 및 대학기금들의 입장에서, 공동투자는 운용사 측에서 확신을 갖는 투자 건에 집중 투자하는 혜택이 있고, 공동투자분에 대해서는 위탁운용사 수수료 지급대상이 아니며, 내부 스태프의 업무 관여도를 보다 높일 수 있는 장점이 있다. 이러한 공동투자는 투자 스태프들로 하여금 외부운용사 모니터링과 실사에 참여하고 익힐 수 있는 기회도 만들어 준다. 또한, 저자가 인터뷰했던 재단 및 대학기금 중 기금을 내부 스태프가 운용하는 곳이 한 군데 있었다.

내부운용의 또 다른 형태로는 수동적 전략 또는 개선된 수동적(enhanced-passive) 전략[32]의 실행, 전술적 overlay 또는 헤지 overlay 및 채권 운용들이 있다[제4장 2. CIO 직위, 4) 알파와 베타 포착 구조 참조]. 채권은 가장 공통적으로 내부운용되는 자산군이다. 적극적인 채권 펀드매니저 중 최고와 최저의 성과 격차를 보면 어떤 자산군에서보다 편차가 가장 작다. 따라서 대학기금의 투자 스태프들이 적극적인 채권 운용사를 발굴하는 데에 시간과 노력을 투입하더라도 성과가 가장 낮다.

3) 외부운용사 선정

대다수 재단 및 대학기금들이 증권종목이나 기업 선정을 외부운용사에 위탁하기 때문에, 운용사 선정이 중요하다. Jay Yoder는 '대학기금 운용(Endowment Management) : 실무 지침'이라는 저서에서 적절한 운용사 선정을 위한 체계적이고

32) 역자 주 : 적극적과 수동적 전략의 중간 전략으로서, 추적 오류의 영향을 최소화한다.

사려 깊은 모범적인 접근 방식을 다음과 같이 제시하였다.

- 특정한 투자 목적을 수행하도록 운용사를 선정한다(가치 지향 운용자가 필요한데 성장 지향 운용사가 인기가 있다고 해서 선정하지 말라).
- 물색 시, 명확하고 합리적인 목적을 설정한다. 반드시 최고의 운용사는 아니더라도, 우수한 운용사를 선정하는 데에 집중하라.
- 운용사 선정에서 스태프들의 역량이나 시간이 부족한 경우, 실사 책임을 컨설턴트나 재간접펀드 운용사 등 전문가에게 위탁한다.
- 물색 기준을 수립하고 당해 기준의 논리를 정립한다.
- 개인적으로 아는 운용사를 선정한다. 기존에 투자를 했거나 상당한 기간 동안 관찰을 해 왔던 운용사를 고려한다. 다음에는 선배, 투자위원회 위원, 자산군 전문가에게 추천을 의뢰한다.
- 철저한 실사를 수행한다. 인력, 철학, 과정, 실적, 전문성, 신중하고 본능적인 반응들에 근거하여 투자 운용 조직을 평가한다.
- 신중한 관리자 규칙을 따른다. 규칙에 따랐다고 해서 특정 전략에 절대적 최고의 운용사를 선정하지 못할 수 있지만, 물색 시점에서 목적에 적합한 운용사를 발견하는 신중한 과정을 따라 가는 데 도움이 된다는 점을 인정한다.

4) 포트폴리오 운용

포트폴리오 운용에서는 계량적(즉, 타 운용사와 역사적 수익률 측면에서 상관관계가 낮음) 및 정성적(운용사가 상이한 분석 접근방식이나 정보 원천을 사용하거나, 상이한 지역이나 부문에 집중함으로써 차별화됨) 요소를 공히 고려하여, 다변화의 혜택을 제공하는 포트폴리오에 운용사들을 결집시키게 된다. 기관은 보유 자원(즉, 투자 스태프)에 대비하여 투자 건수가 적절한지를 반드시 고려해야 한다. 예컨대, 스태프의 수가 제한된 기관은 너무 많은 운용사와 계약하지 말아야 한다.

재단 및 대학기금의 CIO들은 투자 의사 결정을 내리는 데 있어서 전술한 위험들에 직면하는데, 그 중 가장 중대한 위험은 원금 손실 및 학교 당국 측에게 약속한 지출 예산을 준수하지 못하는 상황이다. 투자 과정에는 여러 측면의 위험이 있다. 변동성과 원금 손실 위험 외에도, 유동성 위험, 인플레이션 위험, 디플레이션 위험, 환위험, 복잡성 위험(예로서 헤지펀드의 부실화) 및 업계경쟁 위험 등 고유한 위험들이 상존한다. 위험은 운영, 준법, 자산 보관 및 거래 상대방으로부터도 발생한다.

고도화된 시스템과 도구를 갖춘 CIO는 투자위원회에 의한 명확한 책임 정의 및 지원하에, 위험관리에 체계적인 접근방식을 반드시 행해야 한다.

6. 벤치마킹 및 성과 평가

성과 평가 방식은 포트폴리오 전체 성과를 목표지표와 비교하는 방식이 가장 공통적이며, 목표지표는 자산군별 지표를 장기/전략적 자산배분액으로 가중평균하여 구해진다. 전통적인 자산군에 공통적인 지표로는 미국 상장주식에 Russell 3000, 해외상장주식은 MSCI ACWI, 투자적격 등급 채권에는 Lehman Aggregate Bond Index들이 있다. 각 지표는 해당 자산군에 대한 수동적인 노출도를 나타낸다. 지표는 또한 당해 자산군의 위험을 적절히 반영해야 한다.

대체자산의 경우는 지표의 선택이 간단하지가 않다. 대체자산의 벤치마킹에는 두 가지 접근방식이 있다.

첫 번째는 어떤 공적인 지표에 스프레드를 더하여 대체자산 수익률과 비교하는 것으로, 스프레드는 위험도(변동성과 유동성)를 반영한다. 예컨대, 절대수익률 지표는 3개월 국채 + 350bp가 될 수 있다.

두 번째 접근방식은 수동적 접근방식으로서, 대체투자 운용사 집단의 평균 수익률이다. 예컨대, PE의 지표는 해당 기관이 PE 운용사에 약정을 한 당해 연도 중에 조성된 모든 PE 펀드의 가중평균수익률로서 Venture Economics가 맞춤형으로 제공하는 지표로 선택될 수 있다.

첫 번째 방식은 어떤 자산군의 위험조정 성과를 측정하는 데에 더 적합한 반면, 두 번째 방식은 당해 기관의 운용사 선정 성과를 측정하는 데에 적합하다. 첫 번째 지표에서 문제점은 위험 조정 스프레드 설정 폭이 자의적이고, 이론적 근거로 타당화하기 어렵다는 점이다. 왜 600bp가 아닌 350bp로 설정하였는가? 두 번째 지표는 객관적이기는 하지만, 대체투자 운용사 업계의 데이터베이스에 투자에 가용하지 않은(즉 신규투자를 마감한) 운용사가 포함되는 등 여러 가지 면에 취약하다는 한계가 있다.

기관들은 정책 지표를 보완하기 위해서, 인플레이션율 + 당해 기관의 지출률(예컨대 인플레 + 5%), 미국 주식/채권에 70/30 또는 60/40 비율로 수동적 배정하여 산출된 비율 및 경쟁사 비교치 등 몇 가지 다른 지표를 사용한다. 포트폴리오 전체의 수익률(예컨대 월간)이 인플레 + 지출률 지표를 단기적으로는 뒤따르지 않을 것이지만, 당해 기금이 지속성을 가지고 기관을 지원하려면 장기적으로 이 지표를 능가해야 한다는 점은 중요한 의미를 가진다. 70/30 또는 60/40 비율은 다수 기관들이 이러한 전통적인 자산 혼합에 투자한 경험을 갖고 있기에 자주 사용된다.

대다수 기관들은 또한 경쟁기관과 대비한 성과를 공식 및 비공식적으로 조사하고 있다. 예일, 하버드 및 스탠퍼드 등 선도 기관의 성과는 매년 공표된다. 뛰어난 성과로 인해 이들의 투자 전략과 절차를 모방하려는 관심도가 높아졌다.

재단 및 대학기금들이 경쟁사에 신경을 쓰면서 서로 경쟁적으로 CIO를 영입하고 투자 오피스를 확충할 동기를 부여받았다.

7. 지배 구조

대형 재단 및 대학기금들은 매우 뛰어난 투자 전문가들을 투자위원회 위원으로 위촉할 수 있고, 실제로 그렇게 하고 있다. 전문가들의 역할은 기금의 규모에 따라 달라지지만, 일반적으로 투자위원회 위원들은 전략, 감독, 이해상충 방지 및 투자건을 조사하고 승인하는 일을 주로 한다. 소규모 재단 및 대학기금들은 전술적 투자 조언과 결정을 위원회에 더 많이 의존하는 성향을 보인다. 투자위원회가 투자 과정 전반에 관여하므로 투자위원회와 투자 스태프의 역할과 책임, 특히 의사결정권이 투자정책서에 명시되어야 한다.

1) 의사결정 : 누구의 책임인가?

의사결정에는 투자위원회가 모든 투자를 결정하는 경우(제13장 Baylor 대학교 참조)와, CIO가 대다수 결정을 내리는 두 가지 기본 모델이 있다. 실무에서는, 투자위원회와 투자 스태프 간에 다양한 수준의 위임과 의사소통을 통해, 두 가지 형태의 중간 방식이 지속된다.

저자의 2004년 비공식 설문 결과에 의하면, 대다수의 기관이 전략적 자산 배분을 매년 검토하여, 미리 설정한 범위에서 전술적 자산 배분을 허용하고 권장한다. 전략적 자산 배분 절차는 통상 스태프가 주도하고 투자위원회의 승인을 득하는 반면, 전술적 자산 배분은 스태프에게 위임된다. 운용사와 계약하는 최종 권한은 CIO와 투자위원회에 동등하게 주어진다. 설문응답자 중 한 곳을 제외하고는, 투자위원회는 위탁운용사 후보자의 제안설명회에 참여하지 않았다. 모든 기관에서, 투자 스태프가 절차를 통제하였으며, 투자위원회가 CIO의 권고를 번복할 권한을 가진 경우에도, 실제 권한을 행사한 경우는 아주 적었다.

운용사 교체 안건이 투자위원회 승인 사항인 경우에, 대다수 CIO들은 회의 개최

이전에 이메일을 통해서 사전 확정할 것을 강력히 권고한다. 대다수 CIO들은 운용사와 계약을 해지하고 포트폴리오를 리밸런싱할 권한을 가진다. 모든 CIO들이 자신이 포트폴리오 변경에 관한 의사결정권을 가졌더라도 투자위원회에 변경 내용을 알린다고 강조하였다.

의사결정 과정은 근본적으로 효율성과 신뢰 사이의 균형잡기로 요약된다. 합의 또는 위원회에 의해서 투자 의사결정을 내리려면 투자 기회에 신속히 반응하는 것이 어렵다는 것은 주지의 사실이다. 그러나, 투자위원회가 의사결정을 CIO에게 위임하려면, 자신들의 수탁자로서의 의무가 준수된다는 확신이 선결되어야 한다. 이를 위해 CIO 및 투자 스태프들에 대한 높은 신뢰 관계가 필요하다. 신뢰는 협조와 의사소통을 통해 쌓을 수 있다. 잘 작동하는 모델은 의사결정 권한은 위임하되, 결정 전에 투자위원회가 협의하고 감독을 함으로써 절차에 적극적으로 관여하는 형태이다. 투자위원회 회의에서는 정책 협의와 자산 배분에 대한 정기적 검토가 이루어진다.

Jay Yoder는 그의 저서에서 투자위원회와 이사회가 투자정책 수립과 자산 배분 및 투자 오피스의 전반적 감독에 적극적으로 참여하지만, 다른 의사결정은 투자 오피스 및 CIO에게 위임할 것을 강력히 주장하면서, 몇몇 업계 전문가의 발언을 인용하였다. '대학기금의 관점, 정책과 운용'이라는 책의 저자인 William Massy는 스탠퍼드 대학교의 지배구조에 대해 다음과 같이 기술하였다.

이사회 산하 투자위원회는 비전과 그 가정을 토론하고, 전반적인 정책을 이사회에 제출하여 승인받는다. 승인된 정책의 체계 내에서, 위원회는 신탁기금의 투자에 대해 전반적인 감독권을 가진다. 핵심은 전반적인 정책과 전반적인 감독권이다. 위원회와 이사회는 방향을 설정하고 감독할 것으로 기대되지만, 포트폴리오의 일상 운용에는 관여하지 말아야 한다. 투자위원회는 정책과 제안에 대해 질문은 해야 하지만, 투자 기능 자체를 수행하려 하지 말아야 한다.

버지니아 주 공공연금(Virginia Retirement System)의 사례는 스탠퍼드 대학교의 지배구조와 일치한다. 이 연금은 1990년대 초까지 전형적인 공적 연금으로, 의사결정권의 대부분이 투자위원회와 이사회에게 있었다. 1990년대 초에 컨설턴트의 지원으로 지배구조 개편이 수행되었다. 그 후, 정책 수립과 자산 배분 이외에는, 대부분의 결정을 투자 스태프들이 내린다. 그 결과로 이 연금은 장기 지표를 능가하는 실적을 냈고, 투자 스태프들은 다른 공적 연금에서보다 기회 포착 권한을 더 갖고 대체투자에 적극적으로 되었다. 위임 기반 지배구조에 따라 역발상 투자 결정이 내려지고, 보다 장기간 유지될 수 있었다. 스태프들이 그러한 의사결정권을 부여받았지만, 투자위원회와 이사회 구성원들이 적극적으로 관여하며, 모든 투자의사 결정을 보고받는다. 포트폴리오의 중요한 변경시에는 위원들의 조언을 적극적으로 구한다.

위임 기반 지배구조에 대해 반론도 제기되었다. 첫째, 이 구조는 CIO 및 투자 오피스가 수년간 확고한 성과를 내어 좋은 평판을 쌓으면 잘 작동한다. 투자위원회가 이같이 많은 권한을 위임하려면 신뢰가 중요하다. 그런데, 다수의 재단 및 대학기금들이 투자 오피스 내의 스태프의 이직으로 인해 어려움을 겪는 상황이므로 이러한 지배구조도 어려워진다.

대다수 의사결정에 투자위원회의 승인을 요구하는 또 하나의 근거는 '당해 기관이 대규모 포지션을 보다 장기간 보유하는 데 도움이 된다'는 것이다. 투자위원회가 운용사 선정/계약 해지 및 전술적 자산 배정 결정 승인을 하면, 위원들이 그 투자에 대한 책임감을 더 느끼게 된다는 주장도 있다. 단기적으로 손실이 나더라도 당해 결정(운용사 선정이나 자산 배분)을 더 장기간 유지할 수 있다는 것이다.

이러한 주장에 대해서는 "개인에게 책임을 지우지 않는 위원회의 집단 의사결정은 과도한 신중함을 초래하고, 어려운 투자 결정은 쉽게 기각할 수 있다"는 반론이 제기된다.

2) 투자위원회 지침

골드만 삭스 연구소의 2005년 대학기금 대표자 회의[33]에 참가한 패널들은 이상적인 투자위원회의 요소를 다음과 같이 제시하였다.

- 위원들이 시간을 투입할 의지
- 투자 및 지배구조에 대한 다양한 경험
- 투자 팀의 지속성
- 스태프의 결정에 사사건건 간섭하지 않는 개방된 마인드
- 수탁자 이사회의 지지 확보

대다수 전문가들은 투자위원회가 최대 5~6인의 소규모로 유지되고, 매년 4~5회 소집되는 데에 동의한다. 또한 투자위원의 자격과 임기가 투자정책서에 명시되어야 한다. 재단 및 대학기금의 CIO는 집단적 사고를 경계하고, 투자위원회와 강력한 관계를 쌓도록 해야 한다.

예일 대학교의 대학기금 보고서에서는 투자위원회 정의의 좋은 사례를 보여 준다. 1975년 이래 Yale 재단 투자위원회는, 오랜 경력자들의 투자 경험을 포트폴리오 정책 수립에 반영시키면서, 대학기금의 감독 책임을 수행해 왔다. 투자위원회는 예일 재단 측에서 최소 3인과 특정한 투자 경력을 가진 다른 위원들로 구성된다. 위원회는 연 4회 소집되며, 회의에서 위원들은 자산 배분정책, 대학기금의 성과 및 투자 오피스 스태프들이 제안한 전략을 검토한다. 위원회는 투자목적, 지출정책 및 자산별 투자 접근방식을 명시한 대학기금 포트폴리오의 투자를 위한 지침을 승인한다. 현재 위원회는 11인의 위원으로 구성되어 있다.

---

33) Clarke, Teresa H., Rumi Malott, ad Neil Mehrotta, 2005, "Critical Issues in Endowment Management", Global Markets Institute(GMI) at Goldman Sachs, University endowment Summit Conference Proceedings.

8. 제2장의 요약

선도 재단 및 대학기금의 투자 성공에 중요한 요소는 강한 지배구조, 잘 정립된 투자 철학과 체계화된 절차이다. 투자 스태프와 기관 간에 성공적인 투자를 위해 필요한 로드맵이나 게임 규칙이라고 할 수 있는 투자정책서에 의해서, 당해 기관의 투자 원칙, 지배구조, 목적 및 자산 배분 절차가 수립된다. 성공투자의 충분조건은 투자 철학 및 투자 스태프가 투자위원회와 협업하여 되풀이되는 절차에 따라 투자 철학을 실행하는 것이다.

본서에서 소개하는 인터뷰들은 독자들이 당해 CIO들을 성공으로 이끌었던 필요충분조건들을 이해하게 해줄 것이다. 그러한 인터뷰들을 소개하기 전에, 제3장에서는 스타 CIO들이 투자하던 당시의 시장 환경을 먼저 소개한다.

제 3 장

투자의 지평선 : 독자들은 이 지점에서 출발한다

일반투자자들은 왜 대형 재단 및 대학기금의 투자 전략과 접근방식에 관심을 기울이는가? 재단 및 대학기금들은 다른 기관투자자보다 훨씬 일찍 새로운 자산군에 투자함으로써 수년간 뚜렷한 실적을 달성했고, 최고의 투자자 집단의 일부로 인정받았다.

제3장에서는 재단 및 대학기금을 업계의 선도자로 만들었던 몇 가지 요소와 거시적 시장 환경, 그리고 2007년 당시의 투자 전망을 소개한다. 또한 재단 및 대학기금의 뛰어난 성과에서 대체투자의 기여도 및 CIO들이 포트폴리오에 계속 편입한 대체투자에 대한 상세 정보를 보여 준다. 본 장에서 저자의 전망 제시로 본서의 제1부를 마무리하고, 제2부의 CIO 프로필로 연결된다.

1. 컨설턴트의 기여

샌디 유리(Sandy Urie)는 Cambridge Associates 컨설팅의 사장 겸 대표자이다. 이 회사는 아이비리그 학교들(최초 고객은 하버드)을 위한 외부 자문역으로 시작하여

34년간 재단 및 대학기금들을 자문해 오고 있다. 샌디 사장은 재단 및 대학기금들이 장기 시야를 가졌기 때문에 성공하였다고 본다.

이들 재단 및 대학기금이 점차 강력한 내부 투자 팀을 구성하였지만, 샌디 사장은 이들의 성공에는 절차를 지키는 규율과정이 중요하였다고 믿는다. "성공의 열쇠는 자산을 매매하는 트레이딩이 아니라 정책을 고수하는 것이다. 매력적인 성과를 내는 데는 절차가 굉장히 중요하다."

샌디 사장은 2007년 당시 갓 시작된 재단 및 대학기금들의 글로벌 투자가, 계속될 것으로 확신하였다. 당시 대형 대학기금에서는 외국 주식 배분 비중이 미국 주식 비중을 초과하였다. 그러나 샌디 사장은 "대학기금들이 글로벌한 모든 자산군을 다루기는 더욱 어려워질 것이다. 투자자들이 현장에 있어야 하기 때문이다. 예로서, 아시아는 단일한 시장이 아니라 지역이다"라고 첨언한다.

Cambridge Associates 외에도 Hammond Associates와 Rogers Casey 등 다른 투자 컨설턴트들이 재단 및 대학기금에게 적극적으로 자문과 자원을 제공해 왔다. 기관투자자에게 22년간 자문을 제공해 온 Hammond Associates의 창업자이자 대표인 Dennis Hammond는 대학기금의 투자 성공 요인은 '장기 투자에 집중한 점과 지배구조가 우수하며, 새로운 자산군과 전략을 일찍 채택한 의지(및 능력)이다'라고 보는데, 이는 샌디 사장의 결론과 많이 비슷하다. Rogers Casey의 Tim Barron 대표도 다수 대학기금의 성공에 대해 샌디 사장과 견해를 같이 한다. "재단 및 대학기금들은 그들의 고유한 절차를 만들었다. 이들의 지배구조는 연금 등 타 투자자층보다 우월했고, 이들은 똑똑해서 현명한 행동을 취하고 그러한 결정을 지켜나가는 경향을 가졌다."

2. 투자의 기본

1) 알파의 태동

펀드매니저들은 알파와 베타에 대해 많이 언급한다. 베타는 어떤 자산군에 투자금을 배분하거나 위험요소에 노출되어 창출되는 수익률로, 수동적으로 실행될 수 있다. 알파란 적극적인 투자운용자가 특정한 자산군에서 베타를 초과하여 창출하는 증분 수익률이다.

다수의 재단 및 대학기금이 자산 배분(즉 베타)과 운용사 선정(즉 알파)을 통해서 가치 창출을 꾀한다. 데이비드 스웬슨은 전략적(strategic) 자산 배분에 집중한다. 그는 저서 Pioneering Portfolio Management에서 전술적(tactical) 자산 배분을 배척하면서, 그러한 매매 타이밍 포착(market timing) 시도는 지속적으로 성공할 가능성이 없다고 간주한다.

Rogers Casey 컨설팅의 Tim Barron 대표도 "사람들이 뒤늦은 투자를 매우 잘해서, 어떤 자산이 형편없는 성과를 낸 후에 자산 재배분이 항상 대폭 일어난다"라고 언급한다. "투자자들은 자산군이 좋은 성과를 내면 배분액을 늘린다. 그런데 소형 재단 및 대학기금들에게 우려되는 것이 스웬슨 요소이다. 즉 많은 사람들이 스웬슨의 성과를 모방하려 하지만, 그들은 스웬슨이 팔고 있는 것을 사는 결과를 맞이할 가능성이 크다. 여러분은 떼거리 속에 있지 않고, 어딘가 떼거리를 바라볼 수 있는 위치에 서 있어야 한다."

중장기적으로, 대부분 재단 및 대학기금들의 뛰어난 성과는 그들의 자산 배분 절차(테마의 파악 및 기회 포착을 포함), 규율적인 리밸런싱 및 다양한 자산군들에 걸쳐 외부운용사들을 물색하고 평가하는 과정들로부터 이루어진 것일 수 있다.

성공투자로 가는 열쇠가 독특하고 흥미로운 일을 하는 인재들과 함께 투자하는 것이라는 사실은 과거부터 변하지 않았다. 인재들을 찾기가 어려워졌으므로, 여러분은 여러 상이한 분야에서 물색해야 한다.

다음 절에서는 거시적 시장 조건, CIO들이 직면하는 현안과 결정된 자산군의 형태들을 살펴본다.

2) 거시적 환경

거시적 투자환경이란 무엇인가? 좋은 투자대상을 발견하기가 어려워졌지만, 각 투자환경에서마다 기회는 있다. 거시적 조건이란 글로벌 경제 및 시장 추세로, 특정 시점에서 투자자에게 방향성을 주는 것을 의미한다. 거시적 조건들은 전술적 자산 배분 결정에 영향을 준다.

투자 환경은 '오늘의 이슈'에 영향을 많이 받는다. 저자는 1980년대 초 회사들이 시장과 경제에서 발생하는 다른 모든 이슈는 무시하고 석유 가격만 강박적으로 점검하던 모습을 아직도 기억한다. 근래에는 쟁점 이슈로 정부정책, 달러 가치, 연방준비은행, 테러, 디플레이션과 인플레이션, 연방 선거 들이 포함된다. 거의 모든 경우, 최근의 경험이나 좋든 나쁘든 추세가 유추되면, 미래에도 변하지 않고 지속될 것으로 생각된다.

2006년에는 에너지와 원자재 가격의 폭등, 주택 및 신용 버블, 낮은 리스크 프리미엄 등의 우려가 있었다. 이 당시 공통적인 표현은 "가격이 싼 것은 아무것도 없다" 또는 "투자하기 좋은 물건이 전혀 없다"는 것이었다. 하지만, 지나고 나서 보면 당시에는 결코 명확히 보이지 않았지만, 저렴한 투자대상은 항상 명백히 존재했었다. 금융위기가 발생하여 채권 수익률 스프레드가 확대되고 주식 PER 비율의 하락이 필연적으로 발생하면, 사람들은 이러한 상황이 지속되거나 더욱 악화될 것이라고 생각한다. 어떤 시장환경에서든지 그 시점에서의 우려하는 점과 대중적인 지혜가 있는 법이지만, 최근의 사건으로부터 과도한 영향을 받는다는 점에는 예외가 없다.

이러한 분석은 매우 단순한 경향을 가진다. 세계 경제는 관계와 거래가 복잡하게 얽힌 거미줄 같고, 매우 다변화되어 있어 많은 충격을 견뎌낼 수 있다. 경제 및 시장이 '오늘의 이슈'는 아닐 수 있는 수많은 다른 요소들에도 영향을 받기 때문에, 단순한 분석으로는 예측이 불가능하다. '오늘의 이슈'가 주는 영향의 한계에 대한 분석의 방향은 맞더라도, 그 강도에 대한 분석은 일반적으로 틀리는 것이다. 행동재무학(Behavioral finance) 연구에서는, 최근 사건으로부터의 과도한 유추해석 및 떼거리 행동을 포함한, 투자자 측의 여러 가지 취약점을 보여 준다. 실제로, 대부분의 충격은 좋든 나쁘든 예측 불가능하며, CNBC 또는 Financial Times와 Wall Street Journal에 보도되는 사건도 그렇다. 악재로서 테러 공격, 또는 호재로서 기술적 돌파구 등, 예측 불가한 사건들은 경제와 시장에 지속적인 움직임을 일으켜, 다시 새로운 '오늘의 이슈'로의 체제 변화를 가져올 것이다.

투자자들은 2000년에 붕괴한 닷컴 버블을 기억하고 있으며, 그 사건 이후 미국은 또 하나의 버블에 올라 탔다(서브프라임 주택과 신용의 버블). 기술주 버블은 S&P500지수 기준으로 2000년 3월 24일에 정점에 도달한 후, 2002년 10월 9일의 저점까지 49%의 폭락으로 귀결되었다. 이에 따라, '주식이 다른 자산보다 우월한 수익을 주어 장기적으로 위험이 덜하다'는 전통적인 지혜를 따라 매수했던 투자자들 다수가 손을 데었다. 이후 시장의 통념은 '불확실한 주식의 성장이나 자본이득(49%의 손실률을 기억하라)보다 현재 수익률이나 현금흐름이 훨씬 안전하다'는 것으로 바뀌었다.

이같이 투자자들은 최근의 수익률을 좇는 경향을 보이지만, 일부 선도 대학기금들은 이러한 취약한 행동을 회피하였다. 따라서 닷컴 버블 붕괴 이후의 투자환경과 유행을 이해하기 위해서는, <표 3.1>상의 자산군별 수익률 범위를 보는 것이 좋다.

< **표 3.1** > 자산군 연간 수익률(2006.12.31 현재)

지 표	1년	3년	5년	10년
미국 Russell 3000주가지수	15.71	11.19	7.17	8.64
외국주식 MSCI ACWI 주가지수	26.65	21.32	16.42	8.59
리먼브러더스 채권지수	4.33	3.70	5.06	6.24
메릴린치 하이일드 Master II 지수	11.77	8.38	9.86	6.61
헤지펀드 HFR 지수	12.91	10.40	9.65	10.60
PE 바이아웃	26.68	26.47	18.14	15.15
PE 벤처캐피털	16.98	13.35	−0.39	16.98
부동산 상장 NAREIT 지수	34.35	23.80	22.55	13.75
부동산 비상장 NCREIT	16.59	17.02	13.27	12.72
원자재 GSCI 지수	−15.09	7.73	14.79	4.69
에너지 GSCI 에너지 지수	−26.79	6.59	17.85	7.15

자료 : Cambridge Associates

2000년 닷컴주식 폭락 이후, 성장주 투자는 외면받았고, 가치주와 현재수익률에 수요가 몰렸다. 이에 따라 부동산 및 신용에 대한 수요가 증가하게 되었다. 2006년에는 글로벌 위험 프리미엄이 낮다고 인식되었으며, 그 이유는 모든 신용 스프레드(예로서 하이일드 채권 및 신흥시장 채권)가 역사적인 저점에 도달했기 때문이었다.

신용과 부동산 버블에 대한 또 다른 설명이 가능하였다(버블의 의미를 매우 넓게 적용함). 닷컴 버블 붕괴의 후유증 및 인구통계학상 고령화로 인해, 현재수익률이나 현금흐름에 대한 수요가 증가하였다. 사람들이 수익률의 개선을 위해 단기 국채보다 더 큰 위험을 수용하려고 했지만, 불확실한 자본이익을 주는 위험자산보다 높은 표면이자나 배당을 주는 자산을 좇았으므로, 위험 회피성향은 지속된 것이었다. 이에 따라, 표면이자나 배당을 주는 자산의 가격이 상승하여 부동산투자신탁(REIT), 하이일드 채권, 신흥채권 및 배당주식(가치주 성격)의 가격이 강세를 보였다. 따라서 글로벌한 위험 축소로 보였던 상황은 실제로는 확대된 위험 회피였고,

투자자들은 불확실한 자본이득보다 현재수익률이나 현금흐름에 이끌렸다.

또한 닷컴 버블 붕괴는, 주식 불황의 기간 동안 잘 견뎌 내 주었던 다른 대체투자 자산군에 대한 수요를 증가시켰다. 대형주(대부분 과대평가됨)들이 상당히 하락하였지만, 소형주 · 가치주 및 해외주식 등의 다른 주식은 잘 버텨 주었거나, 좋은 수익률을 내 주었다. 더구나, 헤지펀드가 평균적으로 2000년, 2001년 및 2002년에 성장하자, 후속 연도에 이 업계로의 자금 유입이 촉발되었다(일각에서는 헤지펀드가 자산군이 아니라 인센티브 보수 체계라고 주장한다).

버블 붕괴로 손실을 입었던 투자자들은 또 한번의 손실을 염려하여 헤지펀드에 자산을 배분하는 것으로 대응하였다. 당시 HedgeFund Intelligence지는 글로벌 헤지펀드 자본이 2000년대 초반 이래 4배 가량 성장하여 약 2조 달러에 도달했다고 추정하였다. PE, 부동산 및 천연자원 등, 다른 대체자산도 투자자의 관심을 끌었다. 실제로, 과거에 규모가 작고 비전통적인 '대체물'이던 이들 대체 자산군이 대형화되고 기관화되자, 그간 대학기금과 헤지펀드 등 초기 진입자들은 그간 누렸던 수익률을 장래에도 기대하기가 어렵게 되었다. 저자는 본서의 집필 과정에서 어떤 대학기금 관계자로부터 "대체자산을 대체할 대체자산을 찾아내야만 한다"는 발언을 들었다.

3. 시장의 대체자산 집중

개별 자산군은 출현한 후, 수익률 실적에 따라 선택되었다가 퇴출된다. 2006년 당시 헤지펀드, PE, 부동산 등 대체자산은 직전 5~10년간의 우수한 성과에 힘입어 좋은 시장환경을 맞이하였다. 특히 부동산, 원자재와 에너지 등 실물자산은 최고의 실적을 냈으므로, 모든 투자자들로부터 실물자산에 자금이 유입되었다.

재단 및 대학기금들은 새로운 자산군을 발굴하고 채택하며, 새로운 투자 아이디어에 진입하는 선도자였다. <표 3.2>는 1996년부터 2006년까지 대학기금들이 대체투자에 자산을 배정한 내역을 보여 준다.

< **표 3.2** > 평균 자산 배분에 대한 NACUBO 설문 결과(금액 가중평균)

	1996년(%)	2006년(%)
미국 상장주식	44.9	29.2
비 미국 상장주식	13.0	18.5
채권 및 현금	26.6	16.3
사모주식	5.2	7.8
헤지펀드	4.6	18.0
실물자산	4.3	9.4
기타	1.1	1.0
총계	100	100
총 대체투자	15.5	36.0
총 전통적 투자	84.5	64.0

가장 돋보이는 것은 대형 대학기금들이 소형 대학기금보다 대체투자에 더 적극적으로 진입하였다는 점이다. 기금의 규모가 클수록 수익률을 내기 어려움에도 불구하고, 대형 대학기금이 최고의 성과를 달성해 왔다. 전미 대학사업임원협회의 2006년 설문에서 2006.6.30 현재 10억 달러를 초과하는 대학기금들은 10년간 11.4%의 평균수익률을 시현하여, 소형 대학기금보다 나았고(예컨대 5억에서 10억 달러 사이의 대학기금은 9.8% 및 1억에서 5억 달러 사이의 기금은 8.8%를 시현), 미국 상장주식(Russell 3000지수)의 8.5%도 능가하였다. 또한 대규모이고 성공적인 대학기금은 <표 3.3>에 나타나듯이 대체투자에 대한 배분비율도 가장 높았다.

전미 대학사업임원협회의 설문에 의하면, 평균 10억 달러를 넘는 대학기금은 전통자산에 대학기금 전체의 평균적인 배분 비율인 81%보다 훨씬 적은 60%만을 배정하였다. 재단들도 미검증 자료에 의하면, 대학기금과 비슷한 자산 배분 및 투자성과를 나타내었다.

예로서, 예일 대학교의 2006년 연차보고서에서는 전통자산에는 30%만의 배정을 보고하였고, 나머지 70%를 대체자산에 배정하였다.

<**표 3.3**> 2006.6.30 현재 NACUBO 회원의 자산 배분(%)

	미국 주식	국제 주식	채권	사모 주식	헤지 펀드	부동산	기타
총계 기준							
동등 가중 평균	44.4	13.3	23.6	2.8	9.6	5.0	1.4
달러금액 가중 평균							
투자 규모 기준(동등가중평균)							
$2,500만 이하	50.1	8.8	34.3	0.7	2.6	2.5	0.9
$2,600만~5,000만	51.4	10.8	25.4	0.6	6.0	4.5	1.4
$5,100만~$1억	46.9	13.1	24.3	1.4	7.8	4.6	2.1
$1억~$5억	41.6	15.3	19.5	3.6	12.3	6.0	1.8
$5.01억~$10억	33.7	19.2	15.5	7.3	17.4	6.4	0.4
$10억 초과	26.3	18.6	14.2	9.4	22.4	8.6	0.5

자료 : NACUBO

다음 절에서는 재단 및 대학기금의 성공의 핵심이 되었던 자산군과 대체투자들을 소개한다.

1) 절대수익률 또는 헤지펀드 전략

절대수익률 전략에 대한 투자는 더 이상 비전통적이 아니다. 대다수의 대형 연금, 대학기금과 재단들이 이러한 전략을 구사하는 운용사에 기금의 배정을 늘려왔다. 헤지펀드의 인기 상승으로 인해 헤지펀드의 투자환경이 재단 및 대학기금들에게 더욱 경쟁적이 되었다. 우수한 펀드들이 대량의 자본을 맡으면 모든 시장이 더 효율적이 되어 유가증권의 가격 결정 실패 및 재정거래 기회가 희소해진다. 이에 따라서 장래의 수익률은 과거보다 낮을 것이다.

가. 왜 헤지펀드를 찾는가

헤지펀드라는 용어가 매우 광범위하게 사용되고 있어, 그 의미가 1%와 20%의 수수료 구조를 갖는 모든 펀드를 포함하는 것으로 보인다. 전통적으로, 헤지펀드는 유한책임 파트너십으로 구성된 사적 투자기구로, 운용사가 무한책임파트너이고 투자자가 유한책임파트너이다. 헤지펀드는 운용사와 트레이더들의 모임으로서, 운용사가 성과 인센티브에 의해서 보수를 받으며 전통적인 자산군보다는 다양한 자산군에 걸쳐서 다수의 어떤 전략에도 투자할 기회를 가지며, 레버리지 · 파생상품 및 공매도 등 수익률 제고 도구를 사용한다. 헤지펀드의 정의의 특성은 성숙한 시장이나 상장주식에 대한 노출도가 거의 없이 절대 수익률을 시현한다는 그들의 목적에 있다. 헤지펀드 전략의 분류에도 일반 자산군에서처럼 많은 접근방식이 있다. 헤지펀드 운용사들과 투자자들은 이러한 전략들을 3가지 주요 분류에 의해 구분한다.

- 재정거래/상대가치
- 사건 중심(event driven)
- 방향성/전술적

이러한 개별전략만이 아니라, 멀티전략 헤지펀드에 유입되는 자본액이 증가하였다. 멀티전략 펀드란 성숙한 대형 헤지펀드로서, 전문화된 개별투자전략에 집중하는 투자 팀을 단일 조직 내에 다수 배치하여 전형적으로 플랫폼화하였다. 수익률을 제고하기 위해, 시장상황 변화에 따른 전술적인 기준에 의해 다양한 하부 전략들 간에 자본을 역동적으로 이동 배정한다.

헤지펀드가 낮은 변동성 및 주식/채권과의 낮은 상관관계하에서, 투자자에게 두 자릿수 초반의 수익률을 제공할 수 있다는 것은 일반 상식이 되었다. 대학기금은 평균/분산 최적화를 사용하는 헤지펀드를 포트폴리오에 추가 편입할 매력적인 상품으로 인식하였다. 헤지펀드가 다른 모든 자산군보다 우월하게 보였음에 따라, 일부 대학기금들은 총기금의 절반 이상을 헤지펀드에 배정하게 되었다. 하지만 헤지펀드가 낮은 위험과 높은 수익률을 제공하는 '공짜 점심'이라고 인식하는 투자자들이 너무 많다.

헤지펀드가 2000년대 들어 대단한 주목을 받았던 주 원인은 2000년~2002년의 주식 폭락기 동안에 헤지펀드의 수익률이 좋았기 때문이었다. 2006년 12월까지의 10년간 헤지펀드의 평균수익률이 미국 상장주식(Russell 3000지수)과 채권(Lehman Aggregate지수)을 각각 연 200bp와 400bp만큼 능가하였다. 개별 헤지펀드 중에는 부진한 경우가 많았지만, 헤지펀드 업계 전체로서는 주식시장에 중립적인 노출 덕분에 절대수익률을 제공하였다.

나. 헤지펀드가 어디로 가는가

재단 및 대학기금들은 헤지펀드에 배정을 계속 늘렸으며, 그 이유는 헤지펀드가 재능 있는 펀드매니저에게 투자를 위탁할 기회이기 때문이다.

- 인센티브 수수료 구조로 인해 전형적으로 가장 재능이 우수한 애널리스트와 포트폴리오 운용자가 모여 있다.
- 지배구조상 운용사와 투자자 간의 이해가 일치된다.
- 운용자산이 전통적인 운용사보다 적은 경향이다.
- 헤지펀드 파트너십 계약상 운용사가 많은 융통성을 인정받는다.

헤지펀드 업계는 성장을 하면서 보다 기관화되었다－업계에 투자자로서 뛰어날 뿐만 아니라, 인재를 유치하고 기르며, 고객을 위해 더 나은 리스크 관리를 하는 운용사들이 각광을 받았다. 이 운용사들이 성장하면서, 1인 의존도가 낮아졌고, 이익 실현이 반복 가능한 조직문화, 절차 및 철학을 확보하게 되었다. 기관화된 헤지펀드 운용사들에 대한 재단 및 대학기금 같은 투자자들의 입장은, 헤지펀드가 인센티브와 민첩성 같은 매력은 유지하되, 다수 대형 자산운용사들처럼 '운용보수를 많이 받으면서 실제로는 은밀한 인덱스 추종자(indexer)로 자산을 축적하는 바람직하지 못한 경향'은 없는지를 확인해야 한다는 것이다.

초대형 헤지펀드의 규모가 300억 달러에 달하면서 더 큰 플랫폼 또는 브랜드화하려는 추세가 나타났는데, 여기에는 장단점이 있다. 투자자들은 규모의 경제를 누리는 대형 헤지펀드와 단순히 자산을 축적하는 자산운용사 사이에서 옥석을 가리느라 바빠질 것이다. 또 한가지 주요한 추세는 헤지펀드 운용사가 주식 지분을 상장하는 행태이다[34]. 성공한 거래에는 모방거래가 뒤따르므로, 이러한 거래는 더 많이 나올 수 있다. 헤지펀드 운용자에게는 이러한 주식 매각 기회가 부를 축적할 기회로 커다란 진전이었지만, 투자자 측에게도 유익할지는 명확하지 않다.

시장이 보다 효율적이 되면서, 모든 자산군에서 정보의 획득이나 처리에서 반드시 어떤 강점을 가진 투자자가 성공한다. 불행하게도, 헤지펀드의 매력적인 보수는 추구하지만 기술은 거의 없는(즉 강점이 없는), 개인들이 헤지펀드 업계로 진입하였다. 헤지펀드 투자 경쟁 속에서 높은 수수료를 부담한 투자자들은 수익률 성과가 평균 수준에 불과하여 실망할 개연성이 높다.

장래에 헤지펀드 프로그램이 성공할지의 관건은 운용사 선정 및 투자기회 대비 자본이 덜 몰려든 시장을 파악하는 것이다. 운용사 선정은 성공에 아주 중요한 요소이다.

2) PE 전략

헤지펀드처럼, PE도 다수의 재단 및 대학기금들에게 매력적인 수익을 창출해 준 대체 자산군이다(예컨대 예일 대학교는 2006년 연차보고서에 따르면 과거 10년간 연 34.4%의 PE수익률을 시현하였으며, 1973년 PE프로그램 도입 이래로 연 30.6%를 시현하였다). PE도 헤지펀드처럼 상당 규모의 펀드를 조성하였으며, 특히 바이

34) 역자 주 : Fortress Investment Group은 2007년 2월에 뉴욕증권거래소에 상장하여 최초의 상장 헤지펀드 운용사가 되었다.

아웃 부문이 근래에 고수익을 달성해 왔다.

PE는 벤처캐피털, 성장 금융, 바이아웃, 메자닌, 부실채권 및 틈새(niche) 접근방식 등, 여러 가지 하부 전략으로 이루어진 자산군이다. PE가 상장주식 대비 높은 수익을 제공하는 몇 가지 이론적 이유가 있다. 첫째, PE는 유동성이 낮으므로 상장시장에 대비 유동성 프리미엄이 있다. 둘째, PE의 무한책임 파트너가 투자한 기업의 경영에 참여하므로, 부가가치가 생기고 수익률 프리미엄이 얻어진다. 기업경영자에게는 주주보다는 자신의 이익을 위해 행동하는 대리인 문제가 있는 반면, PE의 무한책임 파트너는 대리인 문제가 없다. 우수한 PE 운용사는 투자한 기업의 이사직에 참여하여, 경영진을 지원하고, 필요 시 회사의 경영에 변화를 주는 등, 적극적인 역할을 수행한다.

또한 PE는 소규모 기업에 가장 선호되는 기업지배구조가 될 수 있다. 소규모 기업에게는 사베인 옥슬리법에 관련된 비용과 리스크가 매우 부담스럽기 때문에 미국 소규모 상장기업에게는 상장을 폐지할 동기가 된다. 이에 따라서 바이아웃 PE들로 하여금 중소규모 기업의 인수를 전문적으로 영위할 기회가 생겼다. 사베인 옥슬리법으로 인해 상장기업들은 보수적이 되었다.

기관투자자들은 PE의 수익률이 상장주식보다 높을 잠재성을 알아차렸다. PE에 투자해야 할 이론적 타당성에 더하여, 1990년대 중반 매력적인 수익 실적까지 보이자, 투자자들은 자극을 받아 PE에 자산 배분을 늘렸다. 1980년대 초반에는 PE업계 전체의 연간 투자 약정확보액이 평균 100억 달러에 미달하였으나, 이후 칼라일, 골드만 삭스, KKR, 블랙스톤 등의 단일 메가 PE펀드의 투자약정액만으로도 이 금액을 훨씬 초과하게 되었다. INVESCO(2001년)의 PE보고서에 의하면 1980년부터 1997년 동안 벤처캐피털 약정액은 1천억 달러였지만, 1998년~2001년의 4년간 2천3백10억 달러로 증가하였다. 바이아웃 펀드 결성이 계속 증가하여 2005년~2006년 사이에 2천4백억 달러가 조성되었는데, 이는 1980년~1997년간 조성된 금액 2천5백30억 달러에 거의 맞먹는 금액이었다(INVESCO 보고서 기준).

대부분의 PE는 유한책임 파트너십으로 되어 있다. 유한책임 파트너(대학기금 및 다른 기관투자자)가 대부분의 자본을 제공하며, 무한책임 파트너(GP : general partner)는 소액의 자본을 출자하고 PE펀드를 운용한다. 유한책임 파트너들은 확정 금액의 자본출연을 위한 약정을 하며, GP는 이 자본을 투자기간 동안 투자기회가 발견될 때마다 인출(캐피털 콜)한다. 투자기간(Investment period : 투자약정액 기준으로 운용수수료가 지급되는 초기 기간. 이후에는 투자실행액 기준으로 지급됨)은 3~7년이며, 펀드 자체의 만기는 7~12년이다. 투자금 회수가 실현된 후(즉, 투자대상 기업이 전략적 인수자에게 매각된 때), 파트너십은 당초 투자받은 원금과 이익금으로 구성되는 배분금(distribution)을 파트너들에게 지급한다. GP는 LP가 환매를 해갈 수 없는 기간(Lockup)을 정하는데, 이 기간이 길수록 GP가 투자자산을 매각하기 위한 충분한 시간을 가지고 가치를 창출할 수 있게 된다.

PE펀드를 운용하는 대가로 GP는 LP로부터 운용수수료(management fee) 및 인센티브 수수료(carry)를 지급받는다. 수수료는 평균적으로 계속 인상되어 왔다. 현재 전형적인 운용수수료는 출자약정액 기준 연 2%로서, 1990년대 초의 1%로부터 현저히 상승하였다. 우량 PE의 현행 인센티브 수수료는 이익금의 20% 내지 30%이다.

PE펀드의 LP투자자가 수령하는 순현금흐름은 캐피털 콜과 장기투자의 속성으로 초기 수년간은 순유출상태이다가, 수익을 달성하면 순유입으로 돌아선다. 이러한 순현금 유출기간과 출자약정액 기준으로 수수료가 지급되는 조건(투자기간 동안)이 PE펀드가 초기 수년간 마이너스 수익률을 내는 이유이다. 이 마이너스 수익률은 투자기업이 매각되어 차익을 낼 때까지는 개선되지 못한다. 초기의 마이너스 수익률 및 낮은 순자산가치로 인해 소위 'J커브'로 불리는 현상이 생긴다.

PE가 이론적으로는 아주 매력적이지만, 역사적인 성과는 명확하지 않다. Kaplan과 Schoar(2003년)의 포괄적인 연구에 의하면, PE의 평균수익률은 평범하였다. 연구자들은 바이아웃 수익률이 S&P500 주가지수보다 낮으며, 벤처캐피털의 수익률은 자본 가중기준으로 S&P500 지수보다 약간 높지만 동등 가중기준하에서는 못하다고 보았다. 게다가, 성과가 가장 좋은 펀드가 신규 투자를 마감한 소수의 최우수 펀드에 편중되어 있기 때문에, 벤처캐피털의 수익률은 왜곡되어 있다. 연구자들은 업계의 펀드 조성이 활발했던 활황기에 조성된 펀드들이 더 나쁜 성과를 내는 경향이 있다고도 보고하였다[35].

PE가 역사적으로 약속했던 대로의 좋은 실적을 보여 주지 못한 이유는 무엇인가? PE수익률이 실망스러운 원인 중 하나는 높은 수수료율이다. 인센티브 수수료 구조의 덕분에 GP와 LP간의 이해관계가 일치되지만, 그래도 수수료는 높다. 평균 수익률이 평범해진 주된 원인은 PE펀드들이 조성한 금액이 너무 크기 때문이다.

선도 LP투자자들은 PE업계가 소규모였고, GP간에 투자대상을 찾는 경쟁이 약했던 이른 시기에 PE에 투자하였다. 그 후 최고의 PE펀드들이 높은 수익률을 내자, 예일 기금 등의 PE프로그램이 지대한 주목을 받았다. 수익률이 하향 평준화됨에 불구하고, 대다수 LP투자자들은 자사가 상위 1/4의 수익률에 참여할 수 있다고 보았다. 이에 따라 PE에 대한 기관투자자들의 대규모 수요가 촉발되었다. PE투자 약정이 짧은 기간에 급등하였으므로, 후속 연구들이 보고하는 수익률은 더욱 떨어질 가능성이 예견되었다.

최선의 PE 투자방법은 무엇인가?

재단 및 대학기금들이 PE에서 성공한 이유는 일찍 진입하여 소수의 최고펀드에 참여할 수 있었기 때문이었다. 당해 최고펀드들은 이제 신규투자 접수를 마감하였다. 그러나, 마감된 펀드에 참여할 수 있었다는 것이 대학기금의 성공의 유일한 원인은 아니다. 대학재단은 기존 펀드의 향후 성과 예측에도 뛰어난 능력을 보여, 저조한 펀드는 피하고 우수한 펀드에 재투자하였다. 대학기금들은 내부 투자자로서 획득한 정보를 아주 뛰어나게 활용하였다.

---

35) Kaplan과 Schoar, 2003, Private Equity Performance Returns, Persistance and Capital, NBER working papers 9807, National Bureau of Economic Research, June.

다수의 소규모(그리고 일부 대규모) 기관들은 최고의 PE펀드에 참여하기가 어렵고, 딜 소싱과 실사가 복잡함에 따라, 재간접펀드(funds of funds)를 통해서 PE에 진입하였다. 그러나 연구 결과에 의하면 PE FoF는 PE투자 중 가장 성과가 낮은 투자였다.

Lehner, Schoar 및 Wong(2005년)의 연구에 의하면, 1991년~2001년의 기간 동안 대학기금들의 PE프로그램의 연간 수익률은 일반 투자자들의 수익률보다 14% 높았다. 대학기금들은 특히 벤처캐피털에서 성공하여, 초기단계 벤처펀드의 평균 내부수익률이 35%에 달했다[36].

PE투자의 접근방식으로 기존 PE파트너십을 탈퇴하려는 LP측의 지분을 매입하는 세컨더리 방식이 있다. 이러한 세컨더리 시장은 유동성이 낮아서 비교적 비효율적이며, 세컨더리 지분 매각가격은 액면가(원가) 대비 할인가격이되, 신규투자를 마감한 최우수 펀드의 지분가격은 할증된다. 때로는 과거 설정된 PE의 실적을 추종하는 시점 다변화 효과를 위해, 신규 PE가 포트폴리오에 세컨더리 지분을 편입시키기도 한다.

투자자들은 PE에 수동적인 배분을 해서는 안 된다. PE에서는 운용사 선정이 아주 중요한 성공요소이다. 다행히도 기관 측은 운용사를 선정하는 데에 PE운용사들의 포트폴리오의 성과 역량의 지속가능성에 대한 입증 자료를 활용할 수 있다.

3) 부동산 전략

서브프라임 위기 직전에는, 과거 10년간 부동산 투자의 성과가 좋았던 반면 상장주식과 채권의 수익률 기대치는 중립적이었으므로, 기관투자자들은 부동산투자를 늘렸다. 기관 자금이 엄청나게 유입되자 여러 부문에서 자본환원율(cap rate)이

---

36) Lehner, J. , A, Schoar 및 W. Wong 2005, "Smart Institutions, Foolish Choices? The Limited Partner Performance Puzzle", NBER working paper 11136. National Bureau of Economic Research, February. www.nber.org/papers/w11136.

사상 최저치로 떨어졌다. 따라서 부동산의 장래 기대수익률도 하락하였다. 다른 대체투자처럼, 부동산의 특성도 높은 수수료율, 수익률의 폭넓은 편차 및 유동성 결여(REITs는 제외)이다.

지나고 나서 보면, 부동산투자의 최적기는 대공황 이래 최고로 극심한 불황기였던 1990년대였다. 자본환원율이 높았고 수익률 실적은 낮았다. 기관투자자들 다수는 1990년대 초에 손을 데인 직후였기에, 부동산에 배정을 늘릴 타당성을 찾기 어려웠다. 어떤 퇴직 CIO는 1990년대 당시에 '부동산은 내 고민거리의 90%이면서, 수익에는 도움이 안 되는 날라리 자산군이다. 나는 REITs 주식을 선호한다'라고 저자에게 말했다.

1990년대에는 공모 및 사모 부동산 주식이 각광을 받았는데, 수익의 원천은 '핵심(core)부동산'이었다. 핵심부동산이란 부동산 부문에 보다 수동적으로 접근하는 방식이며, 상승 시에는 수동적 포지션이 매력적이다. 그러나 2006년 경기하락기에 도달하면, 수동적 부동산 투자는 과거와 같은 수익을 내주기 어려웠다.

부동산은 대체투자자산의 원조였다. 대학기금들이 상장주식과 채권의 대체자산으로 부동산을 포트폴리오에 편입한 것은 헤지펀드보다 훨씬 이전부터였다. 대다수 대학기금은 부동산투자에서도 다른 자산군에서처럼, 운용사를 선정하여 위탁한다. 그러나 스탠퍼드 대학의 스탠퍼드 쇼핑센터[37] 투자 건 등, 몇몇 대학기금들은 부동산에 직접 투자하여 성공하였다. 반면, 일부 대학기금들은 캠퍼스의 토지와 건물로 충분한 부동산을 이미 소유하고 있다고 판단하여, 기금의 매우 작은 비중만을 부동산에 투자한다. 실제로 공적연금 및 기업연금은 20여 년 전부터 부동산투자에 적극적이었는데, 대학기금은 전반적으로 부동산투자에 늦게 뛰어들었다.

기관투자자들은 다변화를 통해 수익을 도모하고, 인플레이션 헤지를 위해 부동산에 투자를 하였다. 수익률을 좇는 투자자들은 주식과 채권보다 부동산에 이끌렸다. 모든 자산군에서 낮은 수익률이 예상되는 시기에, 상대적으로 매력적이었던 부

37) **역자 주** : 1991년 Stanford Management Company가 개발하였으나, 2003년 스탠퍼드는 토지만 소유하고, 51년간 토지 리스 하에 빌딩은 Simon Property Group에 매각함.

동산에 많은 투자가 몰려들었다. 이 추세가 저렴한 차입금리와 중첩되자, 부동산가치는 상승하였고, 2007년경에는 모든 부문에서 자본환원율이 사상 최저치로 하락하였다.

부동산의 투자 경로는 어떤 것이 있는가?

부동산 전략은 다수의 상이한 스타일 구간(bucket)으로 구분될 수 있다. 첫째, 전략은 공모나 사모방식으로서, 지분이나 부채 형태를 사용한다. 둘째, 전략은 위험/수익 프로필에 따라 분류되며, 핵심 부동산이 가장 수동적인 전략대상으로 가장 낮은 위험/수익을 보인다. 기회주의적(opportunistic) 펀드의 경우, 운용사의 적극적인 개입으로 더 높은 위험/수익을 보인다. 셋째, 부동산 운용사들은 부동산의 모든 부문을 커버하거나, 특정 지역(미국 또는 외국)이나 부문(산업용 또는 오피스)에 전문한다.

대부분의 전략은 유동성이 낮은 공통적인 특징을 가진다. 그러나 유동성 있는 REITs나 상업용 부동산 모기지증권(CMBS : commercial mortgage backed securities) 등의 상장시장도 있다. PE에서처럼 사모 부동산증권 투자자들도 공모상품에 투자할 경우 대비 수익률 프리미엄을 받아야 한다. 대학기금 및 다른 장기투자자들은 높은 수익률의 대가로 따라오는 낮은 유동성을 감수할 수 있어서, 다른 투자자 대비 비교 우위를 가진다. 그러나 부동산 소유권(equity) REIT가 사모부동산 상품보다 더 높은 위험조정 수익률을 시현하였다는 증거가 출현함에 따라, 유동성 부족이라는 위험이 그에 상응한 보상을 받지 못하였음을 보여 주었다.

수익률의 가장 중요한 원천은 펀드매니저가 포트폴리오 부동산에 적극적 또는 추가적으로 제공하는 가치 기여이다. 이러한 기여는 부동산의 수동적 수익률이 보통수준밖에 안 되는 시기에 더 중대한 요소가 된다.

직접투자는 부동산투자에 매우 매력적인 접근방식이 될 수 있다. 투자자는 부동산 자산의 전부나 일부의 매입, 매도, 임대 및 관리 등 모든 의사 결정을 통제한다.

직접투자 전략은 부동산이 소재한 지역 내의 정보 우위를 활용하고, 대학이 지역사회 내에서 창출하는 가치를 자본화할 수 있어, 최고수익률을 낼 수 있는 잠재성을 가진다. 그러나 단일 시장에 집중하면 지역경제의 불황 위험이 따른다. 게다가 부동산 직접투자는 그 거래가 복잡하고 상당한 역량을 요함으로써, 매우 노동집약적이다. 또한, 대부분의 수익이 개발, 임대 및 개선공사 등, 부동산의 적극적 관리로부터 나온다. 따라서 큰 투자자금과 경력 있는 전담 부동산투자 관련 스태프를 고용할 수 있는 투자자만이 부동산 직접투자 전략을 통해 지속해서 가치를 창출할 수 있다.

일반적으로, 대학기금들은 혼장펀드(commingled fund)를 통해서 사모부동산 시장에 투자하였다. 혼장 사모펀드에는 다양한 법적 구조가 있지만, 부동산 운용사(GP)가 투자자들(LP)로부터 자본을 조성해 부동산 자산군에 투자하는 기능을 동일하게 지원한다. 어떤 단일 투자자도 개별부동산에 대한 직접적인 소유권을 갖지 않으며, 각 LP가 부동산군 내의 각 부동산에 대해서 분할된 지분을 소유한다. 혼장펀드 구조는 투자자가 가지는 통제권이 직접투자보다 적지만, 운용의 전문성, 다변화 및 규모의 경제라는 혜택을 제공한다. 이러한 투자방식은 시간이 지나면서 기관투자자들에게 가장 일반화되었다. 재단 및 대학기금들은 1990년대 중반부터 기회주의적 혼장펀드에 적극적으로 출자하였다. 이들 펀드는 재능 있는 펀드매니저들이 포트폴리오 부동산의 가치를 적극 제고함으로써 수익을 낸다는 점에서 PE와 유사하다. PE와의 또 다른 유사점은 최우수와 최하위 혼장 부동산 펀드들 간의 편차가 크기 때문에, 운용사 선정이 성공의 관건이라는 것이다.

투자자들이 핵심 부동산에 투자할 경우에는 REITs가 보다 선호하는 방식이 되었다. REITs는 부동산 관련 자산에 투자하는 회사이다. REITs의 투자자는 상이한 부동산 부문(예로서 오피스와 주거용) 및 자산군(예로서 부동산 소유권 REIT와 모기지 REIT)에 투자하게 된다. REITs는 투자자들을 이중과세로부터 보호하기 위해 일정한 제약 조건을 가진다. REITs의 이익은 회사 차원에서는 과세되지 않으며,

REITs 주주들이 그 소득을 수령한 때에 과세된다. 역사적으로, 기관투자자들은 장기 전략적 자산 배분 시 REITs보다는 사모 혼장펀드를 지속적으로 선호했다. 공모와 사모 부동산 증권이 공히 수급 펀더멘털에 의해 영향을 받지만, 일부 투자자들은 이들을 상이한 위험과 수익 특성을 가진 별도의 자산분류로 보았다. 투자자들은 이제 사모와 공모 부동산을 상호 호환적인 것으로 보기 시작하였다.

4) 에너지 전략

에너지는 가격 상승기에 주목을 받았다. 에너지 관련 원자재 포지션을 가졌던 투자자들은 좋은 실적을 냈다. 원유가격은 1990년 12월에 저점을 찍은 후, 2006년 여름에 배럴당 77달러에 도달하였다(서브프라임 위기 직전 94달러까지 상승). 부동산 및 다른 대체투자 자산처럼, 에너지 부문에도 거액의 기관자금이 유입되었다. 에너지 분야에는 석유와 가스와 발전, 송전 등의 인프라 투자 등, 위험도가 거의 없는 흥미로운 기회들이 존재한다.

에너지 업계는 탐사로부터 최종 수요자까지 단계별로 나뉜다. 업스트림(Upstream)이란 원자재의 개발 · 추출 및 생산을 의미하며, 미드스트림(Midstream)은 자원의 처리 · 저장 및 운송으로 구성된다. 다운스트림(Downstream)은 에너지와 전력을 최종수요자에게 정제 · 생산 · 마케팅 및 유통하는 과정이다. 업스트림 투자가 가장 위험도가 높은 경향(에너지 가격 등락, 생산 위험 등)이 있으나, 가장 높은 기대수익을 제공한다. 원자재 가격의 위험은 높지만, 원자재 포지션은 인플레이션 헤지의 효과가 가장 크며, 포트폴리오의 다변화 혜택도 크다.

1956년에 M. King Hubbert는 미국의 석유 생산이 1970년대 초에 정점에 달할 것으로 예측하였다. Hubbert의 정점 이론의 지지자들은 세계 석유 생산이 정점에 거의 도달해서 장래에는 생산이 걷잡을 수 없이 감소할 것이라고 주장하였다. Hubbert의 주장은 다수 전문가에게 비판을 받았지만, 1971년에 실현되었다.

Kenneth Deffeyes 교수는 개발도상국에서의 수요 증가 및 국제공급의 하락으로 인해 유가상승이 지속될 것으로 믿은 전문가들(Matt Simmons와 T.Boone Pickens 포함) 중 한 사람이었다[38]. 공급이 감소하지 않고 완만하게 증가한다고 가정하더라도, 개발도상국 세계의 경제성장률만으로도 에너지 가격의 상승을 이끌 수 있다. 에너지는 전 세계 및 특히 신흥시장의 성장을 통해 이익을 볼 수 있는 최선의 방식 중 하나일 것이다.

석유와 가스가 고갈된다면?

에너지 가격의 비관적 전망에 글로벌 에너지 수요가 석유, 천연가스, 석탄, 원자력, 재생에너지 및 절약을 포함하는 다수의 에너지 원천으로 해결될 것이라는 견해가 더해졌다. 역사적으로 그랬듯이 어떤 경우에도 기술과 추가 자본 투자에 의해 보다 효율적이고 효과적인 자원이용이 발전할 것이다.

석유의 추가 생산은 러시아 및 캐나다의 역청사(tar sand) 등에서 나올 것인데, 캐나다의 경우는 사우디아라비아보다 더 많은 생산능력을 가질 수 있다. 기술의 발달 덕분으로 역청사는 석유가격이 유지된다는 전제하에서, 미래 석유 생산의 유력한 원천이 될 수 있다. 매장량이 많은 천연가스는, 수송과 저장을 위한 투자를 필요로 한다. 또한 가스의 액화기술로 천연가스가 디젤 차량의 연료로 전환될 수 있다. 미국의 가장 풍부한 자원인 석탄은, 환경에 가장 나쁜 영향을 준다. 석탄은 청정 석탄 기술에 의해 장래에 보다 매력적인 에너지원이 될 것이다. 원자력은 핵발전소 건설과 핵폐기물 처리의 발전에 의해 향후 그 타당성이 개선될 것이다. 기술 발전 및 에너지의 일정 비율은 재생가능 에너지로 공급해야 한다는 규정에 따라 풍력, 태양광 및 바이오매스 같은 에너지원에 대한 투자가 관심을 끈다. 마지막으로, 기술발전으로 막대한 양의 에너지를 절감할 잠재력이 생겼다. 이같이 세계의 에너지 수요를 충족할 다양한 해법을 위한 자금 조달 수요가 막대해짐에 따라, 에

38) **역자 주** : Kenneth Deffeyes는 Shell 석유의 연구원 및 Princeton 대학 교수. Matt Simmons는 석유 전문 투자 은행가(작고). Pickens는 1980년대의 기업인수 전문가로서 헤지펀드 운용 중.

너지 인프라와 초기 기술 투자에 집중하는 상장기업 및 PE운용사들에게 기회가 생긴다.

에너지 부문은 탐사로부터 유통까지 폭이 넓고 복잡하다. 재단 및 대학기금은 에너지 투자 전략으로서 에너지 인프라와 신기술 개발에 드는 대규모 자본에 PE운용사 및 산업계와 동반 투자할 수 있다. 다른 대체자산처럼 에너지 자산에도 투자자금이 유입되고 있으므로 장래의 수익률이 하락할 수 있다.

4. 기금과 재단의 투자 방향

다수의 대학기금의 투자는 본 장에서 전술한 자산을 넘어, 지적재산권, 소송 금융, 신흥시장의 최전선, 농장 등의 전문화된 전략으로 확장하고 있다. 어떤 기금은 모든 대체투자 자산이 경쟁이 심하고, 비용이 비싸서(수수료 관점에서), 투자에 참여하기 어렵다고 판단하기도 한다. 어떤 기금은 단순한 S&P500에 다시 투자하자고 주장한다.

제3장에서는 재단 및 대학기금의 성공 투자에 가장 중요한 현행의 투자군과 자산군을 소개하였다. 투자 지평선이 항상 변화하고 있어, 독자들이 몇 년 후에 이 책을 읽는다면, 본 장의 내용이 다소 낡고 유용성이 떨어진다고 볼 수도 있다. 그러나 제3장은 본서의 집필 시점에서 CIO들이 직면하고 있는 현행 투자 지평선의 한 장면으로서, 독자들로 하여금 제3장~제15장에서 소개되는 전문가들의 발언을 이해하도록 도움을 줄 것이다.

이들 CIO들은 현재 환경에 대응하는 방식을 포함하여 자신들의 전반적인 투자 경험, 상이한 배경과 관점 등을 진솔하게 털어 놓는다. CIO들은 제2장에서 언급된 원칙을 제3장에서 설명된 시장 상황에서 적용한 방법을 논의함으로써, 이론과 실무를 접목시킨다. 저자들은 12인의 선도 투자자를 인터뷰하면서 학습을 하였으며,

독자들도 동일한 안목을 갖추게 될 것으로 기대한다.

CIO들은 자신들이 성공하여 현재의 위치에 도달하게 해주었던 투자 경험을 설명한다. 그리고 투자자들로 하여금 현재 처한 위치로부터 어디로 갈 것인지를 결정하는 데 도움되는 학습과 교훈을 공유해 준다.

제 2 부

선도 재단과 대학기금의 최고 투자 임원의 철학과 전략

제 4 장

오마하의 또 하나의 현인

로리 호글랜드(Laurie Hoagland), 휴렛 재단 CIO

로리 호글랜드의 전체 경력의 주제는 자선재단, 패밀리 오피스, 기업, 기관에 근무하였던 기회이다. 권위가 있지만 부드럽게 말하는 이 신사는 “나의 인생은 원래의 계획과는 다르게, 이렇게 풀렸다”라고 말한다.

대학기금 운용자 중 가장 긴 경력을 가진 겸손한 호글랜드는 업계에서 권위와 존경을 누리고 있다. 그는 자신의 역할을 오케스트라의 지휘자에 비유한다. 그는 두 군데 기관에서 그러한 역할을 성공적으로 수행했으며, 대학기금이나 자산운용사를 경영하는 몇몇 투자자들의 멘토가 되었다. 다수가 그를 투자업계의 현인이라고 인정한다.

호글랜드는 휴렛 재단의 부사장 겸 CIO이다(2013년 사임 후 Jasper Ridge Partners의 자문역을 맡음). 2001년 1월 휴렛 재단으로 이직하기 전, 그는 스탠퍼드 대학교의 기금 140억 달러를 운용하던 Stanford Management Company의 사장 겸 CEO로 9년간 근무하였다(2006년의 운용자산은 200억 달러로 증가).

1991년 스탠퍼드로 이직하기 전 11년 동안 호글랜드는 세인트루이스에서 Anderson Hoagland & Co라는 투자운용사의 창업자이자 파트너로 일했다. 그는 또한 Cummins 엔진회사의 부사장 겸 재무이사, Irwin Management Company의 부사장 겸 포트폴리오 관리자 직을 역임하였다.

호글랜드는 또한 Commonfund의 이사직을 수행하고 있다. 그는 하워드 휴즈 의료재단의 투자자문위원회 위원장이며, Caltech, David와 Lucile Packard 재단 및 Kamechameha School의 투자위원회의 자문역이다. 그는 1999년~2005년간 Lucile Packard 아동건강재단의 이사로, 1995년~2001년간 록펠러 재단의 재무위원회 위원으로, 1981년~1992년 장로교회의 연금위원회 투자위원장으로, 1994년~2006년에는 루이스빌 장로회 신학대학의 이사로 재직하였다.

호글랜드는 1958년 스탠퍼드대 경제학과를 졸업했으며, 옥스퍼드에서 Marshall 장학생으로 철학 · 정치 및 경제학에서 문학석사를 획득하였고, 1962년 하버드 경영대학원에서 MBA를 취득하였다.

1. 배 경

호글랜드는 경영대학원 졸업 후 남부 인디아나의 부유한 가문에서, 향후에 패밀리 오피스라고 불리게 될 일을 맡았다. 그는 이 가문이 학생들에게 많은 기회를 준다는 평판에 이끌려 취업하였고, 그의 고용주[39]가 예일 재단의 이사였기 때문에 예일의 예산 프로젝트 검토 등 가문의 선임자를 지원하는 업무를 수행하였다. 그는 투자 업무에 매료되어, 증권업계의 애널리스트로 취업하였다. 수년 후에 당해 가문의 포트폴리오 운용자가 은퇴하자, 호글랜드는 28세의 나이에 그 자리에 발탁되어, 이후 11년간 자리를 지켰다.

그 후 호글랜드는 당해 가문의 핵심 재산이자 다국적 디젤엔진 제조업체인 Cummins엔진으로 이적하였다. 그는 이 회사의 부사장 겸 기업금융/재무이사로서 기업연금의 관리 책임을 맡았는데, 이 시기는 미국 정부가 강력한 종업원퇴직소득

39) 역자 주 : Irwin Miller는 포드 재단과 예일 대학의 수탁자였고 케미컬 은행의 이사였다.

보장법을 입법한 때였다. 그는 4년간 재직 중에 팀을 창설하고, 내부운용을 시작하였으며, 자산 배분이라는 당시 생소하였던 새로운 아이디어에 골몰하였다.

Cummins사 이후 호글랜드는 패밀리 오피스의 동료였던 Dave Anderson과 함께 세인트루이스로 가서 자산운용사를 창업하였다. 고객은 거액 개인투자자 및 몇몇 소규모 기금이었고, 호글랜드는 과거에 기업연금 책임자로서 기업을 위하여 수행하였던 고난도의 자산 배분 프로그램과 같은 투자 서비스를 고객에게 제공하였다.

이후 11년간, 호글랜드는 성공적인 투자 사업체를 의도적으로 작은 규모로 유지하면서 운영하였다. 그는 좋은 파트너를 만났고, 고객과 함께 일하기를 즐겼으며, 주식과 채권 종목 선정을 좋아했다고 한다. 하지만 그는 부자인 사람을 더 부유하게 만들어 주는 일이 충분히 보람 있는 일인지 다시 생각하기 시작했다. 그는 '성공을 하지 못한 채 무료급식소에서 봉사하는' 자신의 미래상을 그리기 시작했다.

"이때 어느 날 전화벨이 울렸고, 헤드헌터가 마술적인 단어 '스탠퍼드'를 제안하였다. 이 전화는 나에게 소명이었다. 내 집안의 스무 명의 친척들이 스탠퍼드 동문이었다. 아내도 미주리 주에서의 생활을 북 캘리포니아로 옮기기 원했다. 우리는 스탠퍼드 재학 중에 만났으며, 아내는 우리가 중서부에서 충분히 오래 살았다고 생각했다."

1) 스탠퍼드 매니지먼트 컴퍼니

호글랜드는 신설된 Stanford Management Company의 초대 CEO로 1991년 부임하였다. 모든 것이 성공을 위해 준비되어 있었다는 점에서 그에게 좋은 상황이었다. 그러나 스탠퍼드 대학 당국은 SMC 회사를 설립하고 CIO 직위를 창설하기 전에 우여곡절과 장애를 극복해야만 했었다.

호글랜드에 의하면 그의 전임자로서, 대학기금 운용의 진정한 선도자 중 한 사람인 재무이사 Rodney Adams는 암으로 요절하였다. 대학 당국은 대학기금 투자 경험을 갖추었고 재무이사를 겸직할 수 있는 후임자를 1년 동안 물색하다가 포기하였다. 학교 당국자들은 조직도를 다시 꺼냈고, 하버드와 프린스턴의 조직을 검토한 후, Stanford Management Company를 설립하기로 결정하였다. 그 설립 건을 수탁자위원회로부터 승인받는 데 3개월이 걸렸다.

호글랜드는 당시 상황을 '성공의 실탄이 장전되었다'라고 표현하는데, 그 이유는 학교 당국이 구인 경험과 타교의 사례로부터 어떤 방식이 통하는지를 학습하였고, 그에 맞추어 스탠퍼드 매니지먼트 컴퍼니를 설계하였기 때문이었다. 과거 스탠퍼드 학교기금에 일일이 간섭하는 것으로 알려졌던 수탁자위원회는 물러났다. 수탁자들은 스탠퍼드 매니지먼트 회사에 새로운 이사회를 구성하여 정책에 집중하도록 하였다. 투자 팀이 채용되었고, 모든 것이 준비되었다. "나에게는 고쳐야 할 기존 상황이라는 것이 없었다." 그는 총괄 운영을 맡았다.

호글랜드는 자신이 스탠퍼드에 부임했던 1991년이 시장의 상승 초기였다고 겸손하게 지적한다. 그렇다 하더라도 그는 인상적인 수익률을 달성했다. 그가 재직했던 9년의 기간 동안 대학기금은 18억 달러에서 시작하여 14억~16억 달러를 지출하고, 그 절반 정도 신규 기부금을 받아들였다. 그가 사임할 당시 스탠퍼드 매니지먼트 컴퍼니의 운용자산은 86억 달러가 되었고, 그 대부분은 주식 강세 장으로부터의 수익과 벤처캐피털 투자 회수액으로부터 나온 것이었다. "나는 정책 지표 대비 약 10억 달러를 더 벌었다는 사실에 자부심을 가진다. 나는 매우 자랑스러웠다."

호글랜드는 CIO의 역할에 대한 자신의 생각에 따라 2000년에 스탠퍼드를 사임하는데, 그 2년 전부터 떠날 준비를 하였다. "나는 CIO의 직무를 교향악단의 지휘자와 같다고 생각한다. 투자 팀을 내부에 둘 만큼 큰 조직이라면, 투자 팀이 상근 연주자들이다. 외부운용사들은 초청 음악가들이다. 우수한 음악을 연주하려면, 전원이 잘 연주해야 한다. 이것은 1인 밴드가 아니다. 또한 교향악 연주 중에 지휘자가 단상을 잠시 떠날 수 있고, 그래도 음악은 진행될 수 있는 것이 사실이다. 따라서 지휘자란 스스로 생각하는 만큼 절대적인 요소인 것은 아니다."

호글랜드는 스탠퍼드에서 우수한 승계자 후보 팀 구축을 포함한 4~5가지 사항을 달성하기 원했다. “나는 내 목표를 달성했다고 느꼈다. 팀이 잘 나갈 때 떠나는 것이 낫다. 너무 오래 끌면, 일이 어긋날 수 있기 때문이다. 나는 팀 구성에 성공했다고 생각했지만, 내가 선택한 인물이 팀을 맡지 않았다는 점에서는 실패하였다.”

한편 호글랜드는 휴렛 재단의 투자위원회에 5년간 참여했었다. 정식으로 휴렛 재단에 입사하는 것은 좋은 기회였고, 그는 2001년 초 이적하였다.

2) 휴렛 재단

호글랜드가 입사 후 두 주일만에 재단은 창립자인 Bill Hewlett의 장례식을 치루었는데, 이 시점에 재단자산의 61%가 Hewlett Packard와 Agilent 주식으로 구성되어 있었다. 그 해 봄 호글랜드는 4년에 걸쳐서 포트폴리오를 다변화하는 계획을 수립하였다. Hewlett Packard와 Agilent 주식에는 재단의 자산의 5%만을 영구 배정하에, 호글랜드의 팀은 포트폴리오의 다변화에 집중하였다.

호글랜드는 포트폴리오 다변화를 하고자 Bill Hewlett이 작고할 때까지 기다려야 했던 것이 아니라, 우연히 시점이 겹친 것뿐이었다. 다변화라는 주제는 그 이전부터 논의되어 왔었다. 다변화는 전임 포드 재단 이사장, 스탠퍼드 경영대학원장 및 휴렛 재단 이사이자 재무 및 투자정책의 리더였던 Arjay Miller 덕분에 이미 인정된 상태였다. 호글랜드는 역사를 재현하는 장면으로 Miller가 Bill Hewlett의 어깨에 손을 얹고 ‘빌, HP가 위대한 회사이기는 하지만, 항상 위대한 주식임을 의미하는 것은 아니네’라고 말하는 모습을 그려 본다. 재단은 모든 전통적인 다변화 논리를 수용하였고, 2001년에 보유 주식을 완전히 재편성했다. “단일 주식만 보유 시, 변동성이 정당화되려면 기대수익률이 시장보다 정말 높아야 하기 때문이다.”

2. CIO 직위

호글랜드는 대학기금의 CIO 직무에 수반되는 장기 투자 과정에, 주주행동주의적인 것을 포함하여 여러 사항이 함축되어 있다고 언급한다. "우리 인간들은 단기 시야를 가지도록 만들어졌으므로, 우리는 이에 저항하여 장기 사고에 집중해야 한다."

◈ HP 합병 위임장 대결

HP에서 호글랜드는 매우 흥미로운 초년도를 보냈다. 2001년 노동절에 그는 컴팩 컴퓨터와 HP 간의 합병에 반대하는 위임장 대결이라는 기업금융 및 주식시장의 중요 사건에서 작은 역할을 맡았다.

휴렛 재단 투자위원회의 의장인 Walter Hewlett이 호글랜드에게 "재단의 의결권 행사를 위해 합병 안건을 분석해서 합병이 재단 측의 이익에 부합하는지 여부를 판단하라"고 지시하였다. 투자위원회는 투자위원회 내의 독립적인 위원들이 분석 결과에 따라 판단하라고 결정하였다.

4인의 독립적 위원 중 한 사람으로서, 호글랜드는 말한다. "이 과제는 우리의 의견에 대한 것이 아니었다. 우리는 본 건 M&A에 이해관계가 없는 전문가의 의견을 알고자 시도하였다. 우리는 인수 측 애널리스트 및 바이아웃 PE들의 협조하에 대규모 합병의 역사를 연구하였다. 당시의 시장 분위기는 80%가 좋지 않은 거래라고 생각했고, 나머지 지지세력 20%도 미온적이었다. 그는 분석 결과를 위원회에 보고하였고, 위원회는 합병 안이 좋은 거래가 못 된다는 데 동의하였다."

그때 Walter Hewlett이 개인적으로 나서서, 반대론을 주도하였다. 팩커드 재단은 입장을 정해야 한다고 결정하고, Booz Allen에게 유사한 연구를 발주하였다. 용역의 결과 전과 동일한 결론이 재단에 보고되었다.

"내가 칼리 피오리나 회장이었다면 계획을 덮고 합병을 포기했을 것이었다. 피오리나는 대단했다. 그녀는 굳건하게 위대한 캠페인을 전개하여 결국 51%의 동의를 얻어 내고 합병에 성공하였다. 이 사건으로 나는 2001년과 2002년의 몇 달 동안은 한눈 팔다가 보냈다. 나의 공식적 역할은 일찌감치 끝나 있었다."

1) 지배구조

호글랜드는 조직이 단기적 사고를 줄이면서, 장기목표를 달성하려면 지배구조 및 투자위원회/스태프의 안정성과 지속가능성이 필수라고 생각한다. "위원회 위원들은 임기가 있으므로, 때가 되면 떠난다. 스태프들도 시간이 가면 이동을 한다. 의사결정 결과의 지속기간 범위는 개인들의 재직기간보다 길다. 지배구조에서의 현안은 부분적으로는, 투자 스태프들을 포함하여 전체 지배구조가 조직에 진정으로 적합한 시간적 범위에 집중하는 규율을 도입하는 것이다."

"이에 관련하여, 스태프가 장기 근무하면 일반적으로 유익하다. 대학기금이 최고의 성과와 스태프의 재직기간에 관해 연구를 한다면, 양자 간에 강력한 관계가 발견될 것이라고 확신한다. 특히 CIO와 선임 투자 스태프의 이직률이 낮으면 매우 유익하다."

"재직기간과 필연적으로 관련되는 사항으로서, 재단과 대학기금의 고위직을 제안받은 사람은, 장기간 재임할 수 있는 입장이 못 된다면 맡지 말아야 한다. 그 이유는 현금으로 받는 보수는 영리법인의 수준보다 낮으므로 나머지는 심리적 보상으로 대체된다는 사실을 편히 받아들여야 하기 때문이다. 그렇다고 당사자가 개인의 일생 경력 전부를 당해 직무에서 보내야 한다는 의미는 아니며, 단지 고용주인 기관에 진정으로 유익한 기여를 할 수 있는 충분한 기간 동안 일하는 것에 편안해야 한다고 해석하면 된다."

호글랜드는 지배구조가 기관에게만 중요한 것이 아니라, CIO 직을 맡는 개인에게도 중요하다고 지적한다. “진정으로 물어봐야 하는 사항 중 하나가 지배구조이다. 내가 스탠퍼드로 부임하던 당시의 우수한 지배구조가 일종의 선례가 되었다. 여러분도 이러한 지배구조를 원할 것이다. 여러분은 대학기금의 지배구조를 수립하는 이사회나 위원회로부터 ‘전략의 실행은 스태프에게 의존하겠다’라는 보장을 원할 것이다. 지배구조 구성원의 역할은 아이디어를 개선하고, 테스트하는 것을 지원하는 것이다. 이들은 다른 일상 직무도 겸직하고 있을 것이다. 여러분이 CIO 직을 지망하는 이유, 그리고 CIO 직이 매력적인 이유는 CIO와 그 팀이 임무를 주도하기 때문이다. 나는 이것이 가장 성공적인 모델이라고 간주하는데, 그 이유는 재단과 대학기금은 투자 활동에 매일 진정으로 주의를 쏟아야 하기 때문이다.”

2) 자산 배분

호글랜드는 자산 배분이 포트폴리오의 성과에 미치는 영향이 연구에 의해 입증되기 이전부터 이 기법을 사용했으며, 자산 배분에 대한 그의 관점은 현재에도 계속 유효하다고 보인다. 호글랜드가 스탠퍼드에 합류할 때, 그는 자산 배분을 종교적으로 신봉하였다. “나는 최선의 포트폴리오를 선별하려고 시도하였다. 포트폴리오를 20년 동안 고정시켜 놓고 손댈 수 없다면, 여러분은 어떤 포트폴리오를 선정하겠는가? 나는 1년 후에 포트폴리오를 검토한다면 세상이 달라졌을 것임을 알고서 선정한 것이다. 1년 후의 시점에서 향후 19년 동안 포트폴리오에 쌓아 두고자 선정할 대상은 새로 출현한 자산군 때문에 다를 것이다. 당시 나의 방식은 ‘무엇이 최선의 포트폴리오인가?’라는 하향식(top-down) 과정이었다.”

그 이후 호글랜드는 진화하였다. 그는 자산 배분을 하향식으로 보아야 한다는 신념은 지키고 있었지만, 다음과 같이 말한다. “여러분은 상향식(bottom up)에도 주의를 많이 기울이고, 특히 PE, 부동산, 천연자원 등의 분야에서는 포트폴리오의 일부를 상향식으로 구축해야 한다. HP재단에서 우리는 12~13%의 자산을 실물자산에 배분하였다. 이것은 하향식 결정이 아니었다. 만일 HP재단이 보다 일찍 시작하여 우리가 원하는 운용사를 확보하였더라면, 우리의 배분 수치는 현재 더 높아졌을 것이었다. 따라서 자산 배분은 반복적인 하향/상향 접근방식이다.”

그의 접근방식은 운용사가 뒤떨어지거나 바람직하지 못한데도 특정 자산군에 대한 목표 배정 비율을 고수하기 위해 투자를 강행하는 식으로 정책 포트폴리오의 목표를 경직되게 고수하지 않는다는 의미이다. 호글랜드는 “자산군 간의 경계선이 모호해지는 상황이므로 각 자산군에 배정하는 비율의 정확도에 연연하지는 말아야 한다”라고 언급한다.

3) 포트폴리오 구성

호글랜드는 2001년에 휴렛 재단의 CIO로 취임하였지만, 1995년부터 재단의 투자위원회에 참여하여 운용에 관여하고 있었다. 휴렛 재단에서의 경험은 호글랜드에게 포트폴리오 구성 과정에 대하여 최고의 식견을 갖게 해주었다.

그가 1995년 위원회에 처음 참여하였던 당시, 이 재단은 전체 포트폴리오의 20%를 대체투자에 최초 배정을 한 참이었다. 위원회는 운용사 조사 및 선정에 Cambridge Associates 컨설팅을 고용하였다. PE, 부동산 및 절대수익에 투자를 배정하는 데 수년이 소요되었다. 이 프로그램은 획기적으로 성공하였다. 그는 그때부터 벤처캐피털의 J커브를 따라잡기는 너무 늦었다고 보았지만, 포트폴리오는 실제로 따라잡았다.

그가 2001년에 휴렛 재단에 참여하던 당시, 재단의 30억 달러의 포트폴리오로부터 실현한 벤처투자 이익은 10억 달러였다. 최초의 벤처투자 3건 중 2건에, 재단은 680만 달러와 1천만 달러를 각각 투입하였다. 두 벤처캐피털이 각각 2.5억 달러의 수익을 내었다. 휴렛 재단은 일반적으로 신규투자를 받지 않았을 저명한 벤처캐피털에 투자할 수 있었는데, 이는 ‘Hewlett’ 브랜드 덕분이었다.

휴렛 재단의 포트폴리오 구성은 계속 진행되었다. 포트폴리오의 상당 부분을 이미 PE가 차지했으므로, 그는 주로 절대수익과 부동산에 배분하는 데에 집중하였다. 실물자산 포트폴리오는 주로 사모부동산펀드와 천연자원으로 구성되었다. 그의 부임 당시 4%이던 실물자산비율이 12~13%로 증가하였다.

그가 스탠퍼드를 떠나던 시점에 대학기금 포트폴리오는 실물자산에 25%를 배정하고 있었다. "스탠퍼드의 25% 배정은 2000년 당시에는 이례적이었다. 우리가 부동산에 투자하고 있을 때, 사람들은 우리가 부동산을 모른다고 생각했다. 휴렛 재단에서도 스탠퍼드의 비율 정도로 투자했더라면 좋았을 것이다. (다시 한번) 실물자산에의 배정은 상향 과정이고, 적절한 운용사 물색에 시간이 걸린다. 2006년이 되자 부동산에 투자하기에 좋은 시기는 지나갔다."

그는 적절한 운용사를 선정한다는 전제 아래, 자신이 현금과 수익을 창출하고 다변화와 상당한 부가가치 기회를 내기 위해 부동산 분야에 편향되었을 수 있다고 인정한다.

4) 알파와 베타 포착 구조

휴렛 재단에서 호글랜드는 자신이 스탠퍼드에서 사용했던 접근방식 및 업계의 방식과 전혀 다른 포트폴리오를 구성하였다. 휴렛 재단의 포트폴리오는 약 20% 규모의 절대수익 Overlay를 설정하였다.

"Overlay를 보는 두 가지 관점이 있다. 한 가지는 샌드위치로 보는 것이다. 절대수익에서 현금이 창출되는데, 여기에 우리는 주식이나 채권시장 수익률을 포개 준다. 따라서 우리는 주식과 채권시장 수익률에 헤지펀드 알파의 가산을 추구하는 것이다. Overlay를 보는 또 하나의 관점은 우리가 포트폴리오 차원에서 레버리지되어 있다는 사실이다. 우리는 투자 포지션은 120%이며, 베타에 100% 및 절대수익에 20% 노출되었다. 여러분이 절대수익 포트폴리오에는 베타가 없다는 단순화된 가정을 한다면, 우리는 베타 100%, 알파 20% 및 120%의 노출도를 가졌다. 현실에서는 절대수익도 일부 베타를 포함하므로, 이를 면밀히 관찰한다. 어느 관점에서든, 우리는 포트폴리오를 펼쳐 놓고 위험과 수익 특성이 무엇인지를 질문할 수 있다.

레버리지에 대해서 많은 논의가 있었다. 레버리지는 어디에든지 있다. 전형적인 미국 기업은 회사 차원에 레버리지를 사용한다. 따라서 모든 곳에 있는 레버리지를 평가하기는 어렵다. 여러분이 할 수 있고, 하고자 원하는 것은 레버리지의 영향을 포함한 전체 포트폴리오 위험을 보려는 것이다. 이것은 상이한 차원이다."

호글랜드는 자신이 2인의 선도 대학기금 운용자들의 대단한 성공을 조합함으로써, 이러한 접근방식을 취할 영감을 얻었다고 말한다. "독창적 아이디어를 내는 사람은 아주 적다. 나의 최선의 아이디어는 대다수가 얻어 온 것이다. 스탠퍼드는 일찌기 1989년부터 절대수익 투자를 개시하였다. 1990년대에 들어서면서, 예일의 데이비드 스웬슨이 절대수익에 많이 투자하였다." 그는 이 자산군에 '절대수익'이라는 이름을 붙이기까지 하였다.

그런데 그는 절대수익 펀드에 투자하면 베타를 상실하게 되는 점이 마음에 들지 않았다. 그래서 호글랜드가 하버드의 Jack Meyer[40]가 하는 방식을 살펴보니, 그는 많은 절대수익 재정거래 전략을 내부에서 수행하였으며, 자금을 매우 강력하게 굴리며 베타를 지키고 있었다. 따라서 호글랜드는 스탠퍼드 및 휴렛 재단에서 베타 전체 + 절대수익 전략에서 기대하는 가치를 포착하는 하버드 방식을 실행하기 시작하였으며, 하버드와의 차이점은 외부운용사를 통한다는 점이었다.

---

40) 역자 주 : 본서에서는 HMC를 인터뷰하지 않았다. Jack Meyer는 1969년 하버드 MBA 출신으로, 록펠러 재단(20억 달러), 뉴욕시 기금(200억 달러)을 운용하였다. 그가 1990년부터 하버드에 재임하면서 대학기금은 48억 달러로부터 2005년까지 259억 달러로 증가하였다(기부금 수입 포함). HMC는 경력자를 채용하고 성과보수를 지급하는 방침하에, 자산의 88%를 내부에서 운용하였다. 궁극적으로 Adage Capital Management LP, Charlesbank Capital Partners LLC, Convexity Capital Management LP(Meyer 본인), Highfields Capital Management LP 및 Regiment Capital Advisors LLC로 투자 스태프들의 독립 창업이 이루어졌다. David Teten, Profile of Jack Meyer, Harbus 1997.7.7.

5) 운용사 선정

호글랜드는 자신이 세인트루이스에서 주식 종목선정을 하던 스타일에서 볼 때, 자신은 상대가치 투자자라고 간주한다. "성장주식인 경우에도, 다른 성장주보다 저렴해야 한다. 대학기금 분야에서 나는 '부실화된(distressed)'이란 형용사가 붙은 투자를 좋아한다. 나는 일단 싸게 사기 원하며, 이는 더 나빠질 여지가 적기 때문이다. 일이 잘 되어간다면 더 좋아질 수도 있다. 이것은 매우 단순한 진실이다."

운용사 선정 기준에 관해, 호글랜드는 데이비드 스웬슨이 올바른 접근방식을 구사하고 있다고 보며, 스웬슨이 그러하듯이 대형운용사에는 투자하지 않으려는 경향을 가진다. 그는 자신이 '브랜드 편향'을 갖고 있어 오랜 동안 알아 온 운용사에 계속하여 투자한다고 인정한다. 그는 업계의 여러 측면에 대해 다음과 같이 언급하였다.

가. 헤지펀드에 대해

호글랜드는 알프레드 존스의 헤지펀드가 1960년대에 창업할 때 시장에 있었다. 존스의 가치 제안은 '명석한 운용자가 과거에 운용하던 자산의 1/10 규모만을 운용하겠다'는 것이었다. 투자자는 0.75%가 아닌 기본급 1%/ 성과급 20%의 높은 수수료를 내는 대신, 최고의 명석한 운용자가 우수한 성과를 낼 확률이 있는 작은 규모의 포트폴리오에 집중하는 서비스를 받게 된다.

이제 헤지펀드는 더 이상 작지 않으며, Lake Woebegone[41]과 달리 이들이 반드시 최상위 10%에 속하는 운용사도 아니다. 이에 따라 투자자들은 운용사의 옥석을 가려야 하는 부담을 갖게 된다.

---

41) **역자 주** : 미국의 방송작가가 그린 가상의 마을로서, 모든 여자들이 강하고 남자들은 핸섬하며, 어린이들은 평균 이상이다.

나. 여러 상품을 취급하는 잡종 자산운용사

운용사들은 수익률 실적에 신경을 덜 쓴다. 힘의 중심점이 유한책임 파트너(투자자)에서 무한책임 파트너(운용사)로 기울었고, 운용사는 투자자를 위해 좋은 수익률을 내기보다는 성공적인 사업 운영 또는 사업의 극대화에 더 신경을 쓴다.

운용사 중에 단일 전략에 집중해서 잘 하기보다, 다중 전략과 다양한 방향을 추가하는 경향을 보이는 곳이 많아졌다. 이에 따라 운용사의 수입이 커지고 안정적이 되지만, 유한책임 투자자 입장에서는 의문이 생긴다.

6) 운용과 멘토링

호글랜드는 다트머스 대학교의 David Russ[42], Vulcan Investment의 Dan Kingston (제14장 참조) 및 Aetos Capital 재간접헤지펀드의 Anne Casscells[43] 등, 다수의 재능 있는 투자자를 채용 또는 육성하였고, 이들은 다른 조직에서 리더로 성장하였다.

그는 사람을 관리하고 동기부여를 주기 위해서는 진정으로 재능 있는 인재를 고용해서 뛸 기회를 주어야 한다고 믿는다. 그는 자신의 접근방식을 컬링이라는 운동 종목에 비유한다. "컬링에서, 팀원들은 얼음판에 디스크를 밀고, 다른 동료들은 스케이트를 타고 앞서 가면서 얼음을 쓸어서 길을 내 준다. 나는 내 자신이 팀을 위해서 얼음을 쓸어 길을 내 준다고 생각한다. 나는 위임할 수 있는 만큼 위임하려 한다. 스탠퍼드에서 나는 상업용 부동산 포트폴리오도 맡고 있었다. 나는 적절한 인재를 고용함으로써, 나의 시간의 95%를 투자에 쓸 수 있었다."

---

42) **역자 주** : 스탠퍼드, 텍사스 및 캘리포니아 대학기금을 거쳐서 2005년 다트머스 대학교의 CIO 역임. 2009년에 크레딧 스위스 자산운용의 투자전략가를 거쳐서 2015년 Spruceview Capital Partners의 CIO로 부임.

43) **역자 주** : 스탠퍼드 MBA로서, 골드만 삭스와 모건스탠리를 거쳐, 1998년~2001년까지 스탠퍼드의 CIO 역임. David & Lucile Packard 재단 이사. 2001년에 Aetos Capital에 취임.

7) 업계 비교 및 경쟁

호글랜드는 연차 기금실적 발표를 '거대한 실적 경주(big performance derby)'라고 부르면서, 이 시기에 거대한 관심이 집중되고 있으며, 1990년대 스탠퍼드 대학교에서도 동일한 현상이 있었지만 현재는 더 악화되었다고 본다. 그는 재단과 대학기금을 구분하면서, 대학기금 CIO들이 더 심한 압박을 받는다고 지적한다. "대학기금의 투자 실적이 교수와 학생 유치 경쟁에 중요하다는 지적은 정확히 사실이다. 반면에, 우리는 의문을 가져야 한다. 모든 학교재단 이사회가 상위 25%에 들려고 하는 의도는 어떤 의미를 갖는가? 이에 따라 어떤 압력이 가해지고 있는가? 위험이 더 가중되는가? 이것이 현안이다."

그는 기관 간 CIO의 실적을 비교하는 체계에서의 문제점은 3년, 5년이나 10년이 아닌 1년의 성과 비교에 중점을 두는 것이라고 지적한다. "휴렛 재단에서 나는 그런 압력을 덜 받는 호사를 누린다. 우리가 수용하려는 위험 수준에 대비하여 우리가 줄일 수 있는 재단 지출 프로그램을 검토함으로써, 투자정책과 지출 프로그램을 일치시키는 데 많은 시간을 투입하고 있다."

3. 교훈, 관찰 및 조언

재단과 대학기금 업계에서 호글랜드의 명망이 높지만, 그의 동 업계 경력은 45년의 개인경력의 1/3에 불과하다. 재단과 대학기금 업계 이전에 그가 자산운용사에서 수행한 투자 경력에서 축적된 그의 관점이 대학기금 자산 운용에서의 성공 배경이 되어 주었을 뿐만 아니라, 재단과 대학기금들이 과거에 직면했던 도전과제들을 설명하고, 미래를 예측하는 데에 다른 어떤 CIO보다도 적합한 인물로 만들어 주었다.

1) 11,000일 밤의 투자 야화(夜話)

호글랜드는 업계 세미나에서 자주 연설을 하면서, 과거의 투자 여건을 설명하고 미래를 예측하는 '천일야화(Arabian Night)' 같은 비유를 개발해 냈다.

"기금 운용기관에게 정말로 좋은 소식은 지난 15년간의 실적이 잘 측정되었고, 우수하다는 사실이다. 여러분이 미국 전체 기관투자자들의 수익률을 조사해 보면, 대학기금이 한 발 앞서 갔음을 발견할 것이다. 목표 달성을 위해 걸출한 성과를 낸 대학기금들은 위대하다." 이러한 실적이 10년간 지속되자, 사람들이 주목하기 시작하였다. 지난 5년 사이에, 대중들이 진정으로 관심을 쏟기 시작하였다.

"이제 지난 15년간 어떤 일이 일어났고, 향후 15년간 어떤 일이 생길 것 같은지 살펴보자. 이러한 사건들의 원동력은 실제로 30년 전부터 있었다. 어떤 골짜기에 '미국 주식'과 '미국 채권'이라는 두 밭이 있다고 가정한다. 대학기금 등 모든 기관투자자는 이 밭들을 경작하여 수익률을 내려고 노력한다. 당시 대학기금이 계곡을 올려다보니, 과일이 많이 열린 '벤처캐피털'과 '해외투자'라는 과수원들이 보였다. 이들 일부가 1970년대 말과 1980년대 초에 이러한 신규 자산군의 선구자가 되었다. 수년 후에 이들이 골짜기를 더 올라가 보니, LBO, 부동산, 절대수익 펀드라는 과수원을 발견하였고, 이들 과수원을 경작하기 시작하였다.

직전 15년간 이 골짜기는 기름지고 생산성이 높았다. 1990년대 초반의 자산 배분정책은 다수의 신규 자산군이 기관투자자에 적합하다는 판단하에, 선동적인 분위기에 휩싸였다. 1990년대 후반은 기관들이 외부운용사를 물색하고 고용함으로써, 계획을 실행한 기간이었다. 2000년~2005년은 수확기간이었다.

지난 5년 동안, 대학기금이 골짜기를 내려다보니, 떼거리들이 몰려오는 것이 보였다. 다른 기관투자자들이 대학기금의 성과를 알아 차렸고, 모든 이들이 예일의 포트폴리오를 역분해하고 있었다. 이들은 계곡을 따라서 나무를 베고, 과수원에 과다한 작물을 심었다. 생산성은 아직 떨어지지 않았지만, 떨어지는 것은 시간 문제일 뿐이었다.

대학기금들은 다음에 갈 곳을 찾아 계곡을 올라가 보았지만, 거대한 투자자본을 수용할 수 있는 신규 터전을 발견하지 못하였다. 이 곳은 절벽 사이의 협곡이었다."

아라비안나이트의 여주인공 '셰에라자드'가 그러했듯이, 호글랜드도 결론을 미결로 남겨 둔다. "이것이 우리가 직면한 딜레마이다. 향후 15년간 아름다운 밭과 과수원은 우리의 것이 아니고, 더 많은 자본과 경쟁이 격화될 것이다. 대학기금은 성과 우위를 유지하기가 훨씬 어려워질 것임을 예측해야 한다. 이것이 다소 고통스럽지만, 나의 최선의 비유이다."

2) 재단과 대학기금의 현안

호글랜드는 투자와 조직 면에서 다음의 도전 과제들이 실무적으로 매우 시급하다고 보았다.

가. 알파의 낙수 효과

'다수의 투자자들이 더 작고 점차 불확실해진 수익률 원천을 적극적으로 추구하고 있다'는 관찰에 대응하여, 그는 이 상황을 콜로라도 강의 Glen Canyon댐에 비유했다. "유동성이 대거 축적되고 있다. 우리는 타인보다 먼저 도달하려 시도한다. 우리는 1~2년 동안은 우위에 있을 거라고 생각하는데, 실제는 우위가 한두 달에 불과하다고 판명된다. 모든 사람들이 강의 본류가 아닌, 작고, 더 좁은 지류를 탐색하고 있다."

나. 인력 충원 과제 I

대학기금의 포트폴리오를 복제하려는 투자자들은 일을 할 경력자들을 고용하려 한다. 따라서 알파를 창출해야 하는 도전 과제에 더하여, 대학 측에게는 인재를 지켜야 한다는 거대한 숙제가 생겼다. 인재들이 재단과 대학기금의 임무에 열정을 갖도록 할 동기부여 방법이 무엇이 있을까? 보수는 어느 정도 주어야 할 것인가? 인재들이 영리법인과 비교했을 때 어느 정도의 적은 보수를 수용할 것인가?

다. 글로벌 유동성

2020년 시점의 투자의 지평선을 전망해 달라는 질문에 대해서, 호글랜드는 높은 유동성 수준과 가용한 펀드의 규모가 과거처럼 순환주기적인 현상일 뿐일지의 여부를 알 수 없으므로, 자신은 특정한 견해를 갖지 않는다고 답변하였다. "신용이 경제를 지원하는 데 필요한 규모를 초과하여 팽창하면, 초과분은 금융시장에 유입되어 가격을 올린다. 경제 내에 신용이 불필요해지면, 과거의 초과분은 금융시장을 빠져나간다. 이러한 현상은 계속 반복되어 왔다. 따라서 질문은 동일한 사건이 재발할 것인가의 여부이다. 재발할 것이라면, 그는 서브프라임 금융위기 시점에서와 같이 방대한 유동성이 일거에 이탈할 경우에 대해서 우려를 표시하였다.

한편 경제성장률이 높은 국가들이 매우 높은 공적 저축률, 유보금 및 민간저축률을 가지고 있다. 중국에서는 중산층으로 진입하는 계층이 25%의 저축률을 보인다. 따라서 훨씬 더 많은 투자 펀드들이 출현할 것임을 의미하는 구조적인 변화가 일어날 것인가? 이는 미래수익률이 평준화될 것임을 의미한다. 다만, 유동성이 유출되거나 붕괴되는 사건이 발생한다면, 그 이후에는 역사적인 수준의 수익률을 다시 보게 될 것이다."

라. 인력 충원 과제Ⅱ

호글랜드는 투자 시나리오가 아무리 좋더라도, 제한적인 자원을 가지고 글로벌 투자를 수행하는 것은 쉽지 않은 과제가 될 것이라고 지적한다. 그는 시차, 출장 소요 및 가용한 자원 등의 부담과 함께 CIO가 소수의 인력으로 어떻게 고급 글로벌 포트폴리오를 운영할지에 대해서 우려한다.

마. 인력 충원 과제Ⅲ

또 하나의 도전과제는 스태프의 규모에 대한 것이다. "우리가 인재 수요에 어떻게 부응할 것인가? 나는 거대한 유동성이 포트폴리오의 수익률에 어떤 의미를 갖는지에 초점을 둔다. 이것이 인재에 대한 수요에는 어떤 의미를 갖는가? 검증된 투자 인재의 수는 제한적인데, 운용될 투자금은 거대하다. 재단과 대학기금 출신 경력자가 입사하면 조직은 그가 비밀처방을 가졌다고 기대한다."

호글랜드가 예상하는 인력난을 볼 때, 그는 CIO 아웃소싱 모델이 다수 기금 자산운용기관에게 진지하고 타당한 대안이 될 것으로 본다.

바. CIO 경력

재단과 대학기금 포트폴리오의 장기 속성을 논하면서, 호글랜드는 CIO 경력 지망자들에 대해 경고했다. "나는 좋은 경력을 쌓기 위해 학교의 선임 직위에 부임했다가 몇 년 후 옮겨 가는 인재는 분명히 사절한다. 다만, 젊은 사람의 경우는 다르다. 청년들은 몇 년만 근무해도 큰 능력과 에너지로 기여할 수 있다."

4. 중요한 영향력

자신의 경력에 중요한 영향을 준 사람들이 누구냐는 질문을 받자, 호글랜드는 잠시 말을 멈추고 회고했다. "좋은 질문이다. 나는 1980년대에 자산운용사 창업 파트너인 Dave Anderson[44)]과 11년간 상호 반응하면서 많은 것을 배웠다. 그는 위대한 친구이다.

나에게 가르침을 준 또 한 사람은 Garnett Keith[45)]이다. 우리는 1960년대와 1970년

44) 역자 주 : Irwin Management Company 이후 McDonnel Douglas사의 기업연금 담당자를 거쳐 호글랜드와 창업하였다.

45) 역자 주 : Irwin Management Company에 근무하였고, 하워드 휴즈 의료재단의 투자자문위원

대 초 패밀리 오피스에서 동료였고, 이후 그는 Prudential의 투자자산을 운용하였다. 우리는 각자의 노트를 자주 비교해 본다."

그는 여러 명의 훌륭한 상사들을 꼽는다. 그리고 나서 그는 1969년 고향인 네브라스카 주 오마하 시를 방문한 때, 워렌 버펫의 집을 방문하여 조언을 받았음을 기억한다. 나는 '제가 투자사업을 시작하려 한다면 어떤 조언을 해 주시겠는가?'라고 물었고, 버펫은 "이 사업은 양극단적인 성격을 가진다. 절대 안되거나 잘 되거나." 버펫의 조언은 옳았다. 11년 후에 호글랜드가 창업을 하였을 때, 하버드 경영대학원에서 짰던 사업계획을 전혀 수정할 필요가 없었으며, 그 이유는 사업이 상향 궤도를 뚫고 갔기 때문이었다. 따라서 호글랜드는 사업과 성장을 어떻게 관리할지를 정해야 했고, 독자적인 경영을 하기로 결정하였다.

5. 중서부의 가치관과 지혜

호글랜드의 형은 오마하 시 출신 의원이었고, 버펫을 자문역으로 활용하였지만, 호글랜드와 버펫은 만남을 지속하지 않았다. 그래도 두 사람은 몇 가지 특성을 공유한다. 이들 각자는 공히 자신의 업계를 선도할 위상, 신뢰도 및 경험을 갖추었다. 호글랜드와 버펫은 인재를 선발하고, 선발한 인재에게 중서부의 가치를 심어 주며, 소신껏 일하도록 맡기고, 그들의 성공을 북돋아 준다고 알려졌다.

가장 중요한 점으로, 두 사람 모두가 자신들의 투자 성과로 비영리기관의 업무를 영원히 지원하겠다고 약정하였다. 재단과 대학기금 업계에서 호글랜드는 오마하의 현인이다.

이었다. 푸르덴셜을 거쳐 현재 Seabridge Investment Advisors LLC의 회장이다.

제 5 장

박사, 변호사, 최고의 CIO

Allan S. Buffard 박사, MIT 명예 재무임원

Allan Buffard는 2006년 5월에 MIT의 재무임원 직을 사임하였는데, 2006.12.4자 블룸버그 통신은 25개 대학기금의 실적을 조사하여 MIT의 23%의 최고수익률을 보도함으로써 그의 23년간의 MIT 재직기간에 월계관을 씌워 주었다. 이러한 업적 발표는 직설적이고 터프한 전직 엔지니어이자 변호사인 버파드에게 실제로는 기쁨과 아쉬움이 엇갈리는 사건이었을 수 있다.

기쁜 면에서 이 실적은 버파드가 자신의 경력 초기에 도입을 주도하였던 자산군인 장기 대체투자군으로부터 나왔다. 아쉬운 면에서 버파드는 대학기금의 상대 서열 랭킹 시스템의 경쟁적인 상황을 혐오한다는 것이다.

그는 공학박사로서 경력을 시작하였지만, 변호사 자격을 획득하였다. 버파드는 이러한 경력을 통해서 MIT 대학기금의 스태프가 되었고, 거대한 변화의 시기에 조직을 성공적으로 이끌었으며, 업계 내에서 원로급의 위상을 달성하였다. MIT의 2006년 실적에 대한 블룸버그 통신의 취재에서 버파드는 MIT에서의 그의 경력과 기간에 곧바로 적용될 수 있는 문구로 답변하였다. “나는 경험으로부터 학습하였다.”

은퇴 직전 버파드의 주 직무는 대차대조표 전반 관리, 자산의 투자 운용 감독, 총 120억 달러에 달하는 기금 · 연금 및 다른 자산의 투자정책 수립 및 시행, 그리

고 부채 조달과 관리였다. 그는 MIT 학교법인의 당연직 멤버이자, 집행, 투자, 개발위원회 위원이며, MIT 퇴직연금의 수탁자와 재무담당 임원직을 수행하였다. 그는 2004년 7월부터 MIT Investment Management Company(MITIMCo)의 초대 사장직을 역임했다.

버파드는 1972년 MIT에 입사하였다. 그 이전에는 엔지니어링과 기업 경영에 종사하였다. 그는 Alaska Permanent Fund Corp의 투자자문역, Computer History Museum, Grayce B. Kerr 재단 및 싱가폴 국립대학교 등 여러 개 펀드의 자문위원회 위원이다. 그는 MIT, 하버드 및 관련 병원과 서비스 조직에 의료사고 보험을 제공하는 Controlled Risk Insurance Company와 Risk Management 재단의 이사회 의장이며, 하버드와 MIT 공동체에 서비스하는 소매협동조합인 The Coop의 이사회 의장이다.

버파드는 나스닥 상장 MassBank의 이사로서 자산부채 위원장을 맡고 있으며, 실행위원이다. 그는 나스닥 상장 RamRe의 이사이고, 모건스탠리 프라임프로퍼티즈펀드의 사외이사이다. 그는 Beth Israel Deaconess 메디컬센터 및 Explorations Inc의 이사 겸 재무임원(감사, 보수, 재무 위원 포함)으로서 비과세 조직에서 활발히 활동하고 있으며, Robert Wood Johnson 재단과 Whitting 재단의 수탁자이다. 그는 Wheelock 대학의 수탁자위원회 의장을 역임했다. 버파드는 MIT에서 이학박사 및 Suffolk 대학교에서 법학박사 학위를 취득하였다.

1. 배 경

버파드는 자신의 배경을 묻는 질문에 '얽히고 설킨 이야기'라고 농담조로 답했다. MIT에서 받은 소재공학박사 학위가 어떻게 투자 전문가로 이어졌느냐는 질문에 대해서도 연결고리가 없었다고 인정한다. 30대 초반이었던 1970년대 초 어느 날, 그는 아침에 일어나서 변화를 일으키겠다고 결정하였는데, 무엇을 할지에 대해서는 생각이 없었다. 그는 무언가 다른 일을 찾고자 법학대학원에 갔다. MIT에 잠시 돌아와서는, 당초 자금조달 업무를 맡았다. 이후 몇 개의 짧은 단계를 거쳐, 그는 부동산과 신탁 분야로 이동하였고, 궁극적으로 재무담당 임원의 조수가 되었다.

1974년에 임시로 시작되었던 일이 위대한 기회로 바뀌었다. 그는 자신의 지인인 전임자와 MIT의 전통적인 도제제도 아래서 함께 일하면서 기초를 닦았고, 대학기금 시장에 도입되던 신형 투자상품과 자산군을 공부하였다. 당초 그는 1974년 종업원퇴직소득보장법(ERISA) 입법 이후 MIT 연금을 재편성하는 작업을 위해 변호사들과 협업할 담당자로 영입된 이후 모든 일이 일사천리로 진행되었다. 어느 날 그는 "이 일이 나쁘지 않다. 나는 이 일을 떠나지 않겠다"라고 말했다.

버파드는 자신의 전임자인 Glenn Strehle[46)]이 자신에게 기회를 주었음에 감사한다. "나는 새로운 분야를 찾을 수 있는 자유를 부여받았다." Strehle는 투자운용업 출신으로, 주식과 채권에 정통하였고, PE와 다른 새로운 투자를 버파드에게 위임하였다. "이러한 상황에서는 보조자가 상급자에게 어떻게 할지 문의할 수가 없었다. 왜냐하면 두 사람 모두 새로운 투자 형태를 처음 맞이했기 때문이었다."

우수한 기본교육을 받은 그가 분석 및 종합, 문제 해결 훈련을 받음으로써, 투자자로서 성장할 밑거름이 되었다. 그는 투자의 폭넓은 새로운 분야에서 경험을 쌓는 놀라운 기회를 얻었다. 투자는 변화무쌍하여 그를 항상 흥분시켰다. "나는 매우 까다롭고 어떤 측면에서는 단순한 질문을 하도록 인정받았다."

2. CIO 직무

버파드는 투자철학에 대한 질문을 받자 대답을 유보한다. "나는 투자철학이란 용어의 의미를 진정으로 이해하지 못한다. 어느 누구도 값비싼 상품은 사려 하지

---

46) **역자 주** : 1958년 MIT 졸업생으로서, 1962년 Colonial Management에 입사하였고, 1975년 MIT 재무이사로 취임.

않는다. 누구라도 가치와 좋은 가격을 알며, 언제 팔지도 안다. 누구나 계란을 한 바구니에 담으려 하지 않는다."

1) 자산 배분

MIT의 자산 배분은 시간이 지나면서 발전해 왔고, 반드시 정책적 관점에 의한 것은 아니었다. "1970년대 투자업계에서, 자산 배분은 수학적 계산으로 구성되었다. 전통적인 주식 60 : 채권 40 비율 주변에서 왔다 갔다 했던 것으로 보인다. 아마도 보다 과감한 기관이 70 : 30을 설정했을 것이다."

"자산이 증가하고 우리 모두는 일부 새로운 투자대상에 대한 이해도를 가졌다고 생각해서, 자산 혼합 안에 양념을 뿌리기 시작했다. 대학기금은 비전통적인 대체자산 및 부동산까지 포함하여, 일부 대체자산을 추가하였다. 자산 배분 과정에서 흥미로웠던 것은 MIT팀이 대체자산에 손을 대면서 항상 인위적인 제약, 제한 또는 경계선을 설정했다는 점이었다. 예컨대, "부동산이 좋지만, MIT는 5%를 초과하면 안 된다. 또는 PE가 좋은 투자지만 3% 이상은 불가하다." 이러한 판단은 보다 정치적인 또는 실행적인 문제에 기인하는 경향을 가졌다. "우리가 배분을 늘리고 싶어도 결론은 '어떻게 늘릴 수 있을지 모르겠다'로 귀결되었다. 버파드는 "자산 배분에 적용된 규정이 어떤 것이건 간에, 개인의 관점과 이사회의 정치성 등 주관적인 요소들이 깊이 개입되었음이 명백하였다. 자산 배분 적용의 일부는 정치성 및 투자위원회와의 협업이 어려운 현실 때문에 사라졌다"라고 술회한다.

그는 1990년대에 접어들면서 흥미로운 현상을 관찰하였다. "데이터가 맞다는 전제하에, 우리는 전혀 제약을 받지 않는 기준 아래 최적화 모델을 가동시켰다. 그러면 자산 배분의 관점에서 훌륭한 포트폴리오의 모습을 얻게 되었다. 그러나 아무도 이러한 모델의 지시를 따르지 않았다. 우리는 이 포트폴리오를 보고 나서도 '나는 이사회를 결코 통과시킬 수가 없을 것이다'라고 단언하였다."

그러다 1990년대에 들어서면서, MIT 투자 팀은 새롭게 부상하던 분야에 적은 금액을 배분하였고, 시간이 지나면서 배분액이 점차 증가하였다. 대체자산에 배분을 증액하는 데 스태프와 투자위원회가 더 익숙해짐에 따라, 전반적인 배분 과정이 보다 공식적이 되었다.

2) 귀무가설(Null hypothesis) 접근방식

1990년대에 버파드와 스태프들은 자산 배분의 접근방식에 귀무가설을 사용하였다. 그는 귀무가설에서 단 5가지의 주요 자산군만이 존재한다는 가정하에, 5개 자산을 20%씩 균등 배분한 포트폴리오를 제시하였다. 그러고 나서 질문을 하였다. "우리가 귀무가설을 벗어날 이유가 무엇인가? 우리가 이러한 배분으로부터 벗어나는 방법을 우리에게 알려주는 무언가를 우리가 알고 있는가?"

귀무가설 분석은 두 가지 측면에서 투자 팀이 제시하는 자산 배분정책에 영향을 주었다. 첫 번째는 역사였다. 자산 배분 연구의 대부분이 사후적으로 수행되었는데, 이것은 역사에 관한 것이고, 장래 예측에 관한 것이 아니다. 그 결과로 자산 배분에 역사적 편견이 과도하게 개입했다. 이러한 자산 배분을 벗어날 방법은 미래를 내다보는 것이었다. 하지만 신흥시장에 대한 통계적으로 유의한 역사적 데이터가 없어 기대수익률이나 변동성에 대한 예측이 거의 불가능하던 시기에, 누가 어떻게 신흥시장을 고려할 수 있었겠는가?

버파드는 어떤 기관으로 하여금 귀무가설에 의한 배분을 벗어나도록 해 줄 두 번째 중요 요소로서, 내부담당자가 신규 분야인 비전통적 투자에 관련하여 실행할 수 있는 고유한 능력을 꼽는다. 비전통적인 분야에서는 수익률 편차가 너무나 크므로, 담당자는 우수한 성과를 낼 운용사를 물색하고 평가할 선험적인 능력을 갖추어야 한다. 최고의 인재들과 협업하여 대체투자가 포트폴리오 전반에 기여하도록 하려는 기관이 귀무가설로부터 벗어나려면, 당해 대체투자 분야에서 내부의 실행

능력을 진정으로 파악해야만 한다. 당해 기관이 자산군을 이해하고 외부운용사들과 관계를 맺고 있는 인재를 스태프로 보유함으로써 실행 능력을 갖추었다면, 당해 기관은 그에 따라서 포트폴리오를 편성할 수 있다.

"여러분의 포트폴리오에 약점이 있다면, 여러분은 이를 메꾸어 줄 인재를 물색해야 한다. 스태프의 역량이 여러분이 귀무가설을 벗어날 능력을 보여 준다. 기관이 보유한 자원이 한정되어 있다면, 특정한 자산군의 중요성을 판단해야 한다. 나는 MIT가 이 분야에 충분한 역량을 갖추지 못했다고 판단했었으므로, 순수 헤지펀드이냐, 시장 중립 헤지펀드이냐는 구분은 MIT에게 중대한 사안이 아니었다. 나는 내가 옳은지 틀린지 알지 못했다."

버파드는 주요 대학기금의 자산 배분을 장기간 관찰한 결과, 하버드를 제외하고는 대학기금 업계의 자산 배분이 거시적 차원에서 진정으로 다르다고 생각하지 않았다. 하지만 보다 정교한 차원에서는 특정 프로그램 실행 방식 간에 큰 차이가 존재했다고 언급했다.

PE의 수익률은 상위 1/4의 운용사와 하위 1/4의 운용사 간에 막대한 차이가 나타난다. "여러분들은 PE에서 평균을 추구해서는 안 된다. 평균적인 운용사는 시장보다 뒤처지고, 아무런 의미를 갖지 못한다. 문제는 어떻게 하면 상위 1/4의 운용사와 계약할 수 있는가이다. 이들에게 운용을 맡길 수 없다면 최적화 모델이 어떤 자산배분을 알려주더라도 활용이 불가능하다."

다수의 투자자가 PE 투자에서 관계 정립과 네트워킹 능력이 커다란 차이를 가져다준다고 보는 반면, 버파드는 관계 수립이 모든 자산군에서 투자자가 성공하는데 결정적인 특성이라고 믿는다.

3) 아이디어 창출

버파드는 스스로 질문함으로써 좋은 아이디어를 정의한다. "차별화되고 도움되고 우리가 누구였고, 어디에 있었고, 무엇을 하려 했는지에 대한 적합한 아이디어를 내가 어떻게 도출했는가?"

그는 답변한다 "관찰자의 관점이 필요하다. 아이디어 창출은 많은 독서와 대화로부터 나온다. 이러한 기회를 어디에서 얻는가? 스태프들이 생각을 구상하기 위해 정보를 모으는 방식이 어떤 것인가는 나에게 중요하지 않다. 스태프들이 대화하고, 책상에서 읽고, 세미나를 찾아다니거나, 운용사들을 탐방하는 것은 좋은 일이다. 아이디어를 창출하는 한, 스태프들이 어떤 활동을 해도 좋다. 아이디어 창출은 업계에서 필수 요소이다. 좋은 아이디어는 은쟁반에 담겨서 찾아오지 않는다."

나에게 새로운 아이디어를 추구하도록 영향을 주었던 어떤 투자위원회 의장과의 대화를 소개하고자 한다. 아마도 1980년대 말이었고, 우리는 특정한 투자 건을 검토하고 있었다. 나는 어떤 투자대상 물건이었는지는 기억하지 못한다. 내 생각이나 느낌으로부터 뭔가가 문제가 있었지만, 동시에 그래도 이 건은 투자하고 싶었다. 나는 투자위원회 의장에게 가서, 다소 정치적으로 그의 의견을 구했다. 나는 긍정적이기보다는 위험 측면에서 언급하고 있었다. 의장은 현명한 신사로서, "앨런, 거북이는 등껍질로부터 머리를 꺼내지 않고는 전진하지 않는다네"라고 말했다. 나는 "감사합니다"라고 말하고는 그에게서 떠났다.

투자위원회 의장의 말은 버파드가 아이디어를 내고 기금을 키우는 접근방식을 상징하는 표현이 되었다. "MIT에서의 나의 경험은 거북이가 머리를 등껍질로부터 꺼내는 일련의 사건들이었다. 거북이는 때로는 얻어맞는다. 거북이의 일은 위대한 비전보다는, 기회가 있는 분야를 찾아내어 해당 프로그램을 발전시킨다는 작고 점진적인 변화를 추구하는 데에 있었다."

이러한 거북이 접근방식의 한 예가 1977년의 MIT 최초의 PE 거래로, 차입기업매수(LBO) 건에 직접 투자함으로써 수행되었다. 당시에 MIT의 포트폴리오에는 PE 투자 실적이 없었으므로, 기존 거래가 전혀 없었던 신규 운용사의 펀드에 참여하였다. 이 건 투자는 성공적이어서, 당해 PE 운용사에게 후속 투자가 이어졌다.

버파드는 1978년 MIT의 최초 벤처캐피털 투자 진입에서도 유사한 경험을 얻었다.

MIT 최초의 해외투자는 1980년~1981년경에 수행되었는데, 버파드는 해외투자 아이디어를 제시한 운용사와 함께 일본에 출장한 후, 해외 배정 전액을 일본에 집중시켰다. "당시는 일본이 위대한 기회였던 시기였다. 우리는 일본 경제의 성장 기회를 포착하였고, 1980년대는 일본을 위한 시대가 될 것이었다. 일본 출장에서는 애널리스트처럼 다니면서, 백화점에서 상품 가격을 조사하고, 비서의 월급이 얼마인지 문의했으며, 이를 미국 내에서의 가격과 비교하였다. 나는 출장을 즐겼다." 일본을 추천했던 운용사는 운용계약을 체결하고 좋은 실적을 낸 후, 언제 일본 투자 프로그램을 끝낼지도 진솔하게 추가 제안함으로써 버파드에게 감명을 주었다. 이러한 조언에 근거하여, MIT는 사적 풋옵션을 상당액 협상하고 매입함으로써 추가 이익을 획득하였다.

MIT가 부동산에 투자한 방식은 더욱 창의적이고 복잡하였다. MIT는 학교 인근의 부동산 프로젝트 개발에 집중하였다. "MIT가 자석처럼 인구를 끌어모은다는 연구에 근거하여, 우리는 주요 연구대학 주변 지역의 상권 발전이 어떻게 실현될지 예측하였다." MIT 팀은 개발 후에도 토지에 대한 통제권을 MIT가 갖도록 거래 구조를 만들었으며, 지상 개발사업으로부터 금융 수익을 얻었다. MIT는 개발 위험을 수용하면서, 개발 물건을 매각하여 가치를 실현하고 토지 권리는 보유함으로써 학교의 장래 토지 수요에 대응하는 중대한 전략적 결정권을 유지하였다.

MIT 팀은 흥미로운 아이디어가 출현하면 조기에 작게 실행하였다. 거의 모든 경우에, 아이디어는 스태프, 친지, 이사회, 투자위원회, 운용사 제안설명 등 상이한 원천으로부터 나왔다. 아이디어 창출은 개방성, 경청 및 적극성의 함수이고, 거북이가 목을 등껍질로부터 꺼내도록 할 의지를 가진 이사회를 필요로 한다.

4) 운용사 선정

운용사를 물색하고 선정할 때, 버파드는 후보 조사를 자신이나 스태프가 직접 수행하기를 선호한다. MIT는 시간에 제약이 있거나, 특정 분야에서 지원이 필요한 상황이 아니라면, 컨설턴트에 거의 의존하지 않는다. "우리는 컨설턴트에 의해 가공된 정보가 매우 귀중하다고 인정한 적이 없다."

버파드는 운용사 측이 제시하는 수치보다 그의 인력 및 조직에 대한 자신의 본능적인 반응을 더 신뢰하였다. 그는 펀드매니저에게 지성, 유머 감각과 정직성을 요구하였으며, 성공 의지가 높은지를 확인하고자 하였다. 운용사가 대규모 조직이더라도, 그는 추진력, 헝그리 정신 및 질적 추구를 요구하고 평가하였다. 버파드는 운용사를 선정할 때에 '어떤 자산군에서든 간에 성공을 할 인재들이 있다'라는 관점을 가졌다. 그의 관점은 적절한 자산군을 선정하기보다는 적절한 운용사를 찾아내는 데 관련된 것이었다.

'적합한 운용사를 어떻게 찾아내느냐?'라는 질문에 대해, 그는 "최소한 내 개인적으로는 매우 본능적이었다"고 답변하였다. 그리고는 MIT에서의 재직 말기에는 운용사들과 개인적인 접촉 기회가 없어져서 섭섭했다고 한다. "나는 그러한 기회를 매우 즐겼었다. 현재에는 운용사 선정이 훨씬 복잡해졌지만, 내가 최초로 대체투자를 시작하던 시기에는 컨설턴트도 데이터도 없었고, 적은 수의 사람들 사이에서 많은 일들을 직접 대면하여 처리해야 했다. 이제 운용사들의 수는 너무 많아졌고, CIO는 운용사들을 모두 만나볼 수가 없다. 내가 과거를 그리워하지만, 과거의 방식은 실천하기가 곤란하다."

그는 운용사 선정 시 자신의 본능적인 반응의 도움을 받지만, 과도한 의존도에 대해서는 경계한다. "여러분은 너무 독단적이 되지 않도록 유의하라. 나는 독단적이지 않았다고 생각하지만, 나는 운용사가 제안설명할 때 '맙소사, 앞으로 30분은 참혹한 시간이 되겠구나'라는 등, 너무 빨리 반응하였다. 나는 이러한 국면을 매우 즐겼다.”

5) 스태프 관리

버파드는 밝고, 활력 있는 인재를 상호 보완적인 기술과 스타일을 고려하여 채용하였다. “나는 복제 인간은 원하지 않았다. 나는 대조적인 개성과 계량적 역량을 원하였다.” 그 결과로, 투자 스타일 면에서 다변화된 스태프 포트폴리오가 구성되었다. 버파드는 스태프 개인들이 담당하는 자산군에서 최선의 투자방식을 독자적으로 결정하도록 허용하였다. 스태프들은 시장에서 목표를 이해하고 의사소통한 후, 조직에 돌아와서 모든 내용을 다른 스태프들과 공유하였다.

그는 스태프에게 어떤 일을 하라고 지시할 일이 없었는데, 그 이유는 그 자신도 그 일을 알고 있지 못했기 때문이었다. 그는 자신의 방식이 전반적으로 유효하였다고 본다. MIT가 조직력을 갖추고, 인재를 유치하며 유지할 수 있었던 이유는 스태프들이 개인적으로 운신할 공간을 부여받았고 거북이처럼 머리를 들 수 있었기 때문이었다.

6) 지배구조와 의사결정

버파드는 지배구조의 실무에 대해 언급하기 전에, MIT에서의 변화의 배경과 그러한 변화에 의해 학교가 얻은 혜택을 보여 주었다.

“대학은 똑똑한 사람들로 구성된 복잡한 조직이다. 교수진은 강의를 하고, 교직원들은 예산, 학사행정 및 스포츠 팀을 관리한다. 이 모든 이들이 학교 내의 모든 의사결정을 내린다. 그런데 대학기금에서는 이사회가 기금정책의 감독만이 아니라 운용사와의 투자약정과 계약 체결을 실제 승인해야 한다. 기금이 어떤 점에서 다른가? 다른 조직에서도 그러하지만, 특히 대학교 세계에서는 미세 조정과 수작업을 해야 하는 국면이 많다."

대학기금이 내리는 의사결정 형태는 대학교 내의 다른 부문과 다를 것이 별로 없지만, 훨씬 높은 수준의 감독이 뒤따른다. 어떤 이는 헛기침을 하면서 '자신이 직위상 부담하는 수탁자 책임(fiduciary responsibility)은 감독 역할이다'라고 언급하겠지만, 20세기 후반의 위대한 진전 중의 하나는 정책이 지배구조의 틀을 잡아 주는 추세였다. 이러한 진전의 결과로, 대학기금은 스태프와 수탁자들을 늘리고, 학교 당국에서는 투자 과정의 실무에 대한 간섭보다 보수 체계와 운영예산 수립에 집중하게 되었다. 버파드는 이러한 진전이 1970년대에 개시되었으며, 부분적으로는 Harvard Management 및 다른 대학들이 대학기금 투자회사를 별도로 설립하고 CIO들이 장기 재직하면서 재단 이사회로부터 신임을 받은 데에 기인한다고 설명하였다.

"학교기금이 아이디어를 내는 전문가, 창의적 인재를 확보하려면 지배구조를 개선해야만 한다. 크든 작든 매 투자 건마다 승인을 받아야 하는 그러한 조직에는 창의적이고 유능하며 책임감 있는 우수한 인재가 참여하지 않을 것이다."

버파드는 Chris Russell저 재단과 대학기금을 위한 투자 전략(*Trustee Investment Strategy for Endowments and Foundations* : John Wiley & Sons, 2006)이라는 책을 참조하도록 추천한다. 저자인 Russell은 영국의 투자운용자이자 재단 임원으로서, 그의 저서는 재단과 대학기금의 수탁자들에게 조언을 준다. "나는 저자를 만나서 우리의 경험과 그의 논문에 대해 논의할 기회를 가졌다. 그는 훌륭한 책을 썼다. 나는 이 책을 수탁자와 이사회 구성원들에게 추천한다."

버파드는 더욱 많은 기금들이 스탠퍼드와 하버드처럼 지배구조를 개선하였다고 본다. "내가 MIT를 떠날 때가 되었다고 생각하였던 시기에, 나는 30년이나 재직하였음에 따른 대단한 자유를 누려 왔었다. 내 자신은 대학기금 투자를 위한 전담 회사를 필요로 하지 않았지만, 나는 MIT가 이것을 필요로 한다는 생각을 갖게 되었다. MIT가 회사 설립을 해야 하는 상황이라면, 이를 수탁자들에게 제안하고 승인을 받고 실행하며, 일시적으로 경영까지 하는 역할을 신임 CIO에 맡기기보다는 현직 CIO인 내가 마무리하는 편이 바람직하다고 생각했다."

"나는 지배구조에 관해 너무 할 말이 많다. 지배구조는 우리의 업계에서 효과적인 실무를 하는 데에 최대의 장애물 중 하나이며, 대형기금과 소형기금 간의 구별요소이다."

3. 교훈, 관찰 및 조언

1) 투자자로서의 우려

버파드는 우려사항이 무엇이냐는 질문을 받자, '현직에 있지 않으니 걱정할 것이 없다'고 농담을 한 후에, 속내를 털어 놓았다. 인간적인 우려가 있다. 내가 투자부문에 참여하기 전에 누군가가 말해 주었다. "자네가 나이를 먹을수록 영웅을 찾아내기가 더욱 어려워질 것이네." 그의 말이 옳았다. 나의 우려는 과거에는 젊은이들이 눈을 크게 뜨고 영웅을 알아봐 주었는데, 이제는 영웅이 전혀 없다는 점이다.

"나는 이 세상에 대해 매우 염려한다. 모든 것이 논란거리이고, 다툼 중에 있다. 합리성이란 것이 사라진 듯이 보인다. 이익집단들이 대립하고 있다. 공공부문에서 정책 결정을 내리는 의사결정자 다수는 나에게 감명을 주지 못한다. 간단히 말해서 나는 내 주변의 세계에 대해 매우 우려한다. 보스턴 시가 대규모 공사를 발주하였는데 천정이 무너져서 사람들이 죽는다면, 또는 신축 회의장 건물에 비가 새서 바닥에 빗물받이 물통이 놓였다면, 문제가 된다. 의사결정권자들의 수는 많은데 이들이 단순한 결정도 제대로 못한다면, 투자와 같은 복잡한 결정에 대해서 나는 더욱 우려하게 된다. 나는 정치적 위험이 넘쳐 난다고 느낀다."

2) 포트폴리오 베끼기는 금물

버파드는 업계 세미나에서 발표했던 경험을 통해서 역발상 투자 아이디어에 대한 그의 견해와 투자자들의 행태에 대한 우려를 들려준다. “2003년 NMS Management 컨퍼런스47)에서 주최 측이 나에게 문제 제기를 허용해 주었기에 주제발표를 했다. 나는 이 자리를 청중들과 함께 실험을 해 보는 기회로 활용하였다. 나는 조수의 지원을 받아서 4가지 투자분류 또는 자산군에 X, Y, Z, W라고 이름을 붙였다. 따라서 자산의 이름으로부터는 주관적인 편견이 발생하지 않을 것이었다. 우리는 4개 자산군을 갖고서, 완전하지는 않지만 합리적으로 우수한 역사적 수익률 정보를 사용하고 포트폴리오 최적화 모델을 돌려서 포트폴리오를 구성하였다. 4가지 자산들은 초기 포트폴리오의 위험 조정 수익률을 개별적으로 및 집합적으로 증가시켰다. 약간 놀랍지만, 아마도 이러한 결과는 단순히 폭넓게 다변화된 포트폴리오를 입증할 것일 뿐이다.”

버파드는 이 사례를 활용하여 그의 귀무가설과 유사한 질문을 제기하였다. “여러분이 X, Y, Z, W에 투자를 결정하려면 무엇을 먼저 필요로 할 것인가?” 버파드는 MIT로 하여금 일본주식과 부동산 투자에 진입하도록 했던 요소를 소개하면서, 청중에게 더 특정적인 질문을 하였다. “여러분으로 하여금 X, Y, Z, W에 진입하게 만들 요인은 어떤 것인가?”

버파드는 자신이 MIT 귀무가설을 가지고 도출했던 것과 유사한 결론을 도출하여 제시했다. “MIT는 담당자들의 실행능력에 대해서 MIT가 신뢰와 믿음을 주는 특정 분야에서, 이들이 해낼 수 있고 다른 변수들을 능가할 수 있다면, 신규 자산이 포트폴리오 전반의 수익률에 기여하므로 편입이 타당하고, 성장을 시작할 것이라고 판단했다.”

당시 발표 현장에서 두 가지 흥미로운 반응이 나타났다. 세미나의 좌장인 호글

---

47) **역자 주** : 1997년 재단과 대학기금의 투자임원을 회원으로 설립되었으며, 회원에게 포럼을 통해서 학습기회를 제공한다.

랜드(제4장 참조) 는 버파드가 세션을 끝내기 전에 X, Y, Z, W가 무엇인지를 밝히라고 요구하였다. "4가지는 와인, 미술품, 골동품 자동차와 미술품입니다. 여러분은 이 항목들이 기관의 투자대상일지에 대해 웃어넘길 수 있지만, 영국에 예술품 펀드가 조성되었고, 최소한 하나의 대학기금이 동 펀드에 투자하였습니다."

역발상 투자하기 또는 상이한 형태의 투자를 결정하기에 관련된 그의 발표에 대하여 버파드를 놀라게 한 중요한 반응은 발표를 마친 후에 부각되었다. 발표에서 핵심은 X자산인 와인이었다. 발표 후에 청중 몇 사람이 버파드에게 와서 그와 추가로 논의를 하였는데, 한 사람이 MIT가 언제부터 와인에 투자했느냐고 질문하였다. 버파드는 "답변해 줄 입장이 못 된다"고 대답하였다.

버파드는 다음과 같이 핵심을 짚는다. "이것은 동화 속에서 벼랑에서 뛰어내리는 나그네쥐가 매우 많다는 사실로 이어진다. 무엇인가 놓친다는 우려, 즉 머리를 꺼내지 못한 거북이가 될 것이라는 염려가 존재한다. 역발상 아이디어가 떠오르면 여러분은 앉아서 경청하고 생각한다. 나의 판단에 의하면, 이런 아이디어를 가지고 실행할 능력은 여러분, 스태프와 투자위원회의 역할에 관한 것이지, 다른 기관투자자가 무얼 하는지에 관한 사항이 아니다. 기관투자자라면 자신에게 맞는 자리를 찾아야 한다. 이것은 타인의 활동에 관한 것이 아니고, 당해 기관이 무엇을 필요로 하는가에 관한 것이다. 여러분은 무엇을 실행할 필요를 느끼는가?"

3) 투자의 성패 요인

투자자의 성패 요인에는 타 기관을 모방 또는 추종하는 행태도 포함된다. NACUBO의 연구에 의하면 대형기금의 성과가 중형기금의 성과를 능가하며, 중형기금의 성과가 소형기금의 성과를 능가한다. 대형기금은 투자비용으로 지출하는 절대 금액이 많지만, 지출비용의 비율 면에서는 소형기금보다 부담이 더 작다. "MIT는 투자에서 많은 비용을 지출한다. 대형기관은 씀씀이가 클 수밖에 없다.

우리는 스태프를 연 5회 아시아로 출장 보낸다. 5억 달러 규모의 기금일 경우 CIO가 유일한 투자 인력일 것이기에, 아시아에 홀로 출장 갈 것이다. 이런 소형기관의 CIO는 과중한 업무에 묻히거나, 또는 포트폴리오 감독 업무로부터 너무 자주 눈을 뗄 것으로 우려된다.

기관 자체 및 기관이 필요로 하는 사항에 대한 이해에도 문제가 있다. 나의 전임자는 이 주제에 대해서 Commonfund가 주관한 과제 연구에 참여하였다. 기금을 확충하는 데에 기부금 수입이 매우 중요한 것이 사실이다. 중규모 대학 기금에 대한 나의 판단 중 한 가지는 투자 예산으로부터 부족한 재원을 염출하여 투자개발업무에 쓸지의 여부이다. 각 기관의 담당자는 자신의 기금이 서 있는 위치에 스스로 잘 적응해야 한다.

4) 재단과 대학기금의 도전 과제

버파드는 다른 대학기금을 자문해 주고, 투자운용사의 사외이사로 참여하면서 관찰을 한 결과, 미국 재단과 대학기금들에 대한 도전은 글로벌 투자자들의 경쟁 진입으로부터 제기된다고 본다. "싱가폴 국립대의 경우 헤지펀드, PE 및 부동산으로 구성된, 약 20억 달러의 포트폴리오를 보유한다. 싱가폴 사람들은 대체투자를 이해하며, 가치를 찾아내고자 전 세계를 출장 다니고 있다. 싱가폴 대학기금은 미국의 기금과 유사해 보이며, 이 점이 도전을 일으킨다. 미국 대학기금 사회에서 전반적인 한 가지 문제는 우리 스스로의 강점과 능력 및 우리의 방식에 대한 전망이 매우 지역적이라는 점이라고 보인다. 전 세계의 재단과 대학기금 인력들이 미국이 어떻게 하는지를 주시하고 있으며, 자신의 일에 착수하려고 소매를 걷어 올리고 있다."

그는 싱가폴 국립대 외에도 펀드 운용을 개선하려는 호주 투자자를 자문하였다. 그는 중국 대륙의 대학교를 방문하였으며, 동문 네트워크 구축을 통한 사업 개발과 대학기금 운용에 관해 질문을 받았다. 버파드는 Stanford Management사 출신들이 설립한 운용사인 Makena Capital Management[48]의 이사회에 참여하였다. Makena는 90억 달러의 자산을 운용하였으며, 투자금은 전 세계로부터 조성된 것이다.

버파드의 관찰은 중요한 결론으로 연결된다. “미국 밖에 거대한 투자자금이 대기하고 있다. 이들 기관들이 우리의 보도자료와 책을 읽었고, 미국 재단과 대학기금들이 과거 30년간 달성했던 업적을 재현하려 한다. 그들의 우위 요소는, 우리가 우리의 지도를 게시해 주었기에, 우리의 지도를 보았다는 점이다. 그들은 우리의 지도를 보았을 뿐만 아니라, 그들 스스로의 지도도 만들었다. 미국 측은 그들의 지도를 볼 기회가 없었다. 이들은 재단과 대학기금 업계에서 점차 강력한 도전 세력이 될 것이다.”

버파드는 미국 측에 기회가 남아 있을 것으로 확신하지만, 미국 기관들이 글로벌 투자 경쟁자들을 인정해야 할 이유를 제시한다. “많은 투자 기회들이 미국 밖에서 발견될 것인데, 일반적으로 미국 재단과 대학기금들은 이 사실을 별로 인식하지 못하고 있다.” 버파드는 “외국인들이 미국 기관들과 정확히 동일한 생각을 하면서 동일한 일을 추진하고 있으며 외국인들이 다른 기회를 먼저 포착할 것이지만, 대다수 미국 기관들은 이러한 다른 기회에 대해 충분히 인지하지 못하고 있다”는 논의를 위한 협의회를 결성하였다.

버파드는 이러한 도전, 특히 글로벌 투자업계가 미국 재단과 대학기금의 투자 실무를 재현하려는 움직임이 놀라운 수준에 달했다고 본다. 이러한 현상에 의해 재단과 대학기금의 CIO들에게 더 많은 의문과 도전이 제기될 것이다. “우리가 중국에 사무소를 개설하면 어떤가[49]? 자원을 결집(pooling)하면 어떤 혜택이 있는가?

---

48) 2005년 창업. 창업자인 Mike Mccaffrey는 모건스탠리와 Robertson Stephens 출신으로 2000년부터 스탠퍼드 매니지먼트의 CEO를 역임하였다. 그는, 마이크로소프트 창업자인 Paul Allen(제14장 Vulcan Capital 참조)의 투자금을 위탁받아 Makena를 창업하였다. Peter Grant와 Rebecca Buckman, Fatter Pay Lures University Endowment Chiefs, Wall Street Journal 2006.6.27.

49) **역자 주** : 실제로 스탠퍼드는 아시아 사무소 개설을 추진하기도 하였다. Mia Lamer, Stanford Endowment Pauses Plan for Asia Office : With an investment portfolio valued at $25 billion, Stanford's Asia plans had created a buzz, Wall Street Journal 2015.3.18.

비용이 얼마나 드는가? 아마도 누군가가 나서서 이러한 질문에 대답하는 이상의 역할을 해 줄 필요가 있다. 위험은 있다. 여러분은 인재를 지키고, 업무에 가속도를 붙여야 한다. 모니터링은 어떻게 할 것인가? 해외 거점을 운영하기는 쉽지 않다." 버파드는 자신이 답변을 알지 못한다고 인정한다. "질문은 도전이지 해법이 아니다."

5) 기관의 목표와 CIO의 해법

급성장하는 CIO모델에 대한 의견을 질문 받자, 버파드는 화제를 기관의 목표로 되돌려 갔다. "CIO가 좋은 대안인지 아닌지는 기관의 목표가 어떤 것인지에 좌우된다. 중규모 기관이 단순히 대형기관처럼 높은 수익률을 원한다면, 자체의 목표를 잘못 선정한 것이다. 이런 기관은 자체의 목표가 무언지를 재검토할 필요가 있다."

어떤 기금이 Makena에게 이 운용사의 전체 포트폴리오 매입을 타진한 적이 있었다. Makena는 상이한 자산군에 투자하는 단일 펀드만을 운용하고 있었는데, Makena의 경영진은 잠재고객에게 '그러한 매입을 한다면 실수가 될 것'이라고 반응하였다. 버파드는 Makena와 비슷한 업체가 당시 시장에 진입하였으며, 더 많은 수가 진입할 것으로 예상한다. "Makena의 복제판들이 나타날 것이다." 1970년대에는 MIT는 Wellington Management Co[50]와 독점관계 또는 파트너십을 맺고, 전체 포트폴리오에 대한 운용을 다년간 맡겨 왔었다. 버파드는 만일 Wellington이 대체투자 자산을 개발하였더라면 MIT가 어떤 선택을 하였을지는 알 수 없다고 말한다.

투자 오피스를 아웃소싱하거나 운용자산을 단일 펀드로 전환한다는 결정은 기관의 목적에 좌우된다. 수탁자와 투자위원회는 성공을 위해 무엇이 필요한지 질문해야 한다. 성공의 정의가 무엇인가? 목적은 단순히 대형기관을 모방하는 것이 아니어야 한다. 우리가 필요로 하는 자산 규모가 얼마인가? 목표가 모든 학생에게 등록금 면제를 해주는 것인가? 이사회는 조직의 존재 이유 및 발전 방향을 고려해

50) 1928년 필라델피아 주에 뮤추얼펀드로 설립. 이 회사의 회장을 역임한 John Bogle이 1974년 Vanguard를 창업하였다.

야 하며, 이는 사소한 질문이 아니다. 자산군이 매우 확대된 상황에서 무엇을 할 것인가? 재단과 대학기금들은 어떤 개인이나 조직이 자산을 운용할지를 결정하기 전에, 이러한 것 이상의 질문을 하고, 답변을 분석해야 한다.

6) 동업계 경쟁

버파드는 과거에 업계 경쟁에 대해 공식 석상에서 언급한 적이 있지만, 이 주제에 대한 언급을 당초에는 회피하였다. 하지만 그의 강력한 감정이 그의 의견을 대변해 주었다.

"우리가 창조한 많은 시스템과 행동들이, 인간적으로 훨씬 더 경쟁적인 환경으로 우리를 몰아 넣었다. 각 기금의 실적과 상대적 서열에 대한 정보가 넘쳐흐른다. 작년의 경주 대비 금년의 경주에서는 누가 승자인가? 누가 어떤 금액의 보수를 받았는가? 경쟁자에 대비한 상대적 실적이 보너스 결정 요소로 반영되는 체계이다. 모두가 업계의 일부가 되었다. 이러한 상황에서, 당신은 경쟁자를 도와 줄 이유가 있겠는가?"

버파드는 대체투자 운용사가 투자금을 받을 수 있는 규모(capacity)가 제한되는 상황이 환경을 더욱 경쟁적으로 이끈 두 번째 요소라고 지적한다. "운용사로부터 투자자로서의 자리를 배정받기 어려워졌다면, 투자자 간에 서로 앞서가지 못하게 팔꿈치로 밀어내는 공격을 당해도 놀라운 일이 아니다. 식탁은 큰데 좌석은 몇 개 없으니, 좌석 배정을 기다릴 틈이 있는가? 자력으로 빵을 움켜쥐어야 한다."

대체투자라는 섬에서의 생존자 비유

버파드와 모건스탠리의 Marty Leibowitz[51]는 대체투자에서 기회가 사라지는 상황

51) **역자 주** : 26년간 Salomon Brother의 조사부문을 거쳐 1995년부터 2004년까지 TIAA-CREF 교직원 연금의 부회장 겸 CIO 역임. 2005년 모건스탠리의 글로벌 전략 managing director 취임. 2009년 싱가폴 국가기금의 이사회 자문역. 2012년 록펠러 재단 수탁자 이사회 참여.

을 TV프로그램 '생존자(survivor)'라는 제목처럼 들리는 대담으로 발표하였다.

"우리는 대체투자라고 불리는 적도의 외딴 섬을 묘사했다. 초기에 우리는 배의 노를 저어서 섬에 도착했고, 아름다운 원주민들의 환영을 받았다. 우리는 맛 좋은 열대 과일이 주렁주렁 눈앞에 매달려 있는 광경을 보았다.

하지만 이제 우리는 747기를 타고 섬의 활주로에 도착하며, 해변의 거대한 웨스틴 호텔에서 묵는다. 전 세계가 이 섬을 파악하였고, 인파가 모여들자 사람들은 대체투자의 섬 내에서 경쟁할 수 있다는 사실만으로도 운용수수료를 받는다."

현실 세계로 돌아와서, 버파드는 다음과 같이 결론을 내린다. "일부 기관들은 자신들의 위상이 높다고 생각하여 운용사들에게 과다한 요구를 한다. 기관들 간 협조수준은 정말로 낮으며, 업계의 동료 의식도 희박하다. 나는 이러한 상황에 불편함을 느끼며, 우리가 무엇인가를 상실하였다고 본다."

4. 경력 조언

버파드는 자신이 최고로 보람찬 경력을 쌓았던 계기가 젊은 시절 선배의 조언을 따른 덕분이므로, 자신의 조언 또한 젊은이들에게 영향력을 미칠 것임을 알고 있다.

"만일 자신의 일에 만족하지 못한다면, 자신에게 맞지 않은 일을 하고 있는 것이고, 다른 직업을 찾아야 할 것이다. 나의 경우 30대의 어느 날 아침 일어나서, 직업을 바꾸겠다고 선언하였다. 나는 가족들의 지원이 있었기에 변화를 달성할 수 있었다. 나는 독자들이 현 직업에 만족하지 못한다면 다른 일을 해야 한다고 믿는다. 나의 경우, 계획이 없이 투자업계에 뛰어들었다. 나는 무엇인가 발견했고, 소재공학이나 법학에서보다 더 흥분을 느꼈다. 여러분의 경우, 직장을 물색하면서 활기가 있는지 실수할 기회가 주어지는지를 확인해야 한다. 그 이유는 여러분이 실수를 할 것이기 때문이다. 여러분을 잘 대우해 주고, 존중하는 그러한 조직을 물색하라."

버파드는 CIO 지망생들에게 투자업계의 기본교육을 받도록 권고한다. 그 자신은 당초에 투자 관련 지식이 없었지만, 12년의 산업계 경력과 그 이전의 두 개의 직업을 기반으로 기술을 연마하면서 적용할 수 있었다. 그는 투자 경험뿐 아니라, 사람들과 상호작용하는 경험을 소중히 여겼다. 버파드가 대학기금 업계에서 처음 시작하던 당시에는, CIO 세대들이 전부 투자 경력자인 것이 아니었다. 반면에, 장래의 CIO들은 투자업계의 다른 부문과 유사한 경력자일 개연성이 높으며, MBA 학위와 과거 투자 경력을 가질 것이다. 버파드는 "CIO 적격자들의 경력 요건 기준이 높아졌다"고 말한다.

그는 시간 관리에 대해서 자신은 그 질문에는 전혀 맞지 않는다고 답한다. 그는 워커홀릭으로서, 밤늦게 일하고 너무 적게 잔다. 그는 읽고, 말하고, 아이디어 찾기를 좋아하느라 시간 관리 과목에서는 낙제점을 받았다.

5. 중요한 영향력

버파드는 많은 인물들로부터 영향을 받았으며, 은퇴 연설의 자리 이전에 그러한 인물들을 거명하기를 꺼렸다. "나는 훌륭한 위원회 위원, 의장들을 만났고, 위대한 대화를 나누었다. 나는 이분을 비교할 수는 없으며, 그 이유는 누구나 약점을 가지고 있기 때문이다. 이들 각자는 자신의 역할이 무엇인지 알고 있었고, '너무 크지 않은' 실수를 용인할 자세를 갖고 있었다."

MIT의 포트폴리오는 160개 운용사에 분산 운용되고 있다. 일부 운용사는 Wellington 파트너십 시대부터 오랜 관계를 맺고 있으며, 몇몇 PE 운용사들도 그 못지않은 오랜 관계를 가지고 있다. 버파드는 이러한 우량 운용사들과 나누었던 상호작용과, 그 지도자들과의 관계를 소중하게 생각한다. 하지만 이들 지도자들은 시간이 가면서 교체되었기는 하다.

6. 진정한 보상

"내가 존중하는 가치는 여러 가지가 있다. 우리는 항상 가장 높은 파도를 탔던 것은 아니었다. 우리는 깊은 관계를 맺고 있는 경우에 거친 파도에도 올라 탔다. 우리는 관계를 중시하였으며, 어려운 시기를 함께 헤쳐나갈 의지를 가졌다. 우리가 옳다면 그에 대해 많은 보상을 받을 것이었다. 우리는 틀린 경우보다 옳았던 경우가 더 많았다. '지혜'라는 진주를 가진 사람들이 내가 걸어 왔던 과정에서 도움을 주었다."

버파드는 1970년대 초 어느 날 아침 일어나서 자신의 일생에 변화를 주어야 함을 깨달았다. 그가 돌아누워서, 다시 잠들었다면 어떤 일이 발생하였겠는가? 그는 자신의 일생에서 진전을 이룩하고, 새로운 아이디어에 자신의 기술과 취향을 적용함으로써, MIT 대학교와 투자업계에 상당한 기여를 하였다.

버파드는 CIO 직위에 안착하였으며, 이는 MIT 및 그의 영향을 받은 투자자들에게 행운이었다.

제 6 장

발전을 주도하다

Investure LLC의 Alice Handy, CIO

앨리스 핸디(Alice Handy)는 1970년에 투자업계에 진입한 이래, 1974년 Virginia 대학교 초대 투자임원으로 발탁되어 20년 이상 재직하면서 학교의 성장을 이끌었다. 이후에는 자신이 선호하는 직업인 비영리재단을 위한 투자운용사를 창업하여 경영하고 있다. 핸디는 자신의 경력 전반에 걸쳐 도전과 기회를 가졌다. 핸디는 지도자, 멘토 및 수익창출자가 됨으로써, 사람들과 협업하겠다는 자신의 목표를 달성하였다. 핸디의 경력은 재단과 대학기금 투자업계의 성장과 변화를 반영하며, 차세대 CIO들을 위한 최고의 모델이 되었다.

핸디는 버지니아 주 샬롯빌 시의 투자자문사이자, 아웃소싱 투자 오피스로서 비영리기관에게 서비스하는, Investure LLC사의 창업자, 사장 겸 CIO이다. Investure사는 2006년 현재 재단과 대학기금들의 자금 50억 달러를 운용하고 있다.

Investure사를 창업하기 전에, 핸디는 버지니아 대학에서 기금 운용에 29년간 종사하였다. 핸디는 초대 투자임원을 거쳐 재무임원을 역임한 후, UVIMCO (University of Virginia Investment Management Co)의 사장이 되었다.

핸디는 최초 경력을 Travelers 보험사의 부사장 대리급 채권포트폴리오 운용자로 시작하였다. 핸디는 또한 1988년 10월부터 1990년 1월 동안 버지니아 주 재무국장

직을 역임하였다. 핸디는 버지니아 주 퇴직연금, 록펠러 재단, 토마스 제퍼슨 재단, 세난도 보험사 및 Bessemer Securities Corp 등 다수 기관의 투자위원회에 참여하였다. 핸디는 코네티컷 대학교에서 우등으로 학사학위를 취득하였고, 버지니아 대학교 대학원 경제학과를 졸업했다.

1. 배 경

핸디가 1970년 코네티컷대 경제학 학사를 취득한 당시, 약혼자가 코네티컷 주의 Hartford에 거주하였다. 이에 따라 핸디는 지역 내 보험회사인 Travelers에 취업하였다. 그 보험회사에서는 신입직원에게 어떤 일을 원하는지 물어 왔다. 1970년대 당시에는 모든 입사지원자들이 "사람들과 함께 일하고 싶다"고 답하였으므로, 핸디도 그렇게 답하였다. 보험회사 측은 '당신이 경제학 학위를 가진 여성인데, 우리의 투자부서에는 여성이 아직 없다'면서, 핸디를 투자부서에 배치해 주었다. 투자부서는 핸디에게 아주 적합한 곳이었다. 핸디는 주식 애널리스트와 채권 포트폴리오 운용자 중에서 선택할 수 있었는데, 핸디는 어느 쪽에도 선호도가 없었으므로 회사가 결정해 달라고 했다. "다행히도 회사는 나를 채권 부문에 배치해 주었다. 채권부서는 공공채권 부문에 두 사람만 있는 최고의 환경이었다. Travelers 보험사는 수십억 달러의 공공채권을 보유하였는데, 우리 두 담당자는 발행기업의 수익성에 따라 회사채와 비과세채권 사이에 교체매매를 하였다. 나는 정말로 많은 기초지식들을 학습하였다. 보다 중요한 점으로, 우리는 비록 작은 규모였지만, 보험회사로서는 이례적으로 트레이딩 포트폴리오를 보유하였다. 나는 트레이딩 및 시장이 어떻게 작동하는지를 학습하였고, 다수의 중개인들과 가까워졌다. 내가 주식시장이라는 좁은 분야에만 집중하였더라면 이러한 기회를 얻지 못했을 것이었다."

당시에 보험회사는 기관투자자의 주도 세력이었다. 핸디는 보험사에서 PE, 헤지펀드, 상장주식 등 폭넓은 투자 상품을 경험하였으며, Gary Brinson[52)] 등 뛰어난 투자자와 함께 일한 경력을 소중하게 여긴다.

1974년에 핸디는 남편이 버지니아 대학원에 진학함에 따라 Travelers 보험사를 사직하고 샬롯빌로 이주하였다. 핸디는 버지니아 대학의 재무이사실에서 대학기금을 운용하는 일자리에 취업하였는데, 이 시기는 주식 시장이 바닥을 쳤고, 대학기금법 개정이 영향력을 발휘하기 시작했던 시점이었다. “1974년 9월은 시장이 바닥을 쳤던 시점이었다. 버지니아 대학교는 포트폴리오 운용을 1인에서 3인 운용자로 다변화하였고, 신규 보관은행과 계약하였으며, 증권대차 프로그램을 개시하기로 결정하였다. 내가 참여하던 시점에 이 프로그램들이 완료되어 있었다. 나는 회의실 구석에 앉아서 업무를 시작하였다.”

핸디는 당시에 상호 관련이 없는 여러 가지 업무를 담당하였다. 버지니아 대학은 투자 오피스를 설치한 적이 없었으며, 투자업무를 풀 타임 업무로 인식하지 않았다. 핸디의 담당 업무는 출장과 급여 선급, 차량 등록, 보험 및 투자였다. “내가 해 본 일은 트레이딩뿐이었는데, 학교는 나에게 채권 트레이딩은 결코 허용하지 않을 것이었다.” 대학교의 기금은 당시 약 5천만 달러 규모로서, 실제 투자에 가용한 자금은 1천만 달러였다. 핸디는 OJT를 통해 새 시장과 자산군을 학습하였다.

“다행히도 버지니아 대학교는 다른 대다수 대학기금과는 달리, 당시 주식 투자를 유지하기로 결정하였다. 1970년대 주식 불황 속에서 예일 등의 대학기금에서 지출금 축소가 크나큰 풍파를 일으켰던 이래로, 대형 대학기금들은 주식 포트폴리오를 상당히 감축한 바 있었다.”

버지니아 대학교는 3천만 달러의 주식 배정을 상이한 스타일을 전문하는 3개 운용사들 간에 안분하였다. 전통적인 채권에 대한 배분은 교수진에 대한 모기지 대출

52) **역자 주** : 1960년대에 Travelers보험사에서 애널리스트로 근무하였고, 1979년 First National Bank of Chicago의 CIO로 취임. 1981년 First Chicago Investment Advisors를 결성한 자산배분 전문가이다. 1989년 MBO 인수를 통해 Brinson Partners를 경영하다가 1998년 Swiss Bank Corp에 매각. Swiss Bank와 합병한 UBS 은행의 CIO를 역임한 후 2000년에 은퇴.

포트폴리오로 대체하여 채권 포지션으로 사용하였다.

1980년까지 핸디의 상사로 4명의 재무이사가 거쳐 간 후, 대학 당국은 투자 오피스가 충분히 성장하여 독립할 때가 되었다고 판단하였다. 핸디는 이미 이사회에 참석하여, 투자 보고서를 발표하고, 투자 아이디어를 발굴하는 등, 포트폴리오에 영향력을 확대하고 있었다. 핸디가 독립적인 투자 오피스를 이끌게 되었어도, 투자 결정을 내릴 권한은 갖지 못하였다. 핸디는 운용사들을 물색하여 선별된 3개 후보를, 주로 변호사 및 은행가들로 구성된 투자위원회에 제안하였다. Cambridge Associates 컨설팅이 투자위원회를 자문하였고, 아이디어 소싱과 검토를 지원하였다.

핸디는 팀을 조직하기 시작하였다. 그녀가 임신한 때마다 새로운 조력자가 참여하였다. 1979년 아들을 출산한 후, 회계 담당자가 입사하였다. 1981년 딸을 출산한 후, 최초의 투자 전문직으로서 Rob Freer[53)]가 참여하였고, 시간이 지남에 따라 더 많은 인원이 확보되었다.

2. 버지니아 대학기금 CIO 직무의 발전

1970년대 초에 핸디는 하버드의 Walter Cabot[54)]과 예일의 David Storrs[55)] 등 대학기금 투자 임원들의 작은 모임에 가입하였다. 대학의 재무담당 이사들은 일반적으로 직무의 일부로 투자사업에도 책임을 맡고 있었다. 그와 유사하게, 핸디도 대학

53) **역자 주** : 변호사로서 현재 UVIMCO의 managing director로서 PE를 담당하며, 투자위원회 위원이다.

54) **역자 주** : Wellington Management Co 출신으로서, 1974년 Harvard Management Co 설립 시의 초대 사장 겸 부재무이사로 취임. Jack Meyer의 전임자로서 벤처캐피털, 부동산, 석유, 증권대차 및 주가지수 재정거래에 최초 진입.

55) **역자 주** : Rogers, Casey & Barksdale 컨설팅 경력자로서 예일 대학교에 Swenson이 부임하기 이전인 1971년부터 1984년까지 예일에 재직하면서 대체투자를 도입. 1982년에서 1996년간에는 Commonfund의 사장직을 역임하면서 대체투자를 주도. 현재는 Alternative Investment Group의 공동창업자이자 CEO임.

당국의 업무와 재무를 겸직하는 부사장에게 보고하면서, 대학기금 외에 다수의 추가 업무를 다루었다. 이러한 업무 배정은 새로운 일은 좋아하고 기존 업무를 유지하기 싫어하는 핸디의 성향에 잘 맞았다.

핸디의 겸직 업무에는 대학교의 차입 프로그램 운영이 포함되어 있었다. 1985년에 핸디는 병원 교체를 위한 버지니아 내 대학 중에서 최대의 자금 조달 건을 달성하였다. 1980년대 말 핸디는 대학 보유 부동산 및 타 재산과 사업을 운영하였다. 핸디는 골프코스인 Boar's Head Inn, 은퇴자 주택인 Colonnade 및 기숙사들을 세제우대 구조하에 운영하였다.

핸디가 1974년에서 2003년 사이에 버니지아 대학교의 포트폴리오를 운용한 경험을 설명할수록, 그녀의 경력상의 이정표들이 재단과 대학기금 투자업계 전반에서 출현한 변화들과 대칭된다는 사실이 드러난다. 핸디의 업무, 투자 철학 및 성과도 유사한 경로를 따라서 발전해 왔다.

가. 1974년~1981년 : 성장과 가치 운용사 간에 다변화

이 시기 이전에는 대학기금들은 전체 자산을 단일 운용사에게 맡기고 있었다. 이 시기부터 학교 당국은 복수 운용사의 선정을 진지하게 고려하고, 주로 주식 포트폴리오에서 복수 운용사를 선정하였다.

나. 1980년대 초 : 다변화, 성장 및 자산군의 추가

1980년대 초에 버지니아 대학기금은 비교적 진보성향으로서, 주식에 75%라는 이례적으로 높은 비율을 배정하였다. 버지니아 기금은 1970년대부터 Commonfund의 고객이었고, 1978년부터 Cambridge 컨설팅의 고객이었다. "1981년에 시장의 변화가 시작되었다. 1970년대 말에 성과가 좋던 석유와 실물자산이 퇴조하면서, 우리의 운용사들에 문제가 발생하기 시작하였다." 핸디는 주식투자 대체 안을 고려하기 시작하였다. 글로벌 주식, PE 및 벤처캐피털이 인기를 모으기 시작하던 시기였다.

부동산을 추가하는 안은 투자위원회가 '대학이 많은 부동산을 이미 소유하고 있다'면서 기각하였다. 위원회는 동문이 관련된 벤처캐피털에 소액을 배정하였는데, 이 건은 성과는 부진하였지만 신규 자산군에 진입을 하게 해주었다.

"당시 글로벌 주식은 매우 흥미로웠는데, 우리는 Commonfund의 글로벌주식펀드를 통해 일부 투자하였다. 나는 운용사 선정을 위한 선정위원회에 참여하였다. 우리는 전통적인 대형 영국은행만을 선정하기보다, 미국주식 프로그램의 성공에 이어 글로벌 포트폴리오에 갓 진출하였던 GMO를 추가로 선정하였다." 당시 Grantham, Mayo, Van Otterloo & Co[56]이던 GMO는 1,400억 달러의 운용자산을 가진 선도 운용사로 성장하였다.

버지니아 대학기금은 1980년대 중반에는 최초로 채권 운용을 위한 외부운용사를 고용하였는데, 이는 모기지 포트폴리오가 감소하여 더 이상 채권 포지션으로 기능할 수 없기 때문이었다. 채권 포트폴리오의 일부는 내부에 배정되어 스태프가 운용하였는데 그 성과가 아주 좋아 전체 채권포트폴리오가 내부운용으로 복귀하였다.

1980년~1986년 사이에는 1981년과 1983년을 제외하고, 주식 시장이 괄목할 만한 수익률을 내주었다. 전통적 주식에서 40~50% 상승한 연도에는 현 상황이 너무 좋지만 지속될 수는 없다고 평가되었다. 1980년대 중반까지 버지니아 투자 팀은 글로벌주식을 매도하고 매도금을 중기채와 글로벌 채권에 투입하였다. 당시에 인기였던 포트폴리오 인슈런스는 매입하지 않았다. "우리는 단지 자금을 회수하였다. 그러자 1987년 10월에 블랙먼데이 폭락이 도래하였다."

다. 지배구조 이슈화

1987년 블랙먼데이 이후 핸디는 투자위원회에 시장을 이해하는 위원이 참여하여, 기회에 신속히 반응할 필요성이 크다고 절실히 인식하였다. "블랙먼데이 다음 날

56) **역자 주** : 영국 Sheffield 대학 및 하버드 MBA 출신인 Robert Jeremy Goltho Grantham이 보스턴에 설립한 자산운용사.

위원회 의장인 Josh Darden은 '시장에 다시 들어가자'고 말했다. 부사장은 '아니오. 우리는 그렇게 할 수 없다. 우리는 계획에 따라야 한다'라고 말했고, 의장은 '하지만 우리는 5%를 잃었다'고 응수하였다. 우리는 곧바로 매수에 들어가지 못하였다. 우리는 거의 1년을 기다려서야 주식에 재투자할 수 있었다. 그러나 시장이 상당히 반등해 있어서, 우리는 혜택을 완전히 누리지는 못하였다. 그래도 손실은 완화시킬 수 있었다. 블랙먼데이는 지배구조 면에서 흥미로운 사건이었다57)."

이사회, 투자위원회 및 투자 오피스의 지배구조 체계는 아직 위원회 주도였다. "이 시기는 전통적인 주식운용사들도 양호한 수익률을 내줄 수 있는 시기였고, 우리는 포트폴리오 내에 좋은 종목들을 일부 확보하고 있었다. 하지만, 우리가 주식 종목을 선정했던 이유는 누군가가 당해 기업을 안다든가, 회사 이름을 들어 보았다든가 등 타당한 근거가 부족한 경우가 많았다. 우리는 주식 종목을 조사할 스태프를 갖추지도 못했고, 종목을 발굴할 준비를 갖추지도 못하였다. 당시는 우리가 예일, 하버드, 프린스턴 및 스탠퍼드가 무엇을 하고 있는지 배우려 하던 시기였다. 현재처럼 많은 컨퍼런스가 열리지도 않았다. Cambridge 컨설팅이 대형기금의 연차회의를 개최하였고, NACUBO 회의가 있었을 뿐이었다. 따라서 일반적으로 우리에게는 몇몇 사람밖에는 협의할 대상이 없었다. 스태프도 없이 타인들의 아이디어를 역추적해야만 했다."

투자 오피스에게 한정적인 지원만이 주어졌고, 위원회는 제한적인 지식만을 갖고 있었으므로, 대학기금은 동문들이 운용하는 펀드에 투자하는 경향을 보였다. 이것은 이해상충 요인일 수 있지만, 이것이 당시의 작동 방식이었다.

라. 1980년대 말 : 다변화 가속

1980년대에 들어서면서, 상이한 형태의 자산군과 투자전략 편성 방식이 가능해지기 시작하였다. 버지니아 대학기금은 운용사들에게 결정권을 더 위탁하고, 포트

---

57) 제2장 4. 2) 자산배분 분석과 도구 '마. 리밸런싱' 전술 참조 .

폴리오를 보다 널리 다변화하기 시작하였다.

1980년대 말 어떤 시점이 되자, 투자위원회가 자산 배분을 결정하는 생각은 최선이 아니고, 항상 시장을 보고 있는 투자운용사 측이 배분결정자로서 더 적합하다는 인식이 고조되었다. GTE 통신회사의 기업연금의 경우 글로벌 자산 배분 운용사 3사를 고용하였다. 핸디는 GMO의 Dick Mayo에게 가서 성장주와 가치주, 주식과 채권 간에 언제 전환을 할지를 알려 달라고 주문했다. GMO는 몇 가지 좋은 거시적 아이디어를 냈고, 버지니아 대학기금을 1980년대 말에 성장으로 이끌어 주었다.

버지니아 대학기금은 사모자산투자를 시작하였지만, 투자위원회가 신규 저유동성 자산군에 조심스러워 했기에 전형적인 LBO 펀드는 회피하였다. 대신에 위원회는 작은 금액으로 큰 수익 잠재성을 가진 벤처캐피털에 포트폴리오의 4%를 신규 배정하였다. 이 시기에 헤지펀드도 포트폴리오에 도입되었는데, 당초에는 글로벌 매크로와 사건 중심 등 전통적인 헤지펀드 전략으로 시작하여, 이후 부실채권이 추가되었다.

버지니아 대학기금은 대학교 소유 부동산과 별도로, 1991년 정리금융공사(RTC)가 부동산을 대량 매각할 때 3개 운용사를 통해 대거 진입하여 고수익을 올렸다. 운용사는 TA Associates와 예일이 초기 자본을 투자했던 Brookdale, Shorenstein들이었다. 아쉬운 사실은 버지니아 대학기금이 초기에 좋은 수익을 올렸지만, 1990년대가 지나면서 수익률이 하락하였다. 2000년에 버지니아 대학기금의 의장은 더 이상 부동산에 한 푼도 넣지 않겠다고 선언하였다. 버니지아 대학기금은 핸디가 재임하던 중에는 부동산에 다시 손대지 않아, 2000년대 중반의 상승세에 참여하지 못하였다.

마. 1990년대 말 : 보다 공격적 투자 및 창조적인 헤지펀드 투자

1990년대에 들어서 버지니아 대학기금은 헤지펀드에 배정을 늘려서, 최초로 헤지펀드 투자를 개시하던 당시에 발달 중이었던 주식 보유/공매도 운용사를 추가하였다. 버지니아 기금이 초기에 투자한 덕택에 Lone Pine Capital[58] 등 선도 운용사에 투자할 수 있었고, 동문 네트워크를 활용하여 Maverick[59], Blue Ridge[60], Tudor[61] 등 다른 헤지펀드에 투자하였다.

벤처캐피털 시장은 매우 활황이었으나, 핸디는 가치 평가가 터무니없다고 믿었다. 버지니아 대학기금은 또한 PE 포트폴리오를 구축하기 시작하였는데, 핸디는 LBO를 회피하였음으로 인해 아마도 5년은 뒤처졌다고 보았다. 핸디는 신흥시장 투자 배정액을 늘렸고, 스태프를 충원하여 각 자산군에 전문가를 배치한 팀을 구성하였다.

바. 1999년~2000년 : 획기적인 투자 경험

투자의 역사상 투자자들이 기술주를 천문학적인 가격으로 밀어 올리던 비정상적인 기간인 1999년에, 핸디는 개인적으로 등락을 겪었다. 핸디는 벤처캐피털에서 창조적인 투자 전략을 수립하여 거액의 차익을 실현시켰지만, 주식 배분정책에서 경로를 바꾸라는 압력에 굴복한 결과로 손실이 발생하였고, 벤처캐피털 차익이 잠식당하는 상황을 지켜 보게 된다. 이 사건을 통해 핸디가 자신의 경력을 통해 개발한 지식과 관계가 혁신적인 투자 전략을 창조하고 실행할 능력으로 실현되었음이 반증된다.

"나의 경험에서 가장 흥미로웠던 국면은 1999년이었다. 우리는 1988년 최초로 벤처캐피털에 투자했으며, 당시에 Cambridge 컨설팅이 몇몇 우수한 벤처운용사를 선별하는 데에 도움을 주었다. 벤처캐피털 포트폴리오의 수익률은 1998년~1999년 사이에 천정부지로 올라갔다. 그런데 1999년 9월에 벤처캐피털 운용사로부터 연차

58) 역자 주 : 골드만 삭스 및 Tiger Management 출신의 Stephen Mandell이 1997년 창업.

59) 역자 주 : 버지니아 학부 동문으로, Tiger Management 출신인 Lee Ainslie가 1993년 창업.

60) 역자 주 : 버지니아 학부 동문으로, 모건스탠리, Tiger Management 출신인 John Griffin이 1996년 창업.

61) 역자 주 : 버지니아 학부 동문으로, 전설적인 헤지펀드 매니저 Paul Tudor Jones II 이 1980년 창업.

보고서를 받았을 때, 총 포트폴리오가 10억 달러 미만인데 조정액이 5천만 달러가 발생해 있었다. 이것은 매우 심각한 차이였기 때문에, 핸디는 주식가치 평가와 기금의 연차 감사 필 재무제표의 재작성 여부를 투자위원회 의장에게 문의하였다. 의장은 '물론 재산정해야 하며, 현실적으로 이런 성장을 할 수 있는 기업이 없으니, 그 과정에서 벤처기업들을 잘 살펴보라'고 지시하였다.

핸디가 분석을 해보니 기술주식들은 대부분 이익을 내지 못하고 있었고, 가격은 이익이 있다면 이익의 300배, 400배에서 거래되고 있었다. 10대 종목이 포트폴리오에서 2억 달러 이상을 점유하고 있었다. 이는 너무 큰 금액이었다. 의장은 "앨리스, 우리 기금을 보호할 방법을 강구해 보라"고 지시하였다.

핸디는 대학의 차입 조달을 모두 수행해 왔으므로, 모든 주요 투자은행과 관계를 맺고 있었다. 골드만 삭스의 투자은행가들이 파생상품 데스크를 소개해 주었고, 핸디는 파생상품을 통하여 기술주를 팔고, 포트폴리오의 채권을 담보 제공하면서 매도차익을 포트폴리오에 실현시키는 방식을 발견하였다. 버지니아 대학기금의 의도는 차익을 실현시킨다는 것만이었다. 핸디는 "우리는 이 주식에서 충분히 벌었다. 우리는 이들 주식의 평가익을 놓치지 않을 것이다"라고 생각했다. 이 전략은 포트폴리오 헤지였고, 돈을 벌기 위한 공매도가 아니었다.

버지니아 대학기금은 이 헤지 거래를 2000년 1월에 체결하였다. 그러나 시장이 상승을 지속하였으므로, 기금은 계속 포지션 커버를 강제 당했다. 일부 투자자들이 이 아이디어를 듣고서 뒤따라 실행하였으나, 공매도 포지션은 구하기가 힘들었다.

"헤지를 일찍 건 것이 우리에게 유리하게 작용하였다. 3월 말부터 6개월의 기간 동안 시장은 폭락하였다. 1월에 100달러에 거래되던 주식이 10달러로 내려 앉았다. 우리는 파생상품으로부터 주식 배분을 받을 때까지 기다렸다가 매도하여 공매도를 커버할 수 있었다. 1년 후에 우리는 정리를 하고 차익을 실현하였는데, 이는 거액의 현금 보유로 이어졌다."

핸디의 팀은 재투자를 해야 했지만, 시장은 형편없이 과대평가되어 있었다. 버지니아 대학기금은 주식을 혐오하였고, 채권은 매력이 없어 보였다. "우리는 채권시장에서 우리의 목적을 달성할 수 없음을 알고 있었다. 우리는 1988년부터 동문들이 운용하는 헤지펀드에 진입하여 포트폴리오를 구축해 오고 있었다. 우리는 헤지펀드를 60%까지 증액시켰는데, 이는 포트폴리오 내에 공매도 커버로부터 현금이 유입된 데에 주로 기인한 것이었다. 이 당시는 극단적으로 흥미로운 시기였다."

이 와중에 지배구조가 긍정적으로만 작용한 것이 아니었다. 1999년 초에 이사중의 한 사람이 주식 배분에서 가치주 선호로 인해 1990년대 말의 고성장주 활황의 고수익을 따라가지 못했다면서, 투자 스태프들에게 포지션의 재검토를 요구하였다. 이에 따라 투자 팀은 잘못된 시점에 가치주를 매도하였고, 일부 성장주 운용사들을 선정하여 투자금을 위탁하였다.

이후 벤처포트폴리오에서 헤지가 작동하기 시작한 시점에 이르러서는, 이사회와 투자위원회도 핸디의 당초 전략이 옳았음을 인정하게 되었다. 하지만, 이 시점은 이미 1년이 지나 있었으므로, 지배구조의 스토리는 전부가 아름답게 진행되지는 못하였다.

이러한 경험을 통해 핸디는 "당시 이러한 시장 상황은 전무후무한 것이었다. 당시는 분명히 버블의 시기였다. 이런 일이 재현될 것으로는 기대하지 않는다. 하지만, 기회를 활용하려면 현장에 있으면서 매우 효과적인 무엇인가를 가지고 있을 필요가 있음이 입증되었다"고 언급한다.

사. 2003년 : 아웃소싱 창업

핸디는 버지니아 대학기금에서 29년 근무한 후인 2001년 말에 사임하고 OCIO 서비스를 제공하는 Investure사를 창업하였다. 하지만 다시 한번, 핸디의 다음 경력 단계도 재단과 대학기금 운용업계 전반에서 발생한 변화에 대칭된다.

3. CIO 직위

핸디는 Investure사의 사장으로서 사기업을 경영하면서, 몇몇 기관들의 CIO직을 겸직하고 있다. 핸디의 기본업무는 대학기금에서와 동일하지만, 투자환경이 복잡해지고 각 고객의 특정한 투자 목적을 고려해야 하므로 핸디의 자산 배분 철학은 발전하도록 강제되었다.

1) 자산 배분

핸디는 "나는 더 이상 자산 배분을 신봉하지 않는다"라고 웃으면서 말문을 열고 나서는 진지해졌다. "나는 자산 배분이 매우 어렵다고 생각한다. 내가 1974년 버지니아 대학교에 취업한 이래 학교기금은 '성과를 내려면 주식에 투자해야 한다'는 믿음을 포트폴리오에 반영해 왔고, 나는 이를 충실하게 지켜 왔다." 즉, 대학기금이 약 10%의 장기 수익률 목표를 달성하려면 채권보다는 주식(기업 소유권) 포지션을 가져야 한다는 믿음이었다.

10%는 대학 재단들이 필요로 하는 수치이다. 대학은 5%의 지출 비율을 충당한 이후에도 인플레이션과 수수료 부담을 커버하고, 약간의 성장을 더 필요로 한다. 이 항목들이 10%를 구성한다. 그런데 어떤 모델을 보더라도 10%의 수익률은 전통적인 투자만으로 달성하기는 매우 어려운 수치이다. 따라서 대학기금 측은 투자 영역을 폭넓게 추구해야만 했다.

1990년대 후반부터 2000년대 전반까지, 독자들이 자산분류라고 불러도 무방한, 그러한 다양한 투자 도구들이 출현하였다. 이들은 1974년에는 전혀 없었다. 핸디는 파생상품과 원자재, 포트폴리오 구성과 공매도 등 헤지 기술을 타당한 선택대상으로 꼽는다. 이들은 '신중한 관리자' 규칙하에서 적합하다고 인정받는다. 이는 과거에는 상상도 못할 일이었다. 이것은 또한 시장이 매우 복잡해졌음을 의미하였다.

Investure는 자사의 자산 배분 모델이 대체투자에 매우 편중되어 있기에, 포트폴리오의 위험과 수익을 주도하는 지표와 특성을 파악함으로써 포트폴리오를 분석하는 절차로 이동하였다. Investure는 전체 포트폴리오를 검토하면서 국가, 자산군, 유동성, 환매제한 기간(lockup), 포지션 등의 위험 요소를 분석한다. 투자자가 자산군의 엄격한 정의로부터 벗어나면 흥미로운 투자 아이디어를 발견하는 데 도움이 된다. “예일 대학교가 어떤 자산군에 한 운용사를 선정하고, 버지니아 대학교가 다른 자산군에 운용사를 선정하였는데, 두 운용사가 동일한 회사인 경우가 있다. 한 대학은 헤지펀드로 분류하였는데, 다른 대학은 전통적인 long only 주식운용사로 분류하였다.

버지니아 주 퇴직연금의 경우는 모든 헤지펀드 전략을 헤지펀드 분류가 아닌 글로벌 주식으로 분류한다. 자산군은 포트폴리오에 대해서 충분한 설명력을 갖지 못하므로, 더 이상 타당하지 않을 수 있다. 기존의 분류는 유동성이나 레버리지를 고려하지 못한다. 문제는 학문적인 명명 기법이 투자업계에서 발생하는 상황을 따라잡지 못했다는 데에 있다.”

예로서 Investure는 포트폴리오 분석 결과 운용사들이 일본에 투자가 되어 있지 않으므로 일본 포지션을 늘리기로 결정하였다. 여러 분야에서 기회가 보임에 따라, PE, 헤지펀드 및 long only 주식운용사에게 일본 투자금이 배정되었다.

“투자자가 자산 스타일 구간(bucket)을 따라 자산 배분을 한다면, 주주행동주의 운용사 또는 반 헤지/반 PE인 변형운용사 등 일부 흥미로운 운용사에 투자할 수가 없게 된다. 우리의 고객은 자산 스타일 구간 개념을 쓰지 않으므로, 융통성 있는 투자를 소화할 수가 있다.”

Investure의 고객들은 개별 자산 스타일 구간 간의 리밸런싱보다 포트폴리오의 전반적인 위험/수익 프로필이 정말로 중요하다는 핸디의 생각을 인정해 주었다.

보다 중요한 것은 고객 측의 투자위원회로 하여금 Investure의 방식이 펀드의 운용에 참여하는 데에 더욱 유용한 도구임을 이해하도록 돕는 일이다. 위원들은 포트폴리오가 어디에 투자되어 있는지를 훨씬 더 이해하게 되고, 내부 기준과 전반적인 위험을 고려한다는 '본연의 임무'를 더 잘 수행할 수 있게 된다. 투자위원회가 임무를 잘 수행할 수 있도록 도구를 갖추는 일은 매우 중요하다.

2) 전략적 배분 대 전술적 배분

핸디는 장기 자산 배분은 저평가된 분야를 전략적으로 추가해야만 개선될 수 있다고 본다. "대학기금이 이론적으로 적절한 비율로 주식과 채권에 장기 배분을 고수하면서 우량한 운용사를 선정한다면, 당해 기금은 장기간에 걸쳐서 무난한 성과를 낼 것이다. 그러나 시장에서 더 잘할 수 있는 기회는 놓칠 것이다."

경계선을 벗어나거나 떼거리로부터 이탈한다는 결정은 위험할 수 있으며, '전통적으로 실패하는 게 비전통적으로 성공하는 것보다 낫다'는 말도 있다[62]. 하지만 지나고 나서 보면 시장에 많은 대박의 기회들이 있었다. "투자자가 진정으로 가치평가 지향이고 가치 평가를 숙고한다면, 무엇인가 신규 배분할 만한 대상 자산은 항상 있다."

핸디는 2007년에 고려했던 자산 배분 아이디어를 소개한다. "이 시점은 투자자들은 신용을 공매도해야 할 적기였다. 그러나 신용을 공매도한 후에 신용 버블이 언제 붕괴할지, 그때까지 몇 년이 걸릴지 알 수 없어서, 모두가 두려워 했다(실제로는 2008년 9월 붕괴함). 충분히 오래 버틸 수 있는 투자자라면, 신용의 공매도는 좋은 거래였다. 하지만, 대학기금의 입장은 그러한 포지션을 취하기 어려운 문제를 안고 있었다. 그 이유는 경쟁 대학과의 실적 비교에 너무나 연연하였기 때문이었다." 예일이나 버지니아 대학교처럼 자산 규모가 크거나 성숙한 포트폴리오를 가진 대학기금이라면, 그러한 신념을 내부에서 지켜 낼 수 있는 능력과 강점을 보유

---

62) 존 케인즈가 "Worldly wisdom teaches that it is better for reputation to fail conventionally than to succeed unconventionally"라고 언급하였고, Nassim Nicholas가 '블랙스완' 저서에서 이를 인용하였다.

하고 있다.

"신생 기금은 기회를 포착해야 한다. 1980년대에는 벤처캐피털 진입이 위대한 기회였다. 그러나 1999년~2000년의 기술주 시장이 재현될 것이라는 희망을 가지고 투자할 근거가 있는가? 절대로 없다."

핸디는 다음번의 대박 기회나 대폭락은 과거의 사건과 철저히 다른 방식으로 도래할 것으로 본다. 반면, 투자자들은 과거 사건이 재현될 것으로 기대하는 경향을 보인다. "사람들은 과거에 하던 게임을 지속하는데, 그 이유는 두려움 때문이다. 이것이 내가 나의 트레이딩 경력을 소중하게 여기는 이유이다. 약간의 특화(niche)를 추구하면 세상이 흥미진진해진다."

3) 내부운용에 관하여

대학기금이 내부에서 자산운용을 수행할 경우, 수익률과는 별도로 소중한 혜택이 추가로 얻어진다. 즉, 기금의 투자 팀이 개인적으로 시장과의 접촉을 유지함으로써, 다른 운용방식에서는 얻을 수 없던 거래정보나 시장 추세를 파악할 수 있다. 그러나, 핸디는 대학기금의 내부 주식 운용은 극심한 경쟁상황 및 과거에 시도했다가 실패했던 데 따른 문제 등 다수의 실무적인 이유로 인해서 권장하지 않는다.

핸디는 보다 많은 재단과 대학기금들이 내부운용을 일부 자산에서 채택할 것으로 예상하며, 예컨대 핸디가 고객을 위해서 실행하는 Overlay(제2장에서 전술한 '리밸런싱' 참조) 전략이 대표적이다. "나는 기금 운용에서 고위직들이 어떤 단계에서는 반드시 개인적으로 참여하도록 만들었다. 이들이 방아쇠를 당겨야 한다. 그렇다고 해서 고위직들이 자산 배분까지 잘 해야 한다는 의미는 아니다. 나는 CIO로서 한편으로는 실무를 진행하면서, 다른 한편으로는 업무 전체를 잘 통합해야 한다. 고위직들의 참여를 유지시키는 것은 지배구조 이슈 다음으로 다루기 어려운 현안이다."

4) 지배구조

핸디는 위원회는 가능한 한 최소 규모여야 한다는 주장을 지지하며, 그녀가 존경하는 Dick Fisher[63] 모건스탠리 회장의 발언을 자주 인용한다. "다년간 프린스톤 대학기금의 투자위원회 의장을 역임한 피셔 회장은 '위원회가 모든 안건에 동의해야 한다면 바람직하지 못한 상황이다. 제안자는 다수결을 획득하려 하지도, 컨센서스를 확보하려 하지도 말아야 한다. 제안자는 단지 위원회에 좋은 아이디어를 안겨 주려는 시도를 할 뿐이다'라고 말씀했다. 나는 피셔 회장이 옳다고 본다."

이사회나 투자위원회는 조언하고 전략을 판단하는 기능을 수행해야 한다. 위원회 차원에서 투자 결정을 내린다는 것은 매우 비효율적이다. 위원회는 조언을 하고, 펀드의 투자는 CIO나 투자 스태프에게 맡겨야 한다. 위원회가 모든 변수와 지침을 제시해 주는 역할은 중요하다. 위원회는 방향을 뒤집을 수는 있으나, 이는 관리자 차원에서가 아니어야 한다. 위원회는 더 크고 넓은 차원에서 사고해야 하며, 그 이유는 현행 환경에서 신속한 행동을 적절하게 하기가 매우 매우 어렵기 때문이다.

5) 운용사 선정

핸디는 CIO가 운용사 선정에 성공하려면 매우 뛰어난 인력을 스태프로 두어야 한다고 본다. 핸디 본인도 매우 의지가 강하고 뛰어난 인력들을 확보하고 있으며, 이들은 이미 훌륭한 투자자이다.

핸디는 자신의 스태프들 모두가 약간씩 다르지만, 전체적으로는 사고방식이 너무 동질적일 수 있다고 인정한다. "여러분은 성공하는 데에 여러 가지 방식을 가져야만 한다. 나는 여러분에게 성장주식을 사지 말라는 의미가 아니며, 떨어졌으면 그 주식은 사야 한다.

---

63) **역자 주** : 프린스턴 학부 졸업 및 하버드 MBA. 1962년 모건스탠리에 입사하여 회장 역임.

여러분은 진정으로 다변화된 운용사를 여럿 필요로 하는 것이 아니다. 여러분이 소수 운용사에 집중되어 있더라도, 운용사 측이 자신의 일을 제대로 알고 있다면, 다변화는 이들을 통해서 매우 신속하게 달성될 수 있다. 이것이 소규모 기금의 강점이며, 내가 Investure를 창업하던 당시에 50억 달러를 넘는 운용자산 규모를 목표로 하지 않았던 이유였다."

핸디는 투자자들이 투자 업무에 진정으로 흥미를 느낄 필요가 있다고 본다. "차세대의 위대한 투자운용사를 선발하는 사업에 사람들을 참여시키는 일은 매우 흥미롭고 재미있다. 여러분은 항상 몰입하고 열정적이며, 업무와 실적에 대해서 흥미진진함을 느껴야 한다."

핸디는 직업윤리를 갖추었고, 핵심인력의 배경이 핸디의 인맥을 통해 검증되는 그러한 운용사를 원한다. 투명성이 낮은 자산군의 경우, 핸디는 운용사의 핵심인력이 어렸을 때부터 잘 알아 온 주변 인물에게 운용사 인력에 대한 조회를 한다. 이 점은 매우 중요하다.

대학기금이 우수한 투자 팀을 투입하면 운용사를 선정하는 데서만이 아니라 대학기금이 운용사 측으로부터 선호받는 고객이 되는 데에서도 중대한 차이가 발생한다. 핸디는 이러한 차별화 혜택을 '선택받은 투자자 되기'라고 표현한다. "우수한 운용사들은 현명하고, 윤리적이면서, 자신들을 소모품으로 취급하지 않는 투자 고객과 함께 일하기를 원한다. 투자자가 운용사를 소모품으로 취급하면, 그들은 그렇게 된다." 핸디는 Investure의 고객인 기금들을 파트너로 대우하듯이, 기금들로부터 위탁을 받는 운용사도 파트너로 동등하게 대우한다.

핸디는 특정 운용사가 그의 전략에서 매력을 잃더라도, 당해 운용사를 해고하기보다는 파생상품이나 유사한 수단을 써서 시장 포지션을 헤지하는 편을 선호한다. "가장 중요한 것은 파트너를 내 편으로 만들어서, 그가 다가와서 '지금은 시장이 좋지 않으니 쉬자'고 말해 줄 수 있어야 한다. 독자가 너무 많은 운용사들과 계약하고 있다면, 그들을 전부 잘 알 수가 없고, 이러한 관계를 달성할 수 없다."

4. 교훈, 관찰 및 조언

핸디는 대학기금 업계 및 투자자와 CIO로서의 경력에 대한 고유한 관점을 제시해 준다.

1) 투자 실수담

일반적으로 투자자들은 과도하게 단기적 시야를 갖고, 시류에 따른 투자를 뒤쫓는다. CIO는 자신이 몸담은 기관의 포트폴리오가 자신의 것인 것처럼 착각함으로써, 이사회나 투자위원회 관계에서 좌절에 빠지는 미묘한 실수에 빠지기 쉽다. CIO는 포트폴리오를 자기의 소유물로 생각하기 시작하지만, 이것은 착각이다.

자산 배분에서 최대의 실수가 1999년~2000년 동안 성장주 대 가치주 배분에서 발생하였음은 분명하다. 당시에 사람들은 잘못된 시기에 성장주 펀드와 벤처캐피털을 주워 담고 있었다. 핸디는 이러한 실수의 원인이 '떼거리 사고' 및 시장의 순환 주기를 이해하지 못한 사람들이 압력을 가했던 때문이라고 설명한다.

2) 소규모 기관에게 주는 조언

핸디는 장래에 소규모 기관은 Makena, Commonfund, Investment Fund for Foundations(TIFF)[64]와 Morgan Creek(제15장 참조) 등이 운용하는 단일 포괄펀드를 통해 투자 또는 주식 매입을 할 것이라고 본다. 핸디는 또한 단일 또는 복수의 기관들이 자원을 결집(pooling)하여 통합 투자 오피스를 운영할 것으로 본다.

"나는 이 상황을 버지니아 대학기금에 비교해 본다. 버지니아 대학에는 20개를

---

64) **역자 주** : www.tiff.org. 1991년 설립되어 735개 비영리기관들의 85억 달러의 투자를 대행하고 있다. 2016년 현재 이사회에는 예일투자오피스 출신으로 MITIMCO 사장인 Seth Alexander, Scott Malpass(제7장 참조)들이 참여하고 있다.

넘는 상이한 기금들이 있었는데, 일부는 상당히 컸고, 전체 규모는 15억 달러에 달했다. 각 기금은 독립적인 이사회를 가지고 독자 운용하였다. 이러한 접근방식은 기금이 주식과 채권만을 취급하던 시기에는 타당하였다.

투자 수단들이 더욱 복잡해지자 버지니아의 기금들은 결국 자산을 결집하였다. 나는 이것이 더 현명하고 개선된 모델이라고 본다."

3) 경쟁사 비교

핸디가 1974년 시작하던 당시 핸디는 선배 투자자인 다트머스 대학의 Bruce Dresner[65]와 웨슬리안 대학의 Bob Taylor를 만났다. 이들이 핸디의 멘토가 되어, 아이디어를 공유했으며, 모든 대학기금을 위해서 협업하였다.

이제는 대학기금들이 매우 경쟁적이 되었으며, 이사회의 이사들은 타 기관, 특히 하버드와 예일 대비 우수한 실적을 보이기를 원한다.

핸디는 업계의 경쟁적인 행동과 사고를 스태프의 보수 수준과 투자 성과 측면에서는 혐오하지만, 업계 내의 지표는 유용하다고 본다. "지표는 현행 시장에서 무엇이 가능하였는지 대비 당사자가 무엇을 하였는지를 보여 줄 수 있다."

4) 최초의 여성 CIO 입장

"초기에는 업계 내 여성의 수는 손가락으로 셀 수 있었다. 나 자신과 Lyn Hutton이었다[66]. 내가 채권업무를 시작하던 시기에 여성은 업계에 없었다. 나는 뉴욕 신사 클럽에서 열리는 파티나 회의에는 갈 수 없었다. 남자 동료들은 내가 임신하면

65) **역자 주** : 1985년부터 1990년까지 다트머스 대학교의 CIO 역임 후 컬럼비아 대학교에서 2002년까지 대체투자를 주도하였다. NACUBO 대학기금 연구저널을 창설하였다. 2007년부터 Blackrock의 managing director이다.

66) **역자 주** : Commonfund와 맥아더 재단에 재직하였으며, Prager & Co LLC 투자은행의 COO이다.

사직할 것이라고 생각했다. 솔직히 나 자신도 그렇게 생각했었다.

나에게는 최초의 홍일점 지위라는 것이 흥미로웠고, 동기 부여가 되었다. 한편에서는 윗세대들이 성차별주의적 망언을 했지만, 반면에 누군가는 항상 나를 인정해 주었기에 나는 균형을 잡을 수 있었다. 여기에서 힘을 받았다."

핸디는 자신의 두 딸에게 말한다. "너는 훌륭한 여성 사업가, 좋은 엄마 또는 좋은 아내가 될 수 있다. 그러나 세 가지 역할을 동시에 수행하기는 어렵다. 무슨 일인가 항상 일어나고, 너는 항상 우선순위를 재설정해야 한단다."

5) 경력 조언

핸디는 경력에 가장 중요한 조언을 자신의 파트너 및 동료들과의 토론에서 얻었다. 여러분은 투자에 열정을 쏟아야 한다. 호기심도 가져야 한다. 투자는 험난한 길이기에 흥미를 느껴야만 지속해서 감당할 수 있다. 당신도 많은 실수를 저지를 것이고, 어려운 일에 많은 시간을 투입해야 성장할 것이다. 일에 몰두하는 시간이 가족과 보내는 시간을 초과할 수도 있다. 핸디는 자신의 업무 부담을 자신의 자녀들에게도 설명해 준다.

핸디는 팀을 구성할 때 인력들의 조합이 중요하다고 조언한다. 팀 내에 강직하고 신념을 고수하며 투자에 직관을 가진 인물과, 펀더멘탈에 강한 인물을 균형 있게 확보할 필요가 있다는 것이다. 그렇지 않으면 팀이 충분한 기회를 포착하지 못하거나, 너무 많이 포착하게 될 것이다.

핸디는 업계에 진입하는 초심자들에게 자신과 관계가 있으면서 훌륭한 투자자인 사람을 멘토로 구하라고 조언한다. 핸디는 자신의 아들이 투자업계에 입문했을 당시, 좋은 투자자만을 찾아가라고 말했다. 그렇지 않으면 아들이 나쁜 습관을 학습할 것이기 때문이었다. 또한 기회가 있다면 대형기관에서 연수를 받으라. "내가 Travelers 보험사에 입사한 경력은 대규모 조직이 어떻게 돌아가는지를 알게 해 주는 최고의 기회였다. 하지만 나는 작은 조직에 몸담기를 선호한다. 여러분이 사업가라면 작은 조직에 가고, 샐러리맨이라면 대규모 조직에서 자리를 잡으라."

5. 진정한 보상

핸디는 자신이 받았던 최고의 조언은 어떤 벤처캐피털 운용사가 해준 것이었다고 한다. 그 조언은 "가장 중요한 안건들의 목록을 만들라. 단, 우선순위는 설정하지 말라. 안건 중에 적합한 건이 현실화되는 때가 오면, 모든 순위는 재정렬될 것이다"라는 것이었다. 핸디는 이러한 안건 목록을 즐겨 작성했다.

핸디는 자신의 직업에서 지성적인 자극을 원했고, 의욕적이며 재미있는 사람들과 함께 일하고, 자신이 만났던 다수의 다채로운 인물들과 접촉을 유지하고 싶어 했다. "이 업계에서 최고의 가치는 모든 계층의 가장 매력적인 인물들을 만나는 기회에 있다. 내가 젊은 신참 애널리스트이더라도 세계에서 가장 뛰어난 투자자를 만난다. 이러한 만남의 가치는 나중에 가서야 깨닫게 된다." 핸디에게 있어서, 비영리기관 근무는 매우 중요한 요소였다. 핸디가 버지니아 대학교 사임 후, Investure사 창업을 포함한 여러 가지 새로운 장래 경로를 구상하던 시기에, 본서의 저자인 Larry Kochard가 "앨리스, 사람들이 당신에게 의지하기 시작했다"고 말해 주었다. 비영리기관에서 일하면 사람들이 의지해 온다. 핸디에게 이것은 보람찬 경험이었다.

비영리기관이 주는 의미는 크다. "나는 학교재단의 목적 및 그 존속을 위한 활동을 사랑했다. 나는 강의를 하고 졸업생들과 만나는 일이 즐거웠다. 나는 투자위원회와 함께 일하기를 즐겼고, 여러 다양한 사람들로부터 아이디어와 그에 따르는 지적 자극을 얻고자 하였다. 내가 버지니아 대학에 재임한 기간 중 가장 기뻤던 때는 장학기금실로부터 '2000년~2001년 사이 기금이 대폭 증가한 덕분에 1학년 전원에게 학자금 대출 대신 장학금을 줄 수 있게 되었다'라는 연락을 받은 시점이었다. 이러한 놀라운 경험을 Investure사의 고객인 기관에서도 재현하고 싶다." 이것이 나의 일의 전부였다. 여러분이 비영리기관의 목적을 사랑하지 않는다면, 대학에서 일하지 말아야 한다.

버지니아 대학 당국이 대학기금을 투자의 명가로 만들고자 하는 변화를 도입하자, 핸디는 매번 목표마다 열정적으로 추진함으로써 기금 투자 전문가로서의 최고의 위치에 도달하였다. 동 업계에서 희소한 여성 전문가, 투자자 및 사업가로서 핸디의 업적은 더욱 눈부신 것이다.

투자자 및 CIO로서 지속적으로 발전해 온 앨리스 핸디는 재단과 대학기금 투자의 발전을 계속 주도하고 있다.

제 7 장

파트너, 애국자 및 성과 달성자

노틀담 대학교의 Scott C. Malpass, CIO

Scott C. Malpass는 1989년 단 3년의 투자 경력을 갖춘 약관 26세의 나이에, 노틀담 대학교 대학기금의 CIO직에 취임하였다. 그는 자신의 부족한 경력을, 경청하고 학습하려는 열의, 최선의 기준을 적용하려는 소망, 그리고 대학교와 그 임무에 대한 강력한 실천 의지로 보완하였다. 노틀담의 투자위원회는 대단히 큰 위험을 감수하면서 맬패스를 CIO로 임명하였으나 그 결과는 대단한 성공이었다. 맬패스의 취임 당시에 4.25억 달러 규모였던 대학기금은, 2006년에는 60억 달러로 증가하였다.

노틀담의 학교 문화에서 기관투자자로서의 책임(stewardship)은 대단한 의미를 가진다. 맬패스의 관리하에 대학기금은 다년간에 걸쳐서 최고의 투자 성과 기록을 갱신 달성하였으며, 다른 기관의 수익률 및 내부 정책 지표 수익률을 능가하였다. 2007.3.31에 종료한 10년의 기간 동안, 연간 수익률은 10.2%였던 반면, 유사 기관들의 수익률 중간값은 9%였다. 대학기금의 투자운용 보고서에 의하면, “이 기간 중 노틀담 대학교의 투자운용 프로그램에 따라 대학기금의 가치가 20억 달러 이상이 증가하였다.” 2000.6.30에 종료한 연도에, 노틀담 기금은 57.9%의 수익률을 달성하였는데, 이것은 미국의 어떤 대학교보다 높았고, 월스트리트 저널, 고등교육 크로

니클, U.S 뉴스 & 월드리포트, 뉴욕타임즈 및 CNBC 등 매체에 집중 보도되었다.

맬패스는 노틀담 대학교의 부사장 겸 CIO로서, 대학교의 학교기금, 운전자본, 연금 및 보험수입금의 투자를 담당하였다. 대학기금은 60억 달러에 육박하여 미국 고등교육계에서 16위 규모이고, 가톨릭 대학교 중에서는 최대이다.

맬패스는 1984년 노틀담 대학교 학사를, 1986년 본교에서 경영학 학사학위를 받았다. 그는 Irving Trust에 취업하였다가 1988년에 학교로 복귀하였고, 다음 해 CIO에 취임하였다. 그는 노틀담 Mendoza 경영대학원의 조교수이다. 그가 1995년에 재무 전공 우수학생을 위하여 개설한 교내 응용 투자관리 과정은 미국 전역의 금융업계로부터 지대한 관심의 초점이 되었다. 그는 다수의 투자 및 자선기관의 이사 또는 자문위원으로 봉사하고 있다. 그는 야구 메이저리그 및 전미증권거래협회(National Association of Securities Dealers)의 투자자문 위원이다.

1. 배 경

맬패스는 당초 자신이 다른 투자자와는 상이한 배경을 가졌다고 생각했는데, 투자업계 내에서는 누구나 상이한 배경을 갖고 있음을 깨달았다. 그가 노틀담 대학에 입학하던 때에는 의대를 가려 했다가, 방향을 바꾸어서 1984년 과학 학사학위를 받았다. 그는 연구실에서 연구를 하기는 절대로 원하지 않았지만, 어떤 일을 할지는 알지 못하였다.

그는 졸업 이후 GMAT 시험을 응시하였는데 점수가 예상보다 좋았고, 이에 따라 그는 가을 학기에 노틀담의 MBA 과정에 입학하였다. 맬패스는 2년간의 MBA 과정을 1986년에 수료하였다. 그는 MBA 과정을 좋아 했고, 자신의 열정을 발견하였으며, 캠퍼스와 학사 과정을 사랑했다. 노틀담 대학원의 소규모 프로그램이 그에게 적합하였으며, 비즈니스에 문외한인 동료 대학원생들도 많이 있었다. 그는 기숙사에서 성직자의 비서로까지 일하였다. 그는 2년의 기간을 보람차게 보냈다.

성직자의 비서로 일한 기간이 그의 대학기금 경력의 기반이 되었다. 성직자인 총장이 대학기금의 CIO 역할을 겸직하고 있었던 것이다. 맬패스는 모교 대학기금 자산의 보관은행이던 Irving Trust에 하계 인턴으로 고용되어, 연금 고객을 자문하는 투자 컨설팅 부서에 배치되었다. 그는 Exxon, Warner Lambert, Bristol-Myers 등의 대기업 고객과 일하였고, 연금이 어떻게 운용되는지 학습하였으며, 상이한 자산군과 운용사들에 대하여 약간의 지식을 얻게 되었다.

대학원 졸업 이후에 맬패스는 Irving Trust에 정식 입사하였고, 전과 동일한 부서에 배치받았다. 그는 저명한 은행가인 Ralph Knisley 밑에 배치되었다. 그의 상사인 Knisley는 젊은이들을 중용하는 사람이었다. 그에 따라서 맬패스도 "나는 젊은이들을 중용하도록 노력한다"는 자신의 경영 스타일을 갖게 되었다.

1988년에 노틀담 대학기금은 4억 달러의 규모였으며, 투자 오피스의 스태프는 거의 없이 성직자인 CIO, 회계사 및 비서만이 있었다. 학교의 이사회는 기금운용을 현대화하기로 결정하였고, 성직자에게 조수를 채용하도록 요청하였다. 성직자는 맬패스를 1988.8.1에 노틀담의 투자 오피스로 복귀시켰다. 9개월 후에, 성직자는 교단 내의 다른 직위로 떠났고, 맬패스가 1989.4.1자로 CIO로 승진하였다. 솔직히 그는 학교가 다른 유경험자를 CIO로 선발할 것으로 예상하였다. 26세의 조수였던 그가 그 자리를 차지하리라고는 기대할 수 없었다.

맬패스가 포트폴리오를 인계받았던 당시, 자산 구성은 미국주식에 60%, 글로벌주식에 10% 및 채권 25%, 부동산 4% 및 1%의 벤처캐피털이었다. 그는 Irving Trust에 근무하던 당시 자산군에 대해서 파악하였지만, 대체투자는 생소했다. Irving의 고객 대다수는 연금이었고, 주로 전통적인 자산군에 투자하고 있었다. 일부 연금은 부동산과 PE에 투자하였지만, 대체투자에 대한 포지션은 거의 없었다.

맬패스는 다른 기관과 기금을 적극적으로 벤치마킹하기 위해서 Cambridge Associates가 주최하는 25개 대학기금 회의, 아이비리그 기금운용업계 회의에 참석하였고, 타 기관이 포트폴리오에서 무엇을 하는지를 질문하고 학습하였다. “나는 대학기금 운용에 새로운 접근방식을 생각해 보고자 시도하였다.”

노틀담의 투자위원회는 Bob Wilmouth[67]가 1978년부터 1994년까지 의장직을 수행하였고, 그의 후임자는 Jay Jordan[68]이었다. 노틀담의 투자위원회는 매우 훌륭하였다. 투자위원들은 장래에 투자 스태프의 업무가 될 역할들을 수행하고 있었다. 종교재단에서는 자산 규모가 작기 때문에, 위원들의 역할 범위가 큰 경향이 있다.

Bob Wilmouth는 그러한 행태가 지속될 수 없으며, 노틀담에 내부 전문 팀이 필요하다고 인식하였다. Wilmouth 의장이 그러한 필요성을 인식하고, 맬패스를 믿어주고 기회를 준 데에 대해서 맬패스는 Wilmouth 의장에게 감사한다. 맬패스는 위원회의 의도가 아마도 “맬패스에게 한 번 기회를 주자. 그가 해내지 못한다면, 우리는 20년의 경력을 가진 CIO를 영입할 것이다”인 것으로 이해했다. 그는 투자위원회 의장으로부터 강력한 지지를 받았다.

맬패스는 기관의 투자운용에서 모범규준을 더 깊이 인식하였고, 자신의 고유한 투자 철학을 개발하는 데 착수하였다. “젊디 젊었던 나는 발전하고 학습하는 중이었고, 기존 거래 운용사, 신규 운용사 후보 및 투자위원회의 투자전문가들과 많은 시간을 보냈다. 최근에 나는 1990년에 대학기금의 모범규준에 대해서 투자위원회에 제출했던 보고서를 찾아냈는데, 보고서에는 투자운용에 대한 역사를 포함하여, 우리가 어떤 투자를 고려해야 했는지가 포함되어 있었다. 이 보고서는 새로운 사고를 발전시키는 데 크게 기여했었다.”

---

67) **역자 주** : Crocker National Bank의 창업자로서, 자신이 맬패스를 등용한 사람으로 기억될 것이라고 언급하였다. Wilmouth와 Jordan 두 위원장이 35년간 노틀담의 투자위원회를 관장하였다. 투자위원회는 다른 위원회처럼 위원이 순환 근무하지 않으며, 70세의 정년도 적용되지 않는다. 25 Years Later, Scott Malpass Is Still Notre Dame MVP, Institutional Investor, 2014.2.18.

68) **역자 주** : 1969년 경영학과 졸업 후 컬럼비아 MBA. Jordan Company라는 PE 운영. 1993년부터 노틀담의 수탁자위원 활동. 수차례의 기부 실적에 이어서, 2014년에 노틀담에 7,500만 달러를 기부 결정.

2. CIO 취임

재단과 대학기금 투자운용의 모범규준에 입문하고 나서, 맬패스는 숙련된 CIO가 되기 위한 전통적인 과정을 거쳤다. 우리는 공식적으로 자산 배분 연구와 시뮬레이션을 수행하고, 상반관계와 상관관계 등을 분석하였다. 우리는 이사회가 선정한 헤지펀드, PE 운용사, 경력과 평판을 쌓은 투자자들의 참여하에 체계적인 절차를 수행하였다. 투자위원회가 새로운 접근방식을 편안하게 느낄 때까지, 많은 교육시간이 필요하였다. 시간이 가면서, 우리는 새로운 분야에 진입하였다.

1) 신규 포트폴리오 구성

맬패스는 신규 투자, 특히 대체투자를 실행하는 데에 서두르지 않았다. 당시 투자위원회는 헤지펀드보다는 PE에 훨씬 우호적이었다. 그는 모든 일을 단기간에 처리하려다가는 불필요한 우려를 초래할 수 있음을 알고 있었다. 그는 초기에는 PE에 중점을 두고 기존 벤처캐피털을 기반으로 확대해 나갔다. 그는 신규 부동산과 에너지 투자를 추가하였지만, 헤지펀드는 최소화하였다. 그가 1990년대 초의 부실채권 투자 붐을 타고 1990년~1991년 사이에 많은 투자를 하였으나, 당시의 주 목표는 PE였다.

2) 대체투자에 PE 추가

다행히도 맬패스는 선도 PE와 벤처 운용사들이 신규 투자자 참여를 마감하기 이전에 투자를 시작하였다. 노틀담은 이사회를 갖춘 조직으로서 비효율적 시장인 대체투자에 진입하면서, 자산 배분의 특정한 비중을 강제하지 않았는데, 이는 매우 현명한 결정이었다. 노틀담은 적합한 운용사에 투자할 수 있는 경우에만 배분을 하였다. 모든 PE 투자에서 투자 성과는 매력적인 상위 25% 운용사에 투자해야만 보장되는 것인데, 노틀담은 이 티켓을 얻었다.

맬패스는 많은 사람들을 만났는데, 그 상대방들은 노틀담의 강력한 학문과 스포츠 전통으로 인해 이 학교를 잘 알고 있었다. 노틀담 팀은 수준 높은 투자자로서 노틀담의 평판을 높이는 데에 노력을 기울였다. 운용사들은 학교기금의 장기 투자 속성 및 기관과 자금 자체의 안정성을 선호하였다. 노틀담 팀은 시간이 가면서 성과를 축적하였다. 맬패스는 이 기간 동안에 자신과 팀원들이 장기 재직함에 따라서–상위직 동료들의 재직기간도 10년에 달했다–운용사들 간에 노틀담의 평판이 높아지는 데에 기여했다고 언급한다.

맬패스는 최상위 벤처캐피털을 소개받았던 일화를 예시한다. 노틀담은 Capital Guardian 투자 자문과 오랫동안 거래한 투자자였다. 맬패스는 Dick Barker[69]에게 노틀담의 계획을 설명하였고, 그는 Sequoia Capital을 만나 보라고 권고했다. 맬패스는 Sequoia의 이름을 이미 알고 있었고, Barker는 1991년에 Mike Moritz와 Don Valentine을 소개하였다[70]. 그 이래로 노틀담은 Sequoia의 모든 펀드에 참여하여 상당한 금액을 배분하였으며, 최대투자자 중 하나가 되었다. 이 건은 위대한 파트너십의 사례가 되었다.

이러한 접근방식은 기회주의적으로 보이지만, 맬패스는 자산 배분정책을 고려해서 이러한 투자를 진행했던 것이다. "운용사 간에 수익률이 편차가 크기 때문에, 적합한 운용사와 일해야 한다는 명제 아래에서 투자위원회의 감독을 받으면서 일하려면, 목표와 일반 기준을 어떤 형태로든 선택할 필요가 있다. 노틀담은 적절한 대외관계를 개발하였으며, 이것은 효과적으로 작동하였다."

맬패스는 상위 1/4의 PE 운용사들로 포트폴리오를 구축하는 것이 이제는 어려워졌다고 인정한다. "그러한 관계를 지금 만들려 한다면, 매우 어려울 것이다. 노틀담

---

69) 역자 주 : Capital Group의 부회장.

70) 역자 주 : Google, Linkedin, PayPal, Yahoo에 투자 실적.

은 PE에 투자한 최대의 아이비리그 학교들과 어깨를 나란히 하며 최초의 파도를 탔다." 노틀담과 비슷한 다른 아이비리그 재단과 대학기금들은 그 이후에 진입하였다. 노틀담은 적시에 투자하였고, 적합한 대외관계를 형성하였다. 만일 이러한 과업을 현재 달성하라고 요구받는다면 맬패스도 불편해질 것이다. 노틀담은 5~10년 전에 깔아 놓은 투자의 수확을 거두고 있다.

3) 대체투자에 헤지펀드 추가

노틀담은 1991년~1992년간에 부실채권 전문 헤지펀드에 진입하였으며, 이후 기회주의적인 방식으로 다년간에 걸쳐서 헤지펀드 포지션을 점차 증가시켰다. 맬패스는 헤지펀드 운용사들을 계속 면담하였지만, 헤지펀드의 수수료 구조의 타당성에 대해서 회의적이었다. 노틀담은 팀을 구성하는 와중에 있었고 PE 부문에서 투자실적과 운용사와의 관계 개발에 성공적이었기에, 헤지펀드는 다소 천천히 진행하였다. "헤지펀드는 당초 중심 지위에 있지 못하였다." 맬패스는 노틀담의 기금, 팀 및 자원이 확충된 후에야 헤지펀드에 배정을 늘렸다.

"1995년에 운용자산이 10억 달러를 초과하면서, 노틀담은 헤지펀드에 적극적인 자세로 전환하여 멀티전략과 long/short 주식에 배정을 개시하였다. 2000년까지 자산의 13%가 헤지펀드에 배분되었다. 배분은 2000년~2006년 사이에 급증하여 30%에 육박하였다. 노틀담 팀이 가용한 자원을 확보하였기에 헤지펀드에 배분이 가능하였다. 이러한 과정은 적절한 준법절차, 전담자 배치 및 대외 섭외력에 의해서 주도되었다. 이 과정에는 시간이 필요했다."

맬패스가 추구하는 헤지펀드 형태의 특성은 보다 가치 지향으로 펀더멘탈하게 접근하는 운용사이다. 매크로(macro), CTA(commodity trading advisor) 또는 트레이딩 지향적인 전략들은 전통적으로 기피하여 왔다. 포트폴리오의 절반은 long/short 주식으로서, 매우 펀더멘탈하게 종목 선정을 하며, 공매도에 경험이 많은 운용사들이다. 맬패스는 그러한 훈련을 받은 대표적인 경력자들인 Tiger Cub[71)]이나 타이거 펀드 출신자들을 선호한다. 맬패스는 나머지 절반은 사건 중심(event driven), 재정거래 전략과 부실채권 운용사들에 투자했다. "우리 헤지펀드 포트폴리오는 일부 타 기금처럼 레버리지가 크지 않고 매우 펀더멘털하다. 우리는 레버리지만으로 돈을 벌려는 시도는 하지 않으며, 따라서 베타 · 알파 및 레버리지가 각각 어느 정도 수익률에 기여하였는지를 분석한다."

노틀담이 헤지펀드에 투자하는 과정의 핵심요소는 철저한 준법/운영 실사이다. 5인의 공인회계사가 역외 사무관리회사를 포함하여, 모든 헤지펀드의 사무실을 직접 방문한다. "우리는 우리의 파트너를 파악해야 한다." 실사를 위해 맬패스는 1990년대 중반부터 우수한 운영 전담 그룹을 구성하였다. 이 그룹은 지난 10년간 현장 실사를 수행하였다. 노틀담은 2002년경에 모든 운용사에 현장 실사를 수행하기로 결정하였고, 각 운용사를 최소 한 번은 방문하였다. 투자를 행한 후 1년이 되기 전에 실사 팀이 현장을 방문하며, 만 1년이 지나기 전에 보고서를 제출한다. 이것은 감사 절차가 아니라, 파트너들이 상호간 아이디어와 모범규준을 공유하는 기회이다.

4) 자산 배분

맬패스는 글로벌 시장과 경제 여건 변화로 인해 생성되는 기회를 고려한 자신의 견해를 자산 배분정책 수립에 포함시킨다. "투자에서 현재보다 더 도전적이고 흥미로운 시기는 과거에 없었다. 우리가 직면하는 최대 현상은 글로벌라이제이션이다. 자산 분류가 융합되고 모호해졌으며, 인재들이 전통적인 운용사로부터 대체운용사

---

71) **역자 주** : 헤지펀드의 거성인 Julian Robertson이 2000년에 Tiger Fund를 닫은 후 그의 제자들이 설립한 헤지펀드들로서, Stephen Mandal의 Lone Pine, Andreas Halvorsen의 Viking, Rob Citrone의 Discovery Capital Management, Philippe Laffont의 Coatue Management 및 Lee Ainslie의 Maverick Capital 들이 대표적이다.

로 이동한다. 대체투자의 기관화는 '대체'가 이제 '주류(mainstream)'를 차지하였음을 의미한다. 전통적인 자산 스타일 구간(bucket) 구분은 이제 타당하지 않다. 자산 스타일 구간 간의 상관관계를 이해하기 어려운데다, 운용사들이 폭넓은 전략을 구사하기 때문에 더욱더 어려워진다."

자산 배분에 있어서 관계자들이 위험을 인식하고 어떻게 배분하는지가 중요하다. 알파와 베타를 구분하고, 저렴한 베타를 획득하며, 알파에 대한 대가를 지급한다는 것은 어려운 작업이다. 예로서, 맬패스는 과거 18주간 6회 중국에 출장하였다. 인디아나 주로부터 먼 거리가 부담이 되지만, 네트워크를 구성하고 기회를 실현할 수 있는 운용사를 발견하는 데는 현지 출장이 최선의 방식이다.

노틀담은 자산 배분정책을 매년 재검토한다. 맬패스는 자산 스타일 구간을 묶어주기(grouping) 위한 최선의 방식을 평가하며, 일부 자산 스타일 구간은 통합시키려 한다. 과거에 미국 long only 주식, 글로벌 long only 주식 및 대체투자가 3가지 자산 스타일 구간을 구성하고 있었는데, 그는 주식의 long/short를 포함하여 모든 상장주식을 단일 자산 스타일 구간으로 통합하였다. 재정거래 등 진정한 절대수익 전략에 해당하는 헤지펀드는 다른 자산 스타일 구간으로 분류되었다. 자산 스타일 구간은 발전해 갈 것이며, 노틀담은 점진적인 접근방식을 통하여 발전적인 방식으로 일할 것이다. 점진적인 접근은 새로운 투자 아이디어에도 적용되며, 소규모 배정을 통해 경험을 쌓고 신뢰를 확보한 후에 확대투자가 이루어진다. 노틀담은 적은 부담하에 진입함으로써 새로운 방식을 시도하는 데 탄력적이 되고, 장기적으로 역발상을 실천할 수 있게 된다.

외부운용사에 맡기지 않고 독자 수행하는 전술적 자산 배분의 경우, 맬패스와 노틀담 팀은 내부에서는 어떤 자산이나 포트폴리오도 매매하지 않으며, 특정한 overlay 전략의 경우에 간간히 투자위원회의 승인을 얻어 시행하고 있다. 부동산의 경우 맬패스는 장기 속성을 고려하여, 공동투자와 직접 단독투자를 수행하였다. 노틀담 팀은 PE에서도 직접투자 기회를 탐색해 보았지만, 실행하지는 않았다. "솔직히 나는 PE에 직접 투자한다고 해서 별다른 잇점이 있다고 보지 않는다. 그 이유는 노틀담이 최고의 운용사들에게 투자하고 있기 때문이다. 나는 PE에 대한 직접투자 프로그램은 대규모로 수립할 것으로 보지 않지만, 그러한 기회는 지속적으로 검토하고 고려한다."

5) 아이디어 창출

맬패스는 CIO로 부임한 이래, 존경하는 투자자 및 운용사와의 대화에 의존하여 아이디어를 창출하여 왔다. 맬패스는 현행 포트폴리오 내의 전문가, 네트워크 내의 리더들과 계속 대화하면서, 네트워크를 확대해 왔다. 그는 매우 많은 사람들과 대화하고, 아이디어를 얻으며, 정보를 공유한다.

맬패스와 노틀담 팀은 역발상의 관점으로부터 가치평가를 연구하고, 기획 회의에서 글로벌한 사건과 추세를 논의한다. "우리가 무엇을 다르게 하면 수익률을 개선시킬 수 있을 것인가?"

맬패스는 기존에 거래하는 운용사들로부터 우수한 아이디어를 흡수한다. 어떤 운용사가 기존 자산군에 새로운 접근방식을 발견하거나, 지리적인 목표지역을 이동할 수가 있다. "운용사가 무언가 새로운 시도를 원할 경우에, 노틀담의 기금 규모는 그 전체금액을 넣어 줄 수가 있다. 우리는 단일 건에 5천만에서 거의 1억 달러까지 배정할 수 있다. 이러한 능력은 우리의 네트워크상의 운용사에게 더욱 매력적이다. 노틀담은 새로운 아이디어에 출자할 규모를 갖추었다."

경우에 따라서 노틀담이 먼저 아이디어를 내고, 가장 최선의 실행력을 가진 운용사를 물색하여 새로운 투자 전략을 출범시키도록 권고하면서 노틀담이 앵커 투자자가 되기도 한다. 이 경우 노틀담은 운용사가 조성할 펀드 규모를 제한하며, 운용사는 노틀담이 주도한 펀드이므로 그러한 제약을 수용한다.

궁극적으로 아이디어는 전 세계의 우수 인력과의 집중적인 교감을 통해서 창출된다. 우수 인력과의 접촉만으로는 충분하지 못하며, 맬패스가 정력·정열과 열의를 가지고 만나러 나가야 한다.

6) 운용사 선정

운용사 선정 시 맬패스는 개인적 특성과 투자 전략의 특성을 고려한다. 맬패스가 다루는 것은 결국 인력수준이다. 노틀담은 굳건하게 펀더멘탈을 지키는 운용사와 가치 있는 운용사 사이의 균형을 원한다. 이러한 위상을 갖춘 운용사는 일치된 이해관계하에 시장에서 규모의 확장성이 있는 거래를 포착하고, 탐색하는 데에 강점을 가진다. 주요 평가기준은 다음과 같다.

- 성과 재현 가능성의 증거
- 업무에 대비하여 합리적이고 타당한 수수료
- 다른 핵심 자산과의 상관관계가 낮다는 강력한 증거

다음 특성을 가진 전략은 회피대상이 된다.

- 과도한 레버리지
- 향후 재현하기가 어려움
- 운용사가 정보를 제한 또는 유보하는 은밀한 성향
- 다른 포트폴리오 포지션의 헤지 능력이 입증되지 못함
- 모방적인 프로그램

맬패스는 실전 트레이딩과 전략이 아닌 서류상의 포트폴리오에 근거한 전략은 회피한다. 그는 자신이 알지 못하는 전략은 채택하지 않으며, 그 이유는 실적이 나빠도 설명이 안 되기 때문이다. 따라서 노틀담은 일부 명석한 운용사들을, 그 명성에 불구하고 배제하였다.

이러한 접근방식은 노틀담 팀이 시장 이해도와 거래구조 편성에서 역량을 개발함에 따라 우수한 인재를 선별하는 능력도 개선되면서, 동반 발전해 왔다. 맬패스는 노틀담 팀이 이제 적합한 파트너 선별을 잘 한다고 생각한다. 이제 노틀담 팀은 시장의 괴리와 비효율성을 이해하고, 거래를 구조화하는 데에 미국 내의 어떤 기관 못지않다. 노틀담이 성장하면서 헤지펀드 투자를 위한 별도계좌(separate account)[72]를 많이 위탁계약하였으며, 시드(seed)투자도 많이 하였다. 규모가 커지면서, 노틀담 기금은 더 큰 금액을 배정함으로써, 규모의 경제를 통해 운용사와의 간에 더 유리한 조건을 협상하고, 학교기금의 특정한 요건에 맞는 투자 파트너십을 결성할 수 있다.

7) 지배구조

맬패스는 적절한 지배구조 기준이 업계에 전반적으로 잘 정립되어 있다고 본다. 그는 가장 중요한 기준을 다음과 같이 요약 제시한다. 이사회로부터 수권을 받은 매우 독립적인 투자위원회의 설치가 필요하다. 투자위원회는 '수탁자(fiduciary)의 책임'의 의미를 이해하고 인정해야 한다. 맬패스는 투자위원회를 지성과 지식을 갖춘 위원들로 구성할 것을 권장한다. 일부 위원이 직업적 투자 경력자여야 하지만, 맬패스는 투자 전문가와 사업가를 혼합하는 편이 최선이라고 본다. 규칙과 역할을 명확히 정의하며, 투자 절차를 명확히 포괄적으로 수립하고 서면화할 위원의 수는

72) **역자 주** : Separate account는 managed account로도 알려진다. 일부 헤지펀드는 일반적으로 1억 달러 이상의 투자자에게 펀드의 주식 대신 managed account를 제공한다. 이는 형식상 투자자가 구좌 내의 유가증권에 대해서 직접 소유권을 갖는 구분된 투자계정이다. 운용 관점에서 보면 managed account는 prime broker나 은행에 고객이 개설한 구좌의 형태이다. 운용사는 고객을 대신해서 계좌에서 증권을 매매할 일임권을 수여받는다. 그러나 일임권은 언제든지 사전 통지 없이 철회될 수 있고, 계좌의 명의는 고객의 것이다. 고객의 입장에서는 prime broker로부터 매일 포지션을 보고받고, 원한다면 수일 내에 포지션을 정리할 수 있어 투명성 및 유동성을 확보할 수 있다. 또한 계좌가 독립적이기 때문에 투자자의 납세 고려, 위험 대비 수익 수용도, 다른 재무적 목표 등의 독특한 입장 및 목적에 맞추어서 맞춤설계된 운용을 할 수 있다.

6~10인이 적당하다.

이러한 변수들이 잘 정립된 경우라도, 맬패스는 다른 비영리기관의 실무에서 다수의 위반 사례를 목격하였다. “위원회 규정이 문서화되었음에 불구하고, 상위 20대 대학기금 중 몇몇을 포함하여, 다수인들이 규정을 준수하지 않았다. 그들의 위원회는 인원이 너무 많고, 모두가 월스트리트 출신 동문이다. 그들이 투자 오피스에게 충분히 지원을 제공하지도 자율성을 인정하지도 않으므로, 유능한 투자 스태프들이 떠나간다. 투자위원회가 사사건건 통제하려 하니 이해 상충이 발생한다.”

맬패스는 현재에도 주요 대학기금에서 그런 후진적인 행태가 발생하는 데 놀라움을 표시한다. “우수한 대학기금의 성공 이유는 그 반대의 행태를 실천하기 때문이다.”

가. 노틀담 대학의 ‘Fighting Irish’ 축구팀 정신

맬패스는 자신을 발탁해 준 노틀담 대학에 강력하게 충성하며, 팀원들에게도 자신과 동일한 자세를 요구한다. 그 이유는 자신의 추종자를 필요로 해서가 아니라 인디아나 주 South Bend에 소재한 대학교에서 투자 경력을 쌓으려면 특유한 목적의식을 가질 필요가 있기 때문이다. “우리가 노틀담에서 매우 강력한 소명 의식을 가진 것은 다행이다. 이 소명은 타 대학교에서와는 다른 것이다. 명확한 소명, 기숙사 캠퍼스, 강력한 공동체 의식을 갖춘 가톨릭 대학교는 졸업생들로부터 주목을 받을 수 있다.”

투자 팀원 13인은 모두 학부 졸업생으로 구성되었다. 2인은 하버드 MBA이고, 9인은 CFA이다. “전원이 유능한 인재이며, 학교에 충성한다. 이들은 학교 공동체를 현저히 발전시켜 주었다.”

맬패스는 1995년부터 ‘응용 투자 운용’이라는 과목으로 포트폴리오 운용에 대해 강의하고 있다. 이 과목은 실전 포트폴리오를 가지고 다른 선임 교수진과 공동 강의한다. 시간이 가면서 이 과목은 인재 공급의 유용한 원천이 되었다. 투자 오피스는 격년제로 애널리스트 및 스태프 선발 프로그램을 운영한다. 이러한 연수 프로그램을 통해서 우수한 젊은 동료들이 안정적으로 채용되었다.

대학기금이 60억 달러에 달하면서, 맬패스는 다른 대형기금에 맞먹는 투자 팀을 지휘하게 되었다. 스태프 수는 상위 20개 기금의 평균 인원수와 동등하다. “과거에는 우리가 뒤처져 있었지만, 보다 합리적으로 충원이 이루어졌다.” 인원 증가는 업무의 복잡도에 비례하였다. 노틀담은 155개 운용사와 계약하였고, 글로벌 대체투자 포트폴리오가 상당 규모에 달했기에, 최고 수준의 관리 및 운영 그룹을 필요로 한다.

나. 팀 운영

맬패스는 팀과 조직 내에서 지속성과 안정성을 중시한다. 그는 정기 팀 회의에서 투자 기회와 우선순위 설정을 하면서, 모든 참석자에게 동등한 발언권을 부여한다. 노틀담 팀은 이 회의가 매우 소중하고, 성공에 필수적이라고 인정한다. “우리는 추세와 상황의 변화, 시장과 상품의 변화를 명확히 고려할 수 있는 우수하고 수준 높은 체계를 수립했다. 우리는 자산 배분의 현황과 장래의 가치 평가를 검토하여, 연간 목표 목록을 만든다. 여러분이 이러한 목표를 갖지 못한다면, 시장 분위기에 휩쓸린다. 이에 따라, 우리가 기각한 거래 중에는 참혹한 결과로 판명된 것만이 아니라, 성공으로 판명된 것도 포함되었다. 맬패스는 ‘주식 종목 선정에서 나쁜 것이 회피되는 한, 좋은 것을 놓치는 경우는 걱정하지 말라’고 팀에게 말한다.

내부 인력과 지식의 지속성이 팀 회의를 통해서 개선되면서, 나쁜 투자 결정을 회피할 능력도 발전하였다. “우리는 회의에서 자기 평가를 많이 한다. 무엇이 작용하였는가? 어떤 교훈이 얻어졌는가? 우리는 지식을 제도화함으로써, 동일한 실수가 재발하지 않도록 방지한다. 지속성은 우리에게 중요하다.”

맬패스는 다른 기관들이 스태프의 이직률이 높은 상황에서 어떻게 지식을 제도화할 수 있을지에 대해 의문을 표시한다. “상이한 사람들이 동일한 실수를 하는 것이다. 독자들도 실수를 할 것이다. 우리의 시도는 실수를 제한하려는 것이다. 따라서 어떤 교훈을 얻었는지 및 우리의 방식이 어떻게 달라야 할지에 대해서 자기 평가를 많이 수행한다."

투자 오피스는 강력한 사명감만으로 스태프의 동기부여를 해줄 수는 없으므로, 인센티브 상여 프로그램도 도입하였다. 이 시스템은 스탠퍼드 대학교의 연간 조사에 근거하여 유사한 기금과 비슷한 상여금 수준으로, 학교와 인재들을 적절하게 연결해 준다. 이 시스템은 상위자들을 위한 보너스 기금과 인센티브를 이연 지급 조건하에 도입하였다. 맬패스는 기본급이 대형 대학기금의 중간값이 되도록 체계를 수립하였다. 성과 인센티브가 가산되면 연봉 수준은 대학 상위 1/4권에 진입할 것이다. "스태프들은 학교에 충성하면서, 자기 자신의 가치도 안다. 나는 이들이 대학기금 사회에서 이류 시민이라고 느끼게 내버려 두고 싶지 않다. 나는 이들로 하여금 다른 대형 대학기금과 맞먹는다고 느끼게 만들어 주고 싶다."

팀 구조도 발전하였다. 상장 팀과 비상장 팀이 헤지펀드와 PE 상호간 등 모든 전문 분야에 걸쳐서 협업한다. 상위자들이 모범적으로 협업하고, 정보를 공유하며, 실사에 참여한다. 과거 보수 체계에는 자산군별 성과에 연동하는 인센티브 조건이 들어 있었으나, 자산군의 분류가 모호해짐에 따라서 이러한 요소는 삭제되었다.

맬패스는 인센티브 보수 체계에 재량적인 요소도 삽입하였다. 노틀담의 투자 스태프들은 다른 대학교에 비하여, 투자 이외의 지원활동에 많이 참여한다. 맬패스는 이러한 활동을 인정하고 보상하려 한다. 스태프들은 학교에 충성하며, 이것이 노틀담이 운용 전담회사를 분리 설립하지 않은 이유였다. 별도 회사 소속이 되면 스태프들이 학교와 거리감을 느끼므로, 도움이 되지 못한다.

맬패스가 CIO로 취임한 이래 대학기금이 상당한 성장세를 보였으며, 이 팀의 투자 성과로 인해 동문들로 하여금 모교에 기부금을 늘리도록 작용하였을 것이다. "졸업생들은 모교의 대학기금 프로그램이 아주 잘 관리되고 있다고 느낀다. 우리의 수치는 수위권에 올라섰다. 우리 학교의 유능한 학생회는 능력 있는 동문회로 발전한다. 우리는 강력한 투자 팀과 수탁자로서의 강력한 책임 의식을 가졌다."

노틀담의 투자 팀이 성과를 냄에 따라, 대학기금에 기부금의 유입을 촉진하는 기회가 되었다. 노틀담은 미국 국세청으로부터 자선 신탁과 대학기금 pool 간의 자산 혼장을 허용하는 서한을 받은 4개 대학교 중의 하나이다. 하버드, 스탠퍼드와 프린스턴 들이 유사한 판정을 획득하였고, 이러한 성과는 극찬을 받았다. 과거에 학교는 세금 문제로 인해서 신탁과 대학기금 pool 간에 혼장을 할 수 없었다. 노틀담은 신탁기금은 별도로 뮤추얼펀드에 운용해야 할 입장에 있었다. 맬패스는 이러한 쾌거에 힘입어, 수억 달러의 기부금 유입을 기대했다.

노틀담 대학교 내에서도 기금이 60억 달러는 차치하고 6천만 달러를 달성할 것이라고 예상한 사람은 없었다. 1952년 총장에 취임한 Ted Hesburgh 신부[73](후술 참조)가 기금의 확충에 전념했다. 당시 학교기금의 규모는 7백만 달러였다. 1944년 학교 교지의 헤드라인 기사는 '학교 기금이 매우 척박하다'는 것이었다. 이 기사에는 더 많은 기금을 가진 5개 대학교를 열거하였는데, 예일이 1.06억 달러, 하버드가 1.54억 달러였다.

3. 교훈, 관찰 및 조언

맬패스는 재단과 대학기금들이 장래에 직면할 의사결정에 대한 자신의 관점을 제시하고, 우수한 문화와 강한 파트너십의 가치를 강조한다.

1) 소규모 기관에게 주는 조언

맬패스는 자신이 대학기금을 4억 달러로부터 60억 달러로 늘렸기에, 소규모 비영리 기금이더라도 상당한 투자 수익을 올리는 기적을 충분히 기대할 수 있다고

73) 아이젠하워 대통령의 인권위원회 위원, 1977년부터 1982년간 록펠러 재단 이사장, 1994년에 하버드의 감독자 이사회(Harvard Board of Overseers) 의장 역임.

본다. "독자가 수익률 우위를 달성하려면 창조적이고, 남과 달리 사고해야 한다." 시장은 과밀화 · 기관화되었으며, 대체투자는 이미 '주류'에 진입하였다. 그렇다고 해서 글로벌 시장 전체적으로 기회가 전혀 없다는 것은 아니다. "투자자들은 경쟁자가 가지 않은 곳을 찾아가야 한다." 글로벌한 기회의 한 예가 아시아에서의 사모투자이다[74].

투자자들은 이제 파생상품이나 세컨더리 시장 등 새로운 형태의 투자 경로를 활용할 수 있다. "투자를 진행할 경로는 여러 가지가 있다. 독자들이 창조적이고, 열심히 일하여 남들보다 차별화한다면 우수한 포트폴리오를 구성할 수 있다. 투자자들은 새로운 자산분류 또는 금융상품을 조기에 파악할 수 있도록 적극적으로 탐색해야 한다. 독자들이 많은 사람을 만나고 대화한다면, 좋은 기회를 포착할 수 있을 것이다." 맬패스는 글로벌 확장을 통해서 기회가 늘어난다고 주장했지만, 실천하기는 더 어려워졌다는 현실은 인정한다.

맬패스는 소규모 기금들이 독자적인 투자 프로그램을 운용할 수 있으며, 또 운영해야 한다고 제언한다. "이 주제는 전문운용사들이 투자 아웃소싱을 마케팅할 잠재 고객으로서 대학기금을 목표로 함에 따라 관심의 초점이 되고 있다. 하지만, 약 5억 달러의 규모를 달성한 대학기금이라면, 자체의 투자 접근방식과 기관 내부의 절차를 개발하는 편이 낫다. 어떤 젊은이를 CIO로 고용하라. 아마도 노틀담 대학이 나를 CIO를 발탁했던 경험이 반드시 예외적인 것은 아닐 것이다. 나는 여러분이 자원을 투입하여 CIO로 하여금 팀을 만들고 펀드가 성장해 가면서 다른 분야로 확장하게 해 준다면, 투자 팀이 대학기금을 위해 수행하는 대외활동이 장기 기준으로 성과를 내줄 것이라고 확신한다."

개인들이 연봉과 사명감 중 어느 쪽을 선택할 것인지도 논의할 대상 요소이다. "문제는 헤지펀드 운용사의 보수 수준 상승으로 인해서 대학기금 측 인재들의 이탈

74) **역자 주** : 중국 토종 PE인 CDH가 2002년 CICC로부터 분할하여 설립될 당시 스탠퍼드 기금이 출자 참여. Hony Capital이 설립될 때 스탠퍼드와 노틀담 기금이 출자 참여. New Horizon PE에는 노틀담과 밴더빌트 기금이 참여.

을 초래했다는 점이다. 이것은 어려운 문제이며, 또한 노틀담에서 인재들의 사명과 소명의식이 중요한 이유이기도 하다. 나는 20대 대학기금 내에서 예일의 스웬슨 다음으로 장기 재직한 CIO이다. 사명감으로 말하자면 나의 동료인 Mike Donovan[75] 도 나에게 뒤지지 않는다. 나는 개인 경력상 모든 곡절을 다 겪어 넘겼으며, 이 학교에서 은퇴할 것이다. 노틀담의 스태프들은 외부로부터 스카우트 제안을 받았으나, 남아 있기로 결정하였다. 이러한 조직은 독특하지만, 나는 이러한 안정성이 좋다고 본다. 다른 학교는 이러한 사명감에 의존할 수 없을 것이지만, 나는 타 학교들도 스태프들에게 이러한 사명감을 부여하고자 우선은 시도할 것이라고 예상한다."

맬패스는 이러한 조직문화가 대학 스포츠 팀과 유사하다는 의견에 동의한다. 훌륭한 코치를 확보한 학교는 장기적으로 우승을 할 가능성이 높다. 다른 학교들도 성공한 코치를 스카우트하려 한다. "대학 스포츠는 대학기금에 아주 좋은 비교대상이 된다. 좋은 지도자를 오랜 기간 동안 투입하고, 보다 매력적인 문화를 형성하며, 더 나은 인재를 모아 팀을 발전시킨다."

OCIO 모델의 지지자들은 '오늘날 5억 달러 규모의 대학기금을 독자적으로 맡아서 의미 있는 성장을 달성할 수 있는 조직은 거의 없다'고 반론을 제기할 것이다. "하지만, 나는 올바른 리더십을 갖춘 사람들은 그런 업적을 달성할 수 있다고 본다. 다만, 5억 달러 규모의 기금의 담당자들 중 일부는 '돈이 목적인 용병'들이다. 이들이 관리하는 기금에서는 안정성이 확보될 수가 없다."

맬패스는 이 점을 강조하고자 자신이 노틀담 학교신문의 취재에 응했던 경험을 언급한다. "학교신문은 기사 제목을 '파트너 및 애국자'라고 붙였다. 기자들은 나에게 미리 말해 주지 않았지만, 나는 이 제목이 맘에 들었다. 이 제목은 우리 투자 오피스의 실체를 완벽하게 표현하였다. 나는 이러한 역할은 올바른 리더십이 있으

75) **역자 주** : 학창 시절 맬패스의 룸메이트였으며 하버드 MBA 및 UCLA 로스쿨을 나왔음. 사모투자 담당. Michael Corkery, Notre Dame Endowment Recruits Investment Staff From Among Alumni, Wall Street Journal, 2013.12.26.

면 가능한 것으로, 독보적인 것이라고 생각하지 않는다. 대학기자들이 기사에 담은 핵심 메시지는 대다수 다른 대학기금의 경우 지배구조가 취약하며, 일을 올바르게 할 전담 CIO를 채용하여 팀을 구축하도록 적절한 자원을 배정해 줄 의지가 없다는 사실이다. 대학이란 복잡한 조직이고, 이러한 지배구조를 실현하려면, 이사회와 학교 당국에 강력한 지도자가 필요하다. 이러한 지도자가 있다면 어떤 학교든지 향후 20~30년에 걸쳐서 훨씬 더 좋아질 것이다."

2) 모든 재단과 대학기금이 직면하는 도전 과제

"팀을 구축하고 유지하는 일이 CIO에게 최대의 도전 과제가 될 것이다. 이 모두는 사람에 관한 것이다. 조직 설계와 안정성이 경쟁우위 요소가 될 것이다. 이 점이 내가 노틀담의 입지에 대해 만족하는 이유이다. 나는 우리 팀의 역량을 믿으며, 우리는 장래의 발전을 위한 준비를 갖추고 있다."

맬패스는 CIO와 투자위원회가 투자의 기본에 충실하고, 가치를 추구해야 한다고 제언한다. "집중과 강력한 투자 기획이 필수이며, 파트너들과의 강력한 관계는 치명적이다. 재단과 대학기금 기관들 및 파트너인 운용사들은 함께 혁신하고 투자할 방식을 더 추구해야 한다."

3) 투자 실수

맬패스는 투자자들에게 장기 안목을 가져야 함을 기억하라고 제언한다. 장기로 사고하고, 단기 기회에 의해 휘둘리지 말라. 실사에 지름길을 택하지 말고, 전화 한 군데 더 걸어 보고, 자신의 네트워크를 동원하여 확인하라. 투자 결정을 서두르면 실수의 원인이 된다. "나는 현재 시장이 신속하게 거래를 성사시키고 법률작업을 마치는 데 광분한다는 우려를 많이 한다. 나는 근래 잠재성 있는 유망한 투자 한 건을 기각하였는데, 그 이유는 실사 시간이 부족했기 때문이었다. 우리가 투자 약정서를 발급하려면 우리 내부의 숙제를 마쳐야 한다. 우리가 모든 운용사마다 다 투자할 필요는 없다는 사실을 인정하라."

여러분은 수익률을 사냥하지 말아야 하며, 대형기금의 투자를 모방하지 말아야 한다. "투자는 '나도 따라 하는' 게임이 되어서는 안 된다. 예일과 하버드가 한다고 해서 다른 투자자도 반드시 해야 할 이유는 없다. 투자자들은 타 기관의 투자 건을 맹목적으로 모방해서는 안 되며, 그 이유는 완전히 이해하지 못한 대상에 투자하는 위험에 처하기 때문이다."

"글로벌화로 인해서 상황은 더 어려워졌다. 중국이 좋은 예이다. 우리는 유럽과 미국에서는 좋은 네트워크를 보유하나, 중국에서 그런 네트워크를 보유한 기관은 거의 없다. 중국 네트워크는 시간을 두고서 개발하고, 투자 과정을 수립하며, 지침을 설정하고 준수해야 한다."

4) 운용사와의 협업

노틀담은 155개 운용사와 계약하고 있으며, 맬패스는 신규 계약 운용사 수가 지속적으로 늘어날 것으로 예상한다. 그러나 과거 10년간 그러했듯이 그 수가 배증하는 일은 없을 것이다. "우리는 운용사들을 더 엄격히 선별하고, 세대 교체하려 한다. 운용사와의 평균 계약 지속기간이 늘어난 현상은 우리의 의도에 대해서 운용사들이 순응하였음을 시사한다. 운용사들의 다수는 성장과 쇠퇴의 생애 주기를 거쳐 간다. 이들이 매우 매우 장기간 좋은 성과를 지속하기는 어렵다."

운용사 교체 사유는 수익률 성과만이 아니다. 조직 변경이나 이해관계자로서의 입장의 변경 등과 같은 사유도 교체 결정으로 이어진다. "우리는 운용사들과 매우 밀접하게 지내고, 그들도 노틀담과 협업하기를 즐긴다. 우리는 열정적이고, 원만한 기관이지만 다른 이해관계도 가지고 있으므로, 우리가 운용사 교체 결정을 내리는 상황이 발생할 수 있다. 우리는 교체 사유가 발생하여 우리의 업무가 영향을 받기 이전에 미리 예측해서 행동하려고 노력하지만, 선제적으로 대응하기는 어렵다. 우리가 의사소통을 거의 언제나 잘 해주므로, 운용사는 자사의 입지를 잘 알고 있으며, 어떤 통지를 받더라도 놀랄 일은 없다. 만일 운용사가 노틀담의 통지서를 받고서 경악했다면, 우리의 의사소통에 실수가 있었던 것이다."

5) 경력 조언

노틀담에서 맬패스는 공식 멘토 프로그램을 통해서 다수의 학생 · 교직원 등을 멘토하고 있다. "나는 멘티들에게 자신의 열정을 따르고, 고정관념의 틀을 벗어나, 동료들이 시도하지 않는 새로운 일을 하라고 조언한다. 일부 멘티는 2년간의 금융 프로그램을 이수하고 나서 다음 경력을 모색하는데, 나는 장기 관점을 가지고, 중국 여행과 같이 철저히 다른 일을 하라고 권장한다."

멘티들이 다음 단계로 성장하면, 맬패스는 CFA 자격을 획득하도록 권고한다. "나는 성공의 공식이 하나가 아니며, 성공의 가도는 여러 갈래가 있다고 본다."

4. 영향력

맬패스는 자신의 투자 철학과 경력에 영향을 준 투자자들을 밝히면 너무 진부해 보일까 우려했다. "나는 최근에 워렌 버펫을 그의 사무실에서 만날 기회를 가졌다. 나는 그가 노틀담에서 연설할 때 인사를 나누었었고, 이후 그가 쓴 모든, 또는 그에 관한 모든 책을 읽었다." 노틀담 기금이 운용사를 통해서 간접투자를 하므로 버펫과는 투자 경로가 다르지만, 맬패스는 장기적 시야 및 가치 추구 등 원칙을 버펫과 공유한다. 맬패스는 버펫의 철학 및 그가 파트너들과 간에 형성하는 장기 관계를 명확히 파악하였다. 버펫의 경력은 맬패스의 경력에 영향을 준 요소였다. 맬패스는 버펫을 만나고서, 스스로 인식하던 것보다 버펫의 영향을 더 많이 받았음을 깨달았다고 한다.

맬패스는 투자위원회의 Jay Jordan 위원장을 시장 지식과 경험의 원천이자, 유익한 검증자 및 신뢰하는 조언자로 꼽았다.

맬패스는 CIO로 취임하던 당시, 그는 벤처캐피털, 바이아웃 및 헤지펀드 등 다양한 자산군의 업계 리더들의 조언을 받았다. 그가 각 분야에서 가장 성공한 인물들과 시간을 보냈기에, 맬패스는 그들의 도움과 영향력에 감사한다. 맬패스는 Cambridge 컨설팅, 수탁자위원회 및 투자위원회 위원들에게도 감사한다. "아마도 10~12명이 나의 차별화를 달성시켜 준 것 같다."

1) Ted Hesburgh 신부

맬패스는 노틀담을 언급하려면 Ted Hesburgh 신부의 정신을 빼놓을 수가 없다고 첨언한다. Hesburgh 신부는 학교의 역사상 '학교기금이 학교의 질적 수준에 중요하다'고 강조한 최초의 인물이었다. 그가 1952년에 총장에 취임하던 당시, 기금의 운용자산은 5백만 달러였다. 그는 하버드 대학교의 감독위원회에 선임된 최초의 성직자였고, 2년간 위원장으로 재직했다. 그는 투자 오피스가 수행한 업무를 학생들 및 교수진의 임무로 연결시키는 데에 비상한 능력을 가졌다. 그는 학교가 다음 세대를 위해 어떻게 변신해야 할지를 이해하였다. "나에게 영감을 준 사람은 투자 전문가가 아니라 Hesburgh 신부였다."

2) 파트너 및 애국자

맬패스가 투자 경험이 너무나 일천한 상태에서 노틀담의 CIO가 되었기에, 그의 직업윤리와 소명 의식을 알지 못하는 사람이라면 그의 성과가 '성모 마리아께서 도와준 덕분'이라고 돌릴 것이다. 그러나 그렇게도 경력이 없었던 점이 그로 하여금 벅찬 업무에 겸손하게 대응하고, 상황을 냉정하게 분석하고 접근방식을 결정하며, 열정적으로 실행하도록 강제함으로써, 그에게 강점이 되었을 수도 있다.

"외부인의 관점에서 그렇게 해석해 준다니, 좋은 관찰을 하셨다. 나로서는 20년 사이에 너무 많은 일이 있었기에, 나의 성공 요소를 전부 짚어 내기가 어렵다. 우리는 열심히 일해서 최선의 실무가 무엇이며, 어떤 것이 작동하는지를 관찰하였고, 그러한 정보를 빈틈없이 파악하고, 제도화하였다."

맬패스는 과거에 만족하지 않고 항상 미래를 생각한다는 자신의 철학을 노틀담의 투자 팀원들도 공유한다고 생각한다. "이 사업은 지난 20년간 많이 변화하였다. 우수한 운용사가 찾아 와서 투자 제안을 해 올 때까지 기다리던 시대는 오래 전에 지나갔다. 우리가 운용사를 찾으러 나가야 한다. 노틀담이 대외적인 평판을 하룻밤 사이에 쌓은 것이 아니라, 오랜 시간이 소요되었다. 우리의 평판은 자부심과 보상을 가져다 주고 있다."

노틀담 팀이 좋은 소식이나 실적을 내면 맬패스는 '조직이 구성원들을 잘 대우하였기에, 조직원들이 그런 대우를 돌려준 것'으로 풀이할 것이다. "우리는 거래처들로 하여금 우리와 성과를 공유한다고 느끼도록 만들어 주고자 한다. 상대방들의 노고가 우리 학교에 도움을 준다. 노틀담은 투자위원회를 운용사들이 소재한 여러 도시에 돌아가면서 개최함으로써, 현지의 파트너들을 자리에 초청하고, 그들의 수고에 감사할 기회로 삼는다."

맬패스는 운용사들이 노틀담 팀의 소명 의식과 학교의 독특한 개성을 이해해 주기 원하며, 양측의 임무를 달성하기 위해 협업할 의지를 표명한다. "우리는 학교 기금을 가족 펀드로 생각하고 그에 맞는 방식으로, 그리고 미국의 어떤 투자자에 못지않게 높은 수준에서 운용하기 원한다."

5. 사명과 목적

맬패스는 종교적인 소명처럼 열정적으로 자신의 경력을 학교에 쏟아부었다. 그는 업계의 경쟁자들 못지않게 지적이고 빈틈 없는 투자자이지만, 경쟁자들과 달리 그는 학교에 대해 지극한 소명의식을 표명한다.

맬패스가 그가 존경하는 헤스버그 신부의 조언과 업적을 통해 자신의 삶과 경력에 어떤 영향을 받았는지를 헤스버그의 문헌과 어록을 통해서 살펴보자.

헤스버그 신부는 린든 존슨 대통령으로부터 우주개발계획을 맡아 달라는 제안을 받았는데, '가난의 맹세'를 한 성직자는 60억 달러의 기관을 경영하는 데 적임자가 못된다면서 고사했다. 다행히도 맬패스는 그러한 맹세를 하지 않았으므로 60억 달러의 대학기금을 관리하고 있다.

헤스버그 신부는 성직자의 길이 자신의 소명이고 일생의 목적이라고 언급하였다. 이에 따라 노틀담에서 CIO의 역할에 대한 맬패스의 자세가 알기 쉽게 설명된다.

또한, 헤스버그 신부는 '노틀담 대학교에서 가톨릭 교육을 받은 각자가 개인 생활과 직업을 통해서 종교적인 기여를 할 수 있다'고 언급하였다. 이 표현이 맬패스의 CIO 직무가 갖는 의미를 웅변해 준다. 맬패스는 자신의 소명과 실천을 통해서 대학교에 대한 영향력을 심화시켰다. 스캇 맬패스는 파트너, 애국자이자 성과 달성자이다.

제 8 장

상식에 따라 대학기금을 축적하다

밴더빌트 대학 William Spitz, CIO

Bill Spitz는 21년간 밴더빌트 대학기금의 CIO로 재직하면서, 대학기금 투자업계에 막대한 영향을 주었다. 안정된 직위와 고연봉을 버리고 CIO가 되었던 최초 세대들처럼, 그도 1985년에 스태프도 권한도 없이 밴더빌트에서 시작하였다. 그러나 3억 달러이던 기금은 전담 CIO가 성과 인센티브를 받는 전문직 스태프와 함께 운용하는 투자 오피스를 갖춘 30억 달러의 기금으로 성장했다.

그는 업계 내에서 PE, 헤지펀드 등 대체투자를 최초로 실행한 1세대 일원으로, 타 기금에게 갈 길을 제시해 주었고, 업계에서 발표자 · 기고가 및 저자로서 역할을 수행하였다. 그가 집필한 '상식을 통한 재무적 장래 구축(Building Your Financial Future through Common Sense)'이라는 저서가 저자의 업적을 잘 표현해 주기에, 저서의 제목이 매우 적절해 보인다. 그가 존경하는 투자자들이 그러했듯이, 스피츠도 CIO의 역할에 합리적이고 논리적인 사고를 가져다 주었다.

1. 배 경

스피츠는 밴더빌트 대학교의 투자 부총장 겸 재무임원이다. 그는 40억 달러의 재산과, 학교의 기술이전 및 벤처 인큐베이션 사업을 관리한다. 스피츠는 Diversified Trust Company의 이사이며, Commonfund의 전임 회장을 역임하였다.

스피츠는 11년간 뉴욕의 자산운용사에서 애널리스트, 펀드매니저 및 CIO 경력을 쌓은 후, 1985년 밴더빌트 대학에 부임하였다. 스피츠는 Citibank에서의 경력을 시작으로, NSR Asset Management Corporation의 사장, Wertheim & Company 부사장을 역임하였다.

그는 밴더빌트 학부를 졸업하였고, 시카고 대학 MBA이며, CFA 자격자이다. 그는 1992년 맥밀란 출판사에서 '천천히 부자 되기(Get Rich Slowly)', 1998년에도 맥밀란에서 '장래 안정을 위하여 현명히 저축하라(Save Smart for a Secure Future)'라는 저서들을 발간하였다. 스피츠는 NACUBO의 1993년 Rodney H. Adams 상 및 2005년 Hirtle Callaghan 투자리더십 상을 수상하였다. 그는 Kenyon 대학교의 수탁자 직을 수행하고 있다.

1) 월스트리트 애널리스트의 변화 추구

스피츠는 MBA 졸업 후 11년간 리서치와 계량분석부터 소형사의 CIO까지 경력을 쌓았다. 그러나 그에게 이 일은 즐겁지 않았으며, 개별 주식 종목 분석에 열정이 없었다. 그는 IBM이 분기 실적을 발표해도 전혀 관심이 없는 그런 성향이었다. 그는 주식 종목 선정에 별 재주가 없었고, 분석보고서는 문서만 왔다 갔다 하고 있다고 느꼈다.

그의 회사는 연금자산을 운용하였는데, 투자 성과가 좋아서 연금자산이 부채를 초과한(overfunded) 계약이 해지되기 시작하였다[76]. 그는 성과가 좋은데도 계약을

---

76) **역자 주** : Overfunded된 연금이 계약자에게 환급을 하면 세금 부담이 크다. 초과자산의 25%를

해지당하는 상황에 좌절하였다. "나는 뉴욕 출장을 다니고, 가족들을 보지 못하면서, 매우 많은 시간을 일했었다. 나는 무엇을 해야 할지 몰랐고, 다른 일을 할 자신도 없었다."

한편 그는 밴더빌트의 동문회 활동에 적극적으로 참여했고, 뉴욕 지부의 회장이었다. 밴더빌트 재단이사회 의장이 그에게 '내시빌로 와서 투자를 맡아 달라'고 요청했을 때, 그의 첫 반응은 "말도 안 된다. 나는 월스트리트의 거물이다. 내가 왜 그 일을 하겠는가?"였다. 그러나 그가 이 제안을 생각해 보니 매력적으로 느껴졌다.

개인적으로 그는 내시빌이라는 도시와 자신의 생활 패턴 변화의 기회를 선호하였다. 직업적으로는, 그는 자신이 보다 거시적으로 사고하므로, 글로벌한 사건과 경제를 다루는, 주식 종목 선정이 아닌 다른 자산군을 취급하는 쪽이 적성에 맞다고 느꼈다. 그는 새로운 자리에서 자신의 기량을 더 잘 활용할 수 있겠다고 보았다. 그 일을 맡는다는 것은 연봉이 삭감됨을 의미하였지만, 대학교와 관련된 심리적 보상이 있을 것도 기대하였다. 그는 1985년 밴더빌트로 이직하였다.

밴더빌트에 재직한 21년간 학교기금을 약 3억 달러로부터 30억 달러로 10배 증가시킨 후, 후임자 선임 후 2007년에 은퇴하였다.

2) 밴더빌트 최초의 CIO

그가 취임하던 당시, 밴더빌트 대학기금은 당시의 다른 대학교보다 진보적인 투자를 해 놓고 있었다. 기금은 거의 8~9%를 글로벌 주식에, 3~4%는 벤처캐피털에, 3~4%는 부동산에 배정하였다. 스피츠는 그런 기반으로부터 시작하였고, 재임기간 내내 동일하게 진보적인 투자를 확대하였다.

다른 연금계정으로 양도하면, 잔액은 낮은 세율하에서 연금 수혜자에게 환급할 수 있기 때문에 기존 연금의 해지가 일부 발생할 수 있다.

1980년대 중반, 스피츠는 헤지펀드와 부실채권에 투자하였고, 벤처캐피털, PE, 부동산 등 사모자산에 포지션을 획기적으로 늘렸다. 다수의 다른 대학기금들처럼, 밴더빌트도 전통적 자산으로부터 비전통자산으로 이동하였지만, 약간 더 일찍 움직였다. 그가 글로벌 투자를 지속하면서, 비미국 자산이 미국 자산을 초과하였다.

3) 기본으로 복귀

그는 투자의 지평선을 관찰하면서 자신이 다소 대체투자에 회의적임을 인정한다. "공매도를 하지 않는(Long only) 접근방식이 별로 나쁜 것이 아니다. 비전통적인 자산의 재정거래가 많은 수익을 내준 것은 사실이지만, 이 분야에 너무 많은 투자금이 유입되면서 터무니없는 수수료와 조건들이 만연하였다. 나는 연설을 하는 기회가 있을 때마다 '이 모든 고약한 것들이 없는 보다 단순한 모델이 필요한 것 같다'라고 말하는데, 다수 청중은 빈정거리면서 '연단에서 내려오라'는 반응을 보인다."

나이가 들고 재직 연수가 쌓이면 어떤 특정한 관점을 갖게 된다. 정확한 데이터는 제시하지 못하지만, 그는 과거 다른 자산을 취급하면서 현재와 동일한 국면을 경험한 듯한, 믿기 어려운 데자뷰(deja vu)를 느낀다. 누구든지 이런 데자뷰의 느낌을 선호하고, 이를 추구한다. 그러나 그에 따른 수익률은 참혹하다. 우리는 1980년대에 부동산에서 이러한 실수를 했다. 우리는 잘못된 시점에 투자했고, 결과는 참담하였다.

그는 다양한 목적과 투자 관점을 가진 5개 기관에 투자위원으로 참여하고 있는데, 이 기관들 모두가 컨설턴트로부터 천편일률적으로 동일한 투자상품에 추천 및 제안을 받았다. 투자 컨퍼런스에서는 포터블 알파와 대체투자가 모든 주제를 압도한다. 하지만 헤지펀드의 수익률과 알파가 하락하는 추세의 징조가 일부 보이며, 초기 신호가 나타난 것일 수 있다. 그는 대체투자에 맹목적으로 몰려드는 투자자들의 행태가 벼랑에서 추락하는 나그네쥐떼와 같다는 인상을 강력히 받는다. "일찍 진입한 자는 좋은 성과를 냈지만, 막차를 탄 자는 죽음을 당한다."

동시에 그는 다음과 같이 인정한다. "문제는 여러분이 이러한 대체투자가 아니면 갈 데가 없다는 데에 있다. 주식과 채권, 현금 배분으로 되돌아갈 것인가? 대다수의 사람들은 예상수익률에 근거할 때, 그러한 결단은 내릴 수 없다고 한다. 하지만, 나도 확신할 수 없지만, 그러한 결단이 올바른 해답일 수도 있다. 우리 모두는 아직 발견되지 않은 진정한 새로운 것을 찾아 다니고 있다. 나는 독자 각각의 상황은 알지 못하지만, 나 자신은 그런 어떤 것도 발견하지 못하였다."

그는 투자자들이 수익률 기대치를 낮출 필요가 있다고 전제한다. "투자자들은 주식·채권의 수익률로는 부족하여 다른 자산으로 가서 원하는 수익률을 얻고자 한다. 하지만 우리는 아마도 현실적인 수익률인 5%~8%를 받아들이는 편이 나을 것이다."

2. CIO 직무

스피츠는 자신이 과거 21년 동안 발전시켜 온 역할과 투자 접근방식을 설명하면서, 투자 과정의 다양한 요소들이 질서 있게 진행되는 것이 아니라 상호 꼬이고 겹쳐진다는 사실을 보여 준다. "자산 배분정책은 지배구조에서 시작하고 지배구조에서 끝난다."

스피츠는 CIO 취임 초기에는 모든 결정을 투자위원회에 부의하였다. 위원회는 항상 안건을 승인해 주었지만, 시간이 가면서 이러한 위원회 승인 체계는 인센티브 보수 체계의 결여와 함께 불만족스러워졌다. 1990년대 말, 그는 투자위원회에 절차 변경을 요구하였다. "나는 이 자리에 오래 재임하였고, 성과도 좋았다. 내가 일을 하는 데 위원회의 승인을 받아야 하는 것은 터무니없는 일이다." 그는 광범위한 요구를 하였다. "스태프들이 자율적으로 일을 하게 해 달라. 실적이 나쁘면 우리를 해고하라. 실적이 마음에 든다면 그에 상응한 대가를 받고 싶다." 1998년~1999년 동안에 다소 옥신각신을 한 후에, 투자위원회는 새로운 자산배분기준을 승인하였고, 최초로 스태프에게 인센티브 제도를 도입한 몇몇 대학기금 중 하나가 되었다.

스피츠는 자산배분기준 내에서 운용하고, 운용사를 선정하는 데에 전적인 재량권을 부여받았으며, 신규 자산군의 채택과 획기적인 정책 변경에 대해서는 위원회의 승인을 받기로 동의하였다.

이후 수년에 걸쳐서, 팀은 전술적인 기회를 포착하기 시작하였고, 이를 실행할 권한을 원하였다. 정크본드 스프레드가 1,200bp 확대되었던 당시, 그는 위원회에 가서 투자 팀이 공식 배분은 받아 놓지 못했지만, 정크본드의 전술적 기회에서 투자를 하고 싶다고 제안하였다. 위원회는 우려했다. '금리가 상승하면 어떻게 되는가? 세상이 끝장나면 어떻게 되는가?' 그가 원하던 투자는 이 국면에서 및 이후 두세 번의 유사한 국면에서 실행되지 못했다.

결국 위원회는 스피츠에게 말했다. "당신은 아주 좋은 통찰력을 가졌고, 매우 좋은 제안을 냈었다. 따라서 우리는 당신에게 재량권을 더 주어야 할 것 같다." 투자위원회는 각 자산군별로 포지션 범위를 확대하였고, '기회주의적'이라고 분류한 신규 배정을 설정하였다. 투자 팀은 최대 5%까지는 단기 추세가 아닌, 주로 가치평가 오류나 시그마의 2배(평균 대비 표준편차의 2배 차이)를 추구하는 매매에 대한 한도를 부여받았다.

스피츠는 또한 투자위원회에서 '우리의 10개 자산군과 많은 수의 하부 분류가 과다하니 단순화하자'고 보고하여, 자산 배분정책에 중요한 변경을 승인받았다.

1) 자산 배분 현황

투자위원회는 전략적 자산 배분이나 정책 포트폴리오를 매년 재검토한다. 각 포지션이 어떻게 움직이고 요소들이 어떻게 함께 행동하는지 분석하고, 포트폴리오 내에서의 역할을 파악한다.

자산군을 단순화시킨 조치 이후에, 밴더빌트 기금의 정책 포트폴리오는, 투자 팀이 판단에 따라 비중을 조정하거나 이동시킬 수 있는 목표와 범위하에서, 6가지의 주요자산 모음으로 구성된다. 이러한 새로운 접근방식에 따라 투자 팀은 구조를 만들고 특정한 분류에 맞추어 넣는 수고는 덜면서도, 기회 포착에 융통성을 더 갖게 되었다.

가. 주식

포트폴리오의 40%를 구성할 수 있는 단일 자산군이다. 지역적, 스타일, 시가 총액에서 특정한 목표를 배제하되, 다변화가 되어야 한다.

나. PE와 벤처캐피털

다. 실물자산

부동산, 목재, 에너지, 원자재 또는 재무부의 인플레이션 보호 국채

라. 절대수익률

상호 상관관계가 없는 전략

마. 채권

바. 기회주의적

전술적 아이디어를 실행하기 위해 5%를 배분. 투자 팀이 외부운용사에 맡기지 않고 가치를 창출하도록 배정한 투자 한도

사. 예외 사항

특정한 형태의 투자 전략은 그의 자산군이나 명칭과 다른 카테고리에 편입된다.

a. 주식 헤지펀드 : long/short 주식이나 펀드로서 헤지되지 않은 포지션이 있거나 방향성인 경우 주식 포트폴리오에 포함시킨다. 일부 주식 펀드는 운용사의 포트폴리오 구성 및 시장 β에 대한 노출도에 따라 절대수익률 분류에 속할 수 있다. 시장중립 주식 전략은 절대수익으로 분류되기에 적격하다.
b. 부실채권 : 전통적으로 포트폴리오 내의 다른 항목과 상관관계가 없기에 절대수익률 전략으로 분류한다.

2) 기회주의 전술에 의한 가치 창출

스피츠의 팀은 외부운용사에 위탁해서는 효율적이지 않은 아디이어의 경우는 기회주의 전술을 사용한다. 이 팀은 과거에 이러한 기회에서 성과를 냈으며, 향후에도 많은 기회를 기대한다.

"2005년경 우리가 선정하였던 운용사들이 성과를 내주지 못하였지만, 우리 팀은 전술적 기울임(tilt)과 이동(shift)에 의해 160~170bp를 획득할 수 있었다. 투자 팀의 전술적 활동 덕분에 우리는 평년 수준의 전체 실적을 유지할 수 있었다. 사용된 전술은 신흥시장 비중 확대 및 국내 에너지 권리 매입 등이었다."

스피츠의 팀이 전술적 배정을 확보함에 따라서, 투자수익률 이외에도 다른 부가가치가 획득되었다. "그 부대효과는 대단하였다. 투자 팀이 시장에서 훨씬 유능해졌다. 과거에 스태프들은 전략적이나 전술적으로 사고하기보다는, 자신들의 좁은 분야 안에서 나사와 볼트를 조이는 미시적인 사고를 했었다. 이제 스태프들은 자산군과 상대가치에 주의를 쏟고 있다."

그는 자산군을 궁극적으로 3가지로 단순화하기 원한다.

- 수익률 창출 자산

- 인플레이션 헤지
- 디플레이션 헤지

"이것이 우리가 개념적으로 도달하려는 목표이다. 이 목표가 달성될지는 알 수 없다."

3) 지배구조

밴더빌트 투자위원회의 위원들은 정해진 임기가 있으며, 이직률이 매우 낮다. 위원회 내에 투자 경력을 가진 위원이 거의 없기에, 위원회는 PE, 벤처캐피털과 헤지펀드 등 특정한 자산군에 전문성을 가진 동문 4인을 수탁자 자격이 없는 순수 투자위원으로 영입하였다. 스피츠는 이들이 정말로 도움을 준다고 평가한다.

밴더빌트 기금의 지배구조는 수년에 거쳐 바람직하게, 그리고 바람직하지 않게 발전해 왔다. "초기에는 위원회가 의사결정에 깊이 관여하였지만, 이제는 그러하지 않는다. 우리가 완전히 상반된 문제를 해결하였다는 점은 매우 흥미롭다? 투자 오피스는 팀 차원에서 많은 책임을 맡았으며, 좋은 실적을 냈다. 나는 장기 재직하였으므로 상당한 지위와 신뢰를 쌓고 있다. 위원들은 투자 팀이 잘 처리할 것이라고 상정하므로, 위원회를 개최해도 정족수를 채우기가 쉽지 않다. 이것은 흥미로운 문제이다. 나는 간섭하는 위원회와 무관심한 위원회 중에 어느 쪽이 더 나쁜지를 평가하지는 못하겠다."

4) 포트폴리오 구성

포트폴리오 구성과 운용사 선정에 대한 접근방식도 CIO의 업무 중복 및 우려 상황을 보여 주는 증거가 된다.

"나는 이러한 접근방식을 실수와 학습을 통해 발전시켜 왔다. 나는 오랜 동안 몇 가지 형태로 활용해 온 핵심-위성 접근방식에서 편안함을 느끼게 되었다. 이 방식에서는 시장수익률을 확보하기 위해, 일부 수동적 또는 반수동적인 핵심 운용사들에게 포트폴리오의 상당 부분이 투자된다. 그런 후, 우리는 매우 집중적이고 알파 창출력이 높다고 기대되는 위성 운용사들을 주변에 추가한다."

그가 이러한 접근방식으로부터 벗어난 때도 있었는데, 유감스러운 결과가 나왔다. "내가 주식 부문에 신규 운용사를 영입하였는데, 이들이 우리 팀의 접근방식을 기피하였다. 따라서 우리는 핵심을 축소하고, 위성 운용사 쪽을 늘렸는데, 그 결과는 실패였다. 따라서 두 가지 상황이 발생하였다. 첫째로, 나는 한 운용사를 해고하였고, 둘째로 핵심 포지션으로 다시 복귀하였다."

가. 핵심 수동적 운용사

추적 오류가 적은 운용사들이 핵심을 구성한다. 글로벌 주식 배분의 40%가 신흥시장을 포함하는 글로벌 주가지수에 순수하게 수동적으로 투자되었다. "나는 수동적 펀드가 괜찮다고 진정으로 생각했다. 나는 포트폴리오에 수동적 운용사들을 포함시켰음을 기꺼이 인정한다. 어떤 투자자라도 거울을 들여다보면서 '내가 진정으로 부가가치를 창출하는 솜씨를 가졌다'고 확신하지 못하므로, 수동적 투자가 적합하다. 여러분이 수동적 운용사들에게 위탁한다면, 업계 내에서 경쟁사 대부분보다는 우월한 실적을 달성할 것이다. 우리는 이 점을 파악하였고, 이것이 시작점이 되어야 한다."

주식 포트폴리오는 계량적 운용사 등 개선된 수동적(Enhanced Passive) 운용사들을 일부 포함한다. 그는 펀더멘탈 운용사들을 혼합한다. 예로서, 전통적이고 펀더멘탈한 주식 종목을 선정하여 개선된 지수를 운용하는 Adage[77]라는 펀드에 투자한 바 있다.

77) **역자 주** : Harvard 대학기금 출신인 Robert Atchinson과 Phillip Gross가 설립한 주식 헤지펀드.

나. 적극적 위성 운용사

투자 팀은 포트폴리오의 핵심 또는 위성 부분의 주변에서 특정 부문에 집중하는 역동적인 운용사에 투자한다. 스피츠는 "우리는 집중을 우려하지 않는다. 일부 운용사들은 10~12개 주식 종목만을 보유한다."

스피츠는 투자 방침에 제약을 받지 않는 글로벌 운용사들을 선호한다. 그는 우수한 펀드매니저를 발굴하여 '여기 돈이 있으니, 가서 당신의 역할을 하라'고 말하기 원한다. 그는 주주행동주의 운용사도 선호하며, 그 이유는 그들이 모든 자산군에 걸쳐 사건을 발생시키고 결과에 영향을 주기 때문이다. 그는 주주행동주의를 기업지배구조 관점에서 보지 않는다. 그가 운용사를 통해 수익을 내려면, 운용사가 그 실적에 영향력을 갖는 편이 유리하기 때문이다.

다. 운용사 선정

밴더빌트 팀은 운용사 후보에게 자사의 강점이 무엇인지를 먼저 질문한다. 생각해 보지 못했다거나 답변을 못한다면 협의는 종료된다.

운용사 후보가 강점이 있다면, 그 강점이 체계적으로 지속 가능할 근거를 질문한다. 운용사 내에서 그런 능력을 창출하는 요인이 무엇인가? 밴더빌트 팀이 그러한 능력에 대해서 기준을 가지고 있는 것은 아니며, 단지 후보자 측에서 '독점적 기술, 정보 흐름 또는 지속 가능하고 경쟁사보다 앞선 잘 정비된 무엇인가를 갖고 있다'고 주장하기를 원할 뿐이다. 투자 팀은 후보사가 '무엇인가를 갖추었다'는 주장을 듣고자 한다. 그 무엇을 후보자가 설명하지 못한다면 협의는 끝난다.

투자 팀은 위험관리, 시스템 및 이해상충 요소에 대해서도 우려한다. 밴더빌트 팀은 위탁운용사가 자사의 전략에 자기자신의 자금도 투자하기를 원한다.

라. 아이디어 소싱

몇몇 컨퍼런스는 아이디어를 얻는 데에 매우 유익하다. 일부 운용사도 매우 유능하다. 특정 자산군에 집중하는 운용사는 아이디어 제공에서는 뒤처진다. Gratham Mayo 같은 운용사는 다수의 자산군에 투자하기 때문에 우수하다. 밴더빌트 팀은 업계 인사들과의 교류, Cambridge Associate, Commonfund 및 전반적인 문헌으로부터 아이디어를 얻는다.

그의 팀은 기회주의적 투자 전략을 지원하는 일련의 내부 지표를 개발하려 시도하고 있다. 밴더빌트 팀은 성장주 대 가치주, 대형주 대 소형주, 국내 대 글로벌, 상대가치 및 변동성의 성과를 추적할 것이다.

5) 투자 팀의 채용과 관리

밴더빌트에서의 21년의 재임기간 중의 최초 15년간, 스피츠는 전체 기금을 혼자 관리하였다. 그가 팀을 구축하기 시작한 이후에는 5인이 30억 달러를 관리하는데, 이는 동일한 규모의 다른 기금에 비해서 이례적으로 적은 인원수이다.

"자원이 필요 없다는 입장은 아니다. 이것은 하나의 함수이다. 나는 개인적으로 인사관리·조직관리를 혐오한다. 나는 투자자가 되기를 원하지, 거대한 조직의 관리자가 되기를 원하지 않는다. 나는 적극적 활동을 지속하며, 투자에 항상 관여한다. 나는 높은 자리에 앉아서 팀과 투자 과정을 관장하기만 하는 역할은 하고 싶지 않다."

스피츠는 자산군과 포트폴리오 및 회계규정이 복잡해졌으므로, 자신의 방식이 구태의연할 수 있다고 인정한다. 그는 자신의 후임자는 더 많은 인력과 조직을 갖추는 것이 적합할 것이라고 생각한다. "단지 나로서는 그 일을 하고 싶지 않다."

그는 팀이 작아도 오랜 동안 호흡을 맞추었고 좋은 실적을 냈으므로, 불이익을 당한 일은 없다고 믿는다. 팀이 작다고 밴더빌트 대학기금의 운용사 선정 폭이 반드시 좁은 것은 아니다. 그는 자신의 팀원들이 흥미로운 아이디어를 추구하기 원하므로, 집중하고 신념을 가지라고 팀원들에게 계속 권장한다.

팀의 인원이 적기 때문에 네트워크를 형성하고 동 업계의 조언에 의존하며, 여기저기에서 아이디어를 얻고자 해야만 했다. 스피츠는 컨설턴트에게 책임을 떠넘길 수 있다고 보지 않기 때문에, 컨설턴트를 고용하지 않는다.

6) 집단 사고를 회피

아이디어를 공유하는 것과 남을 모방하는 것은 명확하게 구분된다. 그는 올바른 답을 가지고 있지는 않지만, 몇 가지 원칙을 따라야 한다고 주장한다.

첫째로, 냉소적이고 회의적이 되라. 그 이유는 모든 상대방들이 마케팅을 잘 하며, 대단한 통계를 보여 주면서 멋진 제안설명을 할 것이기 때문이다. 찾아오는 사람들은 무엇이든 그럴듯하게 제시할 것이다. 따라서 여러분은 냉소적이고 회의적인 자세에서 시작할 필요가 있다. 이것은 어렵지만 필요한 자세이다.

둘째, 독자들은 동일한 주장에 대해서 반복으로 듣게 되면 안테나를 곤두세우고서 그를 소화해야 할 필요가 있다. 학교의 투자 팀이 수행하는 네트워킹은 특정한 운용사 등 특정 부문에 집중되는 경향이 있다. 스피츠는 업계 경쟁자에게 전화하여 무엇을 생각하고 실행하느냐고 묻지 않는다. 대신에 스피츠는 자신이 참여하고 있는 모든 투자위원회마다 원자재에 대한 제안설명을 받고 있다면, 시장이 그쪽으로 쏠리고 있다는 감을 잡을 수 있었다.

7) 팀 구성과 의사 결정

스피츠는 팀 내에 전문가를 두기도 하고 일반인도 두면서 시행착오를 겪었고, 그 결과가 가장 효과적인 혼합방식을 채택하였다. 투자 오피스는 스피츠를 제외한 각자가 특정 자산군에 대해 책임을 지고, 의사결정은 여러 사람이 내리는 방식으로 운영한다.

따라서 PE 담당자가 유망한 펀드를 물색하고 운용사를 초청하면, 전체 팀이 제안설명을 듣고 나서, 담당자의 후속 실사 여부를 결정한다. 그런 후 전체 팀이 투자 여부를 결정한다. 담당자는 해당 분야에 대해 풀 타임으로 준비하고, 동료들로부터 다른 견해와 관점을 듣는다.

인센티브는 개인이 담당한 자산군이 아닌 포트폴리오 전체의 성과 기준으로 계산된다. 성과가 저조하더라도, 전원이 잘못 투자한 것이기에 어느 누구도 담당 팀원에게 잘못을 따질 수 없다. 밴더빌트 팀이 장기간 좋은 실적을 냈기에, 팀은 두둑한 인센티브에 길들여졌다. 2005년도에 실적이 나빠 보너스를 받지 못했을 때, 스트레스가 고조되었다. 팀원들은 성과가 나빴던 담당자에게 포트폴리오 변경방식을 제언한다. 이것은 건전하고 건설적인 기능이다. 압박과 스트레스는 순기능을 한다.

8) 권한과 경험 간의 균형

스피츠는 자신이 강한 신념을 갖지 않은 한, 스태프의 의견을 많이 기각하면 팀 구축에 지장이 있다고 본다. 스피츠는 자신이 확신을 갖고 있지 않다면 팀원들에게 동의해 주는 경향이 강했다.

그는 스태프의 의견에 진정으로 반대할 때에도 '내가 CIO이니 나는 저 의견을 기각해야 한다'고 하기는 쉽지 않다. 한편, 스피츠가 너무 자주 기각하면 스태프들이 창조적이고 성공에 대한 동기를 상실하게 될 것이다. 양자 간에 균형을 잡기가 진정으로 어렵다.

9) 최고의 투자 성공

스피츠는 자신의 최고의 성공과 최대의 실수가 상호간 정확히 대칭된다는 흥미로운 사실을 제시한다. 그의 최고의 성공은 인기가 없는데다, 역발상적이며 실행하기 어려운 복잡한 투자를 기꺼이 실행한 데 있었다. 1988년~1989년경, Michael Milken이 투옥되고 유나이티드 항공의 LBO가 실패하고, 저축은행이 정크본드 포지션을 매각하던 당시, 그는 처음으로 부실채권에 투자하였다. "투자위원회에 가서 파산기업의 채권을 사자고 설득하는 일을 상상해 보라. 이 흥미로운 투자는 40%의 내부수익률을 가져다 주었다. 그러나 승인을 받기는 어렵고 고통스러웠다."

10) 최악의 투자 실수

스피츠는 자신의 투자 실수가 과도한 인기를 누리던 투자의 끝물임을 자신이 인식하지 못하고, 경기순환 주기의 정점에서 유혹에 진 데 있다고 지적한다.

"1986년~1987년에, 우리는 부동산에 유혹당했다. 당시, 우리의 기존 포지션은 작았는데, 부동산 펀드 세일즈맨들이 다변화에서 오는 혜택 및 주식에 맞먹는 역사적 수익률을 보여 주는 화려한 차트를 가지고 왔다. 이 시점은 경기순환의 꼭지점이었다고 판명되었으며, 우리는 이들 펀드 보유기간 내내 참혹한 수익률을 감내했다."

그는 투자 순환주기 및 최근의 성과, 인기 및 가치평가 패턴에 유의하여야 한다는 교훈을 얻었다. 스피츠는 '자산이 인기가 없고 순환주기의 최악의 시점에 있을 때 투자할 용기를 발휘하고, 순환주기의 꼭지점에서는 투자를 삼가도록 노력하라'고 투자자들에게 권고한다. 이것은 말하기는 쉽고, 이행하기는 어렵다.

"여러분이 아무리 경력이 길다 해도, 위대한 수익률을 보여 주는 위대한 마케팅에 넘어갈 수 있다. 독자들은 마케팅 자료를 보고서는 '나는 미국 내에서 돈을 벌지 못한 유일한 바보구나. 내가 이걸 어떻게 놓칠 수 있었지? 지금이라도 투자자 대열에 올라타야 한다'라고 말할 것이다."

스피츠는 평균회귀(regression to the mean) 및 순환주기에 대한 신봉자가 되었다.

그는 독자에게 정확한 시점을 포착해야 한다고 말하는 것이 아니고, 단지 자신이 어디에 있는지를 알아야 한다는 의미이다. "제안받은 투자 건이 매력적이라고 다른 모든 투자자들이 판단한 후에 막차를 타는 투자자가 되지 말아야 한다."

11) 경쟁사 비교

CIO로서 스피츠는 대학들 간 학생 · 교수 및 기부금 유치 경쟁의 영향을 기금 운용 차원에서도 느낀다. 경쟁 학교보다 주목을 받고자 하는 의욕으로 인해서 '선도 대학기금의 포트폴리오 성과를 따라잡으라'는 압력이 심화되었고, 기금의 스태프 보수 체계에도 경쟁 요소가 추가되었다. 스피츠는 경쟁 학교보다 좋은 성과를 내려면 자산 배분 또는 운용사 선정에서 더 우수해야 한다고 지적한다.

하지만 밴더빌트의 자산 배분은 경쟁자들 중 중간 수준에 있다. "우리가 자산 배분에서 보다 전통적인 자산으로 복귀한다면 차별화 요인이 될 수도 있겠지만, 우리의 현행 자산 배분은 경쟁자와 다를 것이 없다. 물론, 나 자신도 밴더빌트가 운용사 선정에서는 경쟁 학교보다 우위에 있다고 보고 싶은 유혹을 받는다. 하지만 각 대학기금이 모두 운용사 선정에 노력하고 있고, 모두가 인재들과 많은 자원들을 보유하고 있다. 나는 밴더빌트가 더 성공할 것이라고 생각할 선험적인 이유를 알지 못한다. 내가 '우리는 경쟁자 집단의 중간쯤에 있는 것이 맞다'고 말하니까 투자위원회는 내가 방어적이라고 보는데, 실상은 밴더빌트가 중간 수준에 갔다면 잘 하고 있는 것이다. 우리가 어떻게 하버드, 예일, 스탠퍼드 및 듀크보다 나은 실적을 기대할 수 있겠는가? 그들 모두가 밴더빌트보다 많은 자원을 투입하고 있다. 그들도 (밴더빌트 처럼) 우수한 스태프, 졸업생과의 강한 네트워크를 가지고 있다. 왜 우리가 그들보다 우위여야 한다고 생각하는가? 인정하고 받아들이기는 어렵지만, 이것이 진실한 상황이다."

스피츠는 투자환경이 더욱 도전적이 되었다고 지적한다. 일단 비전통적이고 대체적인 투자를 조기에 채택한 측은 우위를 확보하였다. 밴더빌트도 조기진출파에 속하였으므로, Sequoia나 Kleiner Perkins 등의 벤처펀드에 투자하는 기회를 얻었다. 이러한 클럽에 들어가 있지 못하면 지금은 신규 진입이 불가능하다.

스피츠에 의하면, 대학기금들은 오랜 동안 스태프를 거의 두지 않았었는데, 이제는 유능한 인재들을 투입하였다. 가용한 많은 기회들이 있지만, 모든 경쟁자들이 동일한 형태의 펀드에 투자한 것으로 보이는 상황에서, 환경은 척박하고 향후 더 척박해질 것이다.

12) 보수에 대한 영향

당초 투자위원회가 스피츠의 팀에게 인센티브 보수 체계를 도입하던 당시에, 보너스 산정방식은 정책적 지표에 대비한 실적에만 연동되었으나, 이후 유사 기관에 대비한 상대 실적이 산식에 추가되었다.

"2000년~2001년에 우리의 실적은 정책지표는 충분히 능가하였지만, 비교대상 그룹 중의 하위 1/3권에 속하였다. 수탁자들은 '비교 집단의 하위에 들어 있는 스태프들에게 학교가 상여금을 주는 이 상황은 터무니없다'고 말했다. 나는 '그것은 맞다. 하지만 투자 팀은 지표를 능가하였고, 가치를 창출하였다'라고 응수하였다."

다소간의 옥신각신 끝에 밴더빌트는 인센티브 보수 산정 시에 대외적인 상대비교 요소를 추가시켰으며, 측정기준으로 Cambridge Associate 컨설팅의 10억 달러 초과 기관 데이터를 채택하였다. "상대비교대상 집단은 광범위하며, 연금 등 다른 형태의 기관을 대부분 능가하는 우수한 집단이다. 이 집단이 비교대상으로 적합한가? 누구도 알 수 없을 것이다. 컨설턴트의 데이터가 구하기 쉽고 사용하기 쉬운가? 그 점은 맞다."

13) 경쟁자와의 관계

스피츠는 다른 대학교들도 유사한 스태프 인센티브 정책을 채택하고 있지만, 그 자신은 타 대학교 담당자들과 협업할 때 어떤 경쟁적 행동도 인식한 적이 없었다고 언급했다. 타 대학교의 인사들은 정보와 아이디어의 교환에 매우 협조적이다. 스피츠는 잠재투자 검토서를 상호 비교할 뿐만 아니라, 때로는 상대방 측의 투자 실사 절차에 참여하기도 한다.

한편, 예일 대학교의 스웬슨이 스피츠에게 전화하여 자신의 최고의 아이디어를 말해 주지는 않지만, 스웬슨의 발언은 누구나 경청한다. 다만, 스피츠는 스웬슨이 말해 주는 것은 스웬슨이 이미 실행한 과거의 경험이라고 생각한다. "모든 사람들은 현명한 업계 원로로부터 위대한 아디이어를 얻는다고 생각한다. 하지만 독자들은 스웬슨이 1년 전에 개발했던 아이디어를 받는 것이다."

스피츠는 라이벌 관계라고 명확하게 인식되는 대학들이 더 심한 압력을 받아서, 그 내부 스태프들 간에 경쟁적 행위가 더욱 촉발된다고 본다. "기본적으로 아이비리그 전체가 경쟁한다. 밴더빌트의 직접 경쟁자는 누구인가? 아마도 조지타운 대학교와 세인트루이스의 워싱턴 대학일 것이다. 하지만 명확히 식별되는 경쟁 그룹이 있는 것은 아니다. 따라서 우리 학교는 경쟁 문제에 덜 민감하다. 나는 아이비리그에서 작은 학교기금을 관리하는 CIO를 만난 적이 있는데, 그는 하버드나 예일과 비교 당하면서 많은 어려움을 겪고 있었다."

3. 교훈, 관찰 및 조언

스피츠는 투자, 지배구조 및 재단과 대학기금 투자의 미래에 대해 많은 의견을 피력해 주었다.

1) 운용사에 대한 우려

스피츠는 운용사의 계약조건과 수수료가 부당한 곳을 비난하였다. 스피츠는 운용사의 거래 조건, 특히 헤지펀드의 조건이 매우 부당하다는 점을 강조하였다. 주식의 공매도가 단순 보유와 아무리 다르다고 주장하더라도 스피츠는 설득력이 있다고 보지 않는다. 그에 불구하고 헤지펀드 운용사 수수료는 50bp로부터 2/20%로 상승하였다. 즉 2%의 운용보수와 20%의 성과보수이다.

"록업(lock up : 환매금지기간)은 정말로 심하다. 헤지펀드가 포지션을 처분하기 어려운 난해한 전략을 구사한다면, 나는 2년의 록업을 수용하고 투자한다. 하지만 대형 long/short 주식 헤지펀드 운용사가 나에게 2년의 록업을 요구한다면, 자신에게 안정적인 수입을 보장해 달라는 요구일 뿐이고, 나는 수용할 의사가 없다."

스피츠는 팀원들에게 '헤지펀드의 형태인 운용사는 진정으로 뛰어난 능력이 없다면 불러 오지 말라'고 언급한다. "나에게 마지막 남은 1달러라도 반드시 투자해야 할 만큼 헤지펀드 운용사가 독특하고 뛰어난 경우가 아니라면, 우리는 헤지펀드의 수수료와 록업 구조에 동의하지 않을 것이다."

스피츠는 헤지펀드에 투자했다가 환매하려던 경험에서 실망감을 표현했다. "우리에게는 과거 수년 동안 실적이 저조해서 환매하려 했지만 불가능했던 때가 수차례 있었다. 펀드 만기가 오자 운용사는 우리의 자산의 80%는 돌려준 후, 잔여 20%는 회계감사를 마친 3개월 후에 주겠다고 말했다. 이러한 행태는 터무니없다."

스피츠는 한 운용사와의 우스웠던 대화를 거론하면서 낄낄 웃었다. "어떤 PE 운용사가 말하기를 '우리는 2%의 운용보수로 먹고 사는 것이 아니고 carry(성과보수)에 의존한다'고 했다. 나는 '보시요, 나도 계산할 수 있다. 50억 달러 규모의 펀드의 2%이면 운용보수만도 1억 달러이고, 몫을 나눌 당신네 파트너들의 수는 10명뿐이다'라고 응수하였다.

한편, 어떤 자산군에서 최상위 몇몇 운용사에 투자하고 있지 않으면 투자하지 말아야 함을 보여 주는 데이터가 많이 있다. 여기에 따르는 문제는 선발 운용사에 투자하지 못한다면 당해 자산군에 진입 자체가 불가능하다는 점이다. "재단과 대학기금이 투자 팀 내에 PE 전문가를 배치하여 유망한 신진 PE를 발굴하려 하는 경우에도 갈등이 발생한다. 스태프가 신진 PE 운용사가 진정으로 가치를 창출할지에 대해 나를 이해시킬 수 있는가? 그러기는 매우 어렵다. 한편, 나는 스태프가 신진 운용사를 발굴하도록 동기 부여를 해야 한다. 또 한편에서 나는 신진 운용사가 얼마나 가치를 낼지에 대해서 냉소적인 자세를 가져야 한다."

2) 재단과 대학기금 운용의 현안

중소 규모 대학기금이 운용을 아웃소싱하는 추세에 대해, 스피츠는 근래 자신도 여러 차례 고려한 바 있다고 인정한다. 아웃소싱을 고려하는 데 여러 가지 흥미로운 의문들이 제기된다.

1억 달러의 대학기금으로서 위원회나 스태프가 전혀 갖추어져 있지 않다면 아웃소싱을 해야 한다는 주장이 완벽히 합리적이다. 대학기금에는 자원이 확보되지 않고 역량이 없는데, 외부에 그 모든 것을 갖춘 전문업자들이 있다. 소형 대학기금이 모범적인 기준을 따른다면, 아웃소싱을 안 하는 이유를 입증할 책임이 대학기금 측에게 돌아갈 것이다.

스피츠는 대형 대학기금의 경우에는 스태프를 유지할지 여부의 문제가 있을 것으로 본다. 스태프들이 대학기금에서 일하는 이유는 돈만을 위한 것이 아니라 사명감과 삶의 질이라고 말하는데, 이것은 아웃소싱에서는 전적으로 적용될 수 있지가 않다. 스피츠는 대학기금 스태프들이 아웃소싱 대상 업체로 이직한다면 하버드, 듀크나 밴더빌트에서 하던 업무를 동일하게 수행하면서도, 더 많은 급여와 우리사주를 받을 것이라고 예상한다.

중소 대학기금은 아웃소싱을 할지의 여부가, 대형 대학기금은 스태프를 어떻게 하면 지킬 것인가가, 현안 문제로 중요하게 제기될 것이다. 스피츠는 웃으면서, "알라바마 대학교의 축구 코치인 Nick Sabin이 4백만 달러를 받았으니, 나도 나의 연봉에 대해서 부담을 느끼지 않는다"고 말했다.

스피츠는 새로운 압력 요소가 많이 출현할 것으로 예상했다. 스피츠는 투자에 관한 학생들의 행동주의 강화, 새로운 회계감사 기준 및 사베인 옥슬리 법상 공시와 이해 상충에 대한 강조 등을 거론하였다. 스피츠는 보수 체계에 관련한 압력이 국세청으로 하여금 대학교 스태프들이 과도한 소득을 올린다고 판단하게 하여 비영리 조직의 세무감사를 촉발할 가능성에 대해서도 우려를 표명했다.

마지막으로 스피츠는 수익률이 낮아진 환경에서, 대학교 재단의 4~5% 지출 비율은 지속 가능하지 못하므로 축소되어야 한다고 본다.

3) 투자위원회와의 협업

운용사의 선정 절차는 투자 팀의 소관이지만, 스피츠는 투자위원회를 재충전시키려는 시도로서, 위원들이 제안설명회에 참석하거나, 스태프들이 운용사 선정에서 어려움에 직면할 때 위원회의 의견을 받도록 하였다. 개별 위원들은 매우 협조적이며, 지원 요청을 받으면 아이디어나 조사 또는 인맥 소개로 반응해 준다. 또는 위원이 스피츠에게 직접 전화하여 아이디어를 주기도 한다.

스피츠는 "21년을 재직하면서 위원회로부터 지위와 신뢰를 인정받던 내가 퇴직하게 되면 흥미로운 상황이 발생할 것이다. 근본적으로 위원회는 포트폴리오 운용을 맡겼고 편안하게 믿어 주었다. 반면에, 새로운 CIO의 시대가 도래하면 흥미로운 역학이 작용할 것이다. 위원회는 재량권과 융통성을 부여하지 않으면 좋은 CIO를 구하기 어려울 것이다. 반면에, 신임 CIO가 내가 누리던 재량과 융통성을 향유할 수 있을 것인가? 아마도 그러지 못할 것이다. 이러한 과정이 제대로 수립되는 상황이 흥미진진할 것이다."

4. 투자 영향력

스피츠는 자신의 생각에 영향을 준 투자자로서 Charles Ellis와 Jack Bogle[78]을 꼽는다. 그는 또한 Cambridge Associate 컨설팅의 Hunter Lewis[79]를 거명하면서, '이 컨설팅사가 전반적으로 좋은 영향력을 미침으로써, 대학기금 업계로 하여금 일이 어떤 것이고 어떤 방식으로 접근해야 할지에 대해 신중하게 생각하게 해 주었다'라고 첨언하였다. 스피츠는 또한 Jeremy Grantham을 매우 존경하는 투자자로 꼽는다.

"이들은 모두가 핵심을 꿰뚫어 보고 경제적 · 분석적 및 지능적 체계에서 분석을 한 능력자들이었다. 쓰레기, 과대 광고 및 변칙은 넘쳐 나는데, 사람들이 이를 꿰뚫어 보기는 쉽지 않다. 나의 멘토들은 모두 일종의 계량적인 재능을 가지고, 합리적이고 논리적인 사고를 하였다. 나의 모델인 이러한 선배들을 보면, 여러분이 내가 어떤 사람인지를 파악할 수 있을 것이라고 본다."

5. 상식에 대한 보상

스피츠는 자신의 투자 경력에 대한 마무리 발언과, 자신의 경력을 따르려는 후배에게 조언을 해 주었다. 자신의 투자 철학을 요약해 달라는 질문에 대해서 "투자에서 내가 통제할 수 있고 결과에 영향을 줄 수 있는 것이 거의 없는 반면, 투자에 들어가는 가격만은 내가 통제할 수 있다는 사실이 나에게 최대의 동력이 되어 주었다. 따라서 나는 올바른 가격에 투자하려고 노력하였다. 나는 항상 올바른 가격에 투자하지는 못하였지만, 내가 재량권을 가진 유일한 변수로서 중시하였다. 따라

78) 역자 주 : Vanguard의 창립자인 John Bogle을 의미함.

79) 역자 주 : 하버드 대학교를 졸업하였으며, 케임브리지 컨설팅의 공동 창업주이다.

서 이는 내가 전통적인 가치투자자라는 의미가 될 것이다.”

“나는 나 자신이나 동료들이 주식이나 채권 운용사를 선발하는 데에 특출났다고 보지 않는다. 우리는 운용사 선발이 쉬운 일이 아니라고 생각해서 계량적 · 수동적 접근방식을 취했다. 우리는 PE와 부동산처럼 우리가 가치를 창출할 수 있음을 이미 입증한 자산군에 시간과 노력을 집중 투입하였다. 가장 성과가 높을 곳에 집중하라.”

CIO직 희망자들에 대한 조언 요청에 대해서, 스피츠는 “어느 누구도 모방하려 하지 말라. 데이비드 스웬슨이 되려 하지 말라. 여러분에게 고유한 접근방식과 스타일을 개발하라. 여러분이 무엇을 잘 하는지를 파악하고, 그것을 극대화하라”고 답했다.

제 9 장

자신의 관점을 가진 투자 예술가

뉴욕 카네기 재단의 Ellen Shuman, 부사장 겸 CIO[80)]

Ellen Shuman은 1976년에 예술사 전공으로 메인 주 브런즈윅의 Bowden 대학을 졸업하였다. 당시에 그녀에게 장래 포부를 질문했었다면 투자라는 예술에서 성공한다는 비전은 아마도 말하지 못하였을 것이다. 슈먼은 학습을 잘 하고, 자신의 고유 관점을 적용함으로써, 재단과 대학기금 투자를 예술로 만들었다.

1. 배 경

1986년에 예일 대학교 투자 오피스의 데이비드 스웬슨은 이웃 재무부서에 근무하던 엘렌 슈먼을 조수로 영입하였다. 이후 13년 동안, 슈먼은 부동산과 자본시장을 담당하는 투자이사가 되었고, 1999년 1월에는 뉴욕 카네기 재단의 부사장 겸 CIO로 영입되었다.

슈먼은 25억 달러를 넘는 다중 자산 포트폴리오를 운용하면서 정책 지표수익률 및 동업계 경쟁자보다 상당히 우월한 실적을 냈으며, 재단과 대학기금의 동료들로

80) **역자 주** : 카네기 재단에 2011년까지 근무하고, 비영리기관에 서비스하는 Edgehill Endowment Partners를 TIFF 출신 Nina Scherago와 공동 창업하였음.

부터 존경을 받았다. 슈먼은 2006년에 Institutional Investor지의 우수 자산운용사 시상에서 올해의 재단 상을 받았으며, 모교인 Bowden 대학 등의 투자위원회에 위원으로 참여하였다.

다른 투자예술가들이 그러했듯이, 슈먼도 예일에서 스웬슨과 함께 투자하였던 경력으로부터 영향을 받은 것은 분명하지만, 슈먼은 자신의 고유한 비전도 가졌다. "투자 스타일은 매우 다양하지만, 스스로에게 가장 적합한 스타일을 찾아내는 것이 중요하다. 여러분이 성장 투자자라면 성장을 고수하라. 독자가 오락가락한다면 변화를 하는 시점이 좋지 않게 맞아떨어질 수가 있다. 자신에게 솔직하고, 일관된 투자철학을 고수할 신념이 있다면, 잘할 수 있을 것이다."

슈먼은 카네기 재단의 Vartan Gregorian 사장[81]에게 보고하는, 선임 경영진의 일원이다. 예일에 재직하던 당시 슈먼은 투자업무 외에도 경영대학원과 학부에서 몇 가지 재무와 투자 과정을 강의하였다.

슈먼은 Bowden 대학교 수탁자위원회 위원이고, 2000년~2004년에는 부의장을 역임하였다. 슈먼은 또한 TIFF의 이사였고(2001년), Edna McConnell Clark 재단(1998년), Greater New Haven의 지역 재단(2004년), 미국 미술 및 문학 아카데미(2005년), Brandy Wine Trust(2006년)의 투자 자문역을 역임하였다.

2004년에 슈먼은 미국에서 가장 오래된 폐쇄형 펀드인 뉴욕 상장 General American Investors의 이사직을 맡았다. 슈먼은 1992년 CFA 자격을 획득했고, 1984년 예일 경영대학원에서 MPPM을 획득하였다.

---

81) **역자 주** : 스탠퍼드 대학교 출신의 역사교수로서 1988년에 브라운 대학 총장이 되었고, 1997년에 카네기 재단 이사장에 취임.

2. 예일 대학교 기금

1) 공공부문 경영 전공

슈먼은 Bowden 대학교에서 예술사 학위를 받았고, 몇 년 후 자신의 경력을 재설계하다가, 코네티컷 Newhaven의 예일 경영대학원에 진학하여, MBA에 상당하는 Public & Private Management master를 1984년에 취득하였다. 예일의 과정은 비영리 및 공공부문 경영 이슈를 강조하고 넓은 관점을 다루었기 때문에, 타 경영대학원과 차별화되었다. 슈먼은 고등교육 재정에 대해 관심을 가졌고, 졸업 후에 예일의 재무 오피스에 취업하였다. 예일에서 약 1년을 보낸 후에, 슈먼에게는 건물 건너편의 투자 오피스가 더 흥미롭고 재미있다고 보이기 시작하였다.

슈먼은 석사학위 과정에서 교육재정을 전공하면서 대학기금의 중요성을 인식하고 있었지만, 당시는 대학기금 운용 분야가 발전하지 못한 상태였다. 연금, 대학기금과 재단 모두가 주식과 채권에 6 : 4의 배분을 일률적으로 사용하였고, 글로벌주식은 아직 대체투자 자산으로 분류되었다.

1986년에 슈먼을 투자 오피스로 영입하였던 데이비드 스웬슨은 박사학위 및 상당한 월스트리트 경력의 소유자였지만, 대학기금 운용 분야에서는 초심자였다. 예일 투자 오피스는 스웬슨의 리더십 아래에서 함께 성장하였다.

슈먼은 위스콘신 출신으로 중부지방의 가치관을 가진 스웬슨이 자신의 월스트리트 관련 역할로 인해 본인/대리인 이슈가 제기되자 당혹해 하던 모습을 기억한다[82]. 당시에는 투자운용사와 기관투자자 간에 이해관계의 일치를 강조하는 경우가 드물었지만, 이것이 곧 예일의 투자 접근방식의 특색이 되었다.

---

82) **역자 주** : 스웬슨은 예일기금과 헤지펀드 간의 차이점을 묻는 질문에 대해서, 자신은 종목 선정을 하지 않으며 최선의 운용사를 선정하여 대학기금과 일하도록 파트너십을 구성한다고 답변하였다. 이러한 역할에서 본인의 입장인 대학기금과 대리인의 입장인 운용사 간에 이해관계를 일치시키는 미묘한 작업이 매우 매력적인 도전 과제라고 언급하였다. Open Yale Courses ECON-252-11, Financial Markets(2011) Lecture 6 - Guest Speaker : David Swenson, 2011.2.2.

"나의 약점 중 한 가지는 월스트리트 경력이 전혀 없었다는 점이었다. 본인/대리인 문제에 대한 인식은 예일에서 나의 경험의 중요한 부분이 되었고, 나의 전망에도 중대한 영향 요소로 남아 있다. 스웬슨과 함께 일한 경력이 내가 월스트리트라는 소시지 공장을 거치지 않은 부분을 보충해 주었다."

2) 부동산과 에너지 투자

슈먼은 부동산과 석유·가스 투자를 담당하였다. 이러한 자산들은 미성숙한 자산군으로서, 기관투자의 수탁자 세계를 학습하지 못하고 자수성가한 거래자들이 전형적으로 거래하였다. 당시에는 본인/대리인 문제가 부동산에서 가장 극심하였던 반면, 현재는 이 문제가 헤지펀드와 PE 운용사들로 옮아갔다고 평가된다.

"우리가 당시 관찰했던 부동산 펀드 관행의 예로서, 부동산 운용사들은 자산 가치에 근거해서 수수료를 징구하는 separate account를 활용하였는데, 자산가치 평가를 주로 운용사가 자체 수행하는 행태였다. 운용사는 당시에 인센티브 보수를 받지 않았기 때문에 수수료 수입을 유지하기 위해 자산을 보유할 동기가 있어서, 부동산을 거의 매도하지 않았다. 그들은 다수의 separate account와 함께 혼장(commingled)펀드를 운용했다. 혼장펀드에서는 누가 어떤 거래를 했는지가 불명확하다. 그리고 separate account의 고객이 특정한 투자 건을 원하지 않으면, 운용사들은 그 물건을 혼장펀드에 편입시켰다. 그러면서 운용사들은 부동산의 취득수수료와 처분수수료는 챙겼다. 이것은 전체적으로 불건전한 상황이었다."

그러나 이 시기는 기관투자자의 부동산 투자가 태동기에 있었기에, 슈먼에게는 좋은 기회였다. 재단과 대학기금들은 부동산에 거의 노출되지 않은 상태였고, 부동산 투자는 다소 논란거리였다. 저축은행의 위기 및 그에 따른 부동산 급매물 출회(出廻)가 예일에게 행운이 되었다. 예일은 매도 일색인 시장에서 역발상 접근방식으로, 진지하게 부동산을 집중 매입하였다. 예일이 당시 시황에 대해 적극적으로 대응한 이 시점은 예일 대학기금에게 장기에 걸친 고수익 투자기회의 시작점이 되었다. 예일은 업계구조에 항구적인 변화를 주도한 리더 역할을 맡았다. "스웬슨의 질문은 현재에는 답변이 용이하겠지만, 당시에는 새로운 사고방식을 의미하였다. 스웬슨은 왜 부동산 펀드는 PE의 구조를 택하지 않는가? 부동산투자자문사 대신에 부동산 운영자가 직접 부동산 펀드를 운용하면 어떤가? 부동산 운영자가 PE 운용자처럼 통합된 단일 투자경로인 펀드를 결성하여, 부동산을 소유하면서 운영하면 어떨지 등을 질문하였다."

바이아웃 PE에 투자하는 투자자는 운용사에게 '나는 이러한 거래는 선호하지만 저 거래는 기피한다'라는 간섭을 하지 않는다. 이제는 부동산 펀드에서도 동일하게 되었지만, 당시에는 부동산 운용사들이 투자자들에게 휘둘렸다. 모든 대형연금들은 separate account에 편입되는 매 투자 건에 대해 사전승인을 요구하였다. 연금의 투자위원회가 투자 안을 승인할 때쯤이면, 당해 투자 건은 더 이상 좋은 거래가 못 되었다. 왜냐하면, 좋은 거래라면 투자위원회가 승인해 줄 때까지 기다려 줄 리가 없기 때문이었다.

슈먼에 의하면 예일 대학기금은 부동산 운용사로 하여금 자사의 단일 투자경로인 펀드를 조성하도록 지원하고, 더 중요하게는 당시에는 상상도 못하던 투자 재량권을 전적으로 운용사에 준 최초의 기관투자자였다. 예일의 이러한 시도는 주효하였다. 그 이유는 부동산 펀드가 GP의 이익이 LP의 이익과 일치하도록 구성되었기 때문이다. 예일은 Shorenstein, Avanti 및 Brookdale 등의 운용사에 최초 투자를 하였으며, 기관투자자의 부동산 투자 접근방식을 변경시키는 역할을 수행하였다.

슈먼은 이러한 경험을 통해서 자신의 투자 철학 중 한 가지를 형성하였다. "나의 한 가지 성향은 예일 모델로부터 왔다. 나는 강점 있는 운용사를 선호한다. 특히 부동산에서는 모든 고객에게 모든 서비스를 하려는 운용사는 필요 없고, 현지의 저격수가 필요하다. Brookdale은 미국 남부를 주도하는 반면, Shorenstein은 항상 시장 내의 핵심 오피스 빌딩에 투자한다. 우수한 운용사는 모든 부문에서 잘하겠다는 과욕을 부리지 않는다. 부동산은 아직도 지역적인 업종이고, 모든 시장에서 모든 부동산 형태에서 활동하려는 운영자들은 평균치밖에 못 된다. 진정한 지역적 투자자는 거리의 한 쪽이 건너편보다 낫다거나, 지역 내 임대시장에서 어떤 평면도가 다른 도면보다 우수한지를 알고 있다. 나는 지역 내 저격수, 즉 차별화된 세부 지식을 가진 업체를 발굴하는 것이 매우 중요함을 배웠다. 나는 이러한 생각을 다른 자산분류, 특히 국가별 투자에 적용하려는 시도를 한다."

슈먼은 예일의 투자 오피스에 거의 13년 근무하였고, 결국 담당분야에 자본시장을 추가하였다. 이 기간 동안 슈먼이 개발한 투자기법을 볼 때, 슈먼은 타 기관의 CIO로 발탁될 자격을 갖추었다. 슈먼은 1999년 1월 2일부터 뉴욕 카네기 재단의 신설 CIO직에 발탁됨으로써, 자신의 투자 예술을 인정받았다.

3. 뉴욕 카네기 재단

뉴욕 카네기 재단은 1911년 앤드류 카네기가 1.35억 달러를 기부하여 설립한 민간 자선재단으로, 자산을 5% 이자부 채권에 투자하고 있었다. 자산의 80%는 철강왕인 설립자가 신용도를 잘 알고 있던 U.S Steel 채권이었다. 슈먼에 의하면 이 재단은 채권에 집중 배분하였던 덕분에 대공황을 견뎌 냈고, 설립 이래 10년마다 주식 배분을 약 10%씩 늘려 왔다.

슈먼은 카네기 재단이 역사적으로 금융자산 운용에 대학기금보다 뒤처져 있음을 곧바로 파악하였다. "재단들은 대학기금에 뒤처져서 발전해 왔다. 재단의 스태프들은 재단의 임무와 프로그램에 주로 집중하며, 대외활동을 강조하는 사치를 전형적으로 누리다가 내부의 재무적인 기량이 떨어졌다. 민간 재단은 평균 자산의 최소 5%를 매년 지출하도록 요구된다. 만일 자산의 가치가 하락하면 재단은 지출을 축소해야만 한다. 카네기 및 다른 재단들의 경우, 고정비 비중이 상대적으로 낮은 반면 변동비(주로 기부금) 비중은 높다. 예컨대 카네기에서 스태프, 출장, 기타 비용 등 고정경비 항목들이 예산의 약 15%를 점유한다. 재단들의 수입원천이 포트폴리오 뿐이므로 보다 보수적으로 투자 포트폴리오를 가져가야 한다고 생각하는 사람들이 많지만, 재단은 가치가 하락하면 변동 지출인 기부액을 줄이는 결단을 내릴 수 있다.

반대로 대학기금의 경우 비용의 85% 이상이 고정비로서, 비용 감축이 매우 어렵다. 따라서 학교 당국이 기금을 중시하고, 투자 오피스에게 운용성과를 내라는 압력을 주게 된다"고 슈먼은 설명한다. 슈먼은 카네기의 Gregorian 이사장이 전직 대학 총장이기에, 재단도 대학기금방식으로 운용을 할 필요를 인정해 준다는 점을 다행으로 생각한다.

"대학기금은 재단에 대비하여 포트폴리오 운용에서 소비세 과세, 레버리지 사용을 억제하는 UBTI(비관련 사업 과세) 등의 제약을 덜 받는다. 카네기 재단은 대학기금과 달리, 신규 기부를 받지 않는 체계 때문에, 유동성 제약을 더 많이 받는다. 이 재단은 1911년 이래로 기부금을 한 푼도 받지 않았다."

슈먼이 카네기에 입사하기 이전에, 재단은 스태프가 아니라 위원회가 주도하는 투자 절차를 운용하였다. 투자위원회는 독립적이 아니라, 재무와 행정 부문의 하부 기능이었고, 재무이사는 절반의 시간을 투자에, 나머지 시간은 예산과 행정에 썼다. 전 브라운 대학교 총장인 Varten Gregorian이 1977년 6월에 카네기 재단 이사장으로 부임하였다.

그레고리안 이사장은 교육계 경력자였기에, 투자자산을 보다 적극적으로 운용할 필요성을 인식하였고, 최초의 풀 타임 투자전문가로서 슈먼을 고용하였다. 슈먼은 약 16억 달러의 포트폴리오를 인계받았다. 다행히도 이 재단은 수탁자위원회에 로버트 루빈, 존 화이트헤드, 딕 피셔, 빈센트 마이(Vincent Mai)와 래리 티쉬(Larry Tisch) 등 다수의 우수한 투자자를 위원으로 위촉하여, 다년간 많은 혜택을 받아 왔다[83].

---

83) **역자 주** : 로버트 루빈과 존 화이트헤드는 골드만 삭스 대표, 딕 피셔는 모건 스탠리 대표 역임. Vincent Mai는 남아프리카공화국 출신으로 영국 S.G.Warburg 머천트 뱅크, 리먼브러더스의

투자위원들의 실무 참여도는 놀랄 만큼이나 높았다. 카네기 재단은 기술주 버블 시기에 벤처캐피털로부터 거액의 배분을 받았는데, 브로커가 슈먼과 통화하면서 서명 카드를 반드시 갱신해야 한다고 말했다. 슈먼이 누가 서명해 놓았느냐고 물어 보니 답변은 로버트 루빈이었다. 루빈은 1995년부터 1999년까지 재무장관직에 있었다.

1998년 가을 CIO 직위 창설과 슈먼의 영입과 연관되어 새로운 투자위원회가 구성되었으며, PE의 선구자인 AEA Investors의 회장 겸 CEO인 Vincent Mai가 초대 의장을 맡았다. 데이비드 스웬슨을 포함하는 투자자문 위원회가 1996년~1998년간에 자산 배분 목표를 설정하고 대체투자군으로 다변화함으로써, 포트폴리오의 재편성을 시작하였다.

포트폴리오가 아직 대체투자는 적고 채권과 주식에 편향되어 있는 상황이었지만, 슈먼은 신중한 포트폴리오 구조가 수립되었음을 확인하였고, 각 자산군을 세부 조정하는 데에 집중할 수 있었다.

4. CIO 직위

슈먼은 CIO의 역할을 즐긴 것으로 보인다. "신설 조직에 들어가거나 타 기관의 투자위원회에 참여해서 또 다른 일처리 방식을 보면 흥미롭다. 나는 내 독자적으로 일하고 의사결정을 내릴 수 있음을 알았다. 나는 내 스스로의 견해를 실행하고, 새로운 관점에서 기회를 평가하는 업무를 즐겼다."

글로벌 부문장을 거쳐서 1989년 AEA Invester의 대표가 되었다. AEA는 Warburg, 록펠러, 멜론 및 해리맨 가문을 위해 설립된 PE이다. Larry Tisch는 호텔·영화관·보험 사업가이다.

1) 자산 배분

카네기 부임 초기에 슈먼은 대체투자 시장이 비효율적이어서 전통적 자산군 대비 가치증대가 가능하다는 신념에 따라, 대체투자를 추가하는 데에 집중하였다. Meredith Jenkins[84]가 1999년 7월에 스태프로 입사하여 PE 부문에서 믿기 어려운 업적을 내주었다. 두 사람은 초기에 포트폴리오 개편에 협업하였다. 먼저 이들은 헤지펀드를 추가하는 데에 집중하였고, 기술주 붐이 끝나 가던 2001년 1월 1일에 절대수익 투자로의 전략적이고 중대한 이동을 주도하였다.

"지나고 나서 보니 그러한 전략적 이동은 대단한 행운이었다. 이러한 이동을 위해 우리 자신 및 강세 장에서 노출도를 감축하기를 꺼리던 투자위원회를 교육시키는 데에 거의 1년을 소요하였다. 더구나, 우리는 가치주식을 지향하였으므로, 재단의 전략적 이동시점은 매우 운 좋게 맞아떨어졌다. 그 덕분에 우리는 닷컴 태풍을 잘 견뎌낼 수 있었다."

카네기 재단이 수립한 공식 자산 배분정책은 스태프와 투자위원회에 의해 매년 평가된다. 변경이 있는 경우는 대부분이 거래 체결에서의 부담 사항과 market timing을 회피하기 위한 증액 건이었다. "PE에 15%를 정책 배분하였더라도, 실제로 배분이 10%만 달성되었다면 정책 배정의 의미가 퇴색한다."

2) 리밸런싱 원칙

슈먼은 예일 대학교에서의 경험에 근거하여 카네기 재단에도 강력한 리밸런싱 원칙을 도입하였는데, 이 원칙은 그녀의 부임 직후인 1999년에 도전을 받았다. 1998년 여름 롱텀캐피털 헤지펀드와 러시아 루블화의 위기가 중첩되어 신흥시장의 가치가 타격을 받았고, 재단의 신흥시장 배분액 5%가 3%로 하락하였다. 슈먼은

84) 역자 주 : 카네기 재단에 16년 재임 후, 2016년 Wall Street Trinity 교회기금의 CIO로 영입되었다.

투자위원회에게 리밸런싱을 제안하였다. 위원회는 주저했지만 슈먼의 제안을 수용하였고, 이에 따른 성과는 아주 좋았다. 사후적으로 동료들은 '매우 위험했다'거나 'CIO가 매우 용감했다'라고 평가하였지만, 본인은 '단지 리밸런싱일 뿐이었다'고 말한다. "사람들은 대부분 가격 폭락의 와중에 투자하기를 꺼리지만, 내가 취한 조치는 단지 가치 평가의 원칙을 나타낼 뿐이다."

리밸런싱은 투자자들에게 지속적인 현안이었다. 다수의 운용사들이 펀드에 장기간의 록업(lockup)을 걸거나, 신규투자를 마감하였기에, 기관투자자 측에서는 리밸런싱을 실행하기가 어렵다. 신규투자를 마감한 운용사는 기존의 투자자가 환매하는 경우도 다시는 재투자를 안 받는다. 그리고 모든 자산군에 걸쳐서 고평가된 가치가 만연됨에 따라 기관 측에서도 재투자 결정에 많은 문제가 수반된다.

슈먼은 2006년경 2년 동안 신흥시장 포지션을 의도적으로 리밸런싱하지 않는 기간을 가졌다. "모든 것이 최고치로 평가된 상황에서 어디에 돈을 넣겠는가?"

다행히도 슈먼은 카네기 재단이 고용한 운용사의 일부는 포트폴리오를 자체 리밸런싱한다는 사실을 파악하였고, 이 사안에 대해서 염려를 덜 수 있었다. 이들은 예컨대, 고평가된 증권을 매도하는 운용사 및 포트폴리오 기업을 매각하는 PE 운용사들이다. 카네기 재단은 사모부동산 및 PE 운용사들이 투자금을 회수함에 따라, 이들 펀드로부터 상당금액을 배분받았다. 슈먼은 "우리의 운용사들은 일반적으로 매수 시에는 매우 규율적이고, 매도에는 적극적이다. 만일 운용사가 매입할 투자 대상을 찾지 못하였다면, 그대로 받아들이겠다."

3) 포트폴리오 구성과 관리

재단은 수많은 세금 문제를 고려해야 하기 때문에, 포트폴리오 구성이 기술적으로 어려워지며, 특정 전술을 배제하는 데에 더욱 주의를 기울일 것이 요구된다. 예로서, 레버리지 활용은 대학기금에게는 거의 부담이 되지 않지만, 재단에게는 비관련사업세[85])를 발생시킨다.

슈먼은 양자 간에 그렇게나 차이점이 많을 줄은 몰랐다고 한다. 슈먼은 부임 초기에 현금이 모자라자 '유동성 펀드로부터 차입하면 되겠네'라고 별 생각 없이 말했던 때를 기억한다. 불행히도 재단은 기금과 달리 유동성 펀드를 두고 있지 않으며, 설사 있더라도 차입을 하게 되면 과세가 수반된다. 재단은 특히 유동성을 감안해야 하며, 유동성은 연결 고리 내에서 가장 취약한 부위이다.

재단들은 기부금 유입 없이 5%의 지출 요건을 맞추어야 하기 때문에, 일반적으로 대학기금보다 주식과 채권에 더 많이 배정하고, 현금흐름과 자본 요건을 신중하게 관리해야 한다. 특히 카네기 재단은 PE와 부동산에 출자 약정액이 상당하므로 더욱 그러하였다. "2002년 여름에 주가가 끝없이 하락할 때, 나는 매우 신경이 곤두섰다. 시장 하락 시에는 자산이 저렴해 보이며, 카네기 재단이 약정해 놓은 출자 예정액이 거액 있었으므로, 우리는 출자금 요청(캐피털 콜)이 대거 들어올 것으로 예상하고 있었다. 나는 당시 바닥에서 주식을 팔 수는 없었기에, 당시 출자금을 어떻게 조달할지 염려를 했다."

슈먼은 자산군을 설정할 때는 별다른 고심을 하지 않으며, 그 이유는 카네기의 팀 구성과 그들의 보수체계의 구성 방식의 덕분이다. 즉, 각 선임 스태프가 상이한 자산군을 담당하지만, 스태프의 보수는 포트폴리오 전체의 성과를 기준으로 하기 때문이다. 슈먼은 특정 운용사가 포트폴리오 내의 어느 자산군에 속하는 게 적합할지에 대해 스태프들이 논란을 벌이는 상황을 원하지 않으며, 기존에 수행한 15건의 투자들도 복수의 자산군에 중복 소속될 수 있다고 생각했다. 슈먼은 운용사 측에 재단 측의 주 담당자가 누군지 알게 해 주는 게 실무적으로 중요하다고 덧붙여 말한다. "재단의 스태프 중에 아무도 전문 분야를 다루지 않는다면, 운용사가 재단의 누구에게 전화해야 하는가?" 슈먼은 특정 자산군들이 잡종이 됨에 따라 재단의 스태프들 간에 협업 체계도 자연히 강화되었다고 지적한다.

85) **역자 주** : 헤지펀드의 전략은 레버리지를 활용해야 이익을 창출할 수가 있다. 이러한 이유로 헤지펀드 스폰서들은 미국의 비과세 투자자들을 위하여 별도의 역외헤지펀드를 구성한다.

4) 지배구조

카네기 재단이 만든 최고의 지배구조는, 슈먼이 부임했던 첫날부터 성공적인 포트폴리오 운용에 중요한 요인이었다. "나는 카네기 재단의 투자위원회에 Vincent Mai, Marty Leobowitz 및 Geoff Boisi를 역대 의장으로 모셨다. 게다가 그레고리안 이사장은 투자위원회 회의마다 참석하셨다. 내가 CIO로서 초짜였던 것을 고려하면, 이분들이 나를 믿어야 하는 수준을 초과한 과분한 신뢰를 주었다. 덕분에 나는 스스로 성장할 수 있었었다."

가. 스 탭

슈먼은 투자위원회와 최선의 협업 관계를 수립하고 대다수 스태프들을 6~8년 동안 재단에 남아 있게 했다. 경쟁적인 뉴욕의 환경에서 팀을 이같이 유지했다는 것은 보기 드문 업적이다.

슈먼은 협조적인 접근방식 아래 팀에게 권한을 주고, 각자에게 책임을 맡겼다. 그렇다 하더라도 최종 책임은 슈먼에게 있으므로, 포트폴리오의 구성과 관리에 깊이 관여한다. "이러한 접근방식은 팀으로 하여금 운용사들과 유익하고 지속적인 관계를 구축하고 유지하게 하면서, 잘 작동한다." 보다 중요한 사실은 투자위원회가 매우 협조적이고 건설적인 질문을 하면서도, 세부 간섭은 하지 않는다는 점이다. 투자 팀은 신흥 및 전문운용사들을 다수 선정하였다. 투자 스태프들은 효율이 떨어지는 운용사를 걸러 내려고 노력하고 투자위원회가 이를 지지해 주었다. 이 덕분에 재단의 성과가 개선되었다."

나. 투자위원회 관계

카네기 재단의 최고의 성공 투자에는 범상치 않은 투자가 포함되었다. 슈먼은 부임한 2년 후인 2001년에 사하라 이남 아프리카 및 중동에 투자하는 운용사를 추천하였는데, 이 시장은 매우 국지적이고 비효율적이었다.

슈먼도 당시 이 지역은 이례적이었다고 인정한다. 특히 당해 운용사는 좋지 않은 실적을 낸 후 회복하는 국면에 있었다. "카네기 재단이 아프리카에 기부 프로그램을 운영하고 있기에, 나는 우리의 투자위원회가 당해 지역에 투자한다는 생각에 보다 개방적이었다고 생각한다." 이 펀드 운용사는 카네기 재단의 최고 성과를 낸 단일 공모주식 운용사로 꼽힌다.

카네기 재단에서 모든 운용사 선정은 투자위원회의 승인을 거친다. 이는 다른 기관의 CIO들이 가급적 회피하려는 체제지만, 슈먼은 이 방식이 위원회로 하여금 포트폴리오에 주인의식을 갖게 해 주므로 선호한다. 게다가, 운용사 선정 추천서를 작성하여 위원회에 제출하는 업무 처리는 스태프에게 아주 훌륭한 규율을 수립해 준다. 또한, 가장 핵심은 일이 잘못되는 경우라도, 위원회가 찾아와서 '무슨 생각으로 투자했는가?'라고 묻지 않는다는 것이다.

다. 운용사 선정

투자 아이디어를 구할 때, 슈먼은 알고 있는 고급정보 원천으로부터 소개받은 네트워크를 통하여, 기회주의적으로 접근한다. 운용사를 선정할 때, 후보사가 자신의 적격기준에 맞는지 여부를 슈먼은 지인들을 활용하여 신속하게 확인하며, 자신의 경험을 신뢰하며 결단력을 발휘한다. 특정 운용사가 카네기 재단의 엄격한 기준을 충족하였다면, 당해 운용사가 소속한 분야의 운용사들 전체를 검색하는 절차는 생략될 수 있다.

슈먼은 본인/대리인 문제의 전문가이기에, 운용사 내부에 따로 주주나 재무적 투자자가 없이 실무 파트너들이 회사를 소유하고 이익을 얻는 소유구조를 선별한다. "우리는 운용사 내의 재무적 투자자가 성과보수의 일부를 가져가는 상황은 원하지 않는다." 슈먼은 운용사의 자산군이나 포트폴리오의 집중도에 상관하지 않으며, 강점 있는 투자 전략, 열정과 헝그리 정신을 가진 안정적인 팀을 선호한다.

운용사의 해고 시 슈먼은 실적을 이유로 운용사를 해고한 적이 거의 없고, 해고 이유는 주로 조직의 안정성이나 투자 스타일의 변경이었다. 예로서, 슈먼이 뉴욕의 헤지펀드 운용사를 해지한 적이 있었는데, 펀드매니저들은 자신들이 경쟁우위를 갖지 못한 중국과 브라질 주식 매입을 시작하였다.

어떤 운용사의 성과가 부진한 때, 슈먼은 그러한 상황이 기회가 될 수 있을지를 검토한다. "운용사의 실적이 나쁘더라도 고유한 스타일을 진정하게 추구하고 있다면, 단지 스타일이 선호되지 않는다는 의미일 수 있다. 이 경우, 추가 투자를 고려해 볼 수 있을 것이다. 이런 상황에서 인내심을 발휘하면 보상을 받는 경우가 많다. 하지만 CIO는 투자위원회에게 왜 당해 운용사의 실적이 나빴는지를 설명해야 할 것이다."

슈먼은 운용사가 잘하든 못하든 지지하겠다는 신념을 가지고 있다. 성과가 나쁜 경우에도 운용사와 협조적으로 일하고자 한다. 운용사의 신뢰를 잠식하는 행동은 절대 하지 않는다.

5. 교훈, 관찰 및 조언

슈먼은 투자에 대한 견해와 의견, 업계 추세에 대한 언급과 함께 운용사, 경쟁사 및 신진 CIO들에게 건설적인 비판과 조언을 아끼지 않았다.

1) 투자 테마

슈먼의 포트폴리오 구성을 주도하는 투자 테마에는 신흥시장과 집중적인 PE 전략이 계속 포함되어 있다. 메가 바이아웃 펀드가 고수익 성과의 주역으로서 인기였지만, 카네기 재단은 이러한 대형 펀드에 대한 비중이 낮음에도 불구하고 자체의 PE 지표를 초과 달성하였다. 카네기 재단은 인도, 중국 및 다른 신흥시장에서 높은 수익을 내는 데 성공할 PE를 발굴하려는 시도를 한다.

2) 너무 쪼개진 벤처캐피털 투자금

슈먼은 벤처캐피털에서는 운용사의 펀드 규모가 작음에 따라 벤처캐피털 펀드가 투자를 받을 수 있는 금액이 한정된 상황이 기관투자자에게 지속적인 현안이라고 본다. 투자자들은 선도 벤처캐피털이 결성한 펀드에는 의미 있는 금액을 투자하기가 어려우며, 특히 카네기 재단은 벤처운용사들과 기존 거래관계가 없어서 더욱 그러하다. 슈먼은 자체의 규모가 작음에도 불구하고 카네기 재단의 자금 8백만 달러를 받은 벤처캐피털의 사례를 보여 준다. 카네기 재단의 25억 달러의 기금에서 8백만 달러의 비중은 100억 달러의 기금에게는 3,200만 달러에 상당한다. “대형 기관투자자들이 초기 벤처 투자 펀드에 의미 있는 금액의 투자가 가능할지의 여부를 다루어 가는 상황을 보면 흥미로울 것이다.”

벤처캐피털과 PE의 성과에 대한 연구에 의하면 상위 1/4의 운용사들이 최고 실적의 펀드 지위를 계속 유지하며, 나머지 3/4은 훨씬 뒤처진다. “모든 투자자들이 몇몇 동일한 운용사들에만 투자하기 원한다. 우리는 매우 적은 투자 한도만을 얻는다. 반면에 대형 PE들도 그들의 펀드 규모를 축소하였다. 게다가, 기존에 거래실적이 없으면 투자 한도를 얻을 가능성이 없다.”

슈먼은 PE 운용사들이 부족한 대로, 투자 한도를 기존 투자자들에게 공정하게 안분 배정하고 있다는 사실은 인정한다. 단지 슈먼은 미미한 투자 한도액이 기관투자자의 대규모 포트폴리오의 성과에 영향을 줄 수 있을지, 대형기관이 이러한 자산군에 투자를 지속할 의미가 있을지에 대해 의구심을 표명한다.

3) 운용사 과다

슈먼은 운용사 과다 현상이 모든 이들에게 문제라고 지적한다. "기금이 운용사를 계속 늘리기는 쉽지만, 이는 잠재적으로 비생산적이다. 우리는 너무 과다하게 다변화되어 있다. 포트폴리오 내의 최고 포지션은 여러 운용사들이 확보해 놓은 것일 터인데, 아마도 포트폴리오의 최대 0.7%의 비중에 불과할 것이다."

슈먼은 과도한 다변화가 발생하는 이유가 CIO들이 신규 운용사와 계약하여 포트폴리오를 신선하게 만들려 하기 때문이라고 본다. "신규 운용사는 흥미롭고, CIO는 굳이 기존 거래처를 해고하고자 하지도 않는다." 슈먼은 과다한 운용사를 관리하는 데 우려를 제기하면서도, 시장에 뒤처지지 않기 위해 신규 운용사 검토를 계속한다.

한편 슈먼은 시장이 지리적으로 확대되는데, 재단과 대학기금들이 상대적으로 적은 인력을 가지고서 조사와 실사를 어떻게 계속 수행할 수 있을지에 대해서도 의문을 제기한다. "카네기 재단은 신흥시장이 장기적인 성과의 동력이라고 보아 신흥시장에 투자한다. 신흥시장에 투자하려면 해외출장을 다녀야 하는데, 한정된 스태프로 어떻게 투자할 것인가?" 슈먼의 스태프 중 한 사람을 홍콩 주재원으로 파견함으로써, 카네기 재단은 아시아에 거점을 갖게 되었다.

4) 경쟁 및 경쟁사 비교

유력 운용사에 투자하기 경쟁이 심화되고, 타 기관의 CIO와 비교하여 CIO 보수가 책정되는 시스템이 도입됨에 따라서, 재단과 대학기금 업계가 정보와 자원을 공유하기가 어려워졌다. 슈먼에게 있어서 재단과 대학기금 분야에서 일하는 데에 가장 매력적인 속성의 한 가지가 협조적인 환경이었다. 슈먼은 이러한 문제로 인해 동료 의식이 잠식되어 왔다고 느낀다. "내가 새롭고 놀라운 운용사를 발견하였다면, 계약한 후에는 사람들에게 말해 주지만, 계약 전에는 밝힐 수 없다."

5) 운용사와의 협업

카네기 재단은 몇몇 거래에서 선도 투자자 역할을 직접 주도한 실적이 있지만, 정기적으로 그러한 활동을 수행할 인력은 갖추고 있지 못하다. 특히 자산 규모가 비교적 작은 기관투자자이기에, 운용사와 장기 관계를 수립하고 상호간에 충성도를 갖추는 것이 바람직하다.

유능한 신흥 운용사를 발굴하기가 매우 어려우며, 특히 헤지펀드의 경우에 선택 가능한 대다수의 후보가 26세의 약관 펀드매니저이거나, 대형운용사의 팀이 독립하여 대형 펀드를 출범하는 'Uber launch'라서 더욱 어렵다. 헤지펀드에는 중간 계층이 거의 없다. 슈먼은 자신이 신뢰할 운용사의 수준에 미달하는 운용사를 고용할 필요를 느끼지 않으며, 차라리 헤지펀드에 대한 배정 자체를 줄일 것이다. 독자들이 헤지펀드 투자에서 주가지수에 상당하는 순수익률을 획득하는 데 필요한 총수익률을 수수료 지급 이후 기준으로 역산해 본다면, 헤지펀드 운용사가 달성해야 하는 초과수익률이 매우 높아야만 한다. 시장이 제로섬 속성임에서 볼 때, 총수수료가 너무 높다.

슈먼은 고율의 수수료로 인해서 투자 위험이 GP로부터 LP에게 전가된 상황은 LP 투자자들이 스스로 실망을 자초한 것이 아닌가 우려한다. PE와 헤지펀드들이 높은 수수료를 받을 뿐만이 아니라, 과거에 운용수수료에서 커버하던 서비스도 유료화하는 fee creep라는 행태도 많이 우려된다.

슈먼은 '앞면이 나오면 내가 이기고, 뒷면이 나오면 네가 지는' 또 하나의 헤지펀드 시나리오를 제시한다. "투자자는 3년간 록업을 적용받지만, 운용사는 carry(성과보수)를 매년 받아갈 수 있다. 투자자에 불리하도록 거래구조가 짜여져 있다. 투자자의 록업과 운용사의 록업 간에는 대칭 관계가 설정되어야 한다. 항상 본인/대리인 관계를 인식하라." 슈먼은 이해관계를 일치시킬 해법을 추구한다. "카네기 재단이 5년까지 록업을 받아들여야 한다면, 운용사도 5년간 록업을 적용받아야 한다. 재단은 일반적으로 록업이 단기 투자자들을 걸러 내 주기 때문에 이 조건을 선호한다. 하지만 재단이 우려하는 것은 재단이 법정 지출액을 조달해야 한다는 점이다. 재단이 신규 기부금을 받지 않기 때문에, 카네기 재단은 운용사들이 더 장기 록업을 설정하더라도 매년 5%의 인출을 허용해 주면 좋겠다. 이것은 매우 합리적인 요청이며, 재단이 지출을 관리하는 데에 중요한 사항이다."

슈먼은 이러한 정책이 운용사들에게도 유익할 것으로 본다. "투자자들이 5년마다 단 1회만 환매해 갈 수 있다면, 투자자는 한 번 환매에서 필요한 금액을 초과하여 여유분까지 환매하려 할 것이기 때문이다. 카네기 재단은 운용사로 하여금 투자자에게 부과하는 록업의 시기를 분산(stagger)시키도록 권장하며, 그 이유는 5년차에 환매청구액이 운용사의 예상액을 초과하면 문제가 될 것이기 때문이다. 그러한 상황이 발생한다면 어떻게 될지 흥미진진하다."

6) 투자 실수

슈먼은 떼거리 사고에 대해서 우려를 표명한다. 신규 운용사나 자산군에 뜨거운 인기가 몰리면 문제가 크다. 투자자들은 자신의 고유한 목표와 취향에 집중함으로써, 떼거리 사고로부터 스스로를 보호해야 한다. "집단의 일부가 되려는 것은 인간의 본성이다. 특히 보수 체계가 경쟁자 비교에 기반하면서, 경쟁자와 유사한 포트폴리오를 보유하는 편이 안전해 보일 수 있다." 슈먼은 경쟁사 비교로 인해 의도하지 않았던 결과가 초래될 수 있다고 지적한다. "재단과 기금들의 자산 배분, 운용사 선정 및 성과가 동조화될 수 있다. 우리는 덜 차별화되고 있다."

슈먼은 대형운용사의 인력이 창업하는 Uber launch에 대해서도 매력적이라고 보지 않는다. 슈먼은 그러한 펀드가 수익률보다는 기관투자자의 투자규모를 충족시켜 주기 위한 것이 아닌가 하는 의구심을 가지며, 자신은 이러한 현안이 없어서 다행이라고 느낀다.

7) 영향력

멘토로부터 받은 영향력에 대한 질문을 받자, 슈먼은 곧바로 자신의 멘토였던 예일의 스웬슨에게로 화제를 이끌어 갔다. "나는 스웬슨으로부터 대단한 훈련을 받았다. 스웬슨의 장점 중 하나는 그가 타인을 멘토하기를 선호한다는 점이다. 스웬슨과 나는 2006년 12월 예일을 떠나서 MIT 대학기금 운용회사로 간 Seth Alexander[86]를 위해서 뉴욕에서 리셉션을 개최하였다. 이 행사는 예일 대학기금 투자 오피스 스태프 출신자들의 약식 재상봉의 자리가 되었다. 나는 스웬슨이 위대한 인물들을 키워 냄으로써 투자업계에 공헌하였고, 그 인물들이 이제 비영리재단 업계에 그렇게나 많이 퍼져 있다고 간략히 연설하였다[87]. 예일 동창들은 독립적이고 야망을 갖고 있었기에 예일을 떠난 것이며, 이것은 자연스러운 발전이었다. 스웬슨은 예일에서 아주 많은 인원을 훈련시키고, 후원해 줌으로써 업계에 위대한 기여를 하였다."

남성 주도의 업계에서 유일한 여성으로서의 입장을 질문받자, 슈먼은 불이익을 받았다는 느낌은 보이지 않으면서 '이제는 여성 CIO가 많아졌다'고 지적한다. 그러나 슈먼은 "여성 CIO들이 아이를 거의 갖지 않았다는 사실은 매우 흥미롭다. 이 직업은 도전적이고 흥미로운 경력 경로이다. 그리고 근래에는 보수가 더욱 매력적이 되었다. 우리는 결코 부자가 되지는 못하겠지만, 잘 살 수 있는 명예로운 직업을 갖고 있다"고 첨언하였다.

---

86) **역자 주** : 1995년에 예일대 졸업 및 예일 투자 오피스 입사. 재직 당시 Illiquid Alternative Asset Fund Modeling 논문을 Journal of Portfolio Management 2002에 게재.

87) **역자 주** : Timothy W. Martin, David Swensen's success managing Yale University's endowment spurs other colleges to hire his apprentices, The Wall Street Journal April 29, 2015.

슈먼은 자신의 경력의 절반에서 부동산과 에너지를 다루는 대체투자의 현장 훈련을 받았다. 이 훈련은 실사 절차를 학습하고, 투자 구조를 새로운 방식으로 편성하며 전략에 강점을 가진 운용사를 선별하는 기반이 되어 주었다. "예일에서, 동료들과 나는 매우 열심히 일해서 완전히 새로운 부동산 투자구조를 만들었다. 저축은행 위기로 인해 업계에 자본이 고갈되자 막대한 역발상 투자 기회가 생성되었고, 우리는 이 시기를 주도하였다. 그 결과 예일의 부동산 거래는 포트폴리오 내에서도 가장 유리한 구조가 되었다. 현재는 매력적으로 부동산 구조를 짜기가 더 어려워졌지만, 초기의 학습은 나의 훈련에 중심이 되었고, 나의 경력에서 지속적인 영향을 남겨 주었다."

6. 결 어

엘렌 슈먼은 예일 대학교에서 받은 자신의 경험과 훈련에다가 자신의 고유한 기술과 관점을 적용함으로써 재단과 대학기금업계에서 가장 성공한 투자 예술가로서 독자적인 빛을 냈다.

제10장

모든 거래의 마스터

헨리 J. 카이저 가문 재단의 CIO Bruce Madding

재단과 대학기금 투자업계의 활동적인 리더인 매딩은 다른 어떤 CIO보다도 단일 기관에서 장기 재직하였고, 몇 가지 강력한 도전 과제를 극복하였다. 카이저 재단의 선임 부사장 겸 CIO인 매딩은 미국 내외에서 보건문제의 홍보를 전담하는 운영재단(operating foundation)의 CFO까지 겸직한다. 그의 직책이 단순하게 재무관리와 6억 달러의 자산 포트폴리오를 운용하는 것으로 보이지만, 이 재단의 비용 지출 비율이 높기에 그는 투자업계 내의 타 기관들에 대비하여 높은 투자수익을 목표로 설정하고 있다. 그가 목표 달성에 성공할지 여부가 재단의 업무 유지에 아주 중요하다.

카이저 재단은 운영재단으로서, 연간 의무지출액을 대외 기부활동이 아닌, 독자적인 활동 지원에 투입하고 있다. 외부 기부를 받는 금액이 미미하므로, 모든 활동과 모든 스태프를 위한 예산이 주로 투자 성과에 의해서 조달된다. 매딩 본인은 절대로 그러한 표현을 쓰지 않지만, 기본적으로 매딩은 재단의 관리를 대부분 감독하면서도 재단의 유일한 수입 원천으로서의 역할을 맡고 있다. 그가 업계에서 18년간 발휘한 리더십은 그가 자신의 역할을 잘 해내었음을 보여 준다.

매딩은 미국 적십자사의 투자위원회 의장 및 재단재무임원협회(Foundation Financial

Officers Group ; 미국의 대규모 재단 연합회)의 회장을 역임하였다. 그는 University of California Berkeley－Berkeley 재단의 투자위원회 및 다수 자문위원회에 참여하였다. 그는 회계기준위원회(FASB)의 비영리조직 T/F의 구성원으로 활동하였다.

그는 University of Southern California에서 MBA를 받은 후 PriceWaterhouse 회계법인에서 경력을 시작하고, University of California Berkeley에서 이학학사 학위를 받았다. 매딩은 미국연방 및 캘리포니아 주 공인회계사이다.

1. 배 경

매딩은 PriceWaterhouse 회계법인에서 국내외 업무에 10년간 종사하였다. 글로벌 기반의 활동으로 그는 해외출장을 빈번히 다녔다.

1) 회계 분야의 기술 습득

글로벌 회계 법규와 보고 요건에 대해서 해외에서 수행한 업무는 그에게 금융시스템과 정책에 대한 글로벌 교육의 기회가 되었다. 공인회계사들은 미국에 대비하여 해외에서 금융전문가로 더 인정을 받는다. 매딩은 PriceWaterhouse에서의 마지막 2년의 기간을 내부 기술연구센터에서 보냈다. 회계법인은 새롭게 출현하는 정보기술과, 자사의 금융서비스에 대한 영향을 검토하던 단계에 있었다.

"카이저 재단으로의 이직은 완전한 경력 전환이었고, 재단 업계 내의 최대 포트폴리오 중 하나를 재단의 투자위원회 내의 노련한 전문가들과 협업하에 운용할 기회였다. 나는 이 기회에 참여할 기회로 재단에서 3년 근무를 예상했다. 실제로 나는 투자 포트폴리오 운용에 필요한 학습을 시작하였으며, 18년간 재단에 재직하였다."

매딩은 직접투자 경험을 갖춘 타 CIO들처럼 전형적인 경력 경로를 거치지 않았지만, 자신의 배경에 장점이 있다고 본다. "나의 공인회계사 경력은 투자평가 시에 실사 접근방식을 가능하게 해 준다. 공인회계사로서 훈련받던 당시, 나는 관찰하고, 질문하며 전반적으로 의구심을 갖도록 학습하였다. 나는 세부사항까지 파고들어가라고 배웠다. 공인회계사는 확증적인 사실을 추구하며, 단일한 답변에는 의존하지 않는다. 이러한 활동을 하면 때로는 상이한 방향에 도달한다. 평가의 마지막 단계에서는 조직의 구조적 구성요소들에 근거해서 그의 전체 그림을 볼 수 있게 된다. 나는 어떤 투자 건을 완전히 이해할 때까지는 투자를 실행하지 않는다. 투자 건을 타인에게 설명하지 못한다면, 본인이 안게 될 위험을 이해하지 못한 것이다. 블랙박스 같은 투자는 심사를 통과하지 못한다."

2) 재단의 초기 성장

매딩이 카이저 재단에 부임했던 당시에, 3억 달러의 포트폴리오는 몇 개의 핵심 주식운용사와 단일 채권운용사에 투자되어 있었다. 그 외에 일부 자산이 부동산, 벤처캐피털 및 신흥운용사와 신규자산분류에 소액을 투자하는 소규모 운용사 주식펀드(Small manager equity fund : SMEF)에 투자되어 있었다. SMEF 투자의 취지는 재단이 신흥운용사들을 포트폴리오에 추가 또는 기존운용사의 교체에 활용하기 위한 것이었다. 현재 '신흥운용사 펀드'라고 알려지는 이러한 펀드는, 1988년 당시에는 매우 희귀한 전략이었다.

카이저 재단은 일찍 글로벌 주식에 진입하였고, 1988년에 헤지펀드 편입을 개시하였다. 그가 부임했던 당시, 재단은 벤처캐피털에 적은 금액을 배정하고 있었고, 이 시점에 증액을 이행하였다. 카이저 재단은 일찍부터 벤처캐피털에 다른 기관보다 훨씬 많이 배정하고 있었다. 벤처캐피털에 대한 배정은 카이저가 북캘리포니아 실리콘 밸리 중심지에 위치한 데에 관련되었다. 카이저는 일찍부터 기술에 의한 변화와 신규 소규모 창업의 소문을 들었고, 목격하였다. 이 지역사회는 활력이 넘쳐났다. 이 시기는 특별하였으며, 카이저는 이에 동참하기에 매우 적합한 위치에 있었다.

매딩은 성공한 기금과 성공한 초대형 기금 간의 차이는 PE 포트폴리오에 있다는 지적에 동의한다. "벤처캐피털이 우리 재단에 상당한 가치를 가져다 주었다. 벤처캐피털의 고향이라고 알려진 Sand Hill Road에 카이저가 위치하고, 20에이커의 토지를 소유함에 따라서, 차별화가 이루어졌다. 다수의 저명한 벤처캐피털들이 우리의 임차인이다. 우리가 미국의 중부나 남부에 위치했더라면 벤처캐피털에 참여하기가 어려웠을 것이다. 지리적으로 인접함에 따른 유리함은 계속해서 강력하게 작용한다. 우리는 혁신적인 분야에서 신사업 창업자들과 함께 살고, 대화하며 교제한다. 이곳은 대단한 입지이며, 나는 운이 좋게 이러한 혜택을 입었다. 하지만 투자위원회가 움직여 주지 않았더라면 입지만으로는 벤처 투자에 진입할 수 없었을 것이다."

투자위원회는 처음부터 카이저 재단이 생소한 전략을 편입하도록 승인해 주었다. 재단은 벤처캐피털, 헤지펀드 및 글로벌 투자에서 앞서 갔다. 카이저는 외국계 운용사와 계약한 최초의 미국투자자였고, 당해 운용사는 운용자산이 300억 달러로 성장하여 있다. 투자위원회는 원자재, 신흥시장 등 다른 기회에 다른 재단보다 일찍 진입하는 데에도 적극적이었다.

1988년에는 재단들이 일반적으로 투자에 조심스럽게 접근하였다. 재단의 관점은 위험의 최소화에 집중되어 있었다. 투자위원회는 신규 투자전략을 고려할 때, 자율적으로 제약을 부과하였다. 앞서가는 재단이 되려면 노련한 투자위원회의 리더십이 필요하였는데, 매딩은 카이저에서 그러한 위원회를 만났고, 함께 해왔다는 행운을 누렸다. 이러한 위원회와 일하는 것은 일반적이지 않았다.

이제 매딩은 재단들이 수준 높은 투자 경력자를 CIO로 영입하는 현상을 본다. 그는 이 중요한 변화를 긍정적인 현상으로 본다. 이러한 관리자들은 매우 강력한 금융업 배경을 갖고 CIO직에 임한다. "20년 전에는 재단기금을 감독하는 전문가의 대다수가 CFO였다. 전담 CIO는 매우 희소하였다. 이제는 재단들이 강력한 투자 경력을 갖춘 전문가를 고용한다. 여러 가지 업무를 겸직하던 CFO는 점차 사라졌다. 소규모 재단은 재단 운영과 포트폴리오 투자를 겸직할 유능한 인재를 구하려면 어려움에 직면할 것이다.

재단이 회계와 투자의 양 측면에서 복잡하기 때문에, 기능분리가 이루어질 것이다. 재단들이 주식과 채권에 6 : 4로 투자하던 당시는 단순하였지만, 이제는 재단들이 전통적 주식과 채권만이 아니라 헤지펀드와 원자재를 평가한다. 재단들은 지역적 확장을 추구하며, CBO 같은 파생상품 거래를 수행한다."

2. CIO 직위

재단의 자산을 관리하는 직무는 재단의 인력과 프로그램 자원의 관리와 필연적으로 연결되어 있다. 카이저 재단은 운영재단으로서, 기부활동은 거의 하지 않는다. 지출금은 스태프 급여와 자체 프로그램을 지원하는 비용으로 사용된다. 카이저 재단은 110명의 스태프를 유지하며, 이들 대부분이 미국 국내외로 빈번하게 출장을 다닌다. 재단은 워싱턴에 두 개의 사무실 및 캘리포니아에 본부를 두고 있다. 워싱턴의 사무소는 방송 스튜디오와 회의장을 두고 있다. 이 모두는 재단의 운영비용이 매우 높음을 의미한다. 또한 카이저 재단의 비용 구조는 안정적으로 높은 수익이 획득되지 못하면, 옆 사무실을 쓰던 동료 스태프가 어느 날 출근하지 않을 수 있음을 의미한다.

외부에서 보기에도 매딩이 먹여 살릴 스태프가 많다는 사실이 명백하다. 이 재단은 다른 재단과 상당히 다르기에, 투자 목적, 철학 및 정책도 달랐다.

1) 투자 목적

카이저 재단은 약 6억 달러의 자산을 보유하며, 이 자산으로부터 운영비용을 충당할 현금흐름을 창출해야 한다. 재단은 외부자본에 의존하기를 원하지 않으므로, 신규 기부를 거의 받지 않는다. 다른 재단들이 연간 5%의 의무비율만큼의 지출하에 기부활동을 수행하는 반면, 카이저 재단은 8%를 지출하며, 단일 연도에 기금의 12% 내지 13%까지도 지출한 실적이 있다.

"지속적으로 높은 수익을 낼 필요에 의해 우리의 투자 전략의 틀이 짜진다. 우리는 유동성/가치 하락으로부터의 보장과 기금의 성장 수요 간에 균형을 잡아야 한다. 나는 사업개발 임원에게 전화하여 '섭외를 나가서 자본 캠페인이나 연간 펀드 조성을 더 하자'고 요청할 수 없다. 내가 재단의 의무를 충족하기 위해 가진 유일한 원천은 포트폴리오의 성장으로부터만 나온다. 따라서 우리는 위험을 안고 수익률 개선을 추구하도록 지속적인 압력을 받는다.

매년 최소목표는 8%의 지출율, 인플레이션 보호 및 투자관리비를 충당하는 것이다. 이는 저 인플레이션 환경하에서 10% 내지 11%의 연간 수익률 수요를 의미한다. 학술연구에서는 연간 5% 이상을 지출해야 하는 기금은 장기적으로 소진되어 존속하지 못하게 될 확률이 높다고 보고하였다. 현재까지 카이저 재단은 이러한 도전에 성공적으로 대응하여 왔고, 포트폴리오를 성장시키기까지 했다."

카이저의 투자 철학을 구성하는 투자 목적과 제약조건에는 다음 항목들이 포함된다.

- 많은 지출금
- 신규 기부를 받지 않는 확정기금
- 안정적인 수익률
- 하향 노출도로부터 보호

신규 기부를 받지 않기에, 하향 노출도로부터의 보호가 필수이다. "2002년 S&P

지수가 22% 하락하던 당시, 카이저 재단이 그러한 손실하에도 과거대로 10%를 지출하였다면, 포트폴리오가 거의 1/3을 상실하였다는 계산이 나온다. 카이저의 포트폴리오는 다변화 덕분에 5%만 손실을 봤지만, 그래도 15%의 총감소액은 상당히 우려된 사항이었다. 신규 기부수입이 없는 한, 몇 년만 손실을 입어도 기금의 존립을 할 수 없게 된다."

2) 투자 전략

전반적인 투자 철학은 다음 사항들을 고려한다.

- 투자 전략과 지역별 다변화
- 상호 상관관계가 없는 수익률
- 강력한 운용 팀 : 전략과 전문성이 만족스럽다면 초기투자자로 참여하기를 꺼리지 않는다.
- 재단 자본의 장기 속성을 활용
- 유동성 수요와 위험 감축을 항상 고려함
- 세금 고려

카이저 재단은 채권에 배정을 하지 않고 있다. 저금리 환경하에서는 저수익 자산을 감당할 수 없기 때문이다. 현금은 운영비를 위해 최소로 보유한다. 자금이 필요하면 재단은 증권을 매도하거나, 직접 부동산에 운용하는 21%의 포트폴리오로부터의 임대수입에 의존한다. 부동산을 소유하고 운영하면 투자 프로그램에 복잡성이 한층 추가된다. 재단이 입주하기 위해 부동산을 최초로 매입했던 이래, 재단은 1억 달러 규모의 신규 건물 개발을 통해 확장을 지속하여 왔다. 개발을 통해서 재단의 수익률 제고가 가능했다.

매딩은 부동산에 투자함으로써 주식 수준의 수익률과 디플레이션 통제/현금흐름의 조합을 동시 달성하고자 한다. 부동산 보유가 항상 무위험사업인 것은 아니다. 카이저 재단은 자산의 가치 평가에서 급등락에 노출되어 왔다. 재단은 자산을 매년 시가 평가해야 한다. 그러면 자산규모가 의무지출의 절대금액에 영향을 주고, 세금 문제도 뒤따른다. 주식 보유에서 수반되던 부담이 부동산에서도 발생한다. 재단은 자산가치가 상승할 때는 반갑지만, 하락기에 발생할 평가손을 반드시 감안해야 한다. 카이저 재단은 벤처캐피털의 메카인 Sand Hill Road에 빌딩 단지를 소유한다. 2001년~2002년의 닷컴 버블 붕괴의 결과로, 재단은 모든 부동산 감정가에서 25%의 평가손을 맞았다. 이 당시 우려가 많았지만, 재단의 운영이 부동산 평가감으로 인해서 영향을 받지는 않았다. 다만, 이에 따라서 지출비율이 13%까지 높아지기는 하였다.

카이저 재단이 면세기관이라고 알려져 있지만, 재단이 과세당하는 소비세의 영향이 재단의 투자 전략에 약간의 영향을 준다. 수익률 상승을 추구하는 포트폴리오를 관리할 때에는 이 소비세를 고려해야 한다. 예컨대, 재단이 5년 이동평균 지출율을 초과하여 지출하면 2%의 소비세율 대신 1%가 적용되고, 절세액을 기부활동에 사용할 수 있다.

매딩은 현금을 정기적으로 인출해야 하므로 유동성에 대해서 매우 신중하다. 따라서 재무 부서를 면밀히 감독한다. 펀드 운용사별로 환매 소요기간이 다르기 때문에 언제 환매 신청을 할지 확인해야 하며, 포트폴리오를 지속하여 점검하고 월별 현금흐름을 맞춘다.

유동성 수요로 인해 연간 포트폴리오의 1/3이 영향을 받으며, 비용 지출, PE 출자 약정과 부동산 건축비 이행 또는 다른 투자로의 재배치를 위해 투자자산의 매도나 환매가 수반된다. “우리는 이러한 제약을 받지 않는 타 기관과 대비하여 아마도 매년 몇 %의 수익률을 포기하고 있을 것이다. 하지만 우리는 유동성 위험은 질 수 없다. 비용지출율이 높은 상황에서, 나는 다른 분야에 투자하기 위한 준비금을 내가 원하는 만큼 확보할 여력을 갖지 못한다.”

3) 위험과 수익 기대치

카이저 재단의 지도자들은 재단의 영구 존속 목표를 인식하고 있지만, 재단의 목표와 프로그램의 현재 지출액의 영향에 대해서도 그 중요성을 인정한다. 이 때문에 연간 5%의 의무비율을 초과하여 지출한다는 결정을 내린 것이다. "현재의 1달러의 지출은 장래 지출을 위해 투자된 1달러보다 더 큰 영향을 사회에 줄 것이다." 카이저 재단의 임무는 의료활동에 집중된다. 미국에 4,200만명이 건강보험이 없고 전 세계적으로 의료서비스 수혜에 문제가 있는 상황에서, 의료 수요가 막대함은 명백하다. 재단의 이사회는 자신들이 현재 부여받은 기회를 인식하고 있다. 카이저 재단이 지출 요건을 달성한다는 목표를 이루었을 뿐만 아니라 기금을 성장시켜 왔다는 사실은 고무적이다. 매딩은 자신의 목표를 정기적으로 달성하였는데, 이는 향후에는 재현하기 어려워질 특성이다. 그는 또한 위험을 더 안지 않고서 다른 재단보다 두 배의 지출을 유지할 수는 없음을 인정한다. 매딩은 포트폴리오 내에 상당한 위험을 안고 있으며, 투자위원회로 하여금 충분히 이를 인지하도록 한다. 그는 정기적으로 포트폴리오 구성을 점검하고, 보유 포지션이 갖는 의미를 논의한다. 그의 거시적 논의는 경제의 구조적 현안이 포트폴리오에 주는 위험에 집중된다. 하향 위험은 상향 위험과 대비하여 측정된다. 투자위원회는 주로 매우 명석한 일반인으로 구성되어 있다. 이들은 투자의 감각면에서 금융전문가는 못 되지만, 사업상의 지식을 갖추었으므로 중요한 경제 현안을 제기할 수 있다.

매딩은 투자위원회 위원들로 하여금 포트폴리오 내의 위험을 이해하도록 하기 위해서, 학습을 위한 논의를 지속한다.

4) 자산 배분

투자위원회는 분기별로 소집되어 투자 포트폴리오를 검토한다. 매딩은 일년에

한 번씩은 과거 · 현재와 장래의 자산 배분정책에 집중하는 상세 검토를 실시한다.

자산은 주식과 채권으로 분류된다. 주식에서는 7가지 세분류가 있다. 이들 분류에 대해서 폭넓은 목표가 설정되었다. 목표의 폭이 넓음에 따라 매딩은 포트폴리오를 정기적으로 조정할 융통성과 기회를 부여받는다. 따라서 자산 배분상 채권에 배정이 있지만, 매딩은 '현 시점에서는 채권이 현행 포트폴리오에 수익률 창출로도 보호장치로도 필요하다고 보지 않는다'고 밝힌다. 부동산이 더 높은 현행 수익률과 상승 잠재력을 제공한다. 그는 8~10%의 수익률이 필요하다는 사실을 절대 잊지 않는다.

카이저 재단이 자산 배분에 전략적으로 접근한다는 점은 부동산 전략에서 볼 수 있다. Sand Hill Road에서 최대의 부동산 소유주 중 하나인 카이저 재단은 20에이커의 토지를 부동산 배분액에 포함시켰다. 이 부동산의 성과는 등락하였다. 재단은 1999년에 평방피트당 200달러의 임대료를 실현한 반면, 2006년에는 100달러로 감소하였다. 그러나 이 지역은 성장과 개발을 지속하였으며, 자산가치는 상승을 지속하였다. 매딩은 2006년의 가치가 1999년의 가치를 초과하였을 것이라고 언급하였다. 과거에 카이저 재단은 부동산 감정가의 약 8%의 현금수익률을 창출해 왔었다. 매딩은 연차 포트폴리오 평가에서 부동산을 매우 보수적으로 감정하였다. 그는 아마도 부동산을 현행 평가액보다 훨씬 고가에 매도할 수 있을 것이었다. 그러나 가치가 높이 평가되면 포트폴리오의 성과는 제고되지만, 그는 그 자금을 어디에 투자할지 확신을 갖지 못한다. 그는 '모든 자산은 팔리는 가격을 가지고 있다'고 농담을 했다.

매딩은 투자위원회와 함께 자산 배분정책을 검토하고 평가할 뿐만 아니라, 운용사, 자산 및 중요 하이라이트를 상세히 기재한 2페이지 보고서를 매월 제출한다.

그의 현안은 카이저 재단이 어디로 가야 할 것인가이다. 그는 현 상황에 집중하기보다는 3~5년을 내다보려고 한다. 그는 포트폴리오 내의 현행 자산을 장래의 의무에 대비하여 측정한다. 그는 다른 무엇보다도 지출 목적 달성에 집중한다. 실무에서 그는 포트폴리오 관리의 일환으로서 자산 배분을 정기점검한다.

5) 포트폴리오 관리

매딩은 성과 목표가 높으므로 보다 공격적인 자산군 또는 투자 전략에 투자해야만 한다. 그의 리스크 통제는 전략들 간에 상관관계가 없거나 낮은 데에 의존해야만 가능하다.

"우리는 공격적으로 수익률을 추구하는데, 이는 나의 가치 편향성과는 다소 상반된다. 주식 long/short 운용사는 상향으로 주식 수익률을 달성하면서도 포트폴리오를 손실로부터 보호해 줄 것으로 기대된다."

매딩은 절대수익률 자산에 대한 배분에서, 부실채권 전략이 그의 가치 지향에 부합되고, 다른 대체투자보다 하방 보호를 제공하므로 선호한다. 과거에 그는 부실채권으로부터 전술적으로 투자금을 회수했다가 기회가 보일 때 재투자하였다. 그는 또한 채권 대신에 부실채권 펀드에 투자하였다. 이 상품은 선순위 대출에 투자하는 레버리지 없는 거래였다. 이들 투자는 일반 부실채권 전략보다 덜하지만, 그래도 매력적인 수익률을 시현해 줄 가능성이 높았다. 그는 부실기업이 증가할 것으로 예상하기에, 시장보다 앞서서 투자해야 할 필요가 있다는 신념을 가지고 보다 공격적인 접근방식을 취하였다.

6) 아이디어 창출과 평가

매딩은 투자 아이디어를 창출하는 데에 정성적과 정량적 방식 간에 균형을 유지한다. 그는 주로 업계 내의 네트워킹을 통해서 아이디어를 입수한다. 다른 선도 투자자들과 함께 PE 및 다른 비영리기관의 투자위원회에 참여하면 매우 유용하다.

그가 과거 회장직을 수행했던 재단재무임원협회(FFOG)는 재단들에게 교육과 네트워킹 자원을 제공해 준다. 매딩은 "재단들은 최선의 아이디어를 위해 상호간 경쟁하지 않는다. 재단들은 성과 개선이 업계 전체에 유익하다고 인식하며, 상호 협조를 추구한다"고 첨언했다.

그는 자신의 네트워크를 차별화의 요인으로 활용하였다. 그는 지인들을 접촉하고 회의에 참석함으로써, 새로운 또는 희소한 가치를 발굴한다. 그는 또한 공공 기록, 독서, 전화 통화 및 운용사들의 발간 정보를 통해서도 아이디어를 얻는다.

투자 아이디어는 구조화된 조사와 실사 과정으로 집중된다. 그는 자신과 2인의 투자 지원 스태프들이 질문, 통화 및 주당 4~5개 운용사와의 면담을 통해서 연간 400~500개 아이디어를 추출한다고 추정한다. 투자지원 팀은 타인의 데이터베이스로부터의 아이디어를 내부 시스템에서 걸러 낸 후, 데이터를 분석하고 모델링한다. 운용사의 상대적 위험/수익 기준 성과 평가를 3년, 5년, 10년에 걸쳐서 도식화한다. 이 시스템은 또한 운용사의 지속 성과도 모니터링한다.

"우리는 경청하고 반응할 자세를 갖추고 있다. 이러한 막대한 노력과 지속적인 분석을 통해 몇 개만을 선별해 낸다. 우리는 400개 운용사로부터 관심대상인 약 30개 사를 선별해 낼 것이다. 이 30사를 내부적으로 평가한 후에, 우리는 실제로 면담과 실사 시간을 투입할 대상을 10~15개로 걸러 낼 것이다. 이후 궁극적으로 투자는 3~5개사가 선정될 것이다. 이것은 기나긴 과정이다." 매딩은 소형 운용사를 선호하지만, 운영 측면의 엄격한 요건을 충족하지 못하는 운용사는 배제된다.

가. 운용사의 운영 평가에 관하여

매딩은 소규모 재단의 입장으로부터 소형과 대형 운용사 간에 비교를 하면서, 사업가 정신과 개별성에 점수를 주기 원한다. 그러나 이러한 고려는 위험의 통제와 제거를 전제로 한다. 매딩의 회계사 경력이 여기에서 발휘된다. 그는 또한 1인 운영보다는 소규모라도 팀 체계를 선호한다. 운용사의 전문인력들 간에 적절한 협의가 이루어져야 한다. 전문가들 간에 도전적인 토론이 있으면 긍정적인 성과가 도출되는 경우가 많다. 인프라도 구비되어 있어야 한다. 매딩은 시간을 들여서 백오피스를 실사하고, 거래가 어떻게 체결되고 의사결정이 어떻게 처리되는지를 몸소 파악할 것이다. 누가 결정 과정을 통제하는가? 검토 관점이 단일한가 복수인가? 어떤 상황에서 개인이나 집단이 상위자와 다른 결정을 내리거나, 기존의 결정을 번복시킬 수 있는가? 헤지펀드에서는 파악할 대상이 포트폴리오의 단독 운영자 한 사람뿐인 경우가 많다. 이 경우 개인의 근시안이나 오만함이 펀드의 의사결정에 침투하지 않도록 충분한 협의가 이루어질 필요가 있다.

나. 파트너로서 운용사의 평가

여기에서 의문사항은 운용사 측의 제안설명 및 최초 면담에서 운용자를 어떻게 평가할 것인가이다. 매딩은 최악의 제안설명은 너무 일반론이거나 발표자가 개인적으로 펀드의 핵심을 잘 모르는 경우라고 본다. 이러한 상황은 마케팅 임원이 발표하는 경우에 발생하는 경향이 있다. 이 경우는 재단 측에게도 우수한 운용사를 놓칠 개연성이 있으므로 안타까운 일이다. 마케팅 담당자로 하여금 펀드를 효과적으로 대변하도록 준비시키는 것은 운용사의 의무사항이다.

매딩은 발표자가 자사의 펀드를 진정으로 알지 못하고, 제대로 설명하지 못한다고 판단하면, 자신의 회계사 경력을 발휘하여 곧바로 운용사 후보에서 삭제한다. 매딩의 기술은 운용사의 제안설명회에 참석하여, 심문하기보다는 경청하는 것이다. 제안서는 사전에 검토하였고, 운용사 측 대표가 자사의 전략을 어떻게 표현하는지를 듣고자 하는 것이며, 발표자의 주장에 대해 자주 반박하거나 질문을 한다. 이 과정은 대화이다. 회의실 안에서 재단 측이 판단하는 것은 성과와 배경만이 아니라 당사자의 인성이다. 이 사람이 함께 갈 사람이 맞는가? 이 사람이 잠재고객의 질문에 어떻게 반응하는가? 제안설명회가 성공적이라면, 투자 직전의 추가 협상 단계로 이어질 것이다.

7) 직무 관리

CIO의 업무가 매우 적극적인 관여를 필요로 함에서 볼 때, 외견상 CFO와 CIO를 겸직하기는 불가능해 보인다. 두 직무 간에 시간 배분을 어떻게 하는가의 질문에 대해서, 매딩은 웃으면서, 하루를 125% 활용한다고 답한다. 그는 아마도 75~80%를 투자에 투입하고, 나머지 45%를 운영에 투입한다.

CFO로서 매딩은 인적자원 관리, 회계 및 법무를 포함하여 재단의 관리 기능에 대해 많은 책임을 맡고 있다. 행정 측면에서 그는 강력한 경력 스태프의 지원을 받는다. 투자 스태프로는 그가 창설한 인턴 프로그램을 거쳐서 두 명이 선발되었다. 이들 애널리스트들은 학부 졸업 즉시 매딩을 지원하도록 투자 오피스에 3년간 채용된다. 이들은 투자를 학습한 후에 경영대학원에 진학하거나 경력의 다음 단계로 이동한다. 이 프로그램에 주요 대학으로부터 연간 400명의 지원자들이 몰려들었으며, 하버드, 미시간과 펜실바니아 대학 졸업생들이 선발되었다. 매딩은 매우 명석하고 적극적인 스태프의 지원을 받고, 젊은이들은 학부졸업생으로서는 희소한 투자 경력의 기회를 얻는다.

8) 투자위원회의 지배구조

매딩이 장기간 재임하였고 성공적이기에, 투자위원회는 그에게 타 CIO 대비 더 큰 재량권과 권한을 부여하였다. 그는 전략을 검토하고 실행하는 데에 투자위원회 의장과 밀접하게 협업한다. 투자위원회는 연 4회 공식 소집되며, 월간 검토회의나 보고는 요구하지 않는다.

이러한 지배구조는 잘 작동하였고, 매딩에게 소규모 기관에서 기능을 수행하도록 재량권을 .주었다. 그에게는 월별 회의나 검토 일정을 추가할 시간적 여유가 없다. 월별 일정이 없는 것은 다른 CIO들이 누리지 못하는 사치이다.

매딩과 소규모 재단이 직면하는 한 가지 애로점은 폭넓은 투자의 통찰력을 얻는 데에서 발생한다. 이러한 통찰력은 외부 동료, 컨퍼런스 및 타 기관의 위원회에 참여해야 얻을 수 있다.

3. 교훈, 관찰 및 조언

가장 원로급 CIO이고, 특히 중소규모 재단을 운영한 매딩은 소규모 기관의 자산 운용에 조언을 해 줄 최적의 인물로 보인다. 그러나 그는 자신의 문제에 대해서도 손쉬운 답변을 갖고 있지 못하다.

"내가 씨름하는 한 가지 의문은 카이저 재단이 너무 작은지의 여부이다. CIO를 둘 타당성을 입증하는 데에 필요한 최소한의 자산 규모가 얼마일까? 다시 말해서, 현재의 환경에서 투자한다는 도전적인 과제를 감당하려는 조직이라면 어느 정도의 투입을 각오하고, 투자 스태프에게 기꺼이 지출을 해야 하는가? 현재의 5억 달러의 재단은 그 규모보다 서너 배 이상 더 복잡도가 높아져 있을 수 있다. CIO는 모든 투자 전략을 고려해야 한다. 유일한 차이 요소는 기관의 의지력 수준이다. 어떤 학술연구에서는 자산 규모의 일정 비중으로 스태프 충원 비율을 조절하라고 권고하였다. 대규모 기관에서는 자산 규모 대비 적은 비율은 연간 지출해도 부담이 되지 않는다. 하지만 소규모 기관의 경우에는 더 낮은 수익률을 감수하고 경쟁력 하락을 수용하지 않는 한, 지출액이 부담이 된다. 조직의 규모를 불문하고, 조직 내부 인프라에 지출되어야 하는 최소 수준의 비용이 존재한다."

카이저 재단이 투자 오피스에 비교적 오랜 동안 지원을 아끼지 않았고, 우수한 수익률 실적도 달성하였지만, 매딩은 자신의 재단이 포트폴리오의 수익률을 효과적으로 극대화하기에는 너무 작지 않은가를 고민한다. "내 자신이 이 재단에 있지 않았다면, 나는 아웃소싱을 권고하였을 것이다."

그의 경험과 재직기간은 무시될 수 없다. "한 조직에 18년을 재직하면 사람들을 알고, 시장에서 평판을 얻으며, 외부의 위원회에 참여 초청을 받게 된다. 시장에 투자자로서 평판을 얻으면 운용사들의 섭외가 들어온다. 투자자로 알려지려면 기회를 탐색하고 있음을 나타내야 한다. 투자업계의 인물들을 만나러 다녀야 한다."

매딩은 자신이 업계 내에서 역할을 수행하였고, 방문을 하며 사람들을 만났던 경력을 소중히 여긴다. "내가 재단에 근무하고 사람들이 나를 만나러 온 것은 나의 행운이다. 운용사들은 재단과 대학기금들을 장기 투자하는 무거운 자금이라고 인정하여 거래하고 싶어 한다."

1) 현행 투자 테마

매딩은 자신이 투자의 지평선을 널리 바라보니 시장이 저수익률의 시대로 접어들고 있어서, 자신이 과거처럼 11%의 수익률을 달성하기가 더 어려워질 것이 우려된다고 말했다. 그와 동시에, 그는 그의 목표를 달성하도록 알파를 창출하고, 14~15%의 수익률을 제공할 개별 운용사들은 존재한다고 믿는다.

매딩은 글로벌 시장에서 투자자들이 천연자원을 좇아가는 행태를 관찰하였다. 자본가의 본성에 충실한 그는, 자원시장보다는 천연자원이 부족한 약점이 기회를 창출하는 사업문화에 의해서 극복되는 베트남 같은 곳을 연구하기 시작하였다. 브라질, 인도 및 신흥국에서 중산층 소비자의 부상도 중요한 투자 테마이다. 이 아이디어에서는 중국이 최대의 잠재 기회이다. 매딩은 중국의 법치에 대한 우려로 인해서 중국 국내보다는 역외에서 투자활동을 수행하였다. 이는 중국과의 교역 또는 수출로부터 혜택을 볼 운용사에게 투자하는 간접방식이다. "우리는 중국 경제에 참여할 방식을 물색하였다. 중국의 체계는 아직도 다소 불투명하다. 나의 회계사 경력으로 인하여 나는 중국의 지배구조, 법적 구조, 보고되는 정보들에 편안함을 느끼지 못한다. 우리는 신흥국 기업보다는 미국 기반 기업에 더 편안하게 느껴 왔다.

이러한 상황은 해외기업들이 개선되면서 달라질 수는 있다."

2) 투자자들의 실수

매딩은 경력 초기에 습득한 회계사 훈련과 규율 덕분에, 중요한 실수로부터 보호를 받을 수 있었다. "우리는 운이 좋았다. 우리가 매우 신속하게 일했기 때문에, 내가 세부 내용을 꿰뚫어 보는 훈련을 받지 않았더라면, 실수에 빠졌을 수 있었다. 떼거리를 좇아가느라 자신의 기관의 목적과 임무를 망각하는 이들은 과도한 위험을 끌어 안았음을 발견하게 된다. 세부 사항에 대한 주의가 필수적이다."

그는 너무나 많은 기관들이 운용사의 평판에만 근거하여 투자 기회와 운용사를 믿어 주고, 필요한 실사에는 소홀함을 자주 목격하였다. 매딩은 '어떤 투자자이든지 특정한 전략 자체 및 당해 전략이 자신의 포트폴리오에 미치는 잠재 영향을 충분히 이해해야만 한다'고 경고한다. 스태프의 수가 적은 투자자라면 전략에 대해 충분히 깊은 통찰력을 개발할 자원을 갖추지 못하였음을 인식할 필요가 있다. 실사를 더 했더라면 발견되었을 위험에 빠지지 않도록 추가적인 노력이 필요하다. 후속 모니터링도 필수이다.

"나는 Amaranth[88)]에는 투자하지 않았지만, 소형 기관투자자가 아마란스의 역사에 의존하고 트레이딩 활동의 변천을 적절히 모니터하지 못함으로써 투자 손실을 입었던 과정을 상상할 수 있다. 최초에 실사를 수행하여 세부 사항을 확인하는 것이 치명적인 요소이다. 추후 모니터링도 계속되어야 한다."

매딩과 그의 팀은 실사에서 조사, 분석 및 서면화한 서류철에 근거해서 3장의

---

88) **역자 주** : 아마란스 펀드의 창업자는 전환사채 재정거래 출신으로 우수한 초기 다수전략 헤지펀드로 성장했으나, 기회의 한계에 직면하여 실제로는 단일 전략에 집중해서 고수익을 냈다가 몰락하게 된다. 투자자들이 아마란스 펀드에 투자한 이유는 다양한 전략 간에 신속하게 전환할 수 있다는 장점과 리스크 감소였으나, 실제로는 아마란스의 모든 자산이 에너지 트레이딩의 레버리지를 감당하는 데에 투입되었다. 따라서 에너지 선물거래가 붕괴하자 아마란스 펀드의 전략 전부가 쓰러졌다.

추천서를 작성한다. 운용사 추천서는 다음 항목을 포함한다.

- 운용자 배경과 경력
- 과거 실적
- 강·약점과 장·단점
- 포트폴리오에 적합한 사유
- 투자의 논리
- 투자 제안 금액

추천 내용은 3쪽에 불과하지만, 그 배후에는 몇 권의 입증자료들이 숨어 있다. 매년 작성되는 모니터링 보고서도 그 못지않게 상세하다.

3) 본인의 실수

"나는 여러분이 실수라고 인정할지는 알 수 없지만, 내가 초기에 내린 결정 중의 하나는 친구들과 동반투자는 절대 회피한다는 것이었다. 이 결정은 매우 값비싼 것이었다. 친구들이 주변에서 가장 성공한 투자자들이 되었기 때문이었다."

하지만 매딩은 가치를 놓치거나 실수하는 데에 더 이상 우려하지 않는다. "나는 작은 일에 괘념하지 않는다. 가능한 한, 나는 재발을 방지한다는 희망하에 학습을 할 것이다."

투자자도 운용사도 실수로부터 회복을 할 수 있다. "우리의 이면에서, 우리는 실적이 부진한 운용사에 대해서 적극적으로 위험을 걸어 보았다. 이 덕택에 재단에게 고수익이 돌아갈 수 있었다. 예로서, 어떤 글로벌적인 운용사가 60%의 하락을 맞은 다음 해에, 우리가 2천만 달러를 투자하였다. 우리는 하락의 원인을 평가하였고, 결여되어 있던 위험 통제가 도입되었음을 확인하고서 투자했으며, 좋은 관계를 맺었다. 우리가 적극적으로 위험을 안은 투자는 몇 배의 보상을 가져다주었다."

4) 벤처캐피털에 대한 견해

매딩은 벤처캐피털의 오랜 투자자, 이웃 및 임대인으로서, 그 기회에 대한 명확한 관점을 제시해 준다.

"우리는 Sand Hill Road에 위치한 강점을 가졌다. 현재 벤처캐피털은 투자할 자금이 넘쳐난다. 하지만 출구 전략은 훨씬 어렵다. 나는 벤처캐피털이 아직도 홈런을 추구하는 게임이라고 본다. 단일 투자 건으로부터 거액을 회수하는 벤처 펀드는 군계일학이 될 것이다. 우리 모두는 최고 펀드의 실적 수치를 본다. 반복적인 성공은 희소하며, 소수의 벤처캐피털에게만 해당된다. 벤처캐피털은 항상 어려운 사업이었고, 더욱더 어려워졌다. 나는 성공한 벤처캐피털리스트로서 이제는 벤처투자를 중단한 사람을 알고 있다. 선도 벤처캐피털 운용사는 강점, 브랜드 및 시장에 연결점을 가지고 있다. 이들이 추세와 기회를 먼저 본다. 벤처캐피털에 진입하려는 투자자에게 슬픈 소식은 선도 벤처캐피털이 신규 투자받기를 이미 마감했다는 사실이다. 좋은 소식은 우수한 경력의 벤처캐피털리스트들이 선도 운용사로부터 독립하여 창업을 하고 있다는 사실이다."

벤처캐피털 업계와 실리콘 밸리 지역이 공히 기술주 버블의 와중 및 그 이후에 상당한 변화를 겪었다. 매딩은 1980년대와 1990년대의 벤처캐피털리스트 다수의 프로필은 MBA를 마친 젊은 투자은행가였던 반면, 이제는 경영자 경력을 가진 임원들로 교체되었다고 지적한다. 업계 소식에 의하면 2000년도에 벤처캐피털리스트의 수는 8천 명이었는데, 이 수치는 5천 명으로까지 감소하였다가 반등하였다. 이 수치는 갓 MBA를 나온 젊은 벤처캐피털리스트들이 거래를 성사시킨 경험이 없었고, 기회가 사그라들자 업계를 떠나갔다는 그의 해석과 일치한다.

매딩은 카이저 재단의 포트폴리오에 관해서, 벤처투자를 축소하였으며, 투자를 하더라도 더욱 선별적이라고 한다. 그는 시드 투자와 메자닌을 선호하며, 필요한 실사를 수행할 인력이 없으므로 직접투자는 하지 않는다.

5) 사회적 현안

카이저 재단이 정부정책을 포함하여, 의료 문제를 전담하지만, 의료부문에 대한 투자는 삼간다. “우리가 의회에서 증언할 경우에, 우리는 우리의 이해관계가 어디에 연결되었는지에 대해서 오해를 사고 싶지 않다.” 카이저 재단은 또한 주류와 담배에 대한 투자도 삼간다.

흑인 의원으로서 재단의 이사였던 고(故) Barbara Jordan 여사의 요구에 따라서, 카이저 재단은 남아프리카공화국에 집중하는 특별 프로그램을 개설하였다. 다수의 기관투자자들이 남아프리카공화국 투자 자산을 처분하던 당시에, Jordan 이사는 처분을 하지 말고 남아프리카공화국의 의료 체제에 투자하라고 요구하였다. 이러한 적극적인 접근방식은 Jordan 여사가 주장하지 않았으면 실현될 수 없었다. “Jordan 여사가 아니었다면, 카이저 재단도 다른 비영리재단처럼 매도를 했을 것이었다.”

6) 영향력

매딩은 자신에게 영향을 준 특정한 멘토를 두고 있지 않다. 그는 몇몇 걸출한 인물들을 존경한다. “내가 존경하는 인물로는 워렌 버펫이 먼저 떠오른다. Arthur Rock은 투자 스타일 및 사업방식면에서 흥미롭게 관찰할 사람이다. Sequoia Capital의 Don Valentine도 그렇다. 나는 또한 다른 기업가들도 주시한다. Bob Swanson도 Genetech를 창업하고, 우리 모두에게 유익한 신산업을 창조했다.”

매딩이 카이저 재단에 부임하던 당시, 그는 다수의 운용사들의 지원을 받은 데에 감사한다. “Fischer Francis Trees & Watts[89]의 딕 피셔는 카이저 재단이 큰 고객이 아닌데도 시간을 써 주었다.” 그의 동료 CIO 중에서 그는 아무도 제시하지 않았지만, 여러 사람들로부터 학습을 하였다. “나는 누구로부터이든 조금씩 배워 왔다.”

89) Brown Brothers Harriman & Co 출신의 Richard Fisher, Stephen Francis, James Trees와 John Watts Ⅲ들이 1972년에 설립. 2006년에 BNP Paribas의 자회사가 됨.

4. 결 어

브루스 매딩이 카이저 재단에서 CIO, CFO, 부동산 개발과 공인회계사로서의 여러 직무를 맡은 점에서, 그가 여러 다양한 사람들로부터 학습하였다는 언급은 타당하다. 과거의 경력 없이 투자 포트폴리오를 인계받고서 18년간 벅찬 성과 목표를 달성하였고, 투자위원회를 이끌고 업계의 행사를 주관하며, 일상의 투자업무를 취급한 그의 업적은 재단의 재무와 업무의 감독을 겸하면서 달성되었으며, 매딩이 자신의 직위에 필요한 여러 기술을 학습하였을 뿐만 아니라, 자신의 역할을 마스터하였음을 의미한다. 매딩은 모든 업무의 진정한 명장으로 인정받았다.

제11장

민첩한 투자 엔지니어

Agility Funds를 창업한 Bob Boldt

밥 볼트는 다양한 기술과 경험으로 그의 CIO 역할을 채웠다. Perella Weinberg Partners[90)]의 파트너였던 그는 대학기금의 운용 원칙을 적용하여 중소 규모의 재단과 대학기금 및 거액 개인투자자들의 자산을 운용해 주는 팀을 창설하고, 주도하였다. 그의 회사명인 'Agility'는 자신을 다른 기관투자자와 차별해 주는 속성이 '민첩성'이라는 그의 개인적 신념을 반영한다.

그가 엔지니어로부터 투자로 변신한 이래로, 볼트의 경력은 민첩성의 상징과 같았다. 그는 투자회사 및 운용사에서의 경력을 가지고, 민간과 공공 부문에서 일했고, 연금과 대학기금을 운용하였으며, 기본적 및 계량적 투자회사에서도 운용을 수행했다. 사업가, 공무원 및 대학기금 책임자로서의 경력과 포트폴리오 운용, 투자기술을 갖춘 볼트는 민첩한 CIO의 화신이다.

Perella Weinberg에 영입되기 이전에, 볼트는 2002년~2006년간 텍사스 대학교의 UTIMCO 운용사의 CEO 겸 CIO를 역임하였다. UTIMCO 재직기간 동안에 볼트는 거의 200억 달러의 대학기금을 운용한 전문가 팀을 이끌었다. 그 이전에 볼트는 Pivotal Asset Management의 선임 투자임원이었고, 1996년~2000년에는 CalPERS

90) 역자 주 : 1980년대 M&A의 대가였던 Wasserstein & Perella 출신의 Joseph Perella와 골드만삭스 CEO 출신 Peter Weinberg가 설립한 기업금융과 자산운용 자문사.

(캘퍼스 : 캘리포니아 공무원연금)의 글로벌 공개시장 투자의 선임 투자임원으로서, 헤지펀드 투자 프로그램의 창설을 주관하였다.

볼트는 텍사스 대학교에서 공학 학사 및 MBA를 취득하였으며, CFA 자격자이다.

1. 배 경

볼트는 텍사스 대학교 학부에서 공학을 전공했다. 그는 엔지니어링에서 컴퓨터를 사용하던 초기 인력이다. 그의 세대는 현대의 첨단도구가 없이, 복잡한 프로젝트에 컴퓨터를 사용하기 시작하였다.

학부 졸업 후에 그의 첫 직장은 Texas Instrument로서, 그는 고성능 과학 컴퓨터를 설계하였다. 새로운 슈퍼컴퓨터, 프로그래밍 및 서킷 설계 작업을 하면서, 그는 기술적 도전을 선호하였지만, 열쇠구멍을 통해서 거대한 문제를 보기를 좋아하지 않았다. "엔지니어들은 매우 큰 문제의 매우 매우 작은 부분만을 보는 경우가 빈발하며, 전체의 그림을 거의 보지 않는다."

자신이 '작은 그림 보기'를 원하지 않음을 인식하고서, 그는 다음 경력을 모색하였다. 그는 기존의 경력을 지속해서는 행복할 수가 없음을 인식하였다.

그는 무엇을 하고 싶은지를 심사숙고하였다. 그는 투자를 좋아했지만, 직업으로는 시도해 본 적이 없었다. 그는 자신의 프로그래밍과 방정식의 지식을 투자에 적용하고 우수한 투자 아이디어를 창출하는 시스템을 설계할 수 있다고 생각했다.

1) 자산운용사 경력

볼트는 텍사스 대학교로 돌아와서 경영대학원 재무과정을 졸업한 후, Northern Trust에 입사하였다. "나는 투자의 맛이 어떤 것인지 처음 느껴 보았다. 어느 누구도 계량적 분석을 믿지 않았다. 고객들도 그러한 것을 믿지 않았다." 그의 동료들 중 일부는 계량적 투자의 장점을 깨닫고 있었지만, 회사는 펀더멘탈 투자를 강조하였다. 따라서 볼트는 애널리스트 및 펀드매니저로서 그러한 규율 속에서 경험을 쌓았고, 계량분석 분야를 담당하였다. "나는 나의 길을 만들어 가는 때에 감당해야 하는 모든 역할을 감당하였다."

그가 계량적인 과목에 너무나 적성이 맞았기에, 그는 계량적 투자를 배우러 경영대학원에 갔다. 그가 투자업종에서 시간을 보낼수록 계량적 접근방식이 얼마나 한계가 있는지를 더욱더 깨달았다. 그는 현재에도 모델을 신봉하지만, 무엇이 모델화될 수 있고, 없는지도 더욱 이해한다. 주식시장은 물리학이 아니다. 주식은 물리학 원리에 따라 움직이지 않는다. 누구도 주식시장을 뛰어나게 모델화할 수 없다.

볼트는 자신의 투자 경력에서 중요하고 영향력이 있었지만, 어두웠던 시기를 강조한다. 그는 1970년대 초에 시장에 참여하였는데, 당시는 시장이 절대적으로 참혹한 시기였다. 일 거래량은 약 2천만 주 정도였다. 이 거래량은 2006년에는 한 시간 동안의 거래량에 상당한다. 당시 OPEC의 석유 수출 규제하에서 시장은 매일 하락하였고, 사람들은 주유소에 줄을 섰다. 이 시기는 투자업에 입문한 젊은이에게도 매우 어두운 시기였다.

Northern Trust[91]는 그에게 피난처를 제공해 주었다. "나는 해고당하지 않고 오일쇼크를 지낼 매우 안정된 상황에 들어서 있었다. 불황기에 무슨 일이 일어나고, 진정한 위험이 무엇인지, 사람들이 압박을 받으면 어떻게 행동하는지를 보았던 당시의 경험은 매우 효과적인 연수의 기간이었다. 당시에는 즐거울 일이 없었지만, 지나고 나서 보니 힘들었어도 좋은 기억으로 남아 있다."

그의 초기 경력에서 두 가지 경험이 그가 현재에 의존하는 기술과 관점을 발전시켜 주었다. "첫째는 계량적 훈련이었다. 둘째는 매우 나쁜 시기에 이 업종에 들어왔다는 점이었다." 사람들은 그렇게 나쁜 시장을 본 적이 없었다. 볼트는 현재의

91) **역자 주** : Northern Trust는 1979년 OCIO 서비스에 최초 진입한 선구자였으며, 2011년 OCIO 서비스 랭킹 7위에 올라 있다.

시장 참여자들이 그같이 나쁜 조건을 겪어 본 적이 결코 없다는 사실을 염려한다. 그들 자신은 겪어 보았다고 생각할 수 있지만, 그같은 상황은 본 적이 없다고 볼트는 확신한다.

볼트는 사람들이 의사결정을 내리는 방식에 몰입하였다. "나는 내가 합리적인 사고를 하는 사람이라고 생각했다. 나는 사실을 가지고 앉아서 합리적인 결정을 내릴 것이었다. 그런데 다수인들은 그러한 방식으로 행동하지 않는다. 타인들이 복잡한 문제에 대면하는 모습을 관찰하면서, 나는 그들이 어떻게 의사결정에 접근하는지를 이해하려 시도했다. 타인들의 의사결정 과정을 이해하게 되자, 내 자신의 접근방법을 개선하는 데에 도움이 되었다. 나는 내가 결정을 내리는 모습을 관찰하는 상상을 즐겨 한다. 이러한 상상은 즉흥적인 결정을 피하는 데 도움이 된다. 이러한 상상은 단순히 한번 더 생각하라는 것만이 아니라, 내가 결정을 내리고 있는 방식을 생각하는 것이다."

볼트의 초기 투자 경험은 여러 차원을 망라하였으며, 볼트로 하여금 큰 그림을 볼 능력을 포함하여 균형 잡힌 기술을 필요로 하는 그 자신의 역할을 준비하게 만들어 주었다. 당시 자산운용 업계의 인력은 은행을 거쳐온 이들이 많았다. Northern Trust 팀원들은 서비스를 제공하기 위해서 시간을 들이고, 실제 운용을 하며, 고객을 대면하고, 잘못된 결과에 대해서는 설명을 해야 했다. 볼트도 조사를 하고, 포트폴리오 운용을 하고, 고객 관계를 수립하였다. 볼트는 자신의 초기 경력이 현재의 신입자들이 경험할 수 있는 것보다 더 완전하였다고 느낀다. 그 이유는 볼트가 모든 업무를 다 수행했기 때문이었다. 볼트는 단지 한 가지 자산군 내에서만 폭좁게 투자한 것이 아니라, 다양한 자산군과 시장에 투자하면서 경력을 쌓았다.

한편 펀더멘탈 성향의 투자회사이던 Northern Trust 내에서 시카고 대학 석·박사 출신 동료들이 '효율적 시장 이론' 토론을 벌였으며, 볼트는 계량학파로서 이를 관찰하였다. 시카고 출신들은 '시장이 효율적이며, 신탁 부서는 어리석다. 더 나은 방식이 있다'라는 주장을 쟁취했다. 볼트는 이들이 시카고 대학교를 나왔고 시카고 학파처럼 시장이 효율적이라고 믿는다면 어찌하여 적극적인 운용을 하는 Northern Trust에서 일하고 있는 것인지 의문을 가졌다.

하지만, 계량적 투자에 계속 심취해 있었던 볼트가 Amercian National Bank로 이직하였을 때, 함께 간 동료는 효율적 시장 이론에 대하여 영향력 있는 주장과 토론을 주도하면서 자신의 고유한 의견을 형성했던 Rex Sinquefield[92)]였다. 볼트는 "효율적 시장이론을 입증하기 위한 일부 가정이 현실적이지 못했다. 나는 효율적 시장을 우회하는 방식이 반드시 있다고 생각하였고, 그래서 새로운 경력을 시도하였다"라고 언급한다.

하지만 볼트가 적극적인 운용을 하는 Northern Trust로부터 수동적 운용스타일의 Amercian National Bank로 어울리지 않는 이동을 하자, 업계 동료들은 당혹스러워했다. "그들은 내가 미쳤다고 생각했지만, 나는 적극적 운용과 수동적 운용을 공히 인정하였었다. 하지만 나는 결국은 적극적 운용에 대한 신념을 갖게 되고, 수동적 운용사를 떠나 왔다." 볼트는 Amercian National Bank를 나와서 적극적인 Pivotal Asset Management를 창업하였고, 이 회사는 궁극적으로 25억 달러의 운용자산으로 성장하였다. "당시에 내가 조성한 운용자산은 진짜였다. 투자자들은 포트폴리오를 핵심과 비핵심 부분으로 분리하는 시기를 거치고 있었는데, 나는 포트폴리오의 비핵심 부분을 투자하는 데에 집중하였다. 우리는 주가지수를 끌어안지 않고 적극적인 수익률을 추구하였다. 우리는 최선의 아이디어를 제공하고, 연간 기본 1%와 지표를 초과한 성과의 10%라는 높은 수수료를 징구했다. 이 수수료율은 당시에 미친 수수료라고 간주되었다. 우리는 헤지펀드 성격에 매우 접근하였다." 그의 운용사는 보다 진보적인 기관투자자를 고객으로 하여 집중도와 추적오류(tracking error : 볼트 본인은 이 단어를 혐오하지만)가 높거나 지표와 간의 편차가 큰 포트폴리오를

92) **역자 주** : 시카고 대학교에서 효율적 시장론의 대표자인 Eugene Fama의 제자로 석사학위 획득. 역시 Fama의 제자인 Wells Fargo의 David Booth와 함께, 효율적 시장론에 근거하는 S&P 인덱스펀드를 1973년에 출범시킴. 1981년 David Booth와 함께 Dimensional Fund Advisors를 창업. Booth는 시카고 경영대학원에 거액을 기부하여, Booth School of Business라는 명칭을 얻음.

운용하였다.

볼트는 동업 파트너들과 함께 운용을 하면서, 일부 기대하지 않았던 교훈을 얻었다. "나는 회사의 성과가 특별히 나쁜 시점에서, 파트너의 사람됨에 대한 학습을 하였다. 추적오류가 크고 집중된 포트폴리오를 운용하려면 이러한 상황을 맞이하게 된다. 사람들의 진면목은 큰 성공이나 거대한 위기를 맞이한 때 알게 된다. 여러분이 이러한 경험을 하지 못하였다면, 여러분은 동업 파트너들을 진정으로 알지 못하는 것이다. 우리의 Pivotal 운용사가 성공을 구가하던 때, 한 동업 파트너는 저택과 고가의 골동품을 사러 나갔다. 운용사가 위기에 처하자, 저택과 골동품을 샀던 동업 파트너는 갑자기 패닉에 빠졌고, 그의 의사결정 능력이 철저히 파괴되었다. 누구라도 레버리지를 최대로 구사하였다면 스스로를 어리석은 결정에 몰아넣게 된다."

볼트는 이러한 경험으로부터 궁극적으로 혜택을 받았다. "나는 개인적으로 돈을 많이 벌었고, 동업 파트너, 의사결정 및 투자운용에 대해서 중대한 일생의 학습을 하였다. 당시에는 운용사가 현재처럼 숨을 데가 없었다. 현재에는 많은 적극적 운용사들이 어려움에 처하면 인덱스 펀드로 되돌아간다. 당시 우리는 '그런 행동을 하지 않겠다'고 고객들에게 밝혔다. 그러나 나는 나의 사업모델이 취약하다는 사실을 깨달았다. 운용사로서 고정수수료를 확보하였으면서 나의 사업모델을 위태롭게 하는 결정을 내릴 이유가 없었다. 나는 험난한 길을 골라 갔던 것이었다."

그의 이러한 경험은 이후 그가 연기금으로 입장을 바꾸어서 운용사를 선정할 국면에서의 기준과 절차에 영향을 미쳤다. "운용사가 비교적 젊고 운용 가용규모에 제약을 받지 않으며, 진정으로 본업에 집중하는 시기에 투자한다. 젊은 운용사가 곤경에 빠지면, 그들과 함께 시간을 보낸다. 이러한 상황이 실제로 발생하였고, 어려운 경험이 되었지만, 나로 하여금 어떤 운용사가 성공할지를 더 잘 판단하게 만들어 주었다."

볼트는 연기금의 젊은 스태프들에게 '운용사의 과거 실적은 쓸모가 없으니 보지 말라. 사람들을 보고, 의사결정을 어떻게 내리는지 보라'고 말한다. 볼트는 "나는 회의실에 들어와서, 운용사 인력들과 인사하고, 30분 내지 한 시간을 보내고 나면 돈 냄새가 나는지 여부를 말할 수 있다. 어떻게인지는 나도 알 수 없다"고 말하며, 스태프들은 그의 말을 인정한다.

그는 젊은이들의 발언, 열정 및 에너지로부터의 직감을 얻는다. 이 직감은 자산운용사를 직접 경영했고, 투자운용과 사업경영 간의 상호작용을 다루었던 경력으로부터 얻어진 것이다. 캘퍼스에서 볼트의 동료들 중에는 자산운용사를 몸소 단독 경영해 본 경험자가 없었다. 외부 경력자로서의 관점은 중요하고 영향력이 있었다.

이후 볼트는 소형운용사와는 완전히 반대인, 대형 자산운용사인 스커더 스티븐스 클라크(Scudder, Stevens and Clark)[93]사의 샌프란시스코 사무소로 이직하였다. 그에게는 대형운용사에서 폭넓은 운용 경험을 할 첫 기회였다. 그가 창업주로부터 전문 운용역으로, 그리고 소형펀드로부터 대형펀드로 옮기는 흥미로운 기회였다.

볼트는 면접을 볼 당시, 면접관에게 "스커더는 마케팅회사인지 투자회사인지?[94]"를 질문하였다. 답변은 투자회사였다. 면접관은 스커더가 투자회사임을 확신하고 있었지만, 스커더는 업계 내에서 마케팅회사가 될 필요가 있는 분야인 뮤추얼 펀드회사였다.

볼트는 스커더의 이러한 자세가 불행히도 종말을 초래하였다고 본다. "이 운용사는 Charles Schwab의 네트워크[95]에 펀드를 올리려 하지 않았다. 어떻게 안하고 버틸 수 있었겠는가? 스커더는 Schwab을 낮게 보았다. 스커더는 자사의 뮤추얼펀드에 수수료(load)를 부과하지 않으면서도, 수수료가 없는(no load) 펀드를 시장에 효과적으로 마케팅하는 전략을 취하지 않았다. 이것은 흥미로운 상황이었다." 엔지

---

93) 역자 주 : 1919년에 설립되어 최초 해외투자 뮤추얼펀드를 설립한 운용사. 한국투자 뮤추얼펀드인 Korea Fund의 운용을 맡았으며, 1997년 Zurich Kemper에 피인수됨.

94) 역자 주 : Jason Zweig는 '운용사가 투자와 마케팅을 동시에 잘할 수는 없다'고 연설하였고, John Bogle이 'Common Sense on Mutual Fund'라는 저서에서 인용하였다.

95) 역자 주 : Charles Schwab의 One Source 프로그램은 1992년부터 인기를 얻었던 펀드 슈퍼마켓 개념이다.

니어들이 경영한 회사인 Texas Instrument에서 볼트가 일하던 당시, 직원들은 '전문경영자들이 경영을 하면 더 효율적일 것'이라고 불평했었다. 이와 유사하게, 스커더도 마케팅 인력이 아닌 샌님들인 투자전문가들이 경영한 회사였다.

볼트는 스커더의 동료들을 높이 평가하였지만, 스커더가 투자 기능을 뉴욕에 집결시키고 지방사무소는 마케팅과 고객서비스만 전담시키는 결정을 내리자 스커더를 떠났다. 볼트는 스커더의 경영구조가 합리적이었다고 인정하였지만, 샌프란시스코 사무소에서는 자신의 역할을 찾을 수 없었다.

2) CalPERS 연금 경력

1995년에 Sheryl Pressler[96]가 볼트를 캘퍼스에 영입하여, 그로 하여금 처음으로 운용사의 고객 측에 몸담을 기회가 주어졌다. 볼트는 Sheryl이 맥도넬 더글러스에서 젊은 인턴이었던 당시부터 그녀를 알고 지냈으며 함께 성장해 왔었다. Sheryl은 캘퍼스의 스태프들이 운용사를 직접 경영해 본 관점을 갖고서 투자 결정과 운용사 선정 과정에 반영하기를 원하였다. "이 당시는 매우 즐거운 시기였다."

볼트가 캘퍼스에 영입된 시기는 투자의 지평선이 획기적인 변화의 단계를 맞이하던 시점이었다. 시장은 과거 50년 동안보다 10~15년 사이에 더 많이 변화하였다. 세상이 너무나 달라졌으므로, 금융의 도구 및 알파 획득방식도 많아졌다. 시장이 급변하는데도, 구태의연했던 다수의 다른 공적 연금과는 달리, 캘퍼스의 연금수탁자위원회는 진보적이었고 투자의 선두에 나섰다. 이 연금은 위원회의 자세 덕분에 새로운 아이디어를 추구할 수 있었다. 위원회는 스태프들의 제안을 항상 승인하지는 않았지만, 스태프들은 무엇이든지 검토할 수 있었다.

볼트에게 캘퍼스에서의 상황은 눈이 휘둥그레지는 경험이었다. 그 이유는 그가 보았던 다른 많은 투자자들의 행태가 실망스런 수준이었고, 감명을 받을 데가 없었

96) **역자 주** : 맥도넬 더글라스 사의 퇴직연금 운용 후 1994년~2000년간 CalPERS의 CIO를 거쳐 2001년까지 Lend Lease Real Estate Investment의 CEO 역임. 이후에는 투자 컨설턴트.

기 때문이었다. 당시에 선도 투자자인 Charles Ellis[97]는 저서에서 '대형사가 더 커질 것이며, 대형사가 세계를 상속받는다'고 주장하였다. 대형화를 하겠다고 결의를 다진 운용사들은 캘퍼스가 10억 달러 단위로 돈을 맡겨서 운용사의 덩치를 늘려 줄 것이라고 기대하였다.

상대방인 볼트 측에서는 운용사들에게 "무슨 가치를 창출해 줄 건데?"라고 질문할 것이었다. 다수 운용사 측의 답변은 실망스러운 것이었다. 볼트는 젊은 스태프들을 연수 목적으로 운용사의 제안설명회에 배석시키고 있었는데, 운용사들에 대해서 더 이상 참을 수가 없어져서 "또 한번 top-down, bottom-up을 입에 담으면 나는 이 방을 나가겠다"고 말했다. 볼트가 운용사들이 창출하는 가치를 질문하면, 답변은 한결같이 '투자의 중요한 부분인 top-down과 bottom-up'이었다. 운용사들은 자신들이 주식을 분석하고 종목을 선정하는 방식을 제시하였다. 볼트는 이들 아무도 믿을 수가 없었다. 운용사마다 자사가 고유한 접근방식을 갖추었다고 주장하지만, 전부가 동일한 것이었다. 볼트는 더 이상 회의실에 앉아서 계속 들어 줄 수가 없었다. 운용사들이 '상대방의 입장에서, 즉 기관투자자의 입장'에서 사고하였다면, 그따위 웅변을 늘어놓지 않았을 것이었다.

볼트는 캘퍼스가 헤지펀드에 투자하는 데에 주도적인 역할을 하였다. "우리는 수탁자위원회를 개최하였고, 나는 위원들에게 헤지펀드에 들어가자고 설득하였다. 대학기금이 헤지펀드 투자실적이 있었지만, 연금은 아무도 없었다." 헤지펀드 투자 건은 언론에 집중적으로 보도되었으며, 볼트는 캘리포니아 사회에서 저명인사가 되었다. 이러한 과정에서 어떤 익명의 항의가 들어왔다. 항의자는 자신의 신원을 밝히지 않고서는, 단지 매우 중요한 일이라고 주장하였다. 그는 새로운 헤지펀드 프로그램에 대해 논의하고자 했다. 볼트는 10분 동안만 비난을 들어 준다는 조건하에 응대하였다. 상대방은 "당신은 우리 모두의 게임을 망쳐 놓으려 한다. 재고하라. 나는 당신을 몰아내고자 캘리포니아 주의 입법 내에서 가능한 모든 수단을 다할

97) **역자 주** : 록펠러 패밀리 오피스 및 Donaldson Lufkin & Jenrette 투자은행 출신으로서, 1972년 Greenwich Associates 컨설팅펌의 창업자. 1997년에 예일 대학기금 투자위원 참여.

것이다"라고 말했다. 볼트는 자칭 헤지펀드 어벤저의 신원을 끝까지 파악하지 못하였지만, 헤지펀드나 패밀리 오피스의 누군가일 것이라고 추측하였다. 상대방이 너무나 적대적이어서, 그는 생명의 위협까지도 예상할 만 했다.

캘퍼스에서 그의 경험은 운용사를 만나고 그들의 의사결정 과정을 관찰하며 수익 창출과정을 이해하는 데 최고의 입지를 제공해 주었다. 그가 캘퍼스에 출근하던 초기에, 캘퍼스가 진행하던 소형운용사 지원프로그램은 실패하고 있었는데, 볼트는 운용사 개발 그룹을 창설하고 Strategic Investment Group이라는 컨설턴트를 고용하여, 신규운용사 시딩(seeding) 프로그램을 만들었다. "우리는 Arrowstreet Capital에 시드를 제공하였다. 우리는 이것이 옳은 일이었고 캘퍼스의 수탁자위원회가 진보적이었기에 실행할 수 있었다."

볼트는 소규모 또는 신흥운용사에 투자하기를 선호하지만, 손이 가고 자원을 소모하기 때문에 신흥운용사 펀드 전문가를 고용하지 않고서는 실행하기가 어렵다고 본다. 이 일은 단지 운용사를 선별하는 것이 아니라, 멘토링하고 투자자를 소개해 주며, 그들이 어려운 상황에서 지지를 필요로 할 때 함께 있어 주어야 한다. 이를 위해서는 시간이 필요하고, 대다수 기관들은 그러한 시간 투자를 할 여력이 없다.

텍사스 대학의 UTIMCO의 경우에도 자원을 많이 갖추고 있지만, 신흥운용사 개발을 독자적으로 수행할 수 없어서 신규운용사 시딩을 외부 자문사에 위탁하였다. "신흥운용사에 투자할 경우 스태프에게 손이 가는 정도가 벤처캐피털보다 높다. 따라서 Protégé Partners[98]나 AAM[99] 등 진정한 전문가가 있어야 경쟁력이 있다.[100]"

---

98) 역자 주 : 1992년 예일 재단에 입사한 Ted Seides는 1997년부터 헤지펀드에 근무하였으며, 2002년 Jeffrey Terrant와 함께 Protégé Partners를 설립하였다. 그는 예일 재단 당시 신흥헤지펀드 투자를 담당하였던 경력을 살려 seed 투자에 나섰다. Protégé는 2008년 초에 헤지펀드 포트폴리오가 10년 후 주가지수를 수익률에서 능가할지에 대해 워렌 버핏과 1백만 달러의 내기를 걸어 유명해졌으며, 내기는 2017년에 결산시점이 도래한다.

99) Alternative Asset Managers, L.P는 리먼브러더스 출신 Randall Yanker가 2004년에 설립.

100) 역자 주 : 캘퍼스는 Progress Investment Management 및 Putnam Lovell Capital Partners와 합작으로 Progress Highcrest Advisors LLC를 설립하여 시딩 프로그램을 실행

볼트는 캘퍼스 등 연금의 수탁자위원회가 운용사 선정 결정보다는 전략적 자산 배분 결정을 내리기에 더 적합한 입장에 있다고 본다. "운용사 선정은 위원회가 전문성을 가진 분야가 아니다." 캘퍼스에서 볼트는 위원회 전체보다는 개별 위원들로 하여금 판단의 기반이 되는 자신감과 우선순위를 갖추도록 설계한 혁신적인 설문지를 사용하여 전략적 자산 배분에 많은 시간을 보냈다.

3) 위원회의 의사결정 요소 분석

의사결정 요소 분석은 연금조직에서 최대의 문제점인 위원회의 운영에서 유용하였다. 위원회의 의사결정 체계가 복잡하며, 볼트는 처음부터 다루기 어렵다고 인식하였다.

캘퍼스의 수탁자위원회는 일부는 선거직이고, 일부는 임명직으로서, 노동조합과 경영진의 기술적인 혼합으로 구성되었다. 볼트의 의사결정 요소 분석은 설문에서 정치성을 배제하였다. 볼트는 위원들에게 먼저 설문을 한 후, 설문의 답변에 맞춘 자산 배분 시나리오를 위원회에 제시하였다.

이러한 절차는 위원들로 하여금 더 많이 이해하고서 판단할 수 있게 만들어 주었다. 일반적으로 컨설턴트가 참여하며, 캘퍼스 스태프들은 당시 3개사나 고용하였다[101]. 컨설팅펌이 위험/수익 추정, 상관관계 계산 및 시장 의견 수집을 하고, 윌리엄 샤프(William Sharpe) 교수에게 효율적인 프론티어를 계산시키고 나서는,

---

하고, Arrowstreet Capital과 운용계약을 체결하였다.

101) **역자 주** : 캘퍼스는 블랙스톤과 컨설팅 계약하여 2002년 봄에 Andor Capital Management(기술주), Atticus Capital(합병재정거래), Evanine Vaughan Associates(주식재정거래), Liberty Sqaure Asset Mangement(롱쇼트)와 Symphony Asset Management(전환사채)의 5개사에 2.5억 달러를 투입하였다. 2002년 말까지 Apex Capital의 Zaxix Partners LP 펀드(롱), Bain Capital의 Brookside Capital Partners 펀드(롱쇼트) Tosca Fund(구 HedgeWorld Story) 및 Welch Entrepreneurial Fund가 추가되었고, 10억 달러 배정 중 5.8억 달러가 집행되었다. 2003년에는 Atticus 펀드에 7천만 달러 추가배정 이후 복수 컨설팅사를 사용한다는 방침에 따라서 UBS O'Connor와 Pacific Alternative Asset Management를 컨설턴트로 선임하였고, 2004년에는 10억 달러를 헤지펀드에 추가배정하면서 절반을 재간접펀드로 배정하였다.

"이제 캘퍼스가 선택할 수 있는 포트폴리오의 범위가 이것들이다. 어떤 것을 선택하겠는가?"라고 묻는다.

"우리가 수탁자위원회와 대면하면서 파악한 가장 중요한 사항은, 위원들이 답변할 수 없는 질문은 결코 제기하지 말아야 한다는 점이다. 이러한 상황은 결코 도움이 되지 않는다." 볼트는 수탁자들이 위험 대 수익의 질문을 이해하고 합리적인 결정을 내릴 수 있다고 느낀다. 그러나 불행한 사건의 가능성 짚어 보기 등 불확실성에 대한 질문을 받을 경우, 누구든지 무한대에 가까운 혐오감을 보인다. 그 결과 수탁자위원들이 답변할 수 없는 질문에 응답한다면, 그들의 반응은 매우 부적절하게 위험 회피적이 된다. 이러한 상황하에서, 위원회는 타 기관과 비슷한 포트폴리오나 자산 배분을 선택할 것이다. 이에 대한 볼트의 대책인 의사결정 요소 분석에서는 설문지를 활용하여 위원들의 상대적 선호도와 우선순위를 다음과 같이 개별적으로 파악한다.

- 캘퍼스의 연금 고객들이 3년의 기간 동안 15% 이상 기여금을 증액 납부하지 않아야 한다는 명제의 중요도는?
- 캘퍼스가 성과에서 상위 1/4에 들어가야 한다는 명제의 중요도는?
- 캘퍼스가 보험계리상의 목적상의 연금수익률만이 아니라 그보다 1~2%의 초과수익률을 달성해야 한다는 명제의 중요도는?

설문지에서는 수탁자위원들에게 의사결정에 중요한 요소 목록을 제시하며, 각 위원들은 요소별로 중요도 서열을 부여하도록 요청받는다. 이 과정에 의해서 계량적으로 분석될 수 있는 결과가 창출되었다. 이러한 결과에 근거해서, 캘퍼스 스태프는 다양한 자산 배분을 시뮬레이션하고, 결정내용을 위원회에 제출한다.

"위원들께서 무엇을 중시하는지에 대해 회신해 주신 내용에 근거하여, 위원들이 검토하실 자산 혼합의 범위는 이것입니다. 어느 경우에나 이 혼합은 위원들이 요소 분석 없이 선정하였을 경우보다 더 높은 위험을 수용하였지만, 장기 계획에 완벽하게 적합한 것입니다."

볼트에 의하면, 요소분석 과정을 통해서 위원회가 선택한 자산 배분은 효율적 프론티어 선상의 더 높은 위험도의 지점으로 이동하였고, 이 지점은 '캘퍼스가 가야 한다'고 볼트 본인이 생각하던 위치에 근접하였다. 이 분석은 계량적 접근방식을 취하여 근본적인 목적을 파악하고 이를 의사결정으로 연결함으로써, 위원회로 하여금 더 만족스럽고 성공적인 결정을 내리도록 만들어 주었다. 그 이유는 의사결정이 보다 과학적이고 합리적인 과정을 통해 도출되었기 때문이었다.

"따라서 만일 포트폴리오가 10% 하락하더라도, 스태프는 해당 요소가 목록상의 5~6위에 있었기에 반영된 것이라고 방어를 할 수 있다. 스태프는 목록상의 설문에 대한 특정한 답변에 근거하여 배분을 선택하였으며, 그러한 답변을 주었던 측이 위원들 자신이라고 위원들에게 일깨워 줄 수 있다."

정성적인 논의에 주로 의존하여 결정을 내리는 조직에서라면, 의사록을 꺼내서 누군가가 발언했던 내용을 정확하게 인용할 것이다. 이러한 경우, 발언했던 당사자는 "아니, 그것은 내가 의도한 의미가 아니었다"라고 부인하게 된다고 볼트는 지적한다.

요소분석 방식은 궁극적으로 의사결정의 일관성에 기여한다. 수탁자위원회에 신임위원이 선임되면 위원회의 의사록을 들여다 볼 것이데, '당시 내 발언의 의미는….'이라는 기록을 보게 된다면 너무 변수가 많아진다. 요소분석 방식은 그러한 변수의 여지를 제거해 주었다.

요소분석 방식은 성과가 나쁜 시기에는 볼트의 투자 팀에게 "우리는 목적 1과 2를 달성하기 위해서 금년도에 이러한 방식을 선택한 것이다. 우리는 위험을 안지 않고서는 목적을 달성할 수 없다. 때로는 운 나쁜 선택을 할 수 있다"라는 방어를 할 수 있게 해 준다.

요소분석 방식에서 보다 중요한 점은 논의를 전략적 수준에 유지시키고, 설문과 답변에 초점을 두는 것이다. 이 방식에서는 수탁자위원들이 답변할 수 있는, 또는 답변하기에 적절한 사항만 질문한다. 수탁자위원들은 어떤 소형주 전문운용사를 선발할지 등과 같은, 그들이 기여할 능력을 거의 갖지 못하며 그들이 답변하지 말아야 할 질문은 전혀 받지 않는다.

볼트는 이러한 분석의 덕택에 캘퍼스의 정치적 역학이 변화한 사례를 들려준다. 캘퍼스의 투자 정책서에서는 '캘퍼스가 모든 시장에서 모든 연금 중에서 상위 1/4에 항상 들어가고자 한다'라고 명시하고 있었다. 볼트는 요소분석을 실시하였고, 위원들의 진정한 의미는 '우리는 꼴찌 1/4에 들어가기를 원하지 않는다'는 것임을 파악하였다. 볼트는 그에 따라서 투자정책서를 재작성하였다.

볼트에게 캘퍼스는 거대한 무대로서, 거액의 투자금, 의미 있는 작업이라는 위대한 경험을 주었다. 이 연금은 다수인들의 인생에 영향을 주었으며, 볼트는 흥미로운 일들을 할 수 있었다. 수탁자위원회는 혁신적이 되는 데 관심을 가졌다. 아마도 위원회의 동기는 옳은 것이 아닐 수 있었지만, 어쨌든 그들은 관심을 가졌다.

볼트는 캘퍼스를 떠나서 몇몇 친지들과 기술주 헤지펀드를 설립하였다. "기술주가 매우 어려운 시기에 창업함으로써 또 한차례의 좋은 학습기회를 얻었다. 하지만, 나의 수입에는 좋은 경험이 못되었다."

이때 볼트는 고향의 모교인 텍사스 대학교로부터 기금운용회사 UTIMCO의 CIO 직에 콜을 받았다. 텍사스 대학은 그에게 주저할 이유가 없는 중요한 기회였다.

4) 텍사스 대학기금

볼트가 UTIMCO의 CIO 자리에 면접을 갔던 때, 그는 투자위원회에게 말했다. "여러분들이 경비원을 원한다면 나를 뽑지 마시오. 여러분이 재단과 대학기금 세계에서 경쟁력을 갖고 싶다면, 나는 기꺼이 나의 최선을 다하겠다. 경비원이 필요하다면 나는 맞지 않는다." 위원회는 볼트의 자세를 높이 사 주었다.

UTIMCO의 수탁자들은 하버드와 같은 실적을 원했다. 1992년에는 하버드와 UTIMCO의 기금은 거의 동일한 규모로서, UTIMCO 쪽이 약간 컸다. 10년 이후 하버드의 기금은 110억 달러가 더 컸다. 하버드의 Jack Meyer가 위대한 업적을 달성하였으며, 대학기금이 일을 잘하면 신규 기부금은 많이 들어 온다.

텍사스 사람들은 지기를 싫어한다. 하버드에게 눌렸다는 자체가 텍사스 사람들을 불편하게 만들었다. 하버드와 UTIMCO 간의 거대한 격차에 충격을 받은 관리자들은 기금을 확충하는 데 필요한 절차에 착수하였다. 볼트의 영입은 격차를 메우기 위한 첫 발자국이었다.

텍사스 대학교는 보다 진보적인 역사를 보유하였다. UTIMCO는 공립대학교에서는 최초로 1996년에 설립한 투자회사였다. 볼트를 영입한 것은 텍사스 대학교를 경쟁력 있는 조직으로 바꾼다는 생각이었다. 학교 이사회는 볼트에게 몇 년의 기간을 부여하는 결정을 내려 주었다.

캘퍼스의 경우 볼트가 특정한 자산에 투자하기에는 1,600억 달러의 전체 포트폴리오가 너무 컸다. "캘퍼스에서는 바늘을 움직이기가 너무 힘들었다." UTIMCO는 자산이 그보다 적어서 볼트로 하여금 더 많은 자산군에 걸쳐서 투자하고, 헤지펀드와 주주행동주의 전략을 더 공격적으로 편입하며, 잠재력이 높은 부가가치 전략을 추구할 기회를 제공해 주었다.

◈ 문화적인 변신의 지속적 유산

UTIMCO의 이사들은 볼트를 영입하면서, 학교의 관료적 문화를 투자관리회사의 문화로 바꾼다는 또 하나의 목적을 달성하고자 의도하였다. 1996년에 UTIMCO를 설립하였던 동기가 목표를 달성하기 벅차기에 새로운 지도자가 필요하였기 때문이었다. "우리는 조직문화를 바꾸기 원했다. 이 회사는 전문적인 투자관리회사보다는 회계와 운영부서처럼 느껴졌었다. 우리는 좋은 인력을 보유하였지만, 분위기는 적합한 것이 못 되었다."

경영 전문가들은 조직의 리더들이 직면하는 가장 큰 도전 과제가 조직문화를 바꾸는 것이라고 지적할 것이다. 볼트는 초기 단계에서, 생각이 다른 사람들을 스태프로 영입하였다. 하지만 그는 투자운용사의 문화를 정착시키려면 보다 전략적으로 행동할 필요가 있음을 알고 있었다.

볼트는 수익, 평판 및 성과에 집중된 세 가지 중대 목표를 수립하였다. 표면적으로, 목표는 어떤 다른 투자관리 조직과 동일해 보이지만, 면밀히 검토해 보면, 이 목표들이 개별 스태프의 행동을 변화시키기 위한 열망의 메시지를 전달하고 있음이 명백하게 드러났다. 특정한 문화적 목표와 메시지를 설정하는 대신(예컨대 "나는 투자전문가처럼 생각하고 행동하겠다"), 목표는 팀으로 하여금 개인으로서 및 집단으로서 새로운 방식으로 생각하고 행동하도록 자연스럽게 강제하는 목표를 달성하도록 하는 데에 초점을 두었다.

이러한 접근방식은 볼트가 캠퍼스 수탁자위원회에게 적용하였던 결정요소 분석의 정반대 버전이었다. UTIMCO의 경우에, 조직의 하향 목표가 행동에 변화를 촉진하고, 개인들의 마음가짐을 바꾸었으며, 당초에 상향으로 시작되었던 유기적·문화적인 변화를 실현시켰다.

◈ UTIMCO의 세 가지 목표

목표 1. 포트폴리오에 목표지표 대비 매년 최소 1억 달러의 가치를 추가 창출한다. UTIMCO는 포트폴리오의 적극적 운용과 좋은 운용사 선발에 의해서 성과를 냄으로써 지표수익률을 1억 달러 초과하는 이익을 낼 필요가 있다. 볼트는 이 목표를 추후에 2억 달러로 인상하였다.

목표 2. 대학기금 중 상위 5위권의 평판을 확보한다. 측정이 어렵고 의도적으로 모호한 목표라고 인정되지만, 볼트는 궁극적으로 정성적 방식으로 측정이 가능할 것이라고 보았다.

목표 3. 학교 내부의 고객들로부터 높은 만족도 점수를 획득한다. UTIMCO는 학교 이사회, 학장, UTIMCO가 운용을 대행하는 소규모 기금의 관리자들을 포함하여 400여 구성원들을 대상그룹으로 선정하였다.

볼트는 목표와 메시지를 공용 공간 및 컴퓨터에 로그인 시의 바탕화면에 게시하는 등, 다양한 방식으로 강조하였다. 그는 목표 대비 실적을 측정할 수 있는 범위 내에서는 측정을 시도하였다. 성과는 매월 게시되었고, 그는 정기적으로 피드백을 요청하였다.

◈ 볼트의 인상적인 성과

목표 1. 그가 UTIMCO에서 재직한 마지막 연도에, 누적 부가가치는 14억 달러로서, 연평균 3.5억 달러였으며, 당초 목표의 3.5배를 달성하였다.

목표 2. UTIMCO는 Institutional Investor 전문지의 베스트 대학기금으로 지명되었다. 이러한 지명은 기자들, 업계 경쟁자 및 다른 내부인들에 의한 평가이기에, 볼트는 평판이 좋아졌다는 우수한 척도라고 보았다. 그는 UTIMCO가 랭킹 서열에 올라섰다는 말을 듣기 시작하였다. 5위권에 든다는 것은 하버드, 예일, 스탠퍼드와 경쟁한다는 의미이다. "우리는 거기에 들어 있지는 않았지만, 매우 매우 가까이 접근하였다."

목표 3. 볼트는 웹 기반 설문을 사용하여 정기적으로 설문을 수행하였다. 우리는 3차례 설문하였고, 뉴욕 시장 등의 인사들로부터 매우 좋은 피드백을 받았다.

볼트는 이러한 성과에 대해 타당한 자부심을 나타냈다. "이 성과는 내가 수행한 일 중 최고 중의 하나이다. 우리는 가치 있는 목표들을 수립하였고, 회사를 변화시켜서 보다 투자운용 조직처럼 만들었다."

UTIMCO도 캠퍼스처럼 정치와 인간성에 의해서 영향을 받는 조직이었다. "정치는 어디에서든지 정치이다. 텍사스의 정치는 캘리포니아의 정치 못지않다. 텍사스에서는 정치에 휘말리기가 더 쉽다."

캠퍼스에서 볼트는 노동조합과 공화당 집권하의 행정부 간의 투쟁적인 정치상황과 싸워야 했지만, 양자 간에 균형은 잡혀 있었다. UTIMCO의 경우, 투자위원회는 헤지펀드, PE, 재단 이사장이 이사회로부터 선임한 3인의 거액자산가를 포함한 5인의 투자전문가 및 교수인 재무처장으로 구성되어 있었다. 볼트는 결국 지배구조 문제에 대립하여 텍사스를 떠나게 된다.

"UTIMCO에서 내가 보낸 기간도 매우 유익한 기간이었다. 여러분이 자신의 자산운용회사를 경영하지 않는 한, 두 번째의 최선의 직장은 대학기금을 운용하는 자리이다. 그 이유는 여러분이 창의적이 될 수 있기 때문이다."

5) 민첩성(Agility)

볼트는 헤드헌터들이 전화해 올 때는, 고객이 누구이든 간에 대학기금의 CIO 경력자를 스카우트하기 원한다고 지적한다. "대학기금의 CIO가 투자를 취급하는 데 더 적합한 이유가 무엇인가? 대학기금이 다른 펀드보다 좋은 성과를 내는 이유가 무엇인가? 이 모든 질문의 답변은 민첩성이라는 한 단어로 요약된다. 나는 독자들이 싫증날 정도로 민첩성이라는 단어를 강조할 것이다."

대학기금은 여러 측면에서 더 민첩하다. "사고에서 민첩하다. 나는 대학기금에서 목재나 기후파생상품 같은 것을 투자대상으로 고려할 수 없다거나, 레버리지는 신중하지 못하니 사용할 수 없다는 발언을 들어 본 적이 없다. 대학기금의 투자위원회는 그런 방식으로 생각을 하지 않는다. 투자위원들은 보다 개방적이고 민첩한 방식으로 사고하는 경향을 가진다."

볼트는 이러한 사고의 덕분으로 대학기금이 새로운 자산군에 훨씬 일찍 투자하였고, 다른 투자자들이 이 자산에 투자를 시작하여 수익률을 희석시킬 때면 투자를 회수할 수 있었다고 평가한다. 지배구조가 간단한 점도 의사결정기간을 단축하고 의사결정의 대부분을 CIO에게 위임함으로써, 대학기금을 더욱 민첩하게 해 주는 요소이다. 그러나 소규모 대학기금은 민첩성이 뒤처진다. 대규모 대학기금은 더 많은 자원, 기술 및 운용사에 대해 접근할 수 있으며, 이러한 우위점을 통해서 더욱 성장하고 소규모 기금보다 더욱더 우위를 확보하게 된다.

대학기금의 민첩성은 다수 요인들로부터 기인한다. "자산 배분 자체가 민첩성을 주는 것은 아니다. 자산 배분은 오랜 동안 기회가 출현하면서 변화하여 왔다. 보다 개방적인 마음가짐과 우월한 지배구조를 가지면 운용사 접촉에 도움이 된다. 위대한 운용사들은 좋은 투자자들과 거래하기 원한다. 여러분이 자원을 갖추고 있다면 기술을 얻을 것이고, 이에 따라서 전체적인 그림이 완성된다."

볼트는 소규모 자산에 기반한 기관의 어려움을 설명한다. "2억 달러의 기금이 훌륭한 투자위원회를 구성하였으며, 좋은 의도와 민첩한 사고를 가졌더라도 적절히 운영할 자원과 스태프를 구비하지 못하였다면 좌절하게 된다. 벤처캐피털과 PE에 투자한 사람들의 다수는 투자하지 말았어야 하며, 헤지펀드 투자에서도 아마 동일할 것이다. 이러한 자산군에의 투자가 가치 있는 게임이 되었지만, 소규모 기금들에게는 가치 있는 게임이 아니다. 이것은 좌절감을 주는 요인이다."

볼트가 내린 정의에 의하면 소규모 기금은 5천만 달러 내지 20억 달러의 자산을 의미한다. 소규모 기금의 투자위원회는 보다 복잡한 투자환경에 직면하였으며, 자원과 기술을 구비하지 않으면 상황을 감당할 수 없다고 인식하였다.

"나는 여러 재단의 투자위원회에 참여하고 있는데, 한결같이 우수한 인물들이 시간을 투자하였고, 성공하기를 원한다. 문제는 이들이 성공을 만들어 낼 자원을 구비하지 못하였다는 사실이다. 단지 운용사를 선정하는 일만이 아니라, 포트폴리오를 모니터링하고, 운용사를 감독하며, 위험관리 시스템을 실행해야 한다. 이것은 값비싼 자원이다. 소규모 기금에서는 이러한 것을 구비할 수가 없다.

이들은 옳은 일을 하려고 시도하지만, 자신들이 해낼 수가 없음을 마음속에서 알고 있다. 이들은 결코 성과를 낼 수 없을 것이다."

2. 민첩한 CIO

볼트는 소규모 기관이 직면하는 문제에 대한 해법을 너무나 신봉하기에, 그는 그 해법을 제공하는 투자운용사를 창업하였다. 그는 평판이 높은 Perella Weinberg

Partners사와 제휴하에 '민첩성'이라는 브랜드 이름으로 자산운용 부문을 출범시킴으로써, 자신의 말을 행동에 옮겼다(https://www.pwpartners.com/asset-management).

볼트의 서비스는 기금의 투자위원회로 하여금 자신들이 가장 잘하는 기능만을 수행하도록, 즉 전략적 사안 등 위원들만이 조직에게 책임을 질 수 있는 문제에만 집중하게 해 주는 한편, 일상적인 운용은 실행할 자원과 능력을 갖춘 운용사에게 위탁하도록 한다. 궁극적으로 이 해법은 사람들이 '아웃소싱'이라고 부르는 서비스이다. 볼트는 '아웃소싱'이란 용어는 선호하지 않는다. 그는 이 서비스를 위원회의 의지와 비전을 받아다가 포트폴리오에서 효율적이고 민첩하게 실행할 외부 운용사와 간에 구성하는 일종의 조인트 벤처라고 생각한다.

볼트는 자신의 사업모델을 재단과 대학기금에 서비스하는 데 집중하는 운용사를 창업한 다른 전직 CIO들과 다음과 같이 비교한다. 컨설팅 방식으로 대안을 제시하고 투자위원들로 하여금 선택하도록 강요하는 모델은 '대답할 수 없는 질문은 제기하지 않는다'는 그의 기본원칙에 어긋난다. 다른 서비스 모델에서는 맞춤화 요소가 없이 단일 펀드만을 제공한다. Agility의 서비스는 이 두 가지의 중간 성격이다.

"투자위원회 위원들에게 설명하고, 일련의 결정요소들을 제공하며, 결정요소들의 경중을 평가한다. 위원들의 답변에 근거한 기준에 가장 잘 맞는 포트폴리오를 구성한다 가장 중요한 단계로서 위원회에게 'Agility는 위원회가 이 포트폴리오를 구성하도록 우리에게 결정을 위탁해 주시기 바란다. 우리는 이 일에 능숙하며 매일매일 수행한다. 위원회는 전략적 차원에서 관여를 유지하면 된다'라고 말한다."

볼트는 이 해법을 '위원회 위원들이 전적으로 관여하지만, 그들이 내리기 어려운 결정에는 참여하지 않는 모델'이라고 설명한다.

Cambridge Associate와 같은 컨설팅펌이 볼트의 회사를 경쟁자로 간주할 것이라고 볼 수 있을 것이나, 볼트는 부인한다. "Cambridge는 우수한 인력이 있는 위대한 회사이지만, 아무도 자산을 운용하지 않는다. 이들은 학구적인 경향을 보이며, 하부에서 레고나 포트폴리오의 벽돌을 맞추는 의사결정을 내리는 데에는 익숙하지 않다." Mark Yusko의 Morgan Creek(제15장 참조)사에 대해서는 "나는 그를 명석한 친구로 매우 좋아한다. 그는 하이브리드 모델을 제공함으로써 시장에 적응하고 있다"고 평가한다.

최소한 세 가지 모델이 가용하므로, 그는 시장이 결정하도록 맡기는 입장이라고 보인다.

1) 자산 배분

자산군에 대한 접근방식의 발전에 대하여 질문을 받자, 볼트는 "이것은 정말로 좋은 질문이다. 제대로 짚으셨다"고 반응하였다. 그는 자산 배분의 추세에 대한 견해를 설명하는 연설을 많이 해 왔다.

"1980년대의 대학기금 포트폴리오를 보라. 주식과 채권에 집중된 포트폴리오는 현재의 연금기금 포트폴리오처럼 보인다. 대체투자라고 불리는 카테고리는 포트폴리오의 4~5%에 불과하였다. 모든 주식 투자는 단일 자산군으로 뭉쳐져 있었다.

2000년에는 여러분은 모든 색상의 원형 그래프를 보게 되었다. 컨설턴트들이 바삐 일한 결과로서 원형 그래프는, 주식을 성장과 가치주로, 헤지펀드를 절대수익률과 방향성으로, PE를 벤처캐피털과 PE로 세분화하였고 각각 컨설턴트가 붙여 놓은 목표가 설정되었다. 컨설턴트는 검색을 많이 수행하였다. 그래프가 완성되자, 여러분이 포트폴리오에 모든 전술적 기회를 구사했었다."

그러나 볼트는 투자자들이 다시 폭넓은 자산군으로 되돌아갈 것으로 예상한다.

- 글로벌 주식
- 글로벌 채권
- 절대 수익률
- 실물 자산
- PE

"이들 분류 안에서 글로벌 주식, 신흥시장 및 미국, 방향성 헤지펀드, 알파 이전이 여러분에게 가용하다. 여러분은 획일화에 매이지 않고서 보다 전술적인 선택을 할 능력을 갖게 될 것이다." 투자자들이 획일적인 분류로 인해서 너무나 손상을 입었기 때문에, 그러한 좁은 분류체계는 무너질 것이다.

볼트가 UTIMCO에서 제기했던 가장 중대한 주장은 헤지펀드의 정의에 대한 것이었다. "헤지펀드가 무엇인가? 증권거래위원회의 정의에 의하면 헤지펀드는 등록되지 않은 투자 pool이다. 소위 130/30펀드는 어떠한가? 공매도를 하지 않는 Relational Investors를 헤지펀드로 볼 수 있는가?" 볼트가 보기에 타당하지 못한 분류기준으로 인해 기존 분류의 붕괴 과정이 가속될 것이다. 볼트는 헤지펀드란 단지 적극적 운용의 형태일 뿐이라고 간주한다.

"UTIMCO에서 우리는 이 점에 대해서 많은 토론을 벌였다. 투자위원회는 언론의 영향을 받아서 헤지펀드를 두려워하였다." 투자위원회 위원들이 포트폴리오에 헤지펀드가 얼마나 편입되어 있는지를 감시하려 했기에, 헤지펀드가 한 가지의 자산군이 되었다. UTIMCO 내에서의 토론은 투자위원회가 헤지펀드를 국내주식 분류에 넣기를 거부함에 따라서 촉발되었다. 투자위원회는 이 토론에 장기간 몰입할 것으로 보였다. 볼트는 당시 그의 경력의 단계에서, 헤지펀드가 주식인지 아닌지의 논란을 하고 싶지 않았다. 그러한 논란은 볼트에게 1년을 소모할 가치를 주지 못하였다.

그렇다고 볼트는 헤지펀드가 적극적 운용의 한 가지 형태를 나타내며, 별도의 자산군을 구성하는 것이 아니라는 신념을 꺾은 것이 아니다. "내가 컨설팅펌들의 분류에 대항하는 것처럼 보인다. 하지만 재단과 대학기금들이 전통적인 적극적 운용사들을 더욱더 세부적인 분류의 칸에 집어넣음으로써 기회를 쥐어짜고 있다. 우수한 적극적 운용사란 너무나 희소하므로, 여러분은 그러한 운용사를 발견했다면, 그들로 하여금 가치를 창출하도록 가능한 모든 기회를 부여할 필요가 있다. 내가 생각하기에는, 그들이 멀티전략 헤지펀드이다."

2) 아이디어 창출

볼트는 타인들이 생각을 새로운 또는 상이한 방식으로 표현할 때 자신에게 아이디어가 떠오른다는 사실을 발견하였다. “완전히 독창적인 아이디어는 드물다. 창의적인 아이디어는 기존의 생각을 재정리하는 과정으로부터 나온다. 누군가가 무엇인가를 내가 생각하지 못했던 방식으로 언급해 주면, 나의 생각의 그루브가 다른 궤도로 이동한다.”

볼트는 타인과 대화하고 독서하고 관찰하며, 생각의 새로운 궤도로 옮겨 타면서 아이디어를 창출한다. 볼트는 독창적인 생각을 다른 분야로부터 얻었다. 볼트의 딸은 유전학 전문가로서 인간의 유전자의 해독이 얼마나 어렵지만, 얼마나 놀라운 것인가 대해서 그에게 말해 주었다. 볼트는 딸과 대화하면서 완전히 독창적인 생각을 도출하였다. 그 한 가지 예가 알파의 이전(alpha transport : 제13장 주석 portable alpha 참조)이었다. 볼트가 캘퍼스에 재직하던 당시, 아무도 알파의 이전을 생각하지 못하고 있었다.

전환사채 재정거래는 적은 수익률을 창출하였고, 따라서 흥미를 끌지 못했다. 그러나 그 수익은 매우 확실한 적은 수익이었다. 확실한 수익이란 매우 가치 있는 것으로서, 상장주식에서는 획득하기가 매우 어렵다. 볼트는 전환사채의 적은 재정거래 수익을 파생상품을 활용하여 이동시키자는 생각을 떠올렸으며, 이로써 캘퍼스에게 즉각 적극적인 주식 수익률을 시현시켜 주었다.

운용사들이 통계적 재정거래에서 시도하는 거래는 인간의 유전자 해독보다 100배는 어려울 수 있지만, 시장은 규칙을 따르지 않기에 볼트는 해 낼 수 있다는 자신감을 갖고 있었다. 하지만, 볼트는 계량적 모델링을 인간의 유전자의 관점으로부터 보기 시작하자, 매우 복잡한 세상을 모델링하는 것이 가능한지의 여부를 다시 고려하게 되었다.

볼트는 자신이 계량적 모델 추종자들에 완전히 반대하는 것이 아니라고 전제하면서, 계량적인 펀드매니저들이 거대한 데이터 흐름을 받고 수학적 모델을 돌려서 데이터를 정제하며, 결과를 증권의 광범위한 세계에 적용하면 가치를 창출할 수 있다고 인정한다. "여러분이 데이터 흐름과 전산 능력을 확보하고 이를 다수의 증권에 적용한다면, 이것은 강점이다. 이것은 데이터 처리 활동으로부터 나오는 계량적이고, 매우 단기적인 강점이다. 그러나 이것은 금융시장의 성공적인 모델화와는 아직도 거리가 멀다."

그는 신경망(Netrual Net) 모델에 매력을 느낀다. "나는 그 우아함을 사랑한다." 하지만 그는 젊었을 때 계량전략에 많이 투자하였다가 멀어졌고, 이제 복귀하는 중일 뿐이다. 그는 지속 가능한 모델이 구축될지에 대해서 자신감을 갖지를 못한다.

3) 역발상 투자 아이디어

볼트는 그가 새로운 또는 상이한 투자 아이디어를 설명할 때 사용하는 용어인 '우주선' 시장을 표현하는 마인드 게임을 제시한다.

가. 우주선 시장

"독자들이 헤지펀드에 종사한다고 가정하자. 여러분은 매우 성공하였으나, 여러분의 강점이 위축되고 있다. 여러분은 돈을 많이 벌었고, 다음 번 기회를 찾기 시작하였다. 여러분이 우주선을 제작하여 두 명의 트레이더를 우주로 비행하면서 위대한 아이디어를 찾도록 보낸다. 트레이더들은 결국 Z행성에 착륙하였다. 이들은 이 별에서 제대로 작동하는 주식시장을 발견하는데, 트레이더로서 현지의 매매방식을 선호하지 않으며 현지에 머무르기도 원하지 않는다. 따라서 트레이더들은 Z위성의 인덱스펀드를 Z달러어치 매입하는 결정을 내렸다. 지구로 돌아온 트레이더들은 '여기 Z행성의 인덱스펀드를 가져 왔습니다'라고 말한다."

Z행성의 인덱스펀드가 지구에 와서는 알파인가 베타인가? 볼트는 베타라고 주장하는 사람이 있으면 교정해 준다. "당신은 한 가지 중요한 사실을 간과하였다. 트레이더들은 우주선을 제작하였다. 이것이 강점이고, 알파이다."

볼트가 묘사하는 우주선 시장에서, 투자자들은 최초진입자(first mover)로서의 우위를 향유한다. "여러분이 반드시 최고가 되어야만 하는 것이 아니다. 알파는 제로섬 게임이 아니다. 시장은 항상 확장하고 있으며, 우주선 시장으로 가면 벌 수 있는 돈은 분명히 있다."

볼트는 투자자들이 차세대 시장을 모색함으로써, 기존 포트폴리오와 상관관계가 없는 자산으로부터, 위험에 대비하여 높은 수익을 얻을 수 있다고 믿는다. "여러분은 Z행성에 착륙하기 전에 12개의 위성을 거쳤을 수도 있다. 기관투자자들은 우표와 예술품에 손을 댔다. 여러분은 계속 기회를 추구해야 한다."

1980년대 초에, 헤지펀드는 우주선 시장에 속하였고, 최초진입자들은 우위를 누렸다. "당시라면 여러분은 헤지펀드 선별을 반드시 잘할 필요가 없었다. 시장이 우주선으로부터 미국의 헤지펀드처럼 완전히 개발되면서, 우위를 유지하기가 어렵게 되었고, 기술이 속도보다 중요해졌다."

볼트는 현행 우주선 시장의 사례로 탄소거래를 제시한다. 음악판권 투자도 캐나다의 연금기금에 수익을 안겨 준 또 하나의 사례이다. 볼트는 투자자들에게 '항상 눈을 뜨고 있으라. 헤지펀드가 대학기금에 가져다주었던 대박을 여러분도 항상 찾아내지는 못하지만, 여러분은 작은 것을 계속 추구해야 한다. 여러분은 우주선 시장만 전문하는 운용사를 찾아낼 것이다. 여러분이 찾아내는 하나가 믿을 수 없을 만큼 소중할 수가 있다'고 권면한다.

동시에, 투자자들은 우주선 시장을 흥미거리로, 또는 자기만족을 위해서 추구하지를 말아야 한다. "스타트랙(Star Trek) 증후군을 회피하라. 모든 사람들이 커크 선장이 되고 싶어 하지만, TV 영화에서 나오는 순간 이동이라는 것은 현실에는 없다."

결국 모든 것은 자원의 배정에 좌우된다. 유능한 인재와 가용한 자본에 한계가 있으므로, 가장 높은 잠재력을 가진 가치 창출 기회에 집중해야 한다.

다만, 이러한 기회도 어떤 단계에 도달하면 기술로 인해서 고갈되기 때문에, 투자자들은 다음 단계를 고려하면서 투자할 필요가 있다. “기술의 발전은 너무나 대단하다. 현재 최고의 명석한 인재들이 더 많이 이 업계 내에서 자리를 잡는다. 이러한 환경 속에서는 기존의 강점을 유지하기가 더 어려워진다.”

나. 다수전략 펀드 모델

소규모 재단 및 대학기금과 함께, 연금기금도 별다른 우위점을 갖지 못할 것이다. “연금기금 업계는 시대에 뒤떨어져서 감각이 무디다. 연금기금은 대학기금 측에서 기회가 줄어들었기에 내 놓는 매물을 매수대상으로 검토하면서, ‘너무 위험한데 괜찮을까?’하고 판단하는 단계에 와 있다.”

반면에 볼트는 재단과 대학기금의 CIO들이 다른 투자가 집단으로부터 너무나 동떨어져서, 대중들이 재단과 기금의 모든 CIO가 최첨단에 서 있다고 기대할 수가 있는데, 실제 현실은 그러하지 못하다고 지적한다.

볼트는 재단 및 대학기금이 멀티전략 헤지펀드와 유사점이 많다고 지적한다. 헤지펀드의 사업모델에서, 운용사는 모든 도구를 자신의 재량하에 사용할 수 있다. 고객은 운용사에게 많은 시도를 하도록 허용하였고, 성과를 내주면 많은 돈을 벌 수 있다. 신흥 헤지펀드 운용사들은 틈새시장을 조기에 포착하면 상당한 이익을 얻는 경향을 보인다.

일부 헤지펀드는 전문화 전략을 유지하는 것이 아마도 정답일 것이다. 하지만 헤지펀드가 커지기 원한다면, 확장을 해야 한다. 이를 위해서는 헤지펀드는 단일 분야를 벗어나서 복수의 분야에서 성공해야만 한다. 싱글 전략 헤지펀드가 멀티전략 운용사로 성장하게 되면 보다 복잡한 조직을 구성하게 된다. “멀티전략 헤지펀드 운용사의 경영은 가장 어려운 사업이다.”

최고의 멀티전략 헤지펀드는 최고의 도구를 사용하며, 업계의 선도지위 유지를 지킨다는 의지를 갖고 있다. 이러한 관점에서, 볼트는 대학기금이 멀티전략 헤지펀드와 같다고 믿는다. "우리는 이 모델이 잘 작동함을 알고 있다. 하버드가 이를 해냈다."

볼트는 대학기금의 모델이 멀티전략 헤지펀드에 대비하여 우위에 있다고 주장한다. "Farallon[102]처럼 위대한 헤지펀드 운용사를 보자. 이 회사는 지금도 창업자인 Tom Steyer가 인력을 고용하여 자신의 회사의 지붕 밑에 두는 폐쇄형 모델이다. 이와 대비하여 대규모 대학기금에서는, CIO가 최선의 운용사를 선정하여 그들의 전략에 투자한다. 대학기금이야말로 개방된 멀티전략 헤지펀드 모델이다."

3. 진정한 보상

볼트는 어떤 특정한 유명 투자자로부터도 '투자의 영감'을 전수받지 않았다. 그는 그러한 영감을 동료들로부터 발견하는 경향이 있으며, 그러한 영감들을 함께 결집시키기 위한 비전의 처방을 찾기를 바란다. "대학기금이라는 우주에는 매우 강력한 동지애가 존재한다. 일부 예외를 제외하고는, 사람들이 아이디어를 공유한다."

볼트는 이같이 좁은 사회 내에서는 집단적 사고가 문제가 될 수 있음을 인정한다. "우리가 창업을 하는 이유 중 하나는 지도자를 따라가기만 해서는 장기적으로 경력을 달성할 수 없기 때문이다."

가용 자원에 제약을 받는 소규모 기관은 남을 모방하는 데에 조심해야 한다. "여러분이 단순히 남들을 따라 투자할 수 없는 이유는, 매도할 시점이 도래했을 때에

102) **역자 주** : Tom Steyer는 예일 학부와 스탠퍼드 MBA. 골드만 삭스의 M&A 재정거래(risk arbitrage) 부문 및 Hellman & Friedman PE의 경력자이다. 1986년 사건 중심(event driven)의 Farallon Capital을 창업하였고, 1990년 1월 예일 대학교 기금으로부터 3억 달러의 투자를 받은 최초의 헤지펀드가 되었다.

는 연락을 받지 못할 것이기 때문이다." 매도 시점의 판단은 투자자가 스스로 해야 할 과제이다.

볼트는 자신이 재단과 대학기금업계에서 CIO 및 투자자문사로서 일하는 보람을 두 가지 추가 요소에서 찾는다. 그는 업계 내에 강력한 응집력을 조성한 공로를 Cambridge Consulting에게 돌린다. 업계 내의 모두가 Cambridge Associates를 컨설턴트로 고용하였다. 그에 따라 어느 누구도 우위를 획득하지도, 상실하지도 않았으며, 설문에 응하고 보다 완전하고 소중한 정보를 공유할 기회를 얻었다.

그가 이 업계에서 CIO로 일하는 가장 중요한 이유는 아마도 "모두가 가치 있는 목표를 위해서 일한다고 느끼기 때문이다. 내가 캘퍼스에 면접을 보던 당시, 면접관은 왜 이 일을 하려 하는가를 질문하였는데, 나는 '납세자들의 돈을 보호하려 한다'라고 대답했다가 거의 떨어질 뻔하였다. 이 답변은 어울리지 않았다. 나는 '은퇴자들에게 더 많은 돈을 주려 한다'라고 말했어야 했다. 캘퍼스 이후에, 나는 더 매력적인 대안들 중에서 선택해야만 했다. 듀크, 노틀담, 스탠퍼드 또는 텍사스 대학교에서, CIO들은 자신이 무엇을 하는지를 알고 있었다. 이 점은 중요하다."

일찍이 슈퍼컴퓨터의 부품을 설계하던 때부터, 볼트는 '우주선 경험'이라는 경력 경로를 따라왔다. 새로운 역할을 맡고, 다양한 조직을 탐험하며, 새로운 기술을 학습하고, 꾸준히 기회를 모색한 그는 성공적인 투자를 민첩하게 달성한 엔지니어이다.

제12장

지적 호기심을 따르다

조지 워싱턴 대학 CIO인 Don Lindsey

Don Lindsay는 주류로부터 벗어남으로써 CIO 직무에서 성공하였다. 그의 사업가 기질, 창의성, 표현력, 성실성과 겸손함은 그가 투자 스태프와 운용사들에게 기대하는 그러한 인성을 상징한다. 무엇보다도 린지는 선천적인 지적 호기심을 발휘하여 도출한 혁신적인 생각에 근거하여 행동함으로써, CIO로서 자신의 차별성을 달성하였다.

1. 배 경

린지는 2003년 4월에 조지워싱턴 대학교의 9.6억 달러의 기금을 운용하는 책임자인 CIO로 영입되었다. 조지워싱턴 이전에 그는 토론토 대학교의 운용회사(University of Toronto Asset Management Corporation : UTAM)를 설립하여 초대 사장 겸 CEO로 재직하였다. UTAM은 토론토 대학교의 40억 C$의 기금과 연금을 운용하기 위해서 설립되었다. 린지는 1987년 버지니아 대학교의 운용회사(Virginia Investment Management Company : VIMCO)에서 그의 경력을 시작하였으며, 초기에 투자 애널리스트로 시작하여 투자담당 부이사, 선임투자임원 및 이사를 역임하였다.

린지는 버지니아 공대 정치학 학사와 James Madison 대학교 MBA를 취득하였고, CFA 자격자이다. 그는 또한 조지워싱턴 대학교의 재무학 강사이며, MBA 과정에서 응용 포트폴리오 운용을 강의하였다. 그는 버지니아 대학교의 McIntire 경영대학원 및 토론토 대학교의 Rotman 경영대학원에서 강의하였다. 그는 버지니아 주 퇴직연금의 투자위원회 위원이다.

1) 버지니아 대학기금

린지는 젊은 시절 버지니아 대학교의 Darden 경영대학원의 Taylor Murphy Institute에서 연구조교로 봉사하던 당시에 금융과 경제에 대한 관심을 갖게 되었다. 그는 경제연구를 지원하고 작성하면서 학습을 하였지만, 자신의 작업 결과를 측정할 방식이 없는 데에 좌절하였다. 그가 야간 MBA 과정을 마치면서, 그는 자신의 노력의 성패를 측정할 수 있게 해주는 일자리를 물색했다. 그는 그 자리를 버지니아 대학교의 투자 오피스에서 찾아냈고, 경험을 쌓은 후에 민간 부문으로 옮긴다는 의도를 가지고 1987년에 출근하였다.

"이 당시는 환상적인 시기였다. 대학기금은 신속히 성장하고 있었고, 나는 창의적이고 사업가적인 환경 및 제한 조항이 거의 없는 직무기술서에 대해서 환호하였다. 새로운 아이디어에 제한은 실질적으로 없었다. 나는 흥분하였다."

1988년에 당시 CIO였던 앨리스 핸디(제6장 참조)가 버지니아 주 재무장관으로 선임되었다. 투자부서의 각 인원은 추가 업무를 맡게 되었다. "나는 새로운 업무에 전율을 느꼈다. 갑자기 나는 자금을 운용하게 되었는데, 나는 국채와 기관발행채 간에 어떻게 구분을 할지 몰랐다. 그렇다고 해도 포트폴리오가 매우 보수적으로 구성되어 있었기에, 문제가 될 것은 없었다. 나는 위대한 OJT를 받았다. 나는 보다

수준 높은 채권 펀드매니저로 발전하였고, 막대한 경험을 얻었으며, 내가 학교를 사직할 때까지 포트폴리오 운용을 계속하였다."

그는 1990년대 초에 헤지펀드 투자 프로그램을 개시하면서 합병재정거래를 선택하였는데, 그 이유는 이 전략이 투자위원회가 수용하기에 가장 적합하다고 생각하였기 때문이었다. 합병재정거래 시장이 침체 국면에 들어서자, 이들 헤지펀드 운용사들은 부실채권 투자를 개시하였고, 린지로 하여금 이 전략을 학습하게 해 주었다.

그는 비효율성이 높은 이 시장에서 막대한 기회를 포착하였지만, 과거의 합병재정거래로부터 전업한 부실채권 운용사보다는 부실채권에 전문역량을 가진 운용사를 신뢰하였다. 그는 이러한 접근방식을 현재까지도 유지하고 있다. 1990년대 중반에 그는 주식(long/short)헤지펀드 투자를 개시하였고, 이후 보다 전문화된 펀드, Pequot 헬스케어와 기술 펀드 등 부문특화 펀드로 확대하였다. 그는 버지니아 대학교를 떠날 때까지 매우 광범위한 헤지펀드 포트폴리오를 구성하였고, 그가 모기지 대출 담당 애널리스트로 경력을 시작했음에 불구하고 상당한 투자 경력을 갖추었다.

특히 그는 채권운용 경험을 통해서 시장에서 적극적이고 시장의 심리를 이해해야 할 필요성을 인식하였다. 많은 사람들이 시장이 효율적이라고 생각하지만, 그렇지 않다. 그 이유는 시장이 인간의 참여로 구성되며, 인간의 감성이 시장의 활동과 잡음의 핵심 요소이기 때문이다. 예컨대, 비관적인 경제보고서가 매도를 자주 촉발시켰는데, 이는 그에게 매수 기회를 만들어 주었다.

"걸프전쟁 중에, 우리는 사무실에 TV 수상기를 두지 않았지만 옆 사무실에는 있었다. James Baker 장관이 이라크의 Tariq Aziz 외무장관을 만나서 쿠웨이트로부터 철수를 협상하였다. 회담은 몇 시간 지속되었고, 아무런 소식도 나오지 않았다. 채권시장은 이 회의가 긍정적으로 진행된다고 해석하였다. '이렇게 오래 지속되는 것을 보면 해결에 접근하는 것이 틀림없다.' 나는 텔러레이트(블룸버그 단말기와 유사한 시스템) 화면에서 베이커 장관이 발표를 앞두고 있다는 소식을 읽었다. 베이커 장관의 첫 단어는 '이런 말씀 드려서 유감스럽다'였다. 나는 여기까지만 들었다. 나는 사무실로 뛰어 돌아왔다. 유가는 배럴당 28달러로부터 40달러로 상승하였다. 5년과 10년 국채가 하락하고 있었다. 나는 브로커에게 전화하였고, 그는 '매수호가도, 매수자도 없다'고 말했다. 나는 '상관없다. 무엇이든지, 어디서든지 살 수 있는 것은 다 사 달라. 나는 가격이 하락세에 있는 한, 나는 주문을 계속 주겠다'라고 브로커에게 말했다. 나는 채권이 몇 초 만에 5 내지 10포인트 하락하는 동안 주문을 계속 쌓아 주었다. 이후 시장은 24시간 이내에 반등하였고, 나는 거대한 차익을 얻으면서 채권을 처분하였다.

이같이 인간의 심리가 시장에 주는 영향을 활용하는 법을 배운다면, 잡음은 좋은 것이다. 다른 투자자들이 뉴스에 비합리적으로 반응하면 기회가 생성된다. 그러나 여러분은 또한 장기 추세 등 진정으로 중요한 것을 추적할 때는 잡음을 무시하는 방법도 배워야 한다. 나는 공포로 인한 매도량이 많으면 기회를 생성해 준다고 본다. 이러한 점을 이해하면 운용사를 면접할 때 그들이 자신의 전략에 자신감을 가졌는지 여부 및 그들이 역경을 맞이해서도 그러한 전략을 고수할지의 가능성을 느끼는 데에 도움이 된다."

◈ 시장의 잡음을 아직도 튜닝하는 중

여러 해가 지나서도, 린지는 그가 버지니아 대학교 시절에 학습한 교훈을 계속하여 적용하고 있다.

"2003년 조지워싱턴 대학교에서, 우리는 에너지에 대규모 배분을 해 놓고 있었다. 나는 캐나다에서 3년을 보냈고(토론토 대학교), 온타리오 교원연금과 함께 캐나다 오일샌드에 최초 투자한 투자자 중 하나가 되었다. 나는 한 PE 운용사와 함께 일하면서, 아시아 특히 중국으로부터의 막대한 석유 수요를 인식하게 되었고, 에너지 포지션을 쌓기 시작하였다. 2006년 여름에 유가가 배럴당 78달러에 도달한 후 에너지 투자가 기피되자, 레버리지된 포지션의 해지가 잇달았다. 갑자기 에너지는 혐오대상 분야가 되었다.

나는 에너지의 장기적인 테마는 전혀 손상받지 않았다고 생각하였고, 시장 상황을 좇아서 포지션을 매도 또는 감축할 의사가 전혀 없었다. 나는 이 상황을 잡음으로 인식하였다. 하지만, 포트폴리오가 한 달 사이에 5~10% 하락해 있는 상황에서는 나의 의도를 실행하기 어려웠다. 이러한 변동성은 엄청난 것이며, 자신감이 없으면 전략을 실행할 수 없다.

나는 전략을 항상 재점검하였다. 에너지 관련 상장주식의 가치평가를 점검해 보니, 장기 추세는 유지되고 있었다. 이에 따라서 나는 장기전략을 고수한다는 판단하에, 나의 경로를 유지하는 데에 도움을 받았다.

2) 토론토 대학기금

버지니아 대학교에 근무하면서 40세 생일을 맞을 시점에, 린지는 자신의 경력에서 중요한 다음 단계를 생각해 보았고, CIO가 되겠다고 결정하였다. 그는 여러 군데에 면접을 보았으며, 토론토 대학교의 자리를 수락하였다. 토론토의 상황은 완전 신설 독립투자운용회사로서, 그는 대학기금 투자만이 아니라 조직의 모든 측면에서의 책임을 맡았다.

토론토에서의 3년 동안 린지가 학습한 내용은 그가 어떤 MBA 프로그램에서도 배울 수 없는 것이었다. 그는 그가 잘하는 것과 잘하지 못하는 것을 신속히 식별하고, 자신이 못하는 일을 잘 해낼 사람들을 고용하는 방법을 학습하였다. 이것은 조직을 운영하는 데에 치명적인 부분이었다. 인적자원에 대한 검토에서, 대부분의 사람들은 자신이 개선시킬 수 있는 기술에 연연한다. 린지의 인사 철학은 어떤 사람으로 하여금 우수한 능력을 발휘하도록 고용하면서, 당해 인력이 다른 일을 학습하면서 시간을 허비하기는 원하지 않는다는 것이다. 많은 CEO들이 그러한 실수를 한다. 상이한 인성과 상이한 기술을 가진 인력 간에 올바른 균형을 잡는 것이 중요하다. 이에 따라서, 조직 운영이 순탄해지며, 궁극적으로 성공을 지원하는 세력이 되어 준다. 여러분이 무언가에 유능하지 못하다면 누군가에게 완전히 맡겨라.

토론토 대학교는 15억 달러의 대학기금과 나머지 연금기금으로 총 40억 달러의 자산을 보유하였다. 린지는 3년의 기간 동안에 무엇보다도 캐나다의 연금법을 조사하고 14인의 스태프를 고용하였다. "COO는 린지에게 투자계약서를 가져와서 서명하게 하고는, '그런데 이것이 새로운 사무실의 카펫 샘플이다'와 같은 것을 보고하곤 하였다. 이것이 그가 2분의 시간 동안 결재해야 하는 사안들의 범위 내에 있었다. 이 상황은 자산운용보다는 기업경영 같았다. 그는 자산 배분과 운용사 선정에 많은 영향력을 갖추었지만, 당시에는 한 발짝 물러서 있었다.

이 당시는 완전한 문화 충격 속에서 어려운 과정이었다. 린지는 대학기금이 강점을 가질 것으로 기대하는 미국의 환경으로부터 왔었다. 토론토 대학교의 관계자들도 그러한 대학기금을 원한다고 말했지만, 학교의 기금과 연금이 캐나다 내의 다른 기금이나 연금과 상당히 다르게 편성되었기에 막대한 두려움을 느끼고 있었다. 그들은 린지의 업무에 대해서 굉장한 호기심을 보였다. 전국 일간지인 Globe and Mail이 보도를 하였고, 린지는 미국의 CNBC에 해당하는 '사업체 보고 TV'라는 프로에 출연하여야 했다. 린지는 자신이 하는 모든 일을 조사받는다고 느꼈다. 토론토 대학교의 UTAM 운용전담회사의 투자위원회, 대학교 수탁자위원회 및 다수의 지배기구들이 모든 것을 검사하고 있었다. 린지는 어려운 국면 속에서 집중력을 학습하였다. 이같이 대단한 교훈은 그가 현재에 더 나은 투자자가 되도록 기여하였다.

토론토에서의 팀원들을 만난 것은 행운이었다. 그들은 매우 협조적이었고, 임무에 대하여 확실한 동기를 부여받고 있었다. 린지는 자신의 능력이 함께 일하는 동료들에 기반한 것임을 학습하였다. 여기에는 의문의 여지가 없다.

3) 조지워싱턴 대학기금

린지는 캐나다에 영원히 머무를 생각은 하지 않았지만, 최소한 5년간 주재할 것을 예정하였다. 조지워싱턴 대학의 오퍼는 예상보다 일찍 왔다.

"나는 내가 몇 년 후에 귀국을 원하지만 원하는 자리가 없으면 어떻게 할 것인가를 우려하고 있었다. 조지워싱턴은 완전한 선택이었다. 고향과도 가깝고, 전 세계의 권력의 중심지인 워싱턴이며, 나에게 가용한 모든 세계 중에도 최선이었다. 나는 이곳이 가야 할 곳이라고 결정하였다.

조지워싱턴은 또 다른 경험을 제공하였다. 이 기금의 자산과 스태프들은 적었지만, 나는 투자운용의 실무에 복귀하기를 선호하였다. 나는 조지워싱턴 팀이 시간을 두고 성장할 것이고, 이것은 느린 절차일 것임은 알고 있었다."

2. CIO 직위

린지는 다른 CIO들보다 자산 배분을 넓게 보며, 자신의 접근방식이 자산 배분보다는 테마 배분에 가깝다는 지적에 동의한다.

1) 자산 배분

린지의 자산 배분방식은 6년에 걸쳐 발전해 왔다. 사람들은 먼저 파격적이 되어야 공격적이 될 수 있다. CIO들은 업계의 동료와 경쟁자들이 무엇을 하는지 및 상대적으로 자신의 성과가 어떤지를 생각하면서 많은 시간을 보낸다. 이런 비교를 배제할수록, CIO가 더 편안해진다. CIO는 자신의 소속기관의 개별적인 속성, 무엇이 차별화 요소인지 및 자신의 기금에 계획을 어떻게 맞춤 설계할지를 진정으로 이해해야만 한다.

린지는 각 자산군을 얼마나 보유해야 하는지에 대해서 생각하지 않으려고 노력한다. 그는 훨씬 더 넓게 보며, 다음 10년 또는 더 긴 기간에 걸쳐서 현금흐름을 성장시킬 최선의 원천을 찾고 있다. 그는 먼저 스스로가 투자의 세계를 벗어나서 시작한다. 그리고 세계 정치, 세상을 변화시키는 핵심 추세 및 지금으로부터 10년간 중대한 변화를 일으킬 사건들을 생각한다. 린지는 어떤 운용사를 선정할지의 고려는 유보해 놓고서, 경제와 인구통계학적 변화에 대한 연구에 진정으로 몰입한다. 글로벌한 견해를 가지며, 이는 세계화를 진정으로 이해하며 타국에서 발생하는 사건에 미국 내의 사건 못지않게 익숙해져야 함을 의미한다. 이러한 과정에서 큰 테마를 일단 파악하였다면, 이러한 테마가 현금흐름을 증가시키도록 실행 가능한 투자 아이디어를 창출해 주는지를 판단하게 된다.

수요공급 곡선이 장기간 동안 균형을 유지할 것이지만, 테마가 나타나서 균형을 획기적으로 요동시킬 것이다. 무엇인가의 현행 가격이 일시적으로 잘못 형성되었는지, 아니면 장기적으로 완만한 이동이 발생하고 있는지를 보아야 한다. 에너지가 좋은 예이다.

린지는 일단 투자기회를 발견하였다고 판단하면, 아이디어를 실행할 최선의 방식을 강구하며, 주로 전문 운용사를 물색한다. 그는 PE, 상장주식이나 다른 구조 등 투자의 경로에 대해서는 중립적이다. 그가 적합한 운용사를 물색하였는데, 당해 운용사가 주식long/short펀드에서 거래 체결을 전문한다면, 그는 어떤 다른 자산군에서 실행하겠다고 결정하기보다는 주식long/short를 선택할 것이다. 조지워싱턴대학교가 자산 배분기준을 채택하고 있으나, 린지는 추적오류가 발생할 것으로 예상하며, 기준에 구애받지 않는다.

“우리는 배분 목표를 설정하고 있다. 하지만, 아마도 우리의 자산 배분은 결코 이러한 목표대로 이루어지지 않을 것이다. 자산 배분기준은 ‘우리가 어떤 다른 것도 하지 않는다면, 아마도 이것을 할 것이다’라고 말하는 기본개념이다. 우리는 향후

5년, 10년 후에 회고하면서, 우리가 이러한 기준 대비 어떤 성과를 냈는지 파악할 것이다. 우리가 기본기준 대비 상당히 잘 했다면, 내가 역할을 한 것이다. 만일 그렇지 못하다면, 나는 우리가 너무 창의력을 발휘하지 말아야 했었음을 알게 될 것이다. 이러한 판단은 매우 장기에 걸쳐서 이루어져야 한다. 투자위원회와 자주 교감해야 하고, 위원들에게 어떤 기간에는 상당한 초과 성과가 나오되, 다른 기간에는 저성과가 나올 것임을 이해시켜야 한다. 우리는 최선의 방식으로 장기 배분한다는 신념을 가졌다면, 성과의 등락에 대해서 연연할 필요가 없다."

실행되는 모든 테마는 5년의 시야를 가진다. 테마는 장기 속성으로서 단기적 트레이딩 마인드를 벗어나 있어야 한다. 테마와 산업에 몰입하고 더 잘 파악하면 다른 테마를 개발하는 데에 도움이 된다. 테마는 5년 이상의 지평선을 가질 수 있으며, 일부는 다른 테마보다 더 큰 배정을 받을 것이다. 경우에 따라서는, 우리는 현행 테마에 배분을 하지 못할 수도 있다. 이러한 결정은 위험관리 변수에 좌우될 것이다.

"테마는 실제로 변하지는 않는다. 단지 새로운 테마가 발전하며, 이를 실행하는 데에 수년이 걸릴 수 있다. 우리는 실행에 1년이 넘어 걸리더라도 테마를 조사하는 것이 타당하다고 생각한다. 우리는 남보다 일찍, 타인이 기회를 인식하기 이전에 실행하기 원한다."

2) 살아 움직이는 테마

에너지 테마로부터 발전한 현행 테마로서 농장 투자 건이 출현하였다. 기관투자자들이 10~15년에는 목재 투자에 반응하지 않았듯이, 농장도 거의 투자가 되지 않은 상태이다. 많은 사람들은 농장을 노인들이 트랙터를 몰고 경작하는 보리밭으로 상정한다. 그러나 농장은 상당한 변화가 발생하고 있는 산업이며, 그 이유는 글로벌 에너지 수요 추세에 기인하였다. 에탄올은 에너지와 농산물의 양쪽에 활용될 수 있는 공통부분을 갖고 있으며, 농산물과 에너지 중 어느 방향으로 수요가 어떻게 진전될지는 아무도 알지 못하였다.

당시 농장을 검토하면서 린지는 수자원 투자도 검토하게 되었는데, 그 이유는 물이 농업에 필수이기 때문이다. 그는 수자원 인프라 검토에 많은 시간을 보냈다. 미국 내에서도 인프라는 100년 이상 노후되었다. 향후 10년에 걸쳐 거대한 인프라 수요가 나타날 것이다. 사람들에게 물 공급을 계속 확보하려면 수십억 달러가 소요될 것이다. 그러나 그 재원이 어디에 있는가? 연방신탁기금으로부터는 나올 수가 없다. 지방정부들은 사회보장과 메디케어의 예산도 부족한 상황에 있다. 논리적인 해법은 민간투자이다. 사람들은 '물은 공짜로 하늘에서 내려오는데 물에 투자한다고?'라고 반발할 것이지만, 물이 풍부하든 않든 간에, 물을 저수지로부터 가정으로 배달하려면 돈이 든다. 이 테마는 향후 다년간에 걸쳐서 작동할 것이다.

3) 포트폴리오 구성과 관리

재단과 대학기금의 자산을 관리하려면 포트폴리오와 투자 관리 기술뿐만 아니라 인성 평가, 인력 관리 및 외교적 기술이 요구된다. 린지는 팀을 이끌고, 투자운용사를 선정하며 투자위원회와 상호 작용하는 역할이 모두 포트폴리오 구성에 관여되기 때문에, 두 가지 기술을 동시에 구사하는 경우가 많다.

가. 스태프들의 인성

"자신의 능력에 대해 자신감이 있고, 자신의 능력과 적성을 알며, 실수를 하거나 새로운 일을 하는 데 두려움이 없는 사람들을 고용하는 것이 중요하다. 이들은 비전통적인 사고를 시도하면서 좋은 아이디어를 창출한다. 이들은 자기 일을 너무나 좋아해서 직업이기보다는 생활 스타일로 간주한다. 이들은 주말에도 가정에서 있으면서 새로운 아이디어를 탐구한다. 이는 과도하다고 보일 수 있지만, 이것이 당사자가 가져야 하는 인성이다. 스태프는 이러한 인성에 의해서 의욕을 얻으며, 하루에 일정 시간만 집중하는 일로 간주하지 않아야 한다. 결과적으로 자신의 개인생활과 직업생활 간에 균형을 잡지 못하는 사람들이 주로 채용되는데, 균형이 결여되고 과도하게 몰입하는 성향이 중요한 요건이 되는 것이 맞다.

또 한가지 진정으로 핵심적인 인성은 겸손함이다. 스태프들이 모든 정답을 깨달았다고 느끼는 순간, 이들은 위험하다. 여러분은 '내가 일을 망쳤다'라거나 '어떻게 할지 전혀 모르겠다'라고 솔직히 말하는 사람들을 필요로 한다. 이 점은 중요하다."

나. 지배구조에 관하여

"지배구조가 작동하려면 직무가 명확히 정의되어야 한다. CIO와 스태프가 자신의 업무라고 인정하는 책임을 맡아야 하며, 투자위원회도 위원회의 업무를 가져야 한다." 위원회 위원들이 스태프의 역할을 수행하는 경우는 매우 위험하다. CIO가 결정을 많이 내려야 하는 반면, 위원회나 이사회가 궁극적으로 내려야만 하는 결정 사항들이 있다. 지배구조가 작동하려면, 투자위원회나 재단이사회가 비교적 소규모로 유지되어야 한다. 그 이유는 규모가 작아야 위원들이 보다 책임감을 가지고서 과정에 적극적으로 참여하기 때문이다. 10인 이상으로 위원회가 구성되면 의견일치를 보기가 어렵고, 의사결정이 최적이 못 되는 타협에 머무는 경향이 생긴다.

CIO가 자산 배분 과정에 많은 변수들을 제공해야 하지만, 자산 배분 및 기존의 자산 배분 결정으로부터의 일탈에 대한 승인권은 투자위원회의 결정 사항이다. 투자위원회가 변수들을 설정하지만, 실행에서는 CIO가 완전한 책임을 맡아야 한다. CIO가 사사건건 위원회에 들고 가야만 한다면 적기에 결정을 내릴 수 없게 된다. 또한 위원회의 신임 위원들에게 그들이 알지 못하는 사항에 대해서 표결하라고 요구하는 것도 적절하지 못하다. 특히 스태프가 모든 일을 마무리해 놓은 상황에서, 위원들에게는 4페이지의 요약과 30분의 설명이라는 불충분한 정보를 주고 나서는 결정을 내려 달라고 요구하는 행위는 좋지 않은 지배구조이다. 위원들이 제대로 결정을 하려면 모든 회의에 참석했어야 하는데, 이는 현실적으로 불가능하다.

"정치적으로 민감할 수 있는 이야기지만, 나는 CIO가 투자결정을 컨설턴트에 의존하는 것은 옳지 못하다고 생각한다. 위험관리 시스템의 개선 같은 특별 프로젝트의 경우는 컨설턴트에게 의존하는 것이 타당하지만, 투자 의사결정은 의존해서는 안 된다. CIO는 수탁자이며, 의사결정 일을 하도록 고용되었으므로, 자신의 결정에 확고한 근거를 가지고 있어야 한다. 컨설턴트에 의존해야만 일을 할 수 있다면 그 자리를 맡아서는 안 된다."

그는 스태프에게 요구하는 바와 동일하게, 운용사에게도 새로운 아이디어를 시도하는 창의성을 요구하지만, 이는 또한 강력한 겸손함을 전제로 한다.

다. 운용사 선정

운용사의 인력에게서 겸손함이 최고로 중요하지는 않더라도, 상위 3위의 특성에는 포함된다. 운용사의 인력들은 부자가 될 수 있으며, 돈은 사람들을 주로 바람직하지 않은 방향으로 변화시키는 경향이 있다. CIO는 거래하는 운용사 인력들이 매일 아침 출근하는 이유를 파악하려 한다. 그들은 돈 때문이 아니라 자기 일을 사랑해서 일하는 사람이어야 한다.

"정직성은 매우 중요하다. CIO는 소통을 덜 하는 운용사보다는 과도하게 하는 운용사를 원한다. 내가 거래한 운용사 중에는 사소한 일이 잘못되어도 주말 중에 전화하는 곳이 있었다. 토요일 오후에 집 전화에서 '돈, 이러이러하니 바로 연락해 달라'는 메시지를 들으면 매우 당황스럽다. 이때는 심장이 두근거리지만, 이런 상황이 발생하였을 때 나는 좋은 문화가 자리를 잡았다고 느낀다. 나는 운용사가 나에게 숨기기보다 일찍 말해 주기를 원한다. 사안이 사소하여 관계에 영향을 미치지 않을 경우라도, 나는 운용사가 시간을 내어 전화해 주면 반길 것이다."

린지는 레버리지를 높인 전략은 상승보다는 하락 가능성이 높다고 보기에 사절한다. 그는 역경을 거쳐 온 운용사를 선호한다. 투자은행의 자기매매(proprietary trading) 데스크나 플랫폼으로부터 매우 지능적인 인재들이 우수한 실적을 배경으로 창업하는데, 린지는 이들 운용사는 조심스럽게 본다. 그 이유는 이들이 독자적으로 역경을 헤쳐 나온 것이 아니고, 플랫폼으로부터 지원을 받아 왔기 때문이다.

라. 리스크 관리

리스크 관리의 핵심은 최악의 시나리오를 생각하고 예상하며, 예상 못한 사건을 상정하는 것이다. 리스크 관리는 발생할 수 있는 사건이 어떤 것이며, 그 발생 원인이 무엇이며, 자신이 어떻게 생존하여 남을 것인가를 파악하는 일이다. 리스크 관리자는 내일도 투자사업을 하기 원하기 때문이다.

리스크 관리의 핵심은 최선의 아이디어에 배정을 많이 하되, 포트폴리오의 나머지 부분에는 시간이 가면서 상당히 다르게 움직일 자산을 확보하는 것이다. 극단적인 사건이 발생한 기간에는 모든 것들이 동일하게 움직이는 경향을 보인다. 즉, 모든 것이 하락한다. 이에 대비하여 어떤 것의 가격이 가장 많이 떨어지고, 어느 것이 가장 덜 떨어지는지 파악하며, 이 모든 전략들 간에 균형 잡힌 배분을 도출한다. 대다수의 사람들은 이러한 위험관리가 계량적인 절차라고 생각하는데, 린지는 이것이 훨씬 주관적이고 정성적이라고 생각한다. 입수되는 데이터가 대부분 너무 제한적이기 때문에, 독자들이 데이터에 너무 의존한다면 큰 실수를 할 수 있다.

3. 교훈, 관찰 및 조언

린지는 자신의 전체 경력에서 타인에게 의견과 조언을 아끼지 않아 왔다. 그는 투자 운용, CIO 경력 및 장래 예측에 대한 일련의 주제에 대해서 자신의 생각을 밝혔다.

1) 의사소통

린지는 자신이 투자위원회와 가능한 한 많은 의사소통을 해야 하고, 위원들이 '모든 일이 잘 되고 있다'고 인식하는 상황이 결코 당연하다고 간주하지 말아야 한다는 사실을 학습하였다. 그는 스스로에게 투자위원회의 각 위원에게 전화하거나 위원회에게 메모를 보내라고 계속해서 일깨운다. 이러한 일이 어렵고 손이 가지만, 그는 자신의 핵심적인 역할이라고 생각한다.

2) 투자 실수

시장에는 거대한 실수가 진행되고 있다. 다수의 기관들이 자산군에 대해 매우 얕고 부적절한 견해를 갖고 있으며, 그러한 자산군 간의 균형에 대한 의존도가 너무 높다. 각 자산군에 대한 적합한 금액이 얼마인지가 너무 강조되고 있다. 기관들은 자사가 PE에 배정을 5%로부터 10%로, 헤지펀드에 5%로부터 10%로 늘린다고 공표하고 있다. 이 결정에 의미가 있는가? PE에 어떤 비율을 특정하여 배정했다고 해서 마술적인 효력이 작동하는 것이 아니다. 배정은 실제로 가용한 투자기회에 근거해야 한다. 기회가 가용하지 못하다면, 채우겠다는 목표를 설정하는 것 자체가 거대한 실수가 된다.

기관투자자들이 운용사와의 관계를 모니터링하는 절차가 부적절하다. 기관들은 운용사의 성과가 6개월간 부진하면 요주의 명단에 올리고, 또다시 6개월간 부진하면 운용계약을 해지한다. 기관들은 일정 기간 동안 성과가 지표에 미달하면 너무 좌불안석한다. 린지는 포트폴리오 내의 다른 운용사 대비 성과가 저조한 운용사에 대해서도 불편해 하지 않는다. 그러다가 성과가 우수하던 운용사가 부진해지기 시작하면, 그는 과거에 부진하던 운용사에게도 기회가 왔다고 생각한다.

기관들은 운용사를 평가함에 있어서 성과에 대한 강조에는 덜 집중하고, 투자

운용 팀의 문화와 역동성에 보다 중점을 둘 필요가 있다. CIO들은 운용사가 책임감과 실사에 강한 문화를 갖고서—이는 운용사 인력들에게 고객 자금을 위탁받은 수탁자(fiduciary)로서의 마음가짐을 의미한다—항상 올바른 방식을 시도하기를 원한다. 이러한 조건을 갖춘 운용사가 성과가 나쁠 경우에는, CIO는 운용 스타일이 왜 작동하지 않는지 및 어떤 환경에서라면 더 나은 성과를 낼 수 있을지를 검토해야 한다.

3) 과밀화된 투자 전략

투자자들은 변동성이 감축된다고 인정되면 과도한 금액을 너무 기꺼이 지불하며, 운용사에게 연간 기본 2%/20%의 성과 수수료를 지급하는 대체투자 전략에서 순진하게도 너무 높은 수익률을 기대한다. 손실 위험은 거의 없이 높은 수익률을 얻을 수 있다는 생각에 유혹당하는 투자자들이 너무나 많다. 이것이 실수 1번이다. 실수 2번은 자신의 포트폴리오의 상당 부분에서 변동성을 줄여야 한다는 신념이다.

이 점에 대해서는, 여러분이 유동성 요건을 이해하는 한, 변동성이 문제가 되는 것이 아니다. 돈을 버는 유일한 방식은 변동성이라고 정의되는 리스크를 안는 것뿐이다. 변동성이 있으면, 일반적으로 금융상품의 가격이 왜곡된다. 여기에서 왜곡도를 이해하는 투자자에게 기회가 생성되는 것이다. 하지만 대다수의 투자자들은 이러한 기회를 포착하기보다는 회피한다.

헤지펀드로의 폭발적인 자금 유입은 2000년~2002년 사이에 자산운용업계의 운용성과가 폭락함에 따라서 촉발되었다. 사람들은 '오마이갓, 내 자산이 20%가 줄어들 수가 있네'라고 인식하였다. 그들은 '닷컴 버블 같은 것을 또다시 당하지 않으려면 무엇이든지 하겠다. 나는 헤지된 포지션을 가져야 한다'고 마음먹은 것으로 보였다.

실제로는 이 시점은 리스크를 다시 안기 시작해야 할 시점이었다. 그 이유는 미국이 폭락을 거쳤고, 폭락은 10년 이내에는 다시 올 가능성이 적기 때문이었다. 린지는 사람들이 2010년이 되면 자신들이 매우 낮은 수익률에 대해서 과도한 지급을 하였다는 사실을, 또한 훨씬 더 적은 지급을 하고서도 약간 더 높은 수익률을 얻을 수 있었음을 깨달을 것이라고 보았다. 린지는 S&P지수에 대해서는 별로 기대감을 갖지 않지만, 투자자들은 매우 높은 수수료가 붙는 펀드보다는 S&P지수에 투자하였더라면 궁극적으로 더 나은 성과를 낼 것이다. 이는 헤지펀드가 매력적인 수익률을 창출해 주기에는 수수료의 부담이 너무 크기 때문이다.

4) 알파와 베타의 분리

"나는 알파와 베타에 대해서는 무관심하다. 나는 이 논리가 매우 과장되고, 진부하며, 솔직히 터무니없다고 생각한다. 투자 전략의 현금흐름의 현재가치에 대한 최선의 추정치가 얼마인가? 이러한 현금흐름이 시간이 가면서 얼마나 증가할 것인가? 현금이 알파, 베타나 감마의 어디로부터 나오든 누가 신경 쓰는가? 나의 주장은 이 논란이 돈 벌기에는 관련성이 없다는 의미이다."

5) 운용사의 효율성 모니터링

공식적인 회의는 중요하다. 더욱 중요한 것은 몇 분 동안이라도 빈번한 의사소통이다. 내가 누군가로부터 매 6주마다 10분씩 이야기를 듣는다면, 연례회의에서의 1시간보다 더 많은 메시지를 받을 것이다. 내가 운용사에게 전화할 뿐만 아니라, 운용사도 나에게 전화한다. 운용사들은 때로는 성과가 저조할 때 전화하여 나의 생각을 듣고 싶어 한다. 하지만 린지는 운용사들이 잘 나갈 때 자신에게 전화하여 왜 잘되는지를 말해 주기 원한다. 린지는 전화를 걸어와 주는 우수한 운용사들과 거래하는 행운을 누리고 있다.

6) 투자 영향력

자신에게 영향을 준 투자자가 누구냐는 질문을 받자, 린지는 말했다 "나는 여러 투자자를 생각하지 않는다. 우리 모두는 위대한 투자자들을 알고 있다. 내가 읽은 책 중 하나가 Peter Lynch에 대한 것이고, 나는 그가 위대한 통찰력을 가진 위대한 투자자라고 생각하였다."

린지는 업계 전문지인 Water World, 석유와 가스, 곡물 전문지들을 읽는 데 시간을 더 보낸다. "사람들은 못 믿겠다는 듯이 나를 쳐다보고는 '당신 직업이 무엇인데'라고 생각하는 것 같다. 하지만 나는 산업계의 사람들이 무엇을 하고, 생각하는지를 알고 싶다. 나는 이러한 산업에 투자하고 있는 사람들보다는, 우리가 투자한 산업에 종사하는 사람들에게 집중하는 데 시간을 투입하고 싶다. 내가 최근에 식량과 곡물 컨퍼런스에 갔을 때, 대학기금 관계자는 나뿐이었다. 모든 이들이 나를 미친 사람인 듯이 보았다. 나는 내가 상대하는 사람들이 주식과 채권을 구분하지 못하더라도 괘념하지 않는다. 나는 그들이 그들의 사업에 대해서 어떻게 생각하는지를 알고 싶은 것이다."

7) 운용사에 조언

"운용사들은 자신들의 생각을 서면으로 제시하는 규율을 수립해야 한다. 이 일은 시간이 소요되는 부담이 있지만 나는 중요하다고 생각한다. 예컨대 Oak Tree의 Howard Marks[103]가 그러하다. 그는 서면에 의한 의사 소통의 대가이다. 나는 글쓰기가 운용사가 집중해야 하는 기술이라고 생각한다. 너무나 많은 운용사들이 최근의 GDP와 소비자물가지수 보고서, 달러 가치와 다우지수 움직임과 포트폴리오가

---

103) 역자 주 : 씨티뱅크와 TCW에서 전환사채와 고수익채권을 전문하다가 1995년 부실채권 헤지펀드 설립. 저서 *The Most Important Thing : Uncommon Sense for the Thoughtful Investor, 2011.*

어떻게 반응하였는지를 논한다. 포트폴리오에 어떤 일이 발생하였는지를 아는 것도 중요하겠지만, 운용사들은 자신들의 장래에 대한 생각, 과정을 어떻게 실행하며, 상황이 어떻게 변화하며, 이러한 변화로 인해서 그들의 구상 과정에 어떻게 영향을 받을지에 대해서 기록하는 데에 더 많은 시간을 들여야 한다."

"또 한가지 내면적인 이슈는 운용사의 경영과 자산 운용 간의 이해상충과 대립각이다. 기업의 경영은 성장과 마케팅에 관련된 업무이고, 이는 좋은 아이디어 및 돈 벌기와는 직접적으로 경합한다. 이러한 고유한 이해상충을 이해하고 돈 벌기에 집중하는 사람이 절반이 안 된다. 운용사들은 두 가지 간에 균형을 잡아야 한다."

8) 재단과 대학기금 운용의 현안

가장 큰 문화적 충격은 학문적인 기관의 제약 내에서 전문적인 조직을 창설하려는 노력에서 발생한다. 학교재단은 투자 전문인력에게 인센티브를 지급해야 하나, 인센티브 보수는 학문적인 기관의 문화에 직접 상충된다. 이에 따라, 우리는 CIO와 스태프의 이직률이 과거보다 높아지는 현상을 보게 될 것이다. 향후에는 20년을 CIO로 근속하는 사람을 보기가 어려워질 것이다. 린지는 이러한 논란이 지속될 것이며, 이러한 정치적 논란을 피하기 위해서 더 많은 기관들이 CIO 기능을 아웃소싱할 것으로 예상한다.

4. 탐구, 혁신 및 지능

린지는 일에 몰입하고, 정치 · 경제와 시장에 매혹되었으며, 새로운 아이디어와 창의적 기회에 대해 열변을 토하면서 조언을 해줄 뿐만 아니라, 조언 그대로 행동한다.

“여러분은 헝그리 정신을 가지고 삶 전체로 전념해야 한다. 독자들은 경력의 초기에는 개인의 삶을 거의 누리지 못할 것이다. 이 업계는 그만큼 경쟁적이고, 그러한 노력을 요구한다.

구두 및 문서의 양면에서 좋은 의사소통자가 되라. 사람들에게 ‘이것이 내 생각이고, 그 이유는 이렇다’라고 말하고 의사소통할 능력을 갖추라. 나는 총명하지만, 표현력이 떨어지는 인재를 너무나도 자주 보았다.”

그는 자격증 취득을 권유한다. CFA 자격은 독자들이 진지하고, 고통을 통과할 결단을 내려서 의지를 걸어 볼 수 있다는 증거가 된다. “경제학, 재무 및 회계를 공부하라. 독자들의 학부에서의 전공은 중요하지 않다. 학습을 위한 학습을 즐기라. 독자들이 여러분의 학점과 다음 번 시험에 너무 집중한다면, 여러분은 학습과정을 즐기지 못한다. 투자업에서, 독자들은 학습의 과정을 즐기고 과거에는 결코 보지 않았을 것을 보아야 한다. 여러분은 호기심을 가져야 하며, 이는 중요한 속성이다.”

제13장

CEO 겸직 CIO

베일러 대학 CIO 조나단 후크[104)]

중소형 대학기금을 운용하는 대다수의 CIO들은 규모가 커야 유리한, 더욱더 도전적인 투자 환경 내에서 일한다. 업계 전문가들은 대학기금 수탁자들이 자산운용을 아웃소싱하는 선택을 하지 않는다면, 중소규모 대학교들이 최초로 CIO를 고용하는 경우가 향후 수년간 증가할 것으로 예상한다. Baylor 대학교의 Jonathan D.Hook는 이러한 신세대 CIO를 대표한다.

과거에 자산운용에 대한 경험이 없었던 그는, 2001년 2월 이 학교의 초대 CIO로 선임된 이래, 과거 존재하지 않았던 역할을 정의하는 경력상의 도전과제를 성공적으로 수행하였다. 재단과 대학기금 자산운용 잡지는 베일러 대학기금의 2003년~2004년간의 성과를 높이 인정하여, 후크를 2005년에 올해의 대학기금 임원으로 선정하였다. 중규모 대학기금의 초대 CIO로서의 역할에 대한 그의 경험과 접근방식은 중규모 재단과 대학기금의 초임 CIO 및 운용사들에게 좋은 모델이 될 것이다.

---

104) **역자 주** : 2008년 오하이오 대학교에 CIO로 이적하여 투자 오피스를 설치. 2014년에는 Harry and Jeanette Weinberg 재단의 CIO로 부임.

1. 배 경

베일러 대학교는 침례교의 최대 대학교로서, 텍사스 주 Waco 캠퍼스에 약 14,000명의 학생이 재적하고 있으며, 대학기금은 10억 달러를 넘었다. 후크는 기업금융과 투자은행에서 20년을 종사한 후 대학교로 이적하였다. 그 이전에, 그는 아틀란타 주 조지아의 First Union Securities에서 선임부사장으로서 서비스 영업의 섭외를 전담하였다. 담당업무는 공모 채권과 주식의 발행 주선 유치와 발행, 사모 발행, 신디케이트 대출, 파생상품 및 자산운용 서비스 들이었다. 후크는 또한 그의 은행 경력 중 8년은 서부와 중남부 지역의 에너지와 공공재 산업에 전문화하였다.

후크는 United way, Boys and Girls Clubs, Metro Atlanta 상공회의소, Baylor Bear 재단 등 다수의 자선 및 도시 기관을 위한 기금 조성자이며, 1978년 Willamette 대학교의 경제와 사회학 학사를, 1981년 베일러 대학교에서 MBA를 획득하였다. 그는 부인 Karen과 사이에 Kendall과 Connor의 2남을 두고 있다.

1) 투자은행 및 관계금융

1981년 베일러 대학교에서 MBA를 획득한 후크는 기업금융과 투자은행에서 20년의 경력을 쌓고 나서, 2001년 베일러에 CIO로 돌아왔다. 직접 포트폴리오 운용 경력이 없는 CIO로서, 후크는 기업금융 분야에서와 동일한 기술을 많이 적용하며, 그가 개발한 기업, 산업 및 재무 지식을 극대 활용하고 있다. 그가 기업금융 영업 경력의 절반을 에너지, 석유, 가스와 공공재에서 보냈던 기간이 도움이 되었으며, 그 이유는 텍사스에서는 포트폴리오에 석유와 가스를 반드시 편입해야 하기 때문이다. 그는 운용사와 간의 유한책임 조합원 계약이 기업금융에서의 대출계약과 일맥상통하기에 CIO의 역할과 업무절차가 기업금융 뱅커와 유사하다고 본다. "나는 주로 제안설명서를 제출하는 을의 입장에 있었다. 나는 기업금융의 아이디어를 제안하고, 비록 나의 기술이 쉽게 간파당하기는 하지만, 맨데이트를 받는 역할에 익숙해져 있다. 내가 갑과 을의 어느 쪽이 되든지 간에, 마케팅 절차와 상대방과의 의사소통에는 일부 특성이 공통되며, 내가 과거에 수행했던 영업내용과 매우 유사하다. 투자와 기업금융 간의 차이점으로는, 사람들이 CIO에게 'Sortino 비율'과 같은 용어를 말하는데, 나는 이게 무슨 용어인지 알아야겠다고 생각했다."

후크가 과거와 현재에 수행한 업무의 대부분이 누구와 거래를 하기 원하는지 및 누구와 장기간 동안 거래를 하기 원하는지를 판단하면서, 사람을 다루는 것이었다. 펀드에 돈을 맡기는 투자자는 록업을 적용받을 수 있으며, 이 경우 운용사의 펀드와 오랜 기간 동안 한 몸으로 지내야 할 수가 있다.

후크의 학력과 기업금융 경력이 그의 투자 철학에도 영향을 미쳤다. "나는 다소간 역발상가이며, 아마도 항상 가치 지향으로 편중된 사람이다. 나는 닷컴 버블 당시의 가격 등락에 나의 개인 포트폴리오가 영향은 받기는 했지만, 개인적으로 기술주 버블에 휩쓸리지 않았다." 그는 껄껄 웃으면서 계속 언급했다

"시장보다 저가에 매수하기 위한 노력은 기본적으로 시장의 테마 좇기보다 좋은 접근방식으로 보인다. 우리는 포트폴리오를 가치 중심으로 집중하여 편성하였고, 나는 장기적으로 우리가 좋은 입지에 설 것으로 본다. 투자의 성과는 누군가가 기간별로 항상 타사를 앞서게 되어 있지만, 나는 10년 단위의 기간에 걸쳐서 보더라도 가치 투자 측이 항상 우세로 귀결됨을 목격하여 왔다."

역발상 및 가치 편향은 운용사 선정과 자산 배분에서도 요소가 된다. "우리는 틈새시장을 선호한다. 우리는 크지 않은 자본을 가지고도 자리를 잡은 운용사(물론 이런 방식은 더욱 어려워지고 있지만), 또는 주어진 자리에서 상이한 활동방식을 발견한 운용사를 선호한다."

후크는 자신이 학부에서 전공한 사회학으로부터 자신의 견해를 형성하는 데에 도움을 받는다. "나는 행동적 재무(behavioral finance)의 관점에서 보고, 가치주의 또는 역발상적인 형태의 아이디어를 중첩시키려고 시도한다. 나는 시장이 얼마만

큼 효율적인지를 고려하는 데는 시간을 많이 쓰지 않으며, 시장에는 어차피 질서가 없을 것이다. 사람들은 때로는 비합리적으로 행동하며, 따라서 나에게는 행동재무이론이 더욱 타당해 보인다."

2) 베일러 대학기금 CIO 부임

베일러 대학교는 헤지펀드가 기관들에게 널리 수용되던 1999년~2000년 사이에 최초의 대체투자를 실행하였고, 후크가 면접을 보던 당시 포트폴리오에 이미 헤지펀드가 편입되어 있었다. 당시의 투자환경 아래에서 일부 관계자들이 부실채권 투자에 거부감을 보였지만, 베일러는 대체투자에 부실채권도 추가하였으며, 다른 전략에서보다 비중을 높였다. 다행히도 베일러는 우수한 운용사를 선정하여 좋은 수익을 냈으며, 그 덕분에 닷컴 버블 붕괴 시기를 무사히 지낼 수 있었다.

후크는 학교 측으로부터 이러한 경험담을 듣고서는 학교의 수탁자들이 자신과 동질적인 가치투자자들이라는 느낌을 받았고, CIO직을 수락하는 의사결정을 신속하게 내리게 되었다. "이 학교의 철학이 나에게 잘 맞았다. 재단이사회와 투자위원회는 매우 유연해 보였다. 이러한 특성은 언제 이사회에 보고하고, 변화를 밀어 붙이며, 언제는 현행대로 흘러가게 둘지의 판단과 타이밍 포착에 도움이 되었다."

후크는 자신의 역할을 단순히 투자기금이 아니라 사업을 운영하는 것처럼 인식하며, 이것은 그가 기업금융 경력으로부터 받은 영향력의 또 하나의 사례이다. "학교의 조직을 파악하여 그의 역학관계 및 누가 어떤 의사결정을 무슨 근거로 내릴지를 이해한다. 이러한 활동은 내부 마케팅의 속성으로서, 개인별 동기 유인요소 차원에서 손쉽게 달성할 수 있다. 나에게는 기업금융에서는 고객 기업의 CFO가 어떻게 행동할지를 예측해야 했던 반면, 학교기금에서는 거래처 기업의 법인격이라는 경계(corporate veil)를 건너지 않고 소속 조직 내부인들을 설득하면 되므로 학교 쪽이 더 쉽다."

후크는 재단이사회 및 투자위원회를 교육시킴으로써 새로운 투자의 승인을 획득하는 과정에, 과거 그가 기업금융에서 활용했던 제안설명과 관계 관리의 기술을 사용한다. 그런데, 다수의 운용사들이 기관투자자의 투자금 유치 영업에 혈안이 되어 있는 상황에 불구하고, 후크는 베일러 대학교가 운용사들로부터 고객으로 대접받도록 자신의 마케팅 기술을 활용해야만 했다.

이는 그가 베일러 대학교에 초대 CIO로 부임하던 당시, 시장이 베일러를 투자기관으로 전혀 인식하고 있지 않았기 때문이었다. 학교기금이 과거 제삼자에 의해 운용되었으므로 신인도가 거의 없었고, 시장은 베일러 대학교가 특정한 운용사에 투자금을 맡긴 실적이 있다는 사실조차 잘 알지 못하였다. "내가 부임하고서 곧바로 파악한 한 가지 상황은 내가 성공하려면 베일러를 마케팅해야 한다는 사실이었다. 나가서 마케팅하고, 사람들로 하여금 베일러가 투자할 자본을 갖추었고, 투자할 준비가 되었음을 알려라. 가장 효율적인 홍보의 방식은 컨퍼런스에 참석하고, 업계 인사 및 운용사들과 대화하는 것이다. 내가 어렵사리 개발한 또 하나의 홍보 방식은 잡지 기사에 투자계획을 가지고 인터뷰하여 보도되는 것이다."

베일러에 부임한 후 6주차에, 그는 다른 대학교와 네트워킹할 좋은 기회라고 생각하여, Commonfund의 연차총회에 참석하였다.

첫날 아침, 후크는 수백 개의 8인용 원탁이 들어선 조찬장으로 내려가서 대화에 참여하였다. 옆자리에 앉은 이가 여러 가지 질문을 해 왔다. 그는 묻기만 하고, 후크는 일방적으로 대답하였다. 마지막으로, 후크는 이름을 못 들었는데 누구신지를 물었다. 그는 "나는 이러이러한 사람으로, 기자이다"라고 답변하였다. 후크는 피부가 하얗게 질렸고, '내 자리가 며칠 못 가겠구나'라고 생각하였다. 후크는 기사가 어떻게 나올지 짐작할 수 없었으므로, 매우 걱정하였다. 그러나 3주가 지나도록 기사는 나오지 않았다.

4주가 지나서 후크는 운용사의 고객 서비스 부문장인 대학원 친구로부터 전화를 받았다. '이 기사 보았나? 자네가 곧 5천 통의 전화를 받게 될 것이니, 팩스로 보내

주겠네.' 후크는 '팩스 보내기 전에, 기사가 아주 나쁜가'를 물었다. 그는 상황에 따라 다를 수 있으며, 나쁘게 보이지는 않지만 후크가 운용사들의 마케팅 타깃이 될 것이라고 답변하였다. 그가 보내 준 기사는 '베일러 대학교가 헤지펀드를 찾고 있다[105]'라는 제목이 달려 있었다.

이 기사는 금요일 조간이었다. 월요일 아침 9시까지 후크는 150통에서 200통의 전화를 받았다. 메시지를 남기려는 사람들로 전화 메시지 용량이 동이 났고, 총장실을 포함하여 옆 사무실로 넘쳐 흘러갔다. 후크는 학교 내 여러 사무실로부터도 전화를 받았다. 'CIO 사무실은 전화를 안 받으시는지?'

이 사건은 학교를 널리 알려 주었지만, 악몽이었다. 우리는 돼지를 삼킨 뱀이 소화를 시켜야 하듯이, 단기적으로 고통을 겪었다. 그러나 이 사건으로 '댈러스와 오스틴 사이에 최소한 한 군데의 기관투자자가 있으며, 출장 도중에 들러 볼 가치가 있다'는 사실을 사람들에게 알게 해 주었다.

베일러 팀은 운용사들과 협업하면서 시작하였다. 시간이 가면서 우수한 수익률을 달성하자 사람들이 알아주었고, 성공을 통해서 평판을 쌓을 수 있었다. 학교기금이 더 커서 20억 내지 50억 달러였다면 운용사들에게 더 관심의 대상이 되고, 아마도 평판을 얻기가 더 쉬웠을 것이었다. 하지만 기금의 규모는 갓 출범한 투자 팀으로서는 통제할 수 없는 변수였다. "우리는 이러한 규모로 성장할 것을 희망하였다."

"우리가 기업의 마케팅 아이디어 또는 표현하기에 따라서는 기업 전술을 일부 사용한 것은 흥미로운 경험이었다. 우리의 업무는 약간의 세일즈를 필요로 하였다. 나는 우리가 그 정도까지 할 필요가 있었다고 생각하지는 않는다."

105) Baylor To Boost Hedge Fund Exposure, Alternative Investment News, 2003.1.17.

3) 대학기금 운용

베일러 대학교는 2001년에 대학기금 자산을 관련 재단에서 운용하던 것을 독자 운용하기로 결정하였고[106], 후크를 초대 CIO로 영입하였다. 학교는 대체투자의 자문만을 위해서 시카고의 Lowery Asset Consulting을 이미 고용하고 있었다. 당시 후크에게는 스태프 인력이 전혀 없었으므로, 컨설턴트의 지원을 받는 것이 타당하였다.

"우리는 전반적인 컨설팅 서비스는 받지 않고 있었다. 나는 투자위원회가 독자 운용 프로젝트에 대해서 약간의 두려움을 느끼고 있다고 보았기에, 포트폴리오를 관찰해 줄 제삼자가 있는 것이 타당하다고 판단하였다. 우리는 세인트루이스의 Hammond Associates 컨설팅펌을 고용하였다."

베일러는 2개 컨설팅사의 서비스를 계속 유지하고 있다. 후크는 양사 간에 명확한 경계가 있지는 않지만, 각 사는 책임 분야를 분담하고 있다고 설명하였다. 그는 각 컨설턴트와 전체 포트폴리오를 협의하여 새로운 관점을 얻고, 그에 따라서 보수를 지급한다.

"컨설팅 서비스는 비용－효율 분석상 지금까지도 좋은 결정이다. 만일 우리가 컨설턴트 대신 몇 명의 인력을 더 고용하였다면, 나는 동일한 업무추진력을 갖출 수 있었을지에 대해서 확신할 수 없다. 현 체계는 투자위원회에게 잘 작동하는 것으로 보인다. 따라서 투자 오피스 입장에서는 조정 역할에 손이 더 가지만, 현 체제를 유지하는 것이 최선의 대안이다. 복수 컨설턴트 사이에 중복은 없으며, 컨설턴트가 운용사 물색을 진행할 때 우리를 위해서 더 넓은 그물을 던지는 효과가 얻어진다."

---

106) **역자 주** : 은행가 출신으로서 2000년 베일러에 부임한 재무행정 부사장 David Brooks는 가톨릭 재단인 노틀담 대학교를 조사하였다. 노틀담의 기금이 10억 달러 미만으로부터 31억 달러로 증가하였다. 등록금은 베일러가 노틀담보다 낮았으나 학교기금은 5배 적었다. 학교는 기금 운용을 침례교 재단으로부터 신설 CIO에게로 이동하기로 결정하였다. Home Grown, Baylor Magazine, 2005.2.

4) 초기의 성공

후크는 대학기금을 인계받은 3년 후인 2004년에, 25%의 포트폴리오 수익률을 시현하여, 학교를 NACUBO 연차 조사에서 최고 성과를 낸 기금으로 등극시켰다. "나는 타 학교들이 어느 위치에 있는지는 알 수 없으며, 단지 내가 어디에 위치하였는지를 파악한다. 나는 19%나 21% 증가하였으니 잘 하고 있다고 말할 수 있었다. 나는 하버드와 예일이(최상위 위치에) 먼저 서고 난 다음 자리는 모두가 만족할 위치라고 생각했다. 나는 우리가 하버드와 예일을 능가했다는 전화를 받고서는 놀랐다. 나는 그들이 베일러를 능가할 것으로 예상하였다. 나는 단지 우리가 넘어지지 말기를 희망하고 있었다. 1등이 되기는 항상 좋은 일이지만, 나는 그러한 수준에 도달한다고는 전혀 생각하지 않았다."

이러한 성과로 후크는 재단과 대학기금 투자운용 잡지가 수여하는 '올해의 대학기금' 상을 수상하였다. "나는 후보로 추천되었다는 전화는 한 번 받았다. 6주가 지난 후에, 나는 집에서 운용사를 실사하기 위해서 컴퓨터 앞에서 구글 검색을 하는 중에 있었다. 어떤 링크가 나를 잡지의 웹사이트로 이끌어 갔고, 나는 '베일러의 CIO가 상을 탔다'라는 제목을 읽었다. '오, 내가 수상하는구나.' 나는 잡지의 온라인 회원이 아니라서 기사를 읽을 수 없었고, 이 시점은 금요일 밤이었다.

월요일에 출근한 후, 서너 명이 연락을 해 왔지만, 잡지사 측에서는 두 시가 되어서야 접촉해 왔다. 잡지사는 친절하게 5부를 보내 주었고, 잡지는 아직도 나의 책상서랍 안에 있다. 나는 수상이 준 의미가 무엇인지 확신하지 못하였고, Andy Warhol이라는 예술가가 언급했듯이, 단 15분간의 명성의 주인공이 되었을 뿐이었다.

이 경험에 불구하고, 또는 아마도 이 경험으로 인해서, 후크는 다른 대학기금과의 경쟁을 인식하고 있다. 그는 일정 기간 동안, '우리가 잘 하고 있음은 알고 있다. 하지만 어떻게 비교해 볼 수 있는가?'를 고민했었다. 그는 '신경쓰지 말라. 남의 실적은 통제할 수 없고, 베일러 대학교에 옳은 일만 계속 집중하면, 뿌린 대로 거둘 것이다'라고 마음을 먹어야 했다."

후크는 경쟁자와 비교에 연계하여 보수를 책정하는 체계는 매우 큰 위험을 내재하고 있다고 생각한다. 각 학교의 CIO 간에 포트폴리오가 상이하고, 투자위원회가 상호간에 다르다. 다른 10개 대학교라는 비교대상 집단에 대비하여 성과를 내는지 여부에 따라서 상여금이 있을 수도, 없을 수도 있다면, 이것은 누군가를 평가하는 좋은 방식이 못 된다. "CIO로서 내가 최고 25개 대학기금과 비교당하고 그 영향 하에서 보수 책정을 받게 된다는 데에 의문을 가진다. 이 그룹의 대부분이 사립대학교와 아이비리그로 구성되어 있으며, 다수가 이미 오랫동안 대체투자를 해 왔다. 세상은 사립학교 소속의 CIO에게 훨씬 유리하게 만들어져 있다."

2. CIO 직위

후크와 투자위원회가 면밀히 협업함에 따라서, 대학기금의 지배구조가 운용에 중요한 기능을 수행하게 되었다. 투자 오피스는 3개 그룹 출신의 7인으로 구성된 투자위원회에 보고한다. 3인의 위원은 학교의 CFO인 위원장, 경영대학장 및 후크(의결권 보유)이고, 학교의 수탁자위원회에서 2인을 선임한다. 그리고 Baylor Foundation이라는 특별 동문회에서 2인을 선임한다.

베일러 대학교가 역사적으로 침례교 재단에 소속이므로, 수탁자위원 전원은 학교 설립 시부터 교회 소속이다. 이러한 규칙의 개정에 대해 간헐적으로 제안된 적은 있지만, 논란이 된 적이 없었다.

Baylor Foundation은 당초 학교의 개발 부서가 대학기금 조성과 모교에 대한 지원활동 촉진을 위하여 침례교단과 관련이 없는 동문들로 구성하였다[107]. 구성원은

107) **역자 주** : 예일 대학기금 투자위원회의 경우도 수탁자가 아닌 고문(nontrustee advisor)들을 참여시키고 있다. 데이비드 스웬슨, Pioneering Portfolio Management, 제10장.

금융과 사업 전문가, 기업가, 벤처캐피털리스트, 헤지펀드 운용자들이다. 후크는 베일러 대학교에 부임하면서 이 조직이 활용되지 못하고 있다고 생각하였고, 이를 투자자문위원회로 바꾸도록 지원하였다. 대다수의 타 대학교들은 이런 기능을 마련하고 있지 않다.

"Baylor Foundation은 연 2회 회의하며, 나는 학교의 생각을 그들에게 제시한다. 위원의 다수가 대체투자에 종사하므로, 나는 투자 결정을 내리기 전에 평소부터 그들에게 전화하여 좋은 조언을 받을 수 있다. 이에 따라, 나는 매년 약 네 시간의 위원회 회의를 두 번 더 거쳐야 하게 되었다. 하지만 이러한 시스템은 매우 잘 작동하였다. 나는 이 자문위원회를 통과한 안건만을 학교의 수탁자위원회에 부의한다. Baylor Foundation은 아무런 권한도, 자본도 없는 순수 자문위원회이지만 이 위원회가 서명하면 학교의 수탁자위원회의 최종 승인을 얻기가 훨씬 용이해진다."

1) 투자 안건 부의

후크는 현재 모든 투자 건을 승인받아야 한다. 다른 학교들은 투자결정권을 부여했거나, 또는 결정한도액을 배정해 주고 있으며, Baylor의 투자위원회도 기존의 규정을 변경할지 여부를 고려한 바 있었다.

"내가 승인하여 투자를 진행할 수 있게 된다면 일부 장점은 있을 것이다. 반면에 나는 현행 체계가 일이 잘못되었을 경우에는 우리를 보호해 준다는 면에서 편안함을 느낀다. 누가 잘못하였는지 추궁이 있을 것이고, 결국 손가락은 투자 오피스에게로 겨누어질 것이기 때문이다. 현행의 규정으로 인해서 우리가 투자에 타이밍을 놓친 국면이 발생한 적은 없다. 신규 운용사를 선정할 경우에는 투자위원회만이 관여하고, 더 이상의 관여자는 없다."

자산 배분의 경우에는 학교의 수탁자위원회가 관여한다. 수탁자위원회에 승인을 위하여 제출되는 안건은 먼저 Baylor Foundation의 심의를 거친다. Baylor Foundation

이 학교의 개발부서의 자문도 맡고 있기에, 후크는 자문역들이 자신의 접근방식을 이해해 주기 원한다. “전원이 다 동의해 주지는 않을 것이지만, 나는 설명해야 한다. 베일러의 내부 절차는 업계 내의 어떤 다른 학교에서보다도 원만한 절차로 수립되어 있다. 시스템이 잘 작동할 때는 나는 매월 이메일로 우리의 생각을 알려 주고 의견을 구한다. 나는 전원이 동일한 눈높이를 갖추기 원한다.”

후크는 새로운 운용사나 투자대상을 승인받고자 할 때, 메모나 이메일을 통하여 처리할 수 있다. 최근의 사례에서 그는 기존에 거래 중인 2개 운용사에 대한 후속 펀드에 대한 투자 절차를 이 방식으로 처리하였다. “우리는 재투자하기를 원했다. 나는 메모를 게시하고, 컨설턴트와 협의한 후 위원회에 2주간 검토하게 하였다. 우리는 통상 10일에서 2주 내에 승인을 획득할 수 있다. 신규 운용사 승인도 동일한 일정 내에 처리가 가능하다.”

후크는 새로운 자산군을 취급하려 한다면, 그는 투자위원들을 교육시키고 기반을 다지는 작업에 시간을 먼저 투입한다. 매월 위원들에게 보내는 편지가 제안 기회가 된다. 그는 신규자산을 취급하기 위하여 해당 운용사와 협의 중이며, 운용사가 제시하는 위험과 수익도를 선호한다는 메모를 작성한다. 이 메모는 위원들에게 정보를 제공하고, 가부에 대한 피드백을 요청한다. 후크는 그가 처음으로 목재에 투자하던 과정을 대표적인 사례로 제시한다.

“학교기금 자산을 침례교 재단에서 운용할 당시에, 대체투자는 없었다. 대학재단 측에서 나의 부임 이전에 독립적으로 2%를 대체투자에 투자하였다. 내가 목재투자를 제안하였을 때, 최초의 반응은 ‘당신은 나무에 투자하려 한다고?’였다. 이에 따라서 나는 4~5페이지의 메모를 써서 목재 매입에 수반되는 변수들을 정리하였다. 나는 우리가 PE와 같은 수익률을 얻을 수는 없지만, S&P500지수에 대비하여 변동성이 적은 양호한 수익률은 얻을 수 있다는 점을 강조하였다. 두 시간 내에 나의 전화통이 울리기 시작하였으며, 위원들은 ‘나는 그런지 몰랐다’고 말하였다. 이것이 우리가 목재를 포트폴리오에 편입한 과정이었다.”

그가 portable alpha[108] 프로그램을 제안하여 승인받은 과정은 더 많은 노력이 수반되었다. "나는 portable alpha 프로젝트에서도 동일하게 접근하였는데, 위원들이 목재에서만큼 신속하게 파악하지 못한다는 사실을 곧 깨달았다. 이것은 사람들이 이해하기에 더 어려운 주제이므로, 우리는 이 건을 투자위원회에 특별 안건으로 부의하였고, 공식 설명회를 하였다. 우리는 상품 설명에 한 시간 반을 투입하였다."

후크는 위원회, 학교당국 및 자신 간에 의사소통을 높이 평가한다. "나는 CFO와 하루에 몇 차례씩 대화한다. 투자위원회 위원들과는 언제든지 통화한다."

후크는 투자위원들과의 협업 방식에서 "나의 생각을 위원들에게 알리는 데 의사소통은 항상 부족하다. 반면에, 내가 기업금융에서 배워 온 경험은 상사를 놀라게 하지 말라는 것이다. 위원들로 하여금 일찍 알고 의견을 줄 수 있게 해 주어야 한다"라고 정리한다.

2) 자산 배분

2007년 초가 되자, 대학기금은 전통적 자산에 60%, 대체투자에 40%를 배정하고 있었다. 여기에는 국내주식 27%, 해외주식 23% 및 채권 10%가 포함되었다. 대체투자 군에는 PE에 10.5%, 부동산에 17% 및 절대수익전략에 12.5%가 포함되었다. 이러한 배분은 후크가 부임한 이후에 실현된 상당한 변화를 나타냈다.

"우리의 자산 배분에 변경이 매년 발생하였다. 내가 부임하던 당시 대학기금은 거의 100%를 전통적 자산으로 구성하고, 2%만 대체투자에 별도로 배정하고 있었

---

108) Portable(이동 가능한) alpha는 파생상품의 활용도가 높아지면서 적극적인 펀드매니저가 획득하는 alpha를 추출하여 다른 시장, 영역 또는 자산계층으로 이전시킬 수 있다. 그 결과 투자자는 alpha의 원천에 맞추어서 투자지표나 자산계층을 선정할 이유가 없다.
알파 이전 방식은 시장중립적 포트폴리오를 장래의 포지션을 보유하는 별도의 겹치는 계좌(overlay account)와 결합할 것을 제안한다. Overlay 계좌에는 희망하는 자산계층의 가중치대로 시장중립 포트폴리오와 동등한 가치의 선물 포지션을 보유한다. 예로서 시장중립 포트폴리오를 S&P500지수와 혼합하면 전반적인 시장에 대한 노출도를 유지하면서 long/short로부터 '알파'만큼 S&P500지수의 수익률을 초과 달성하는 새로운 포트폴리오를 생성하게 된다.

다. 우리는 첫 번째 투자위원회에서 대체투자 배정률을 12.5%로 올리는 획기적인 변경을 달성하였다. 출근한 지 3주차였던 나는 나의 진정한 업무를 찾았다고 느꼈다."

그는 자산 배분 변경을 가속할 필요성을 인식하였다. "고수 투자자들이 자산 배분을 하는 시장의 방향을 이해하고 나면, 12.5%의 대체투자는 우리의 목표를 따라갈 수 없는 수치였다. 투자위원회가 최초로 움직인 직후라서, 나는 조심스럽게 가속시키기 원하였다. 최선의 방식은 2%로부터 50%까지 단숨에 올라가는 것이 아니라, 위원회의 묵시적인 이해하에서 점진적으로 자산 배분을 발전시키는 것이었다. "우리는 자산 스타일 구간을 채운 후에 자산 스타일 구간을 증액해 달라고 위원회에 계속 요청하였다. 매년 우리는 대체투자에 5% 내지 10%를 점진적이지만, 꾸준히 추가하였다. 우리는 액셀에 발을 올려놓고 너무 빠르지 않게 속도를 조절하여 결국 40%에 도달하였다."

이 시점에서 후크는 중단할 시기가 왔다고 결정하였다. 2007년에는 배분 목표와 실제 집행 실적을 맞추고, 투자위원회에 주는 압력을 덜어서 한숨 돌리게 해 주자고 결정하였다. 실제로 위원들은 이 결정을 반겼다. 위원들이 CIO로부터 배정 증액을 요구받는 데에 익숙해져 있었으므로, 내가 더 이상 요구하지 않는다고 말하자 안도의 한숨 소리가 들렸다.

후크가 요청을 기각당한 적은 없었지만, 증액을 중단하고 다른 방침을 채택하기에 적합한 시기였다. 후크는 '당신이 모든 것들을 동일하게 유지한다면 아마도 뒤처지게 될 것이며, 상황이 좋을 때에는 사람들이 현 상태에 안주하는 경향이 있다'라는 논리를 사용했었다. 당시의 거시적 및 미시적 주변 상황에서 볼 때, 후크는 투자 팀이 대체투자 확대를 오랫동안 중단할 것으로는 보지 않았다. 너무 땜질을 많이 할 우려는 있다고 생각하였다.

후크는 대체투자를 기관의 포트폴리오를 대표하게 하는 동시에, 대체투자에 배정을 조직의 위험 수용도를 고려하여 포트폴리오 내의 합리적인 비율로 성장시키기를 원하였다. "좋은 수익률을 아마도 낮은 변동성과 결합시킴으로써, 투자위원회 위원들로 하여금 편안히 잠을 잘 수 있게 해 줄 편안한 수준을 도출한다."

3) 테마에 의한 배분정책

2006년과 2007년에 투자위원회와 협업하에, 후크는 자산 배분방식을 스타일 분류(bucket)에 배정하는 방식으로부터 자산이 포트폴리오 내에서 수행하는 역할에 의해서 정의되는 테마에 배정하는 방식으로 전환하였다. 테마 배정방식에서는 알파와 베타를 다소간 분리시키며, 유사한 스타일, 변동성 및 위험/수익 프로필끼리 묶으려는 시도를 한다.

포트폴리오는 시장 노출군(Market Exposure), 위험감축군(Risk Reducer), 수익률 개선군(Return Enhancer) 및 인플레이션 헤지군(Inflation Hedges)의 4가지 넓은 카테고리로 구성된다.

"이러한 전환은 환경과 적절한 전략에 근거한 것으로서, 급진적인 것이 아니었다. 우리는 미국주식과 해외주식의 long only, long 편향 및 long/short 운용사들을 베타(시장 노출) 자산 스타일 구간에 모았다. 위험감축군의 저변동성 전략에는 일부 헤지펀드와 채권이 포함된다. 이들 자산들은 상이한 수익률 패턴을 갖지만, 우리는 전체적으로 매우 일관적인 수익 흐름을 창출한다고 본다.

수익률 개선군은 위험감축군의 반대 성격으로서, PE와 신흥시장을 포함한다. 수익률 개선군에서는 S&P500지수보다 높은 변동성이 수용된다. 변동성은 이 자산군에서 핵심 요소이다. 우리는 바라건대 더 높은 수익률과 일관된다면, 더 높은 변동성 및 리스크 증가가 수반되는 전략이라도 기꺼이 실행한다. 우리는 이 자산 스타일 구간에 대한 배정을 상황에 따라서 증감시킬 수 있다."

인플레이션 헤지 자산 스타일 구간에는 인플레이션 보호 국채와 부동산이 포함된다. 부동산, 인프라, 원자재와 에너지를 포함하므로 다른 대학기금과 명칭이 달라도 실질적인 차이는 별로 없다. 장기적으로 대학기금에 최대의 위험은 인플레이션의 우려이므로, 이러한 전략 포지션을 인플레이션 상승에 대비하여 보유한다.

상기 자산 배분에 자산분류와 전략별로 특정한 비율의 상한선이 설정되었다. 새로운 접근방식은 더 폭넓은 정의와 범위를 적용한다.

- 시장 노출 또는 베타 : 40~50%
- 위험감축군 : 15~25%
- 수익률 개선군 : 15~25%
- 인플레이션 헤지군 : 15~25%

이러한 배분은 상당히 넓은 범위를 두고 있다. 시간이 가면서 후크는 일부 자산군에서는 범위를 더 넓히고 나머지에서는 현행 수준을 유지할 것이다. 후크는 미국주식 long only 노출도는 줄여야 한다는 입장이다. 실제로 그가 해외주식 long only는 증액시킬 수 있었음에 따라, 포트폴리오의 수익률의 개선이 이루어졌다. 이러한 범위 내에서 후크는 많은 세부 제한을 적용받고 있다. 투자위원회는 이러한 사항에 주의를 기울인다.

이러한 사고방식에는 어떤 경계선이 내재되어 있다. "사람들은 대략적인 수치를 보고서, '베타 자산 스타일 구간을 40%로 줄이면 대체투자에 60%를 확보할 수 있지 않느냐'라고 말할 수 있다. 하지만 우리는 그렇게 할 수 없다. 현실적으로 대체투자 배정의 최대한은 50%일 것이다. 우리 학교는 본질적으로 이 모든 자산 스타일 구간을 갖추어 놓고 있다. 우리는 대체투자에 규정상 최저선인 35%의 자산을 보유하고 있으며, 증액할 여유를 충분히 확보하고 있다. 이에 따라 우리는 특정한 전략을 높이거나 낮출 재량권을 확보하였다."

이러한 접근방식으로 인해서 투자위원회는 맡은 역할을 수행하고 투자 오피스를 감독할 책임을 깊이 인식하게 된다. "위원들이 이 학교가 어떻게 할지에 대해서 반드시 질문을 하는 것이 타당하다."

4) Overlay 재량권은 배제

후크가 특정한 투자대상에 배분하도록 보다 많은 재량권을 가진 반면에, 그는 특정 운용사의 성과가 저조할 경우에 overlay나 헤지를 할 권한은 갖지 않는다.

"궤도 변경은 우리가 할 범위를 벗어난다. 우리는 현재 이에 대한 승인을 받지 못했다. 투자위원회는 최근에 '알파의 이전(portable alpha)'은 승인하였지만, overlay는 기각시켰다. 우리는 overlay보다 portable alpha가 실무적으로 더 어렵다고 생각하고 있었다. 투자 오피스의 2인자인 Scopp Pittman[109]이 portable alpha를 제안 설명하였고, 내가 overlay를 설명하였다."

후크는 '위원회의 표결 결과가 아마도 발표자와 관련이 있는 듯하다'며 농담을 하고 나서는 overlay 기각의 진정한 사유를 말해 주었다. "위원 중 한 사람이 우리 오피스가 스왑/옵션을 사고파는 데에 우려를 하였기 때문이었다. 그는 스왑/옵션이 기금에 인가된 업무 범위에 들어 있는지 확신하지 못했고, 주식 공매도도 우려하였다. 그는 개별 주식이 아닌 주가지수의 공매도 개념을 이해하지 못하였다.

우리는 이 안건을 덮어 두고, portable alpha만 우선 진행하기로 결정하였다. 우리는 portable alpha를 작동시키고, 제대로 기능하는지 보고, 이것이 고약한 미친 짓이 아닌지를 확인할 것이다. 우리의 계획은 특정한 규모에 의한 파일럿 프로그램이고, 우리는 12개월 후에 어떤 것이 좋고 나쁜지를 점검할 것이다."

이러한 프로그램 중 일부는 투자위원회의 승인을 얻고 나서도 실행하기가 어렵다. "내가 한 일 중 가장 어려웠던 것 중 하나가 글로벌 스왑 및 파생상품협회(International Swaps and Derivatives Association)의 표준계약서를 승인받는 것이었다. 나는 과거 경력에서 이 계약서를 여러 차례 다루었지만, 계약 문언에 대학 당국측이 서명하기에 불편한 뉘앙스가 있다고는 인식하지 못하였다. 기업들은 유가 등의 리스크 헤지에 익숙하며, 이러한 계약서를 더 잘 다루지만 대학은 그렇지 못하

109) **역자 주** : 후크가 2008년 사직한 후, Pittman도 2009년 뉴욕의 Mount Sinai 병원재단의 CIO로 이적하였다

다. 우리는 portable alpha 프로그램을 스왑과 옵션을 사용하여 실행하도록 승인을 받았다. 우리는 옵션부터 시작하여, 이 부분을 실행하였다. 우리의 프로그램 수립을 지원하던 자문역들은 옵션거래에 수반되는 ISDA 계약서 체결이 고비가 될 것이라고 말했다. 이들의 예측은 정확히 맞았다. 이 과정은 우리의 예상보다 오래 걸렸다. 이 계약서는 대학 당국 측에서 보면 지금까지 보던 것과 전혀 다른 부류이었기 때문이다."

스태프에 의한 직접 운용의 경우, 후크는 자신이 직접투자의 승인을 신청하거나 획득할 것인지에 대해 회의적이다. "나는 텍사스 주 Waco시에 소재한 우리 팀이 신흥시장 채권을 직접 운용하도록 권한을 부여받을 것으로 기대하지 않는다. 그러한 자산은 직접 운용을 하기에 적합하지 않다. 학교 팀의 직접 운용은 핵심 자산만으로 제한되어야 한다. 만일 채권의 기대수익률이 저조하다고 해서 우리 팀이 직접 운용을 한다면 시간을 효율적으로 사용하는 것일까? 나는 현재는 물론, 우리 팀이 두 배 규모로 확장된 후라도 그렇지 않다고 생각한다. 나는 그러한 영역은 외부운용사에게 기꺼이 맡긴다."

투자위원회는 투자 오피스가 신속한 판단하에 직접 투자하거나 운용사와 공동투자하고자 할 경우를 배려하여, 직접 운용을 위한 소액의 자본을 배정하여 주었다. 위원회는 공동투자의 기회가 포착된 때 내부 팀이 실행할 수 있도록 몇 백만 달러를 할당해 주었는데, 이 한도는 특정한 운용사를 목표로 한 것이 아니며, 단지 꺼내 쓸 수 있는 프로그램이다. 투자 팀에게 어떤 좋은 투자 기회가 출현하더라도 실행 일정상 실사할 시간조차 부족한 경우가 다반사이므로, 투자 팀은 이 한도 내에서 먼저 실행하고 나서 위원회에 사후 보고할 수 있다.

후크가 학교에 재직한 6년 동안에, 투자 팀은 이러한 투자를 한 건 실행하였으며 자산 매각이 임박하였기에, 높은 수익률을 기대한다. "이 건에서 우리는 직접 운용이나 운용사와 공동투자를 추구하였던 것이 아니다. 이것은 인력 문제이다. 시간이 많이 소요되기 때문에 나는 스태프의 시간을 아껴서 투입해야만 한다."

한 건의 성공 실적을 가지고 투자 팀은 위원회에 한도 확대를 요청하였고 기존 집행액도 한도에서 제외하는 조치를 추가하였다. 이 안건이 승인을 받든 못 받든 간에, 좋은 피드백이 될 것이다. 투자위원회는 이 건이 투자 팀이 시간과 자본을 투입할 대상인가에 대해서 다른 의견을 가질 수도 있다(안건은 저자가 후크와 인터뷰한 후에 승인을 획득하였다).

후크는 석유와 가스 업종의 한 회사에 직접 투자를 주도하였다. 경영자들은 기존 회사를 일정한 규모로 성장시켜서 매각한 후에, 동일한 업종의 새로운 회사를 창업하였다. 후크는 창업한 회사가 최초 자본조달을 진행하는 과정을 관찰한 후에 투자하였다. "우리는 이 회사의 경영진을 신뢰할 수 있고, 그들이 어느 곳을 탐사하는지, 유전이 어딘지를 알며, 우리의 투자위원들도 이 회사를 파악하고 있으므로, 이 건 투자를 수행하는 데에 비교 우위에 서 있다. 우리는 이사직을 배정받을 수 있으며, 선임 경영진들과 접촉을 통해 정보의 연결고리를 확보하였다. 우리는 운용사를 통하지 않고 투자할 대상이 떠오를 때, 합리적인 범위 내에서 기회주의적으로 가용한 자본을 필요로 하고, 또 확보해야 한다. 이같이 흥미로운 활동을 부분적으로 수행할 수 있다면, 스태프의 사기 진작에 유익하다. 우리는 투자 기회가 왜 흥미로운지를 투자위원회에 설명할 수 있어야 하는데, 이것은 운용사 선정과는 약간 다른 성격의 과업이다."

학교의 팀이 직접 투자를 하려면 운용사에 맡기는 경우보다 상당히 많은 시간을 투입해야 한다. 후크는 "우리는 내부운용을 할 만큼 조직을 키우지 않을 것이지만, 약간의 한도 배정을 확보하는 것은 매력적인 수익 기회가 출현할 때에 대비하여 타당하다. 이러한 기회는 매우 소중하다"고 언급한다.

5) 포트폴리오 구성과 운용

자산 배분정책을 수립하고, 대체투자를 5년 만에 2%로부터 40%로 끌어올리는 과정은 노련한 CIO라 하더라도 도전적인 과제임에 틀림없다. 후크는 자신의 업무는 학습하면서도 투자기관의 자본위험에 익숙하지 않은 신설 투자위원회와 협업하여, 이러한 과제를 달성하였다. 그러고 나서, 그는 훨씬 규모가 큰 기관도 아직 수행하지 못했던 자산 배분정책 개편을 달성해 냈다. 대학기금을 운용하려면 정책 수립만 가지고는 안 된다. 후크는 정책을 실행하였다.

가. 운용사의 물색과 선정

베일러 대학교가 투자할 준비가 되었다는 후크의 인터뷰가 잡지 보도를 통해서 널리 알려졌지만, 전략을 수립하고 적합한 운용사를 선정하는 과정은 찾아오는 사람만 상대해서는 달성될 수 없다. 최고의 아이디어는 찾아와서 문을 노크해 오지 않으며, 노크를 해 오는 아이디어는 포트폴리오에 최선의 것이 못될 가능성이 많다. 후크도 그의 동료들이 그러하듯이, 아이디어를 소싱하고, 항상 과정을 개선하면서 자신이 원하는 것을 찾아다닐 필요가 있다.

"나에게 완전한 해답이 있으면 좋겠다. 기관투자자는 한 번도 통화하지 않았던 운용사들로부터 자신들의 성취를 알리는 메일들을 받는데, 아마도 모두가 동일한 정보를 얻을 것이다. 이 모든 다양한 것들이 여러분에게 찾아오며, 과다한 정보가 쌓인다. 삭제 버튼을 누르는 이외에, 우리는 '우리가 무얼 필요로 하고, 무얼 놓치는 것인가?'라고 계속 스스로에게 질문하며, 우리가 올바른 경로상에 있는지를 확인한다. 우리가 초점을 유지할 수 있다면, 주의 집중을 방해하는 아이디어를 제거할 수 있게 된다. 특정한 전략들은 관심이 없다고 사절함으로써, 우리가 가장 관심을 가진 전략에 집중하게 되면, 여러분은 포트폴리오에 더 유익한 것에 집중할 수 있게 된다."

후크는 수탁자 이사회와 투자위원회의 견해를 계속 파악함으로써, 자신의 우선순위와 목표를 최선의 상태에 유지한다. "나는 여러분이 위원회의 호불호를 알고 있으면 여러분의 과업을 정의하는 데에 어느 정도는 도움이 된다고 생각한다.

여러분이 위원회나 어떤 위원이 X전략을 인정하지 않을 것임을 안다면, 그 위원과 벌이는 논쟁은 가치가 없다. 그대로 두라. 우리는 우리 학교 규모의 포트폴리오에 다양성을 부여하고, 가능한 한 다변화를 달성하려고 노력한다. 하지만 우리가 모든 자산군에 다 들어가는 것은 아니다. 우리는 어디에서 시간을 쓰지 말아야 하고, 수익률이 미흡한 데에 정력을 낭비하지 말지를 판단하려고 노력한다. 이러한 판단은 다시 의사소통 문제로 돌아간다. 우리가 위원회 위원들과 의사소통을 잘하고 있다면, 우리는 그들의 선호/기피 대상을 짚어 내는 핵심 부위를 파악할 수 있을 것으로 기대된다."

많은 다른 CIO들이 그러하듯이, 후크도 쏟아져 들어오는 전화와 이메일뿐만 아니라 다양한 전술을 사용하여 운용사를 물색한다. "나는 여러 방식을 복합하여 사용한다. 일부는 시장에 나가서, 일부는 컨설턴트로부터, 일부는 NMS 운용 헤지펀드 소그룹 컨퍼런스 등의 행사장에서 물색한다. 우리는 행사장에서 만난 운용사 3인과 계약까지 도달하였다. 나는 운용사를 발굴하고, 우리와 일하기 원하는 운용사가 우리가 협업하는 데 적합한지를 판단하는 데에 필요하다면, 어떤 수단을 쓰는 데도 반대하거나 창피해 하지 않는다."

후크는 재단과 대학기금을 자문하는 컨설팅펌들에 대해서도 언급한다. "운용사 선정은 우리가 컨설턴트를 잘 활용하는 분야이다. 우리는 의사 결정을 컨설턴트에게 맡기지 않으며, 그들과 병행하여 일하고자 한다. 우리는 독자적인 실사를 한 후 우리의 결론을 도출하고자 한다. 컨설턴트도 그들의 절차를 수행한 후에, 동일한 결론에 도달하는 것이 바람직하다. 우리는 컨설턴트와 머리를 맞대고서 모든 것이 일치하는지 점검하지만, 항상 그러한 것은 아니다. 우리는 컨설턴트와 충돌하여 논쟁하다가 합의에 도달할 수 있다." 때로는 컨설턴트와의 토론을 통해서 한쪽이 놓치고 있었던 정보를 파악하고, 더 나은 결론으로 이어질 수도 있다. "모든 데이터를 수집한 후에, 우리는 아마도 모든 의견을 결집한다. 우리는 누가 데이터를 발견했는지에 대해서는 따지지 않으려 한다. 단지 운용사가 포트폴리오에 적합하면 된다."

후크는 어떤 특정한 전략이나 펀드에 결코 투자하지 않을 것이라고 판단하면 곧바로 해당 운용사에게 통보해 준다. "나는 사람들을 대우함에 있어서 내가 대우받기 원하는 방식대로, 그대로 한다. 이 업계에서 시간은 돈이다. 그리고 운용사에게 헛된 기대감을 주고서 끌고 가는 것은 타당하지 않다. 결론이 기각이라면 더 이상 시간을 낭비할 이유가 없다. 당신을 좋아하지만 대답은 예스가 아닐 것이고 그 이유는 무엇인지를 바로 말해 준다. 나에게는 운용사 사람에게 이유를 말해 줄 책임이 있다. 만일 운용사의 기각 건이 투자위원회나 수탁자 이사회 위원에 관련되었다면, 사람들의 견해는 변할 수 있다. 때로는 '당분간은 아니다'라는 상황일 수도 있다. 하지만 당분간이 장기간 계속된다면 그때까지 기다려 줄 수 있는 운용사는 없다."

나. 운용사 선정 기준

운용사를 선정할 때, 후크는 개인 성향부터 투자 스타일 및 기질까지 여러 요소들을 고려한다. "몇 가지 고려 요소는 사람의 정직성과 성실성에 관련된다. 나는 내가 투자위원회와 의사소통하기 원하는 방식에서처럼, 운용사도 나에게 매우 솔직하기를 원한다. 만일 무엇인가가 잘못되거나 예상대로 진행되지 않을 때, 이 상황을 투자자인 나와 의사소통하는 것이 매우 타당하다. 나쁜 소식이더라도, 미리 파악하는 한에서는 대응을 할 수가 있다. 나는 사건이 발생한 지 석 달이 지나서 또는 자산 상각 처리 이후에 알고서 경악하기보다는, 미리 알고자 한다. 대화를 계속 유지하게 되면, 조직 내에서 통제를 할 기회가 주어진다."

후크는 운용사 사람을 만나는 때 그의 마음가짐을 본다. "자리에 앉아서 운용사의 눈을 보면서 대화하면, 여러 가지를 느낄 수 있다. 상대방이 모든 것을 말하지 않을 것이지만, 이들이 개인적만이 아니라 투자의 경기 순환주기 내에서 일정한 상황에서 어떻게 반응할 것인지를 짚어 볼 수가 있다."

후크는 대학기금 업계의 다른 CIO들과 네트워킹하고, 다양한 운용사에 대한 그들의 기준과 평가를 파악할 기회를 소중하게 여긴다. 그는 더 많이 파악했으면 한다. "나는 아마도 재단과 대학기금의 CIO들과 스태프들 간에 네트워킹의 활용도가 아직 미흡하다고 생각한다. 우리 모두는 개인적인 네트워크를 현행보다 더 잘 활용할 수 있을 것이다. 특정한 학교의 동료들을 알고서 특정 운용사에 대한 의견을 구할 수 있다면 도움이 될 것이다. 내가 그들이 알지 못하는 사실을 밝혀 낼 수 있고, 그 반대의 상황도 가능하며, 이 과정에서 상호간에 노트를 비교하는 것이 매우 중요하다."

후크는 어떤 컨설턴트의 주선하에 다른 대학기금의 CIO와 함께 운용사 방문 출장을 간 적이 있었다. 세 사람은 출장 일정에서 6~7개 운용사를 방문하였는데, 다른 사람의 관점을 추가하게 되자, 화제가 촉발되고 협의가 확장되었다.

CIO가 원하는 운용사의 특성은 인성으로 집약된다. "결국 우리는 원칙이 있다고 느끼는 운용사를 찾고 있는 것이다. 나는 강력한 도덕성을 요구하는 것이 아니라, 높은 수준의 진실성을 가진 사람들을 원하는 것이다. 우리는 암울한 시장에서 운용할 수 있고 또는 위험을 관리하면서도 항해해 갈 높은 수준의 능력을 갖추었다고 인정되는 운용사를 추구한다. 시장 상황이 좋을 때는 모든 것이 잘 되어가지만, 시장이 하락하기 시작하면 이때가 운용사 간에 차별화가 나타나는 지점이다. 우리가 이 점에 대해서 안심할 수 있다면, 우리의 의사결정이 쉬워진다."

다. 포트폴리오 구성

베일러 대학기금은 의미 있는 규모의 포지션에서 위험을 관리하고 수익률을 획득한다는 목적하에 포트폴리오를 구성하였다. 후크는 거래상대방 위험을 완화하기 위하여, 각 운용사별 운용자산을 포트폴리오 전체 규모의 일정 비율 이내로 제한한다. 대체투자는 일반적으로 1%의 비중을 가진다. "대략적으로 포트폴리오의 1%는 1천만 달러의 포지션에 상당한다. 내가 부임한 초기에는 우리는 일부 운용사에게 1~2백만 달러씩을 맡기고 있었다. 하지만 1백만 달러나 1천만 달러나 손이 가기는 동일하다. 나는 투자위원회에게 운용사당 최소 5백만 달러는 되어야 한다고 주장하였다. 운용사에게 5백만 달러를 맡길 만큼 믿을 수가 없다면, 어떤 금액도 위탁할 수 없고, 아예 빼야 한다. 최대 5백만~1천만 달러의 위탁액은 좋은 안전구간 단위이다. 우리는 부실채권이 좋으니 우수한 단일 운용사에게 전액을 위탁한다는 견해는 채택하지 않는다."

베일러의 포트폴리오는 1999년 부실채권에 최초로 투자했던 펀드의 운용사를 포함하여, 3~4개 전문운용사에 분산하여 부실채권을 투자하고 있다. "이 부실채권 펀드는 우리가 회수금을 계속해서 받은 후에도 재평가에 의해서 우리의 자산 가치를 상당 기간 동안 유지해 주었다." 후크는 부실채권이나 벤처캐피털 등 동일 부문 내에서도 복수의 운용사들로 분산을 해 두는 것이 현명한 결정이었다고 믿는다.

후크는 LBO에서 메가딜 바이아웃 펀드는 회피하고, 중소 규모의 바이아웃을 수행하는 펀드에 보다 집중하였다. "어느 편이 좋은지는 시간이 밝혀 줄 것이다. 나는 기업금융에 종사하던 시절의 RJR Nabisco의 전설[110)]을 기억하며, 그러한 대형 펀드가 빅딜을 추구하는 것이 출구 전략 및 다른 사안 면에서 나에게 우려를 준다. 메가딜이 잘 될 수도 있다. 그 경우 우리가 LP에 들어가 있지 못한 것이 안타까울 것이다. 하지만 나는 이러한 펀드는 회피하는 게 편안하다."

대학기금은 후크가 취임한 이래로 long only 주식에 배분을 상당히 축소하였고, 자산의 많은 부분을 소수의 펀드에 각각 3~6% 단위로 집중시켰다. 각 전략에는 최소한 2개 운용사를 두는 성향이고, 어떤 특정한 자산군에서도 단일 운용사에게만 전담시키지 않았다. "나는 각 분야에 단일 운용사를 배치하는 것이 기관의 포트폴리오에서 타당하다고 보지 않는다. 우리는 동일한 분야 내에 펀더멘탈과 계량(quant)의 두 운용사로 하여금 상이한 방식으로 운용하도록 편성할 수가 있다. 우리는 10~11개의 전통적 또는 long only 운용사와 45개 대체자산 운용사들과 계약하고 있다. 이것은 보다 다수의 대체투자 운용사가 적은 자산을 보유하는 전통적인

---

110) **역자 주** : 투자자는 9년 만에 연환산 2.6%의 내부수익률을 기록하였다.

80/20 규칙에 따른 것이다. 이 규칙은 위험 관점에서 타당하다. 한 가지 대체투자 전략이 붕괴하더라도, 우리는 포트폴리오의 1%만 상실한다. 1%의 상실은 고통스러운 상황이겠지만, 우리는 이를 극복하고 갈 수 있다."

후크는 그가 은행권에 근무하던 당시에 은행 대부계 책임자들이 대출의 부도 위험을 평가하는 데 사용하던 비유를 인용한다. "은행가들은 그 위험을 '잔디밭에서 태우기' 시나리오라고 불렀다. 은행이 자본이 탄탄한 다국적기업에 20억 달러를 대출하였는데, 차주가 대출금을 다 써버렸다. 그러면 은행이 차주와의 거래를 끊는가? 은행은 이익을 상실하였지만, 거래를 끊거나 차주의 재무제표를 초토화시키지는 않는다. 여러분이 위험을 최소화할 수 있다면, 최악의 상황이 발생하더라도 세상의 끝장은 아니다."

라. 위험 관리

베일러 대학교는 포트폴리오를 편성함에 있어서, 전반적으로 1년간의 손실 기간에 대비하였다. "우리는 시장이 나빠도 우리가 당해 연도를 무난히 지낼 수 있고, 어떤 시황에서도 생존하게 되는 그런 포트폴리오를 구축하였다. 나는 '우리의 포트폴리오가 X의 변동성을 가졌고, 리스크는 Y다'라는 식의 측정방식에는 별다른 신뢰를 두지 않는다. 상관관계란 어떤 사건이 발생하면 모두 1로 바뀔 수 있다. 우리는 특정한 단일 충격이나 사건에 의해서 과도하게 손상을 받지 않으며, 바람직하기는 그 중의 일부는 상승까지도 가능한 그러한 내성을 갖춘 포트폴리오를 구성하고 운용하려고 시도한다."

후크는 이러한 사건이 발생할 경우에 손상을 최소화하기에 주력한다. "우리는 그러한 사건이 언제 발생할지 또는 어떤 사건일지에 대해서 전혀 알 수 없음을 잘 알고 있다. 글로벌 테러이든, 달러 가치 폭락, 호흡기 전염병이든 간에, 악재는 모두가 다른 형태이며, 포트폴리오에 어느 정도 영향을 준다. 이러한 위험이 현실화된다면, 학교의 포트폴리오만 영향을 받는 것만이 아니라, 신입생의 유치를 포함하여 대학교의 운영도 영향을 받을 것이다.”

후크와 투자위원회는 포트폴리오의 위험에 대해서 “우리가 무엇을 놓쳤는가? 무엇이 우리에게 다가와서 약점을 찌를 수 있는가?”라고 질문하면서, 전략적으로 사고한다.

그는 위험에 대해서 정성적인 분석을 한다. “우리는 이것을 잘 했다고 생각하지만, 진정으로 그러한가? 여러분이 편안하게 느끼는 지점에 도달한 때가, 의외의 무엇인가가 다가와서 여러분을 물어 뜯을 지점이다. 따라서 너무 편안하게 있지 말라. 우리는 계속 걱정을 하며, 컨설팅펌도 계속 걱정한다. 컨설턴트들은 우리의 걱정보다 더 상위에서 걱정할 필요가 있다. 끝이 없는 전투에서, 항상 위험을 인식하고 숙고하고 있으라. 여러분도 알다시피, 상황은 신속히 발생할 수 있고, 지구의 반대편에서 일어난다. 연쇄반응이 일어나면 예상하지 못한 일들이 발생한다.”

마. 목표 및 방향

후크와 Pittman은 투자 오피스의 업무를 보완하기 위해서, 투자은행의 연수과정과 유사한 투자 인턴 프로그램을 베일러 대학교의 경영대학원과 연계하에 개설하였다. Pittman은 대학원의 겸임교수로서 자신의 학생들 중에서 후보를 선발한다. 이 프로그램은 운영기간이 상대적으로 짧지만, 후크는 초기의 성과에 만족하였다.

첫 번째 프로젝트는 ‘정식 스태프는 하지 않으려 하는, 인턴을 위해서 유보된 일’로서, 인턴은 대학기금의 미파악 자산을 확인하기 위해서 파일에 깊이 묻혀 있는 서류와 계약서를 분석하였다. “이 일은 다년간 현안이 되어 왔었지만, 어느 누구도 이 일에 시간을 쓰려 하지 않았다.” 이러한 인턴 자원을 확보함으로써 대학기금이 얻을 수 있는 잠재 혜택의 덕택에 포트폴리오에 부가가치가 얻어졌다.

베일러 대학 당국은 후크의 재임 초기에 발표한 캠페인에서 2012년까지 20억 달러의 기금 목표를 설정하였다. 학교 당국은 기존의 대학기금이 모든 성장 목표를 달성해 줄 것이라고는 예상하지 못했고, 기금 확충 캠페인에서 상당한 금액의 기부금 수입을 예산에 편성하였다. 따라서, 후크는 다행스럽게도 수익률 실적에 대한 추가적인 압력을 받지 않았다.

“베일러 대학교는 2001년을 6억 달러의 기금 규모로 시작하였고, 2006년경 10억 달러를 돌파하였다. 2001년과 2002년에 우리의 기금이 5억 달러로 하락하였던 당시, 우리가 5년 내에 10억 달러에 도달할 가능성은 없어 보였다. 하지만 우리가 예상하던 기부금을 받는다면 가능할 수는 있었다. 기금이 2012년까지 20억 달러에 도달하지 못한다 해도, 나는 이를 실패로 보지 않을 것이었다. 우리는 지출을 능가하는 실질 수익률을 획득하였고, 기금의 진정한 성장을 달성하였다. 이 캠페인이 시작되었던 2001년~2002년의 기간은 성장을 하기 어려운 상황이었다. 9.11테러와 기술주 버블 이후는 캠페인을 시작하기에 적기는 아니었다. 이 캠페인은 10년의 목표를 잡았다. 학교당국 인사들은 항상 큰 기부금이 들어올 것을 바라면서 기금 조성 캠페인을 벌이며, 시간이 지나면 또 한 차례의 연장 캠페인을 곧 시작할 것이었다. 그런데, 어떤 중요한 기부금 수입도 없이, 운용 성과만으로 기금은 2006년경 10억 달러에 도달하였다.”

후크와 다른 스태프 한 명은 캠퍼스의 부동산 취득이나 매각 등 다른 투자 관련 업무를 담당한다. 대학기금이 여유자본을 운용하게 된 것은 비교적 최근의 현상이기 때문에, 그는 기금의 목적과 활용에 대해 동료들을 지속하여 교육시킨다. 그가 표현하듯이 “기금이 ‘돼지 저금통’이라는 인식과 싸워야 한다.”

이러한 우려에 불구하고, 후크는 “학교 내의 어디에도 단지 수치를 달성하기 위해서 과도한 위험을 안으려는 욕구는 없다. 사람들은 장기적으로 지속되는 좋은 수익률에 매우 만족한다. 이는 우리가 잘하고 있다는 의미이다.”

3. 교훈, 관찰 및 조언

조나단 후크는 투자에 대한 견해와 기관 및 개인투자자에게 대한 조언을 다음과 같이 제시해 준다.

“다변화는 아마도 여러분이 얻을 수 있는 유일한 공짜 점심일 것이다. 기관이든 개인이든, 적당한 수준의 다변화를 확보하라. 개인들은 다변화가 미흡할 개연성이 높지만, 많은 노력을 들이지 않고도 다변화를 달성하고 스스로를 보호할 수 있다. 이 보호는 매우 치명적인 것이다.”

후크는 투자자들이 유행에 집착하는 데에 우려를 표명한다. “어떤 스타일이 인기를 끌고 돈이 유입되면, 여러분은 여기에 들어가야 할 시점인가? 여러분이 과대한 자금을 뒤좇아 투자한다면, 아마도 적합한 시점이 못될 것이다.” 후크는 몇년 전 투자자 컨퍼런스에 갔다가, 발표자가 대중들에게 “여러분이 이 자산에 투자하지 못했다면 어리석은 것이다”라면서, 강력하게 투자를 권하는 국면을 목격하였다. 그는 옆 사람에게 말했다 “지금은 또 다른 방향으로 갈 때가 아닌가요? 후크가 옳았음은 수익률에 의해 사후적으로 입증되었다.”

후크는 수탁자 이사회 및 투자위원회와 가깝게 지내라는 자신의 주장을 동료 CIO들에게도 강조한다. “여러분의 최선, 위원회의 인내력, 위원회와 여러분이 하려는 일과 하지 않으려는 일들을 이해하도록 노력하라. 여러분은 CIO로서 집중하고, 자신의 조직을 위해서 딱 맞는 경로에서 일하고 있는지 확인하라. 여러분이 하려는 일이 무엇이고 왜 하는지를 투자위원회에게 확실히 이해시키며, 그들에게 나쁜 소식을 갑자기 주지 않는 것이(좋은 소식에는 놀라도 좋다), 장기적인 지속가능성에 도움이 된다. 동시에, 여러분은 스스로 옳다고 생각하는 일을 해야 한다. 입장을 정립하고 확신을 갖되, 지배집단의 전후 관계를 파악하고서 이 과정을 이끌 수 있어야 한다.”

1) 투자 실수

후크는 타인의 실수를 관찰하기보다는 자기 자신의 실수를 예방하는 데에 시간과 노력을 쏟는다. "우리는 실수를 했는지의 여부를 입증할 확정적인 데이터가 없는데도 항상 실수를 하였다고 우려한다. 우리는 운용사에게 투자 약정을 제공한 이후에, 사후 점검회의를 소집하여 '우리가 매수자로서 후회를 하고 있는가? 우리가 놓친 것이 있는가?'를 질문한다. 우리가 무엇인가를 간과하였고, 이러한 사실이 확연한 실수가 될 것인지를 스스로 점검한다. 우리에게 손상이 발생하지 않았다고 해서 그러한 사건은 없을 것이라고 장담할 수는 없다."

후크는 투자자들이 투자 수명 주기의 잘못된 시점에서 투자를 실행하는 것이 주요한 실수라고 꼽는다. 그가 부임하기 전인 2000년 3월에 베일러 대학기금이 최초의 헤지펀드 투자대상으로서 기술과 통신 long/short 펀드를 시장의 꼭지점에서 선정한 실수에 빠졌다.

"어찌해서인지 펀드매니저가 공매도를 빼먹었다. 이 건 투자는 학교의 역사에서 최악의 사건이 되었다.

당해 헤지펀드 매니저는 좋은 회사의 애널리스트 출신이었다. 하지만, 환경이 글자 그대로 최악으로 전개되면서, Peter의 규칙[111]이 적용되었다. 대학기금은 원금의 30%만 건졌다. 하지만 이 포지션은 작은 것이었고, 치명적인 손상은 아니었다. 나는 이 사건에 대해 전임자를 비난하는 것이 아니다. 아마도 내가 당시에 그 자리에 있었다면, 나도 동일한 결정을 내렸을 수 있다. 따라서 나는 누구를 책망하는 것이 아니다. 당시 다수인들이 비현실적인 기대치를 가지고 돌아다니고 있었다."

베일러 대학교는 교훈을 얻었다. "당시 어떤 주식이든지 연간 40% 상승하던 강세 시장은 갑자기 끝나 버렸다. 이러한 국면이 우리가 주목하려는 대상이다. 당해 펀드매니저의 경험 수준은 우리가 신규 운용사와의 동반 성장 과정에서 원하는

111) **역자 주** : 유능한 인력이 승진을 거듭하면, 어떤 시점에서는 그가 능력을 갖추지 못한 직위로 승진하게 된다는 이론.

수준에 미달하였다. 우수한 애널리스트가 펀드매니저로 전업하였지만, 필요한 기술은 이전받지 못하였던 것이다.”

다행히도, 베일러 투자 팀은 이러한 경험을 다시는 반복하지 않았으며, 후크는 이러한 경로를 지키려 한다. “운이 좋았는지, 우리는 그 사건 이후에 사고를 겪지 않았으며, 다시는 사고가 발생하지 않기를 바란다. 그러나 무사고를 오래 즐기다 보면 사고는 발생한다. 사고 방지는 방어를 하고, 경계하며, 지름길을 가지 않는 데에 관련된 사항이다. 아마도 사람들이 함정에 빠지는 것은 그들이 지름길을 택한 경우일 것이다. 이로 인해서 투자 후 1~2년 후에 그들이 발목을 잡힌다. 이것이 우리가 무엇인가를 놓치지 않았는지 확인하고자 스스로 질문을 계속하는 이유이다.”

2) 우려 사항

후크는 2007년 당시에 Collateralized loan obligation(CLO)와 Collateralized debt obligation(CDO) 시장을 우려대상으로 보았다. “이 시장에 어떤 사고가 발생하여 파급효과를 미치면 매우 공포스러울 것이다. 그러한 사건은 분명히 발생 가능하다. 어떤 헤지펀드 매니저들이 창업을 하지 말아야 하는 것은 사실이지만, 내가 헤지펀드의 전략이 너무 많다는 우려를 하는 것이 아니다. 우리는 헤지펀드를 전략보다는 운용사에 근거하여 선정한다. 따라서 전략이 넘쳐나는 것은 요소가 아니다. 기본적으로 베일러 대학기금은 헤지펀드 운용사가 경쟁의 심화를 포함하여, 어떤 상황에서도 수익을 내 줄 것으로 기술과 능력을 신뢰하기 때문에 선정하는 것이다.”

후크는 메가 바이아웃 시장이 거대한 자본을 빨아들였기에, 이 부문에 대해서 우려를 표명하였다. 그는 금융 시스템으로부터 유동성을 빼갈 모든 신용경색 사건에 대해서 우려했다. 여러분들은 2007년의 시장 내에 거대한 유동성이 있었고, 금리가 낮았고, 자금조달이 용이했음을 알고 있었다. 누가 막차를 탔는가? 그는 당시 답변을 찾아내지 못하였고, 이것이 그의 우려대상이었다.

4. 리더십의 복귀

조나단 후크는 재단과 대학기금 업계에 출현한 신세대 CIO의 대표자였다. 그는 은행업으로부터 이직하여 왔기에 다수의 다른 CIO들과 동일한 연배의 나이에 불구하고 포트폴리오 운용 경력이 없었다. 그럼에도 불구하고, 그는 단 5년 만에 성공적인 CIO로 변신하는 괄목할 만한 성공을 성취하였다.

전통적인 투자 경력이 없던 점이 그에게 해가 되지 않았고, 도리어 도움이 되었다. 그는 CEO의 관점으로부터 접근함으로써, CIO의 역할을 잘 수행하였다. 중간 규모의 대학기금을 운용하는 CIO에게 후크는 우수한 역할 모델을 제공한다. 후크의 실무적이고 성공적인 접근방식은 장래의 CIO들이 투자 기술에 추가하여 리더십, 경영 및 마케팅 기술을 개발할 필요가 있음을 시사해 준다. 조나단 후크는 장래의 CIO/CEO의 출현의 징조이자, 그러한 역할을 수행하는 모델의 대표자이다.

제14장

포트폴리오 운용의 새로운 항해에 나서다

Vulcan Capital의 Daniel J. Kingston 총괄이사

댄 킹스턴[112]은 사업가인 Paul Allen[113]의 패밀리 오피스의 투자회사인 Vulcan Capital의 포트폴리오를 관장하고 있다. 군 복무 이후, 와튼스쿨에서 MBA를 받은 그는, 자신의 투자 경력 전부를 스탠퍼드 매니지먼트 컴퍼니 등 비영리재단에서 보냈다. 선도 대학기금에서 경력을 쌓았고, 재능 있는 동료들로부터 학습하고 자산을 운용하였기에, 그는 재단과 대학기금 투자업계를 불확실한 미래로 이끌어 갈 역사적 지식과 발전적인 비전을 가진 신세대 투자임원을 대표한다.

킹스턴은 미국 해안경비대의 장교로서 경비정의 항해를 하면서, 자신의 모험심을 실천하였고, 리더십과 경영 기술을 개발하였다. 이러한 기술과 모험심을 통해서 그는 사업가적인 인맥, 목표와 생각을 선호하게 되었으며, 투자의 환경 속에서 새로운 방식으로 항해할 능력을 얻었다. 사업가의 패밀리 오피스에 소속함으로써, 킹스턴은 재단이 부를 창출할 다음 번의 파도를 이해하고 관리할 적임자이다.

킹스턴은 전략적 및 전술적 자산 배분을 개발할 뿐만 아니라, Vulcan Capital이 외부운용사에 투자금을 위탁하는 과정도 책임을 맡고 있다. 그는 상장주식, PE,

112) **역자 주** : 킹스턴은 2012년에 Morgan Creek사(제15장)의 투자위원으로 참여.

113) **역자 주** : 빌 게이츠와 함께 Microsoft사를 창업하였으며, 퇴사 이후에도 주주로 남아 있다. 2016년 현재 186억 달러의 부자로 알려짐.

벤처캐피털, 부동산, 대체투자와 채권 부문에 직접 경력을 갖고 있다. 게다가 킹스턴은 다수의 투자자문위원회와 몇몇 비영리재단 이사회에서 위원직을 맡고 있다. 그는 현재 Kauffman Scholars Inc의 이사회의 의장이다. 그는 Kauffman 재단의 CIO를 역임하면서 재단의 투자기능 관리를 수행하였다. Kauffman 재단 이전에는, 그는 스탠퍼드 매니지먼트 컴퍼니의 총괄이사를 역임하였다. 스탠퍼드에서 그는 대학기금의 내부 투자전략의 개발과 관리를 관할하였다. 그는 휴렛팩커드사의 투자부서에서 금융 애널리스트로서의 경력을 가지고 1990년에 스탠퍼드에 입사하였다. 그는 투자업계에 입문하기 전에는 해안경비대에서 5년간 장교로 복무하였다.

킹스턴은 미국 해안경비대 사관학교에서 학사학위를 받았고, 펜실바니아 대학교의 와튼스쿨에서 MBA를 받았다. 또한 그는 CFA 자격을 획득하였다.

1. 배 경

많은 CIO들이 그러했듯이, 젊은 킹스턴도 CIO가 되겠다는 목표를 가진 적이 없었다. 대신에 1960년대의 아폴로 시대에 많은 소년들이 그러하였듯이, 그도 우주비행사가 되고 싶었다. 우주인 중에 웨스트포인트나 아나폴리스 등 사관학교 출신이 많다는 사실에 따라 그는 사관학교에 입학하고자 했다.

그러나 불행히도 입학 전형 과정에서 그의 시력이 비행사로서는 결격임이 판정되었다. 우주비행사의 꿈은 소년의 17세 시점에 끝이 났다. 그의 부친은 해안경비대의 장교 출신으로서, 아들에게 대신에 미국 해안경비대 사관학교에 지원하라고 권유하였다. '안경을 쓰더라도 해안경비대에서는 배를 몰 수가 있다.' 그는 가문의 전통을 따르고 해안경비대 경력을 쌓고자 입대하기로 결정하였다.

해안경비대는 사관학교를 졸업한 킹스턴에게 첫 임무로서 해안경비대의 최대 경비선의 포병장교로서 하와이에 파견하였다. 이후 그는 경비선의 교육장교가 되었다. "이 보직에서 나는 지휘체계 내에서 아홉 명으로부터 보고를 받았다. 이 직무는 매우 도전적이었고 매우 유익하였다." 두 가지 보직이 모두 미국 해군과 간에 밀접하게 상호 작용을 요하였고, 그의 다음 보직으로서 호놀룰루의 14지역본부의 데프콘 부문으로 이어졌다. 데프콘이란 해안경비대의 방어기획 기능에서 비공식적인 코드로서, 킹스턴은 군의 다른 부문, 특히 해군과의 조율 업무를 계속하였다. 이러한 경력을 통해서 그는 세상을 보다 전략적인 관점으로부터 보게 되었고, 단순한 보고계통보다는 보다 큰 차원에서 일하기를 선호하였다.

하와이 대학교에서 수강을 하면서, 그는 군복무 이후의 삶을 구상하기 시작하였다. 그는 자신이 해안경비대에 남아 있으면 하고 싶은 일을 할 수 없을 것임을 깨달았다. 그가 사관학교에서 경영과 공학을 전공하였기에, 경영대학원의 MBA 과정이 논리적인 다음 단계로 보였다. 어느 경우에나 그가 자신의 방향을 잡는 과정에서 한두 해는 곧 지나갈 것이었다. 곧 그는 하와이의 해안을 떠나서 펜실바니아 대학교 와튼스쿨이 있는 Schuylkill 강둑으로 이동하였다.

그는 어떤 직업을 추구할지 확신하지 못하는 상황에서, 투자은행, 자산 운용, 전략 컨설팅 등 많은 취업설명회를 찾아 다녔다. 취업설명회는 모든 가능성에 대해서 학습하면서, 동시에 저녁식사까지 하는 좋은 기회였다. 5년간 하와이에서의 철인 3종경기와 파도타기를 하던 그는 진정한 세계에 대해 준비가 되어 있지 못했다.

1) 와튼스쿨

경영대학원의 1학년 시기에, 킹스턴은 자신의 경력의 다음 단계에 돛을 다는 데 도움이 되었던 경시대회에 참가하였다. 메릴린치 투자 경시대회 참가자들은 가상의 투자금 10만 달러를 받았다. 그의 친구인 샘 리와 킹스턴은 보수적인 투자를 해서는 우승할 수 없음을 깨달았다. 게임은 한정된 기간과 편성 구조상 위험수용을 권장하고 있었다. 샘은 비관적인 경로를 선택하였고, 킹스턴은 낙관적인 경로를 선택하였는데, 두 경로 사이에서 우승을 할 수 있다고 전망되었다. 킹스턴은 주식이 1월에 좋은 성과를 내는 경향의 '1월 효과' 강의 내용을 기억했고, 이를 활용하여 가상의 포트폴리오 10만 달러를 30만 달러로 키웠고, 우승을 하였다.

킹스턴은 "우승은 완전히 행운에 따른 것이었다. 이 경시대회를 통해서 투자에 운이 중요하다는 교훈을 배웠다. 이러한 교훈을 그는 현재에도 소중히 간직하고 있으며, "좋은 성과를 냈다고 해서 무엇인가가 입증되는 것이 아니다. 입증은 중요한 다양한 환경에서 반복적으로 성과를 내야 확보되는 것이다. 과거의 수익률을 재현하고자 하는 투자자들이 너무나 많은데, 이들이 그러한 성과를 낼 수 있었던 상황을 점검해야 할 때이다"라고 지적한다.

킹스턴은 자신의 수학 솜씨와 전략적 사고 선호도를 최고로 활용하는 데에는 투자운용업이 최선이라고 판단하여, 투자업에 입문하기로 하였다. 행운은 그의 누이동생이 하계 인턴 자리를 소개해 준 역할을 통해서 찾아 왔다. 그의 누이는 휴렛팩커드 사의 투자 부서에 인턴 자리를 주선해 주었다. 인턴 자리도 대단한 기회로서, 킹스턴은 투자전략과 자산 배분을 기업연금 측의 관점에서 꿰뚫어 볼 수 있었다.

인턴으로서의 특정한 업무를 통해서 그는 새로운 자산 형태를 평가하는 경험을 얻었고 중요한 투자분석 기술을 학습하였다. 그의 엔지니어링 전공으로 인해서, 그는 모기지담보증권(CMO) 포트폴리오의 검토와 분석 프로젝트를 배정받았던 것이었다. 이 당시는 1989년으로서 CMO가 비교적 알려지지 않은 투자상품이었다. 그는 위험을 분해함으로써 가치가 창출될 수 있고, 그에 따라 각 투자자는 자신이 원했던 만큼의 위험을 얻는 방식을 이해하게 되었다.

2) 스탠퍼드 매니지먼트 컴퍼니

휴렛팩커드사의 소재지는 아름다운 북 캘리포니아 주였는데, 이 위치도 그의 경력을 개선해 주는 데에 기여하였다. 그는 이 지역 출신이었으므로, 와튼스쿨 졸업 후에 고향으로 돌아왔는데, 바로 이때가 스탠퍼드 매니지먼트 컴퍼니가 설립된 시점이었다. 하버드 매니지먼트가 설립되었던 과정과 유사하게, 스탠퍼드도 대학기금을 보다 효과적으로 운용하기 위해서는 대학의 문화와 다른 전문적인 투자운용 조직이 필요하다고 인식하였다.

킹스턴이 우연히 지원한 스탠퍼드 포트폴리오 운용자 대리 직에 400명이 지원하였다. 대다수의 대학기금은 외부운용사에 의해서 운용되고 있었다. 그러나 스탠퍼드 기금의 약 25%는 '내부운용펀드'로서 내부운용되었다. 킹스턴은 이 부서의 Charles Froland[114] 밑에 입사하였고, David Russ[제4장 2. 6) '운용과 멘토링' 전술 참조, 2005년부터 Dartmouth 대학교의 CIO]와 함께 일하였다.

Froland와 Russ는 공히 비상한 인물들이었다. Florand는 킹스턴으로 하여금 스탠퍼드에서의 기회에 몰입하게 만들어 주었다. 그는 괄목할 만큼 명료하고, 놀라울 만큼 관점에서 감각이 좋았다. 또한 데이비드는 킹스턴이 아는 사람 중에서 가장 지적인 호기심이 강한 사람이었다. 킹스턴은 두 사람으로부터 매우 많이 배웠다. 찰스는 전략적 및 전술적인 투자의 구분을 가르쳐 주었고, 데이비드는 채권시장과 트레이딩 역학에 대한 지식을 가르쳐 주었다.

스탠퍼드 매니지먼트는 저명한 스탠퍼드 재무 교수진과 밀접하게 협업하여 투자 이론을 실무적 투자전략으로 전환하는 노력을 기울였다. 킹스턴은 스탠퍼드 매니지먼트가 이미 1990년대 초부터 의미 있는 벤처캐피털 배분, portable alpha 및 스타일 분석 등 많은 공통적인 전략들을 최초로 실행하였다고 언급한다.

빌 샤프 교수가 컨설팅 서비스를 수행하였는데, 그는 고객 수를 10명으로 제한하고 있었다. 스탠퍼드는 교수의 소속학교로서 이러한 고객이 될 수 있는 특권을 누릴 수 있었다. 학구적인 자세를 가지고 새로운 분야를 탐험할 의지를 가졌다는

114) **역자 주** : 워싱턴 대학교 학사, 스탠퍼드 MBA 및 캘리포니아 버클리 대학 박사 학위자이며, 1988년에 스탠퍼드 매니지먼트에 입사하였다. 1995년에 General Motors Investment Management로 이적. Journal of Portfolio Management, CFA Institute, Institutional Limited Partners Association에서 활동.

것은 투자시장에서 막대한 강점이 되었다.

킹스턴은 초기 수년간은 전술적 자산 배분 모델을 개발하고, 파생상품을 매매하며, 부동산투자신탁과 주식, 채권 포트폴리오를 운용하였다. 그는 자신이 위험 수용과 자산 운용에 완벽한 연수를 받았다고 생각하며, 그 이유는 1994년에 최초의 시장 침체를 맞이할 때 도움이 되었기 때문이다.

채권시장은 1993년에 지속되기 어려운 상승을 보인 후, 1994년에 폭락하였다. 스탠퍼드는 그 해에도 채권에서 양호한 수익률을 유지하였지만, 이는 상대측정 기준이었다. '난장이들 중에서 가장 키가 크다는 사실'은 별다른 위안을 주지 못하였다.

그러한 폭락 장세를 경험하였음에 따라 킹스턴은 5년 후에 주식시장이 과열된 국면에서 도움을 받게 된다. 그 사이에 Russ와 Froland는 스탠퍼드를 떠났고, 당시 스탠퍼드 매니지먼트의 사장이던 호글랜드(이후 휴렛 재단으로 이직)는 킹스턴을 내부운용 부문의 이사로, 이후에 총괄이사로 발탁하여 모든 자산군에서 내부운용에 의한 투자 책임을 맡겼다.

"스탠퍼드의 이러한 전략은 우리가 외부운용사만큼이나 잘, 또는 보다 저렴하게 수행할 수 있는 모든 투자, 또는 우리가 직접 통제하기 원하는 투자는 실질적으로 전부 내부에서 수행하였음을 의미하였다. 전자에는 채권, PE 및 원자재 운용이 포함되었고, 후자에는 일련의 선물거래 overlay와 주식 헤지가 포함되었다. 이러한 헤지는 닷컴 버블의 와중에 노출도를 매우 완화시켜 주었고, 스탠퍼드가 폭풍우를 피해 가는 데에 도움이 되었다."

킹스턴은 스탠퍼드에 재직하는 동안에 폭넓은 투자 경험을 쌓았고, 다양한 기술을 개발하였다. 가장 핵심적이고 소중한 경험은 직접 내부운용이었다. 이러한 경험은 교과서를 통해서 얻을 수 없는 것이었다. "스탠퍼드 매니지먼트 측이 자사가 고용하는 운용사의 입장에 서서 이해하는 데에 믿을 수 없을 만큼 도움이 되었다. 운용사 측이 위험을 어떻게 인식하고, 경기의 부침 속에서 위험이 어떻게 변동할지를 판단하는지 분석하는 데에 유용하다. 투자자들은 아마도 운용사와 대화하고 상호작용함으로써 그러한 정보를 수집할 수 있을 것이지만, 손실이 나는 포지션을 가지고 밤을 보내면서 언제 손절매를 할지를 판단하는 경험을 대신할 수는 없다. 운용사들을 분석하는 것은 성과에 대한 것이 아니라, 그들의 절차에 대한 것임을 이해해야 한다."

3) 카우프만 재단

스탠퍼드에서 12년을 재직한 후, 킹스턴은 2003년에 카우프만 재단에 입사하였다. 그가 12년간의 트레이딩 경력을 가졌기에, 몇몇 헤지펀드로부터도 스카우트 제안을 받았다. 헤지펀드 업계에 진입하는 편이 수입에서는 월등히 많았겠지만, 정서적인 만족감은 줄 수가 없었다. 카우프만 재단의 임무는 킹스턴이 열정적으로 지원하는 교육사업만이 아니라, 미국 사회에 가치를 창출하는 창업정신까지 지원하기 때문이었다.

킹스턴은 재단의 진정한 가치에 대해서 사려 깊은 관점을 보여 준다. 일반인들은 재단의 가치를 보유자산 규모로 측정하려는 성향을 보인다. 이것은 기업의 가치를 주가로 평가하는 행태와 유사하다. 중요한 사항은 자산의 규모가 아니라, 자산을 가지고 어떤 사업을 하고 있는지가 핵심적인 요소이다. 재단이 대규모의 자산을 보유하면 막대한 프로젝트를 수행할 수 있게 된다. 그러나, 이러한 프로젝트의 성패는 궁극적으로 2차 효과에 의해서 측정되어야 한다. 재단의 기부금이 항구적인 변화를 진정으로 촉진시키는가?

카우프만 재단에서 킹스턴은 흥미로운 일련의 역학관계를 목격하였다. 이 재단의 교육사업은 보다 진보적인 인물을 영입하는 반면, 창업지원 부문은 보다 보수적인 관점을 가졌다. 선거철이 되면 오찬 테이블에서 토론이 벌어져서 한껏 고조되었다. 또한, 미국의 중간 지역인 캔자스시티에 위치하였음에 따라, 재단은 동서 해안 지역에서는 상실되기 쉬운 그러한 관점들을 갖추었다.

대다수의 타 재단과 달리, 카우프만 재단의 창업지원 임무는 투자를 수반하였다. 이 경험을 통해서 킹스턴은 혁신이 사회에 대해서 갖는 중요성 및 혁신이 궁극적으로 어떻게 자본화되는지에 대해 대단한 통찰력을 갖게 되었다. 이 재단은 킹스턴을 영입하기 몇 년 전에 이미 카우프만 펠로우들을 분사시킨 프로그램을 실행하였고, 킹스턴은 이들과 자주 협업하였다. 1995년에 창설된 이 프로그램의 목적은 기술전문가들을 벤처캐피털에 참여시키는 것이었고, 궁극적으로 벤처업계의 활동 영역을 확대해 주었다. 1990년대 말의 벤처 붐에는 다른 요소들도 기여하였지만, 이 프로그램은 아마도 너무 성공적이었다.

킹스턴은 재단에 입사하면서, 재단의 포트폴리오가 비교적 좋고, 다수의 우수한 운용사들 간에 잘 분산된 모습이라고 파악하였다. 그는 '수익률 위주의 자산 배분 과정'이라고 그가 초기에 표현하였던 핵심 현안에 집중하였다.

"이러한 접근방식에는 기대수익률이 하락하면 차액을 보전하기 위해서 더 많은 위험을 수용할 것임을 시사한다는 부정적인 의미가 내포되어 있다. 포트폴리오의 위험은 시장에서의 기회에 따라 등락한다. 기대수익률이 높은 시기에는 여러분은 목표를 달성하는 데에 많은 위험을 수용할 필요가 없는 반면, 기회가 적어지면 그 반대가 적용된다. 기관의 위험수용도는 시장에 좌우되지 말아야 한다. 대신에, 위험수용도는 기관이 위험을 안을 수 있는 능력에 촛점이 두어져야 한다. 나는 위험감내도라는 표현보다는 위험수용능력이라는 표현을 선호하며, 그 이유는 '위험감내'란 표현이 보다 주관적이기 때문이다.

기관투자의 위험수용능력이 측정될 필요가 있으며, 일부 주관적 요소가 포함되어 있기는 하지만 체계적으로 측정되어야 한다. 역사적인 위험감내도 또는 경쟁사 비교를 하는 것은 분석의 일부일 뿐이다. 대신에, 여러분은 기관투자자의 니즈를 알아야 한다."

"재단은 지출할 기부금액을 시간을 두고서 자산규모에 맞추어 증감시킬 조절권을 갖고 있다. 이러한 조정이 쉽지는 않으며, 특히 극단적인 상황이 발생한 때 더욱 그러하다. 그렇다 하더라도 기금의 손실 발생은 재단에게 매우 곤란한 상황이다. 기금 확충을 위해서 개발부서를 운영하는 대학기금과 달리, 재단은 손실을 보고 나면 보충을 할 원천을 전혀 갖지 못한다." 자산과 투자에 수익원을 전적으로 의존하기에, 재단은 포트폴리오에 손실을 입을 경우 보다 심각한 타격을 받게 된다.

킹스턴이 재임하는 중에 카우프만 재단은 최초로 CIO에게 어느 정도의 재량권 부여를 승인하였다. 이것은 다수의 기관에서 획기적인 진전으로 간주될 수 있겠지만, 카우프만 재단에서는 중요성이 낮은 사건이었다. "이 재단에서는 지배구조가 워낙 잘 작동하였다. 재단의 투자위원회가 소규모이고 판단을 잘 해서 기회가 떠오르면 신속하게 대응할 수 있었다."

킹스턴은 위원회에게 중요한 사항을 판단하는 데 충분한 시간을 배려할 수 있던 경우가 거의 없었지만, 조직이란 시간이 가면서 변화함을 알기에 보다 지속성 있는 구조를 수립함이 중요하다고 생각했다.

4) 벌칸 캐피털

카우프만 재단과 벌칸 캐피털은 '변화의 촉매가 되고자 한다'는 여러 가지 측면에서 유사한 조직임무를 갖고 설립되었다. 이 재단은 단일 프로젝트에 대해서, 특정 프로그램이 성공하면 다른 원천으로부터 자금조달이 가능할 것이라는 전제하에, 가장 위험이 높은 시기의 몇 년간 동안만 명시적으로 지원한다. 만일 이 재단의 지원이 종료하였는데, 다른 기부자들이 프로그램의 가치를 인정하여 기부를 주지 않는다면, 이 재단도 당해 프로그램이 더 이상 존립할 타당성이 없다는 시장의 평가를 수용할 것이다. 이같이, 벌칸 캐피털은 세계를 변화시킨다는 목적만을 전담한다. 로마신화의 불의 신의 이름을 따온 이 재단은 위대한 아이디어를 현실화한다는 목적을 갖고 있다.

벌칸에 참여하면서, 킹스턴은 백지상태로부터 팀을 창설하고 새로운 구조를 수립하며, 적절히 키워 가는 보기 드문 기회를 얻었다. Paul Allen은 예지력을 발휘하여 미국 사회에 지속 가능한 유산을 남겨 줄 것이다. 그가 마이크로소프트에서 수행했던 획기적인 업적에 이어서, 그의 패밀리 오피스도 우주여행, 에너지 효율, 무선의 세계 및 획기적인 뇌 연구 등의 프로젝트를 주관하고 있다. 벌칸은 세상에서 어떤 일이 벌어지고 있는지 파악한 후에, '벌칸이 어디에 지식과 약간의 자본을 투입해 주면 획기적인 변화를 달성할 수 있겠냐?'고 질문한다.

킹스턴은 모든 투자 건에 top down 관점을 가지고서 포트폴리오의 응집력을 확보한다. 이러한 목적을 위해서, 킹스턴에게는 기존의 투자, 유망한 내부 기회 및 잠재적 외부 기회를 이해할 필요가 있다. "우리의 외부 전략은 여러 가지 측면에서 이미 완성된 포트폴리오이다. 우리는 포트폴리오가 최선의 기회들로 채워지기를 바란다. 경우에 따라서는, 우리가 최선의 포지션 매매를 체결하는 데에 최선의 입지에 서 있지만, 다른 경우에는 외부조직이 그런 입지를 가졌을 것이다."

킹스턴은 벌칸 캐피털에서 운용사의 실적을 수수료 및 추정세금 공제 후 기준으로 평가해야 한다는 낯선 세무 현안을 다루어야 한다는 새로운 부담도 지고 있다. 이 현안은 포트폴리오의 구성에 중차대한 의미를 가진다. 전형적인 재단의 구조로는 들어맞지 않으며, 이에 따라서 벌칸은 자사에 맞게 맞춤구조를 편성해야 한다.

벌칸은 납세를 하는 법인이지만, 대신에 막대한 융통성을 반대급부로서 얻는다. 벌칸은 내부에서 PE 운용 능력을 갖추었기에 시장에서 예외적인 기회를 포착할 수 있다. 벌칸 캐피털이 다변화된 기반을 원하는 반면, 타당한 경우에는 자사의 역동적인 문화에 걸맞게 의미 있는 포지션을 취하고자 한다. 이러한 스타일의 운영은 현행의 재단과 대학기금 구조에서는 실행이 불가능하다.

2. CIO 직위

킹스턴은 자신의 투자 철학을 언급할 때는 자신의 가치창출 능력을 생각한다. 우리 각자는 우리가 고용하는 외부운용사에게 질문하는 것과 동일한 질문을 스스로에게도 해야 한다. 우리의 강점이 무엇인가? 이 문제는 기관으로서의 강점과 별도로, 궁극적으로 우리의 규율, 지식 및 관계로 귀결된다. 이러한 상대경쟁 우위 요소의 대다수는 방어하기가 어려운 것이다. 이는 지속적으로 성과 우위를 내기가 항상 어려워질 것이며, 이를 달성하기 위해서 여러분은 궁극적으로 재봉틀의 바늘을 움직이는 요소들에 집중해야 함을 의미한다.

1) Chief Information Officer

킹스턴이 처음 CIO가 되었던 당시, 그는 전형적으로 기업에서 약어로 사용하는 CIO(Chief Information Officer)를 수신인으로 하는 이메일을 자주 받았다. 킹스턴은 자신의 역할이 최고정보직위와 크게 다르지 않았다고 생각했다. 진정으로 그의 일은 좋은 투자를 하기 위해서 정보를 흡수하고, 처리하고 관리하는 것이었다. 그는 자산 운용의 진정한 실질이 정보관리임을 인식하였다. 특정 정보를 독점하게 되면 매우 소중하다는 사실은 명확하지만, 그 못지않게 소중한 것은 우리의 주변에 있는 막대한 정보를 가지고 무엇을 할지를 이해하는 것이다. 대부분의 사람들은 현재의 도전과제는 정보를 획득하는 것보다는 활용하는 데에 있다고 인식한다.

정보를 입수하기 위해서, 킹스턴은 서적, 발간물, 운용사, 애널리스트 등 가능한 모든 원천에 접근한다. "다수의 관계자들은 투자 과정을 직접 경쟁의 장으로 본다. 하지만 협조의 여지는 광범위하게 존재한다. 우리 다수가 수행하는 일의 많은 부분이 중복되며, 정보공유 공동체를 형성할 여지는 매우 크다. 그러한 현상이 일부 비공식적으로 출현하고는 있지만, 정보공유 공동체가 보다 일반화 · 구조화될 여지가 많다.

정보 처리에 있어서 일부 투자자들은 top-down 접근방식을 사용하는 반면, 나머지는 bottom-up을 선호한다. 하지만 킹스턴은 양자가 상호 배타적일 필요가 없다고 믿는다. “Bottom-up은 단기 시야에서 더 잘 작동하는 경향인 반면, top-down은 장기에서 최선으로 작동한다. 나는 모든 기간 구간을 모두 커버하는 과정을 갖추기 원한다. 나는 하와이 주재 당시에 남들이 그러하듯이 서핑을 배웠다. 서핑은 내가 지금 취급하고 있는 알파 및 베타와 전혀 관계가 없어 보이지만, 나는 서핑을 하던 시절로부터 몇 가지 교훈을 배워 왔다. 다가오는 파도 모두가 서퍼에게 올라탈 가치가 있는 것이 아니다. 그리고 좋은 파도가 다가올 때면 서퍼는 이를 알아 보고 뛰어오를 준비를 갖추고 있어야 한다.”

킹스턴이 끝이 안 보이는 정보량을 처리하는 유일한 방식은 상이한 그룹들 간의 책임 분담을 분석하는 것이다. 증권운용자는 개별 증권에서 기회에 집중하고, 자산운용자는 자산의 기회에 집중하며, CIO는 이러한 기회들을 장기 전략의 맥락에서 보며, 투자위원회는 장기전략을 온전히 유지하는 보호 역할을 수행한다. CIO가 정보 흐름의 관리 책임을 맡고 있지만, 이러한 가치 사슬 전반에 걸쳐서 의사결정과 감독이 작용한다.

2) 자산 배분과 포트폴리오 관리

자산 배분은 투자의 평가에 결정적인 체계를 제공하지만, 이는 적극적으로 사용될 경우에만 가능하다. 다수의 기관들이 이 과정을 기계적으로 거쳐가며, 묵시적인 상반관계를 진정으로 이해하지 못한다. 여러분은 자산 배분이 투자 과정에서 가장 중요한 의사결정의 하나라고 인정한다면, 그리고 이 세상이 불변하지 않는다고 믿는다면, 여러분은 자산 배분의 변경이 필수임을 인정할 것이다. 대다수의 투자자들은 불확실한 상황과 제한적인 통제하에서 이러한 변화를 어떻게 달성할지를 결정하는 전형적인 도전 과제에 직면한다.

"역사는 자산 배분의 실패 사례로 점철되어 있다. 그에 따른 당연한 결과로서, 다수의 기관들이 매매 타이밍 포착을 기피하고자 한다. 수익률 상실분을 복구하려면 장기간이 소요되기 때문이다. 그러나 매매 타이밍 포착 이슈에는 투자수익률이 단위 기간 변동에 따라서 측정된다는 사실이 내포되어 있다. 그러므로 여러분이 타이밍을 고려하지 않는다면, 여러분은 목적의 중요한 일부분을 놓치고 있는 것이다. 기관투자자들은 자산 배분이 변덕스러워지지 않도록 유의해야 하지만, 이것은 경직적으로 자산 배분을 고수해야 한다는 의미는 아니다."

킹스턴은 기관들에게 융통성 있는 배분 지시를 채택하라고 권고하며, 이는 과대평가된 시장에 배분을 강제하지 않는 접근방식이다. 목표는 수익과 위험 간의 상반관계에서 최선의 지점을 지속적으로 탐색하는 것이다. 2000년의 기술주 버블의 장점에서도 시장의 다른 부분에는 상당한 기회가 존재했었다. 성장주식으로부터 가치주로 재배분을 했더라면 시장 반전으로 인한 고통의 많은 부분을 모면할 수 있었을 것이었다. 킹스턴의 최선의 위험 완화 수단은 강력한 가용 현금흐름이며, 이러한 현금이 채권으로부터만 나와야만 할 이유는 없다. 킹스턴은 자산 배분 체계 및 어떤 금융상품이 포함될지의 예를 다음과 같이 제시한다.

- 가치 창출 : 성장주식, 주주행동주의, 업종, 지역 및 유동성 요소별 PE
- 후순위 현금흐름 : 고수익채권 및 가치주식
- 상대가치 : 가치 괴리를 포착하여 차익을 취하는 헤지펀드
- 선순위 현금흐름 : 디플레이션 시기에는 액면 채권, 인플레이션 시기에는 물가연동채권 및 핵심 부동산

3) 아이디어 창출

독자들이 시장의 기능을 더 잘 안다면 매일매일 존재하는 다수의 투자 기회를

알아볼 수 있게 된다. 불행히도 대형기관들은 많은 기회를 자본화하지 못하는데, 그 이유는 투자 경로들이 너무 작아서 거대자본을 수용할 수가 없어서, 또는 기회가 너무 짧은 것이라서 기관이 대응하지 못하기 때문이다. 이러한 이유로, 기관투자자들은 이러한 단기 기회를 활용할 수 있는 운용사를 고용하게 된다.

하지만 때로는 재단과 대학기금의 시야 안으로 들어오는 기회가 떠오른다. 1989년과 2002년의 고수익채권이 이러한 경우였다.

킹스턴은 투자자가 아이디어를 실행에 옮기기 전에 자신이 안게 되는 위험의 형태를, 특히 그의 기존 포트폴리오에 관련하여, 이해할 필요가 있다고 언급한다. "투자자는 수많은 지능적인 경쟁자들이 놓치는 무엇인가를 자신은 보고 있는가를 스스로 질문해야 한다."

킹스턴은 자신의 논점을 강조하기 위해서 그가 선호하는 George Santayana[115)]의 발언을 인용한다. "지능적인 사람은 의구심을 지켜야 하며, 이를 너무 일찍 포기한다면 치욕스러운 일이다." 그는 투자자라면 기회가 왜 존재하며, 얼마나 오래 지속될지, 시장이 어떻게 반응할지를 고려해야 한다고 권고한다. "2000년에는 헤지펀드의 확산을 쉽게 예측할 수 있었다. 헤지펀드는 변동성에 대해 우려하던 기관투자자들에게 자연스러운 대안이었다. 현재의 의문은 그 투자자들이 기대하였던 성과를 얻고 있는지의 여부이다."

위대한 아이디어를 가진 것만으로는 부족하다. 투자자들은 아이디어를 기꺼이 실행할 의지를 가져야 한다. 역사적으로 재단과 대학기금들은 새로운 아이디어와 원천을 시도하는 데 보다 적극적이었다. 기업의 문화와 달리, 재단 사회에서는 혁신이 혈액처럼 순환한다. 많은 기관들이 경쟁사들이 무엇을 하고 있는지에 대해서 우려하는 반면, 재단과 대학기금은 올바른 접근방식이라고 믿는 것을 점진적으로 확대 실행하면서 발전해 왔다.

115) **역자 주** : 스페인 출신의 미국 철학자이자 작가.

4) 역발상 사고

킹스턴은 투자 아이디어를 구할 때는 기회에 대비하여 투자금이 덜 모여든 상황을 발견하고자 노력한다. “투자한 달러당 평균을 초과하여 수익을 얻을 수 있는 곳을 찾아 보라. 이를 달성하는 방식 중 하나가 역발상 투자로서, 투자금이 모이지 않은 곳이다.”

역발상가가 되기는 단순히 다수인들과 반대 행동을 하면 되는 손쉬운 일이 아니다. ‘비전통적으로 성공하더라도 최선이 못 된다’116)라는 주장이 격언이 되었으며, 일부 학자들은 ‘역발상에 의해서 얻는 수익률은 자기의 자리를 잃을 위험에 대한 위험 프리미엄’이라는 연구를 제시하고 있다. 역발상 투자자라면 시장의 전통적인 지혜를 이해함으로써, 자신이 무엇에 대비해서 반대로 가는지를 알아야 한다. 자신감을 가지고서 떼거리로부터 벗어나려면, 투자자는 상황에 대해 좋은 통찰력을 가지고, 행동하여 대다수 다른 투자자들은 틀렸다고 결론을 내리고서 행동에 옮길 신념을 가져야 한다.

역발상 투자자들이 제시하는 역사적 논리는 현재에 지배적인 관점에 대립되는 경우가 많다. 킹스턴은 ‘이번에는 다르다’라는 주장에 대해서 신중하라고 훈련을 받았다. 하지만, 때로는 상황이 진정으로 다를 수가 있으므로, 킹스턴은 그의 생각과 상반되는 아이디어와 생각에 대해서도 기회를 주고자 노력한다. 투자자들이 자신의 의견에 대해서 지지받기를 원하는 것은 당연한 태도이고, 따라서 그들이 자신의 견해가 잘못된 것일 수 있다고 인정하려면 대단한 규율과 지적인 정직성이 전제되어야 한다.

킹스턴은 투자자들에게 하여금 역발상 의견에 경청하고 이해하라고 권장한다. “여러분은 자기 자신에게 선의의 비판자가 되어야 한다.”

---

116) 제6장 앨리스 핸디의 3. ‘2) 전략적 배분 대 전술적 배분 주석’ 참조.

5) 최대의 우려 사항

킹스턴은 대다수의 CIO들이 우려하는 대로, 꼬리(tail) 위험 및 가능성이 낮은 사건들이 실제로는 매우 빈발한다는 사실에 대해 우려한다. “우리는 정규 분포하는 수익률은 통계적 방식에 의해서 관리할 수 있다. 그러나 2차적인 효과가 연쇄반응을 초래할 수 있다. 이것이 1987년, 1989년, 1991년, 1994년, 1998년 및 2000년~2003년의 경우였다.

이후 금융위기가 오지 않았으나, 2003년까지의 위험 프리미엄은 합리적인 수준이었다. 위험 프리미엄이 낮으면 위험할 수 있다. 그 이유는 투자자들이 위험을 적절하게 가격에 반영하지 않았으므로, ‘통상 그러하듯이’ 예상하지 못한 사건이 실제로 발생하는 때에 이들이 위험에 상응하는 보상을 받지 못했다는 사실을 너무 늦게 깨닫고, 패닉에 빠지기 때문이다. 이러한 패닉은 다른 놀라운 사건과 또 다른 패닉으로 이어진다.

이러한 이유로, 킹스턴은 자기 자신의 투자 논리만이 아니라 다른 시장 참가자의 논리도 이해하려고 전반적으로 노력한다. 그러한 상황이 “올바른 결단력과 투자기간을 갖춘 기관에게는 비일상적인 투자 기회를 가져다 줄 수가 있다. 내가 언급하였던 그러한 시기에 발생하였던 각 혼란의 시기에서마다 매우 큰 혜택을 본 투자자들이 출현하였다.”

6) 운용사 선정

킹스턴은 운용사 선정에서의 두 가지 근본적인 접근방식을 제시해 준다.

첫 번째는 기관 내에서 수행하던 업무를, 아마도 더 낮은 비용하에서 재현해 주는 아웃소싱 모델이다. 이 모델은 주로 규모의 문제이다. 기관이 아웃소싱을 하면 운용사는 다른 기관 고객과 간에 경비 분담을 통해서, 저비용하에 밀착 서비스를 제공해 줄 수 있다.

두 번째 접근방식은 재능 있는 운용사를 발견하고, 그들로 하여금 자신의 기술을 자유로이 구사하도록 맡겨 주는 것이다. 그러나 이러한 스타일의 운용사는 투자 기회의 한계 및 위험 관리로 인해서, 자산 규모 확대를 수용할 수가 없다. "전형적으로, 투자금 규모가 크면 운용수익률이 저하된다."

하지만 흥미롭게도, 어떤 투자 기회의 초기에서는 규모가 성과의 지원 세력이 될 수가 있다. 이 경우에, 자본력이 크면 더 좋은 인프라가 되어 주고, 기관으로 하여금 최고의 재능을 가진 운용사를 확보하는 데에 도움을 준다.

운용사에게 전권을 맡기는 두 번째 방식에 수반되는 부담 사항은, 예컨대 어느 날 가치주로부터 다음 날 자본구조 재정거래로 기관의 자산의 상당 부분을 이동시킨다면, 전략적 자산 배분 과정의 중요성을 근본적으로 잠식하는 결과가 초래된다는 점이다.

7) 지배구조

투자 프로그램의 규모와 복잡성이 변화하면 지배구조도 동반하여 발전해야 한다.

"초기에는, 자발적으로 투자위원회에 위원으로 참여한 몇 사람이 자산을 운용하는 것이 실무적인 최선의 대안이었다." 운용자산이 증가하면서, 풀타임 전문가를 고용하는 비용보다 효익이 더 커졌다. CIO를 고용함으로써 투자위원회는 주 목적인 감독 기능을 수행할 수 있게 되었다. 자산 운용은 당해 자산의 감독으로부터 분리될 필요가 있다. "여러분은 의사 결정을 내리기에 가장 적격한 인력이 의사 결정을 하기 원한다. 이러한 결정이 얼마나 잘 내려졌는지를 두 번째 집단으로 하여금 평가하도록 하라."

킹스턴은 대다수 기관의 이사회들은 투자를 감독하는 데 필요한 전문지식을 결여하고 있으므로 CIO를 지배하는 책임을 투자위원회에 위임해야 한다고 믿는다. "외부운용사의 주식 종목 선정 결정에 대해서 CIO가 사후 판단을 해 보아야 거의 실익이 없듯이, 투자위원회가 CIO의 외부운용사 선정 결정에 대해서 사후 판단을 하는 것도 실익이 없다. 투자위원회는 그러한 행동보다는 프로그램이 의도된 대로 효율적이고 신중하게 수행되도록, 합리적인 보고체계를 수립하는 데에 집중해야 한다."

킹스턴의 이상적인 투자위원회는 주로 타사의 CIO 등 다중 자산군에 대한 경험을 갖춘 개인들을 포함한다. "벤처캐피털리스트나 뮤추얼펀드 운용자 등 투자 전문가인 위원만으로는 벌칸 캐피털이 충분한 관점을 제공받을 수가 없다. 이는 대기업의 부문 관리자가 중소기업에 자문을 제공하는 꼴이 된다. 조언은 좋은 내용이지만, 벌칸 캐피털 전체 조직의 수요의 전반적인 관점을 포함하지 못할 수가 있다.

8) 운용 스태프 채용

킹스턴은 조직의 문화와 임무에 잘 맞는 인재를 채용한다. 조직이 장기적으로 성공하려면 조직의 기품에 맞는 인물로 투자 조직을 구성해야 한다. 스탠퍼드에서는 스태프들이 지적인 호기심으로 넘쳐나고 있었기에, 킹스턴은 이러한 요구를 충족시키기 위해서 스태프를 성장시켜 주는 프로젝트를 의도적으로 추진하였다. 스탠퍼드는 투자 스태프들의 성장으로 인해서 혜택을 받았다. 킹스턴은 카우프만 재단에서는 조직의 임무에 충실하고, 수준 높은 지적 문화에 적합한 인력을 선발하였다. "투자 담당자들로 하여금 업무의 성과를 보고, 적절한 경우 자산 운용 방식에 대해 발언권을 갖도록 해 주는 것이 중요하다."

벌칸 캐피털은 특히 역동적인 조직이다. 조직의 변화와 동반하여 변신하는 인력이 중요하다. 이들은 기회 출현 시에 신속하게 진행할 기술과 융통성을 갖추어야 한다.

포트폴리오가 점차 복잡화되면서, 조직은 기존 투자를 모니터하고 새로운 기회를 모색하는 데에 투자인력을 더 많이 필요로 하게 되었다. 킹스턴은 중소재단들이 깊이 있는 투자운용 팀을 설치하려면 어려움을 겪게 될 것으로 예상한다. 투자분야에 자원 투입을 늘린다는 의사결정이 경제적으로 타당하더라도, 인원을 불비례적으로 늘리는 인사 조치는 할 수가 없다. 그 결과로, 재단들은 아웃소싱 CIO 모델의 수요자가 될 가능성이 특히 높다. 중소규모의 재단들은 상호간에 자원을 결집하고 인력을 공유하는 것이 매우 타당하다.

3. 교훈, 관찰 및 조언

킹스턴은 "공짜 조언은 그 가격만큼의 가치만을 가진다"면서 일반적인 조언을 주기는 꺼렸다. 보다 진지하게, 그는 투자자들 간에 필요 사항이 다르므로, 일반적인 조언이 별 도움이 되지 않는다고 믿는다. 하지만, 킹스턴은 자신의 경험과 체득한 교훈을 다음과 같이 제시해 주었다.

1) 투자 조언

공통적으로 거론되는 다변화 원칙 이외에, 그는 개인이든 기관이든 자신이 수용할 위험도를 진정으로 고려해 볼 것을 권고한다. 투자자는 경우에 따라서는 위험을 너무 많이 수용하지만, 불충분하게 수용하는 경우가 더 많다. 특히 401(k)연금이나 다른 자기관리 퇴직연금 계정을 운용하는 종사자들의 채권과 현금의 보유 비중은 적절한 장기 투자에 필요한 수준보다 높다.

영국의 특전사령부는 '도전하는 자가 승리한다'는 모토를 내걸고 있다. 장기적으로 수익을 내려면, 여러분은 위험을 수용해야 한다. 어떤 이들은 주식위험을 수용해야 한다고 말하지만, 이는 단지 주식, 신용이나 유동성 등 형태를 불문하고 위험 증가분을 진정으로 수용한다는 의미이다. 투자자의 임무는 그러한 위험에 대해 적절한 보상을 받아 내는 것이며, 가능하다면 적절한 이상의 보상을 이끌어 내는 것이다.

2) 투자자들의 성패

킹스턴은 그가 '떼거리 사고'에 대해서 우려하는 새로운 이유를 제시해 준다. 우리 모두는 떼거리 사고라는 편안한 영역에 빠지기가 쉽다. 그러나, 각 투자자가 독립적인 판단을 내리지 않는다면, 효율적 시장이론의 기본 전제가 무너질 수 있다. 시장 전체가 효율적으로 행동하려면 개별적인 실수들이 상쇄되어야 하는 것이지, 시스템적인 편이가 투자 과정에 침투해서는 안 된다. 효율적인 시장은 각 시장 참여자가 시장의 효율에 기여하는 데에 의존한다. "많은 투자자들이 현인들로부터 지혜를 구하는 반면에, 사업 · 경제 및 시장이 어떻게 작동하는지를 이해하는 데에 지름길이란 것은 진정으로 존재하지 않는다."

킹스턴은 투자자들이 위대한 투자의 기회를 자주 놓치는데, 그 이유는 그들이 변화의 시기를 통과하면서도 자신의 투자이론을 재평가하지 못하기 때문이라고 본다. "오랜 동안 인정된 관념의 배후 사실들은 변화할 수 있지만, 지적인 타성으로 인해서 그러한 변화가 인식되지 못한다."

킹스턴은 델 컴퓨터를 사례로 제시한다. 이 회사 주식은 5~10배의 PER에서 거래되고 있었다. 다수의 투자자들은 이 회사가 경기순응 업종이므로 위험한 주식이라고 보았다. 1990년대에 킹스턴은 컴퓨터 구매의 특수를 목격하였다. 이러한 증가를 눈여겨보았던 투자자들은 좋은 성과를 냈다.

킹스턴은 캔자스시티에 거주한 경험에 따라서 중부와 동서 해안지대 간의 상반관계를 대중들이 적절하게 평가하고 있지 못하다는 신념을 갖게 되었다. 해안도시의 주민들의 생활 수준은 고비용과 인구 증가로 인해서 손상을 받는 반면, 중부와 캔자스시티에서의 생활의 질은 시간이 가면서 일관적으로 개선되었다.

이와 유사한 반론을 기대하면서, 킹스턴은 "주거비용에 몇 십만 달러를 절약하게 되면 전 세계로 여행을 다닐 상당한 여유를 얻게 된다. 하지만 사람들은 새로운 처방을 받기보다는 낡은 안경을 쓰고서 세계를 보려 한다"라고 지적한다.

3) 사례에 의한 학습

킹스턴은 투자에서 가장 어려운 부분이 적절한 타이밍을 잡는 것임을 고통스런 경험을 통하여 학습하였다. "기회는 수년간 존속할 수 있지만, 버블은 더 장기간 지속될 수 있다." 1990년대 말 스탠퍼드 대학팀은 주식시장이 과대평가되었다는 신념을 가졌고, 포트폴리오의 일부 위험 노출도를 축소하는 조치를 취하였다. 이 조치는 초기의 것이기는 하지만, 좋은 아이디어가 잘못된 타이밍을 만난 전통적인 실패 사례가 되었다. 궁극적으로 시장은 2000년에 들어서 폭락하였지만, 이때는 스탠퍼드 팀이 여러 달 동안 고통스럽게 부진한 수익률을 감수한 이후였다.

킹스턴은 그러한 조치를 하는 투자자에게 너무 때이르거나 잘못된 투자를 처리하기 위한 지식과 능력을 갖출 것을 권고한다. "여러분이 그러한 가능성에 대비한 계획을 세울 수 없다면, 아마도 여러분은 그러한 투자를 하지 말아야 한다."

4) 재단과 대학기금이 직면하는 도전과제

킹스턴은 과거 20년간 재단과 대학기금이 받았던 두 가지 혜택을 제시한다. 첫째는, 특유한 금리 하향 기조로서 할인율이 하락하고, 자산가치가 상승하였다. 이것은 일회성 사건이었다. 둘째는, 몇몇 혁신적인 기관들이 투자 시야의 확장에 최전방에 섰다. 이들은 최초로 현금과 채권, 주식을 넘어서는 투자에 진입하였고,

선구자를 따라다니는 위험 증가분의 대가로서 수익률 프리미엄이라는 보상을 받았다. 지금까지 이들의 전략은 남들이 가지 않는 곳에 가고, 자본이 진입하지 않은 시장에 투자하는 프리미엄을 거둔다는, 비교적 단순한 것이었다.

과거에 기관투자자들이 현금, 주식과 채권의 3가지 자산군만으로 분류하였던 것이, 현재는 글로벌시장, PE, 신흥시장, 벤처캐피털, 헤지펀드와 같은 자산들이 모두 주류가 되었다. 그러나 이제는 자산 구성 내에 7~8가지를 초과하여 자산군의 개수를 늘리더라도 증가하는 가치가 그다지 획기적이지 못하다.

이러한 이유로 킹스턴은 과거 20년간 달성했던 실적을 재현하기는 쉽지 않을 것이라고 본다. 이제는 성장 추세가 진행되고 있지 않으며, 경쟁자와 차별화를 달성하기가 어렵다. 때문에, 현행의 도전 과제는 수익률에서 우위를 시현하는 일이다.

다른 기관들이 이러한 자산들의 성과에 매력을 느낌에 따라서 거대한 자본을 투입할 것이고, 재단과 대학기금이 이에 경쟁해야 할 것이다. 신규 진입하는 기관들은 아마도 과거의 뛰어난 수익이 나올 수 있었던 환경이 현재에는 딴판이 되었다는 사실을 인식하지 못할 것이다. 시장에 존재하는 기회들은 투자금을 받아 줄 여력에 한계가 있으므로, 유입되어 오는 거대 자본을 감당할 수 없다.

헤지펀드 시장에서 합병재정거래 시장이 좋은 예시가 된다. 1990년대 초까지는 합병재정거래가 16%의 역사적 수익률을 기록하면서도 변동성은 8%에 불과하였고, 따라서 샤프 비율에서 매우 우수하였다. 하지만 킹스턴은 경제학자인 조지 슘페터의 발언을 인용한다. "슘페터가 언급했듯이, 성공은 스스로의 파괴의 씨를 뿌린다." 합병재정거래에 자금이 쏟아져 들어오자, 헤지펀드 운용사들은 이 투자전략을 대중화시켰고, 곧 이 부문은 자금조달 코스트에서 승부가 나는 사업으로 변질되었다.

"윌리암 로저스는 땅을 사라. 땅은 신규 공급이 없다고 주장했다. 나는 하와이에 근무하던 당시 마누아 화산이 폭발하면서 새로운 섬이 생기는 광경을 목격했다. 이제는 투자자들이 전 세계를 충분히 탐험하였기 때문에, 우리의 다음 번 도전과제는 새로운 땅을 창조하는 것이다.”

킹스턴의 견해에 의하면, PE와 주주행동주의 펀드가 상당히 성장을 한 이유는 부분적으로는 가치 창출이 절실하기 때문이다. “기관투자자들은 기업에서 지배구조 문제가 최선의 결과로 이어지지 못하는 경우가 많음을 인식하였다. 수동적인 투자 운용은 전체 가치를 이끌어 내는 데에는 충분하지 못하다.”

5) 경력 조언

투자업계에서 경력을 꿈꾸는 젊은이들은 투기거래의 유혹에 저항하고, 다양한 자산군에서 경험을 축적해야 한다. 업계의 환경이 복잡해졌기 때문에, 직업적 투자자들이 특정 자산군에 전문성이라는 틀에 갇히는 안타까운 현상이 일어났다. 그 결과로, 업계 종사자들은 자신의 좁은 벤처캐피털과 PE라는 프리즘을 통해서 시장을 보는 경향을 띤다.

6) 중대한 영향력

킹스턴은 스탠퍼드에서의 동료였던 Charles Froland, David Russ, Annes Cascelles[117] 및 Laurie Hoagland으로부터 많은 학습을 하였으며, 그러한 기회, 멘토링 및 교육에 대해 감사한다.

또한, 킹스턴은 Rod Adams(호글랜드의 전임자)를 빼놓을 수 없다. 그는 킹스턴이 스탠퍼드에 입사한 후 얼마 되지 않아 세상을 떠났지만, 그의 업적은 스탠퍼드의 투자 지평선 내에 지워지지 않도록 각인되어 있다. 재단 업계에서 그의 업적은 대부분의 사람들이 인식하는 것보다 더 확고하게 스며들어 있다.

---

117) **역자 주** : 스탠퍼드 경영대학원과 골드만 삭스 출신으로 1998년 스탠퍼드에 입사하여 CIO 역임. 2001년에 Aetos Capital을 공동 창업하여 CIO로 취임.

4. 투자의 새로운 세계를 발견

킹스턴은 모험과 미지의 세계에 대한 사랑을 리더십 및 분석 기술과 결합함으로써 성공의 기틀을 만들었다. 그는 투자 경력, 투자 지식 및 투자에 대한 혁신적인 사고에서 선망의 대상이 되는 실적을 개발하였다. 비교적 젊은 CIO이지만, 그는 과거에 탄탄한 기반을 쌓았고 미래의 수레바퀴도 굳건하게 붙잡고 있다. 킹스턴은 방대한 미지의 세계를 항해할 준비를 갖추고 있다.

제15장

감정을 배제한 투자, 신념으로 실행한다

Morgan Creek Capital Management의 CIO인 Mark W. Yusko

Morgan Creek Capital Management의 CIO인 마크 유스코는 가장 젊고 전도유망한 CIO 중 하나이다. 그는 재단 및 대학기금 업계에서 14년간의 경력기간 동안에, 많은 사람들이 일생 동안 성취한 것보다 더 많은 업적을 이루어냈다.

유스코는 민간기업에서 수년간 경력을 쌓은 후, 노틀담 대학기금에서 투자책임자로 시작하여, 노스캐롤라이나 대학의 CIO가 된다. 그는 노스캐롤라이나 대학의 투자부서를 타 대학기금을 위탁받아 운용하는 운용회사로 키웠고, 이 회사는 대체투자에 선도 주자라는 명성을 쌓게 된다. 유스코는 노스캐롤라이나 대학에서 재단의 비전을 세워 유스코를 스카우트했던 리더가 갑작스레 사망하는 바람에 어려움을 겪었다.

유스코는 선도 투자자들과 투자위원회 위원들의 지원과 멘토링을 통해 CIO 외주모델을 구상하고 추진하였으며, 자신의 자산운용사를 창업한 이후에는 CIO 외주모델을 기관투자자에게 대학기금의 스타일에 맞는 다른 투자 서비스와 함께 제공한다. 유스코는 모건 크릭을 경영하면서 40억 달러가 넘는 자산을 관리하는 CIO이기도 하다.

그의 창업 동기에 의문을 제기하는 사람도 있고, 투자 운용사업을 하려면 정통한 경력관리의 요령과 자신감이 필요할 뿐만 아니라, 강력한 투자 철학과 성과도 요구된다. 유스코는 이러한 자질들을 갖추었기에, 현재와 미래의 관련 업계 CIO를 대표하고 있다.

유스코는 모건 크릭의 사장 겸 CIO이다. 이 회사는 그가 2004년 7월에 CIO 외주 서비스를 포함하여 대학기금 운용 모델을 활용하는 투자 서비스를 제공하고자 설립하였다.

모건 크릭을 창업하기 전에 유스코는 1998년부터 2004년까지 노스캐롤라이나 대학(UNC)의 CIO였는데, 그는 UNC 대학기금과 UNC 학교재단 안에 있는 다른 기금을 관리하기 위하여 2002년 7월에 UNC 매니지먼트사를 만들었다. 전체 운용자산 규모는 15억 달러였다. UNC에 합류하기 전에 그는 1993년 10월부터 노틀담 대학교 투자 오피스의 수석 투자이사를 역임하였다.

유스코는 1985년에 노틀담 대학에서 생물학과 화학 학사학위를 받고 1987년에 시카고 대학에서 회계 및 재무 쪽으로 MBA를 취득했다. 그는 여러 투자 파트너십 자문 이사회, MCNC 대학기금, 위버 재단 그리고 캐롤라이나 매도우의 이사회에서 활동하고 있다.

1. 배 경

마크 유스코는 투자와는 관련이 없는 가정에서 자랐다. 그는 건축공부를 하려고 노틀담 대학에 갔으나, 의예과로 마음을 바꾸어 1985년 생물학과 화학에서 학위를 받았다. 그는 의과대학 진학보다 아서 앤더슨 컨설팅회사에 들어가고자 했다. 그러나 유스코에게 비즈니스 경력이 없었기 때문에, 앤더슨의 파트너는 그에게 경영대학원 진학을 권유했다. 그는 시카고 대학에 들어가서 투자론을 배우기 시작했으나, 그 당시에는 투자론에 대한 특별한 애착심을 느끼지 못했다.

그는 대학원 졸업 후에 MMI라는 일리노이 주 보험회사에 들어갔다. "내가 나의 이력을 과장하는 사람이라면, 내가 M&A 분석가였다고 말할 것이다. 하지만 실제로 나는 규모가 더 작은 보험회사를 인수하던 시점에서 CFO를 보좌하는 사업 분석가였을 뿐이다. 내 인생은 우연한 행운의 연속이었다. 내가 회사에 들어간 몇 달 후에 그 회사의 포트폴리오 매니저가 퇴직을 해서, 나의 상사와 내가 포트폴리오를 책임지게 되었으며, 내가 채권부문의 투자를 관리했다."

그 후에 유스코는 노스웨스턴 대학의 2명의 교수들이 일리노이 주 에반스톤에 설립한 Disciplined Investment Advisors 투자고문회사에서 일하게 된다. 이 회사는 재무관리 교수들이 만든 최초의 투자회사로, 그들은 교수 직책을 유지하면서 부업으로 컨설팅을 수행했다. 이러한 방식은 향후 유스코의 경력개발 방향을 예고한다. 교수들의 좌우명인 "감정을 배제한 투자"라는 문구가 수집가들이 선호하는 갈색 머그잔에 새겨졌다. 유스코는 노스웨스턴의 대형 컴퓨터시스템이 개발한 계량적 도구를 투자에 적용하면서 가치투자 스타일에 매료되었다.

"나는 그 회사에 계속 있을 수 있었지만, 또 다른 행운이 찾아왔습니다. 축구 코치 루 홀츠(Lou Holtz)에 관한 이야기가 있지요. 루는 미네소타 대학과 종신계약을 했는데 노틀담에서 그를 스카우트했거든요." 유사하게, 유스코도 노틀담으로부터 연락을 받는다. "1993년 나는 CIO인 스콧 맬패스와 만나게 되는데, 그는 내가 노틀담에서 일하기를 원했고, 당연히 나는 응했습니다."

투자자문사로부터 대학기금 운용 쪽으로의 전환을 통해, 유스코는 그의 경력에서 첫 번째 깨달음의 순간을 갖는다. "나는 채권에 운용하고 주식 종목을 선정하면서, 정말로 시장을 따라잡지 못할 거라고 생각했습니다. 그런데 내가 노틀담에서의 초기에 터득한 것은, 증권의 종목 선정이 포트폴리오의 성과와는 거의 관계가 없다는 것이었어요. 성과는 순전히 자산 배분에 달려 있지요. 나는 전략적 대 전술적 자산 배분, 포트폴리오 구성, 그리고 운용사 선정을 하는 모델을 완성하는 데에 정말로 푹 빠졌습니다."

하버드의 잭 메이어(Jack Meyer)가 그의 멘토가 되어 주었다. "그는 나를 그의 품에 품어 주었고, 때가 되자 나를 그의 둥지 밖으로 밀어냈습니다. 나는 CIO 역할을 맡아달라는 헤드헌터의 전화를 받기 시작했지요. 아마도 잭이 그들에게 나를 추천했을 겁니다. 내가 어딘가에서는 반드시 CIO직을 맡아야 한다고 생각한다면서요." 유스코는 스카우트를 사절했다. 그는 모교인 노틀담에서 제2인자인 것이 정말로 행복했고 떠나고 싶지 않았다.

노틀담에서의 5년차일 때, 그는 또 다른 모교인 시카고 대학에서의 기회를 고려하게 된다. 시카고 측의 채용위원회가 "우리는 당신을 좋아하지만 빌 스피츠(제8장 참조)를 더 좋아합니다. 당신은 2순위입니다"라고 말했다. 시카고는 유스코에게 그들이 스피츠와 계약을 협상하는 동안 기다려 달라고 요청했다.

결국 마지막으로 받은 전화는 채플 힐에 있는 노스캐롤라이나 대학에서의 영입 제안이었다. 그는 아내와 의논을 하였고, "받아들여요. 나는 노스캐롤라이나에 사는 게 좋아요"라는 반응에, 유스코는 관계자를 만나기로 한다. "나는 부총장인 마이클 후커(Michael Hooker), 투자위원장인 맥스 채프맨(Max Chapman)118)을 만났어요."

마이클 후커는 내 인생을 확실히 바꾸게 할 비전을 가지고 있었습니다. 그는 "왜 조그만 학교들이 모두 예일대 같은 포트폴리오를 만들려고 노력하는 것인가? 그들은 그렇게 할 수 없는데, 그들은 예일의 자원, 예일의 인력, 예일의 자산을 가지고 있지 않다. 그들이 그런 포트폴리오를 만들 수 있는 가능성은 없다. 적은 규모의 학교들을 불러 모아, 이들의 자산을 모두 합쳐 관리하는 게 어떻겠는가? 유스코 당신은 보다 나은 팀을, 궁극적으로 보다 나은 포트폴리오를 구성할 수 있을 것이다. 당신은 대학 내에 캐롤라이나 자산운용회사를 만들 수 있어요"라고 말했다.

유스코는 이 비전에 동조하였다. 그는 시카고 대학에 전화를 해서 "가지 않겠다"라고 말한 후, 노스캐롤라이나로 이사했다. 그 일주일 후에, 시카고 대학에서

118) **역자 주** : 경제학과 출신 동문으로서, 1969년 Kidder Peabody 투자은행에 입사하였고, 노무라 아메리카의 회장직을 역임하였다.

'빌 스피츠가 그의 마음을 바꾸었습니다. 당신이 원한다면 그 자리를 맡으실 수 있습니다'라고 통지해 왔을 때, 그는 "미안합니다만, 나는 내가 꿈에 그리던 일자리를 찾았습니다"라고 응답하였다.

1) 채플 힐에 있는 노스캐롤라이나 대학

1998년 노스캐롤라이나에서 유스코와 후커는 운용회사 설립에 착수하였다. "마이클 후커는 비전을 가진 리더였고, 기회를 포착하고 있었습니다. 나는 그의 비전을 받아들였고, 우리는 그 길을 함께 갈 준비가 되어 있었지요. 18개월이 지나, 우리는 출장을 떠나려는 참이었는데, 그의 건강상태가 그리 좋지 않았습니다. 그는 림프종 진단을 받고 그리고 6개월 내에 사망합니다."

지역 내 투자업계에서 생경한 아이디어를 시도할 수 있을 정도로 신뢰를 받고 있었던 후커가 없으니, 유스코는 어떻게 해야 할지 확신이 없었다. 그는 블랙스톤 대체자산운용회사(Blackstone Alternative Asset Management)로부터 스카우트 제안을 받았다. "지나고 나서 보니, 그 제안을 받아들이지 않은 것은, 경제적인 측면에서는 좋지 않은 결정이었더군요. 그 당시에 블랙스톤의 운용자산 규모가 14억 달러였는데, 지금은 180억 달러가 되었거든요." 그의 아내가 노스캐롤라이나에서 거주하기를 원했기 때문에, 그는 뉴욕으로 출근하고 싶지 않았다.

"나는 후커가 없어도 시도하기로 결정했고, 캐롤라이나 자산운용사 설립에 애쓰면서 4년을 더 머물렀습니다; 나는 정말로 열심히 했지만, 1년이 지나도 내가 원했던 대로 원만하게 진행되지 못했지요. 그런데 텍사스 대학교에서 연락이 옵니다. 나는 2001년 9월 12일에 인터뷰하기로 되어 있었습니다. 그런데 그 날은 아무도 비행기를 타지 않아서, 인터뷰를 할 수 없었지요(2001년 9/11 테러 다음 날이었음). 이틀 뒤에, 노스캐롤라이나 대학교 이사회가 UNC 자산관리회사(UNCMC) 설립을 승인하게 되는데, 만약 이 승인이 나지 않았다면 나는 텍사스로 갔을 겁니다."

그 후 3년에 걸쳐서 UNCMC는 외부자산을 위탁받지만, 유스코는 흥미를 잃었다. 후커의 죽음으로 인하여 이사회 구성원이 달라졌고, 새로운 이사회 의장이 취임하자 그의 비전이 흔들렸다.

유스코는 리치몬드 대학에 있는 친구 루 모엘체트[119](Lou Moelchert)가 두 가문의 가족기금을 관리하도록 고용되었다는 사실을 알았다. 리치몬드 대학은 모엘체트가 떠나기를 원하지 않았기 때문에, 모엘체트가 그 가문의 자산 운용을 병행할 수 있도록 승인해 주면서 리치몬드 대학에 머물기를 요청했다. 유스코는 UNCMC와 유사한 계약을 하고 싶었다.

"나는 마이클 후커에게 '사외 컨설팅을 할 기회를 가지고 싶다'고 요청했던 때가 있었는데, 후커는 '당신은 다른 스태프와 동등한 대우를 받으므로, 일주일에 하루는 당신 맘대로 할 수 있소. 하지만 만약 당신이 그 날을 그렇게 쓴다면 나는 당신을 해고할 거요'라고 농담을 했지요. 그래서 우리는 외부 컨설팅을 '6번째 날의 활동'이라고 불렀지요. 내가 부업으로 조언을 해 주는 고객으로 서너 개의 부유한 가문이 있었습니다."

유스코는 노틀담에서의 동료였고 Salient Partners에 소속된 앤드류 린벡(Andrew Linbeck)과 연합하였다. 그리고 이들은 린벡의 파트너인 해그 세르맨[120](Haag Sherman)과 함께 Endowment Fund[121]를 설립하였다. 개인투자가들을 목표로 한 이 펀드는 대학기금의 포트폴리오를 복제했는데, UNC의 포트폴리오와 유사했다. 2003년에 이 펀드의 규모는 4천만 달러였다. 이후 16억 달러에 도달했지만, 2004년에는 막 성장을 시작한 시점이었다.

---

119) **역자 주** : 리치몬드 대학에서 30년 재직하였으며, 버지니아 주 연금의 투자위원과 Commonfund 수탁자위원 역임. 1997년 Private Advisors LLC를 창업.

120) **역자 주** : 1996년부터 PaineWebber의 Redstone 자문사업부를 거쳐서, 2002년 Salient Partners를 공동 창업하였다.

121) **역자 주** : Endowment Fund는 2만 명의 고객으로부터 50억 달러까지 유치하였으나, 금융위기 이후에는 실적이 부진해졌다. 2012년 투자자들이 환매를 요구하였고, 펀드의 CIO는 2013년 Salient의 Lee Partridge로 교체되었다. Juliet Chung, Yusko Out as Investment Chief at Endowment Fund, Wall Street Journal, 2013.1.22.

그런데, 노스캐롤라이나 운용회사의 신임 이사회 의장이 '우리는 당신이 당신의 모든 시간을 UNC에 쏟아야 한다고 봅니다'라고 통지해 왔다. "외부컨설팅을 위한 시간이 없다니? 7년차에 들어선 사업을 포기할 수는 없었습니다." "새로운 규칙"을 받아들일 수 없었으므로, 유스코는 2004년 봄에 UNCMC를 사직하고 Morgan Creek Capital Management를 설립했다.

2) 외주 CIO 모델을 모건 크릭에서 꽃피우다

유스코는 후커의 비전에 영향을 받았음이 확실했지만, 모건 크릭을 창업할 시점에 유스코의 외주 CIO 서비스에 대한 확신은 그 자신의 경험과 전망에 근거한 것이었다. 그는 자신의 이 접근방식이 대학기금 운용모델에서 진행되는 일련의 역사적 변화 중 보다 진일보한 방식이라고 보았다.

가. 대학기금 관리 모델

- 소극적 운용. 이사회는 컨설턴트의 권고사항을 승인한다. 유스코에 따르면 이러한 행태는 결과적으로 보다 전통적인 포트폴리오로 이어진다.
- 적극적 운용. 예일 모델이라고도 칭할 수 있다. 내부 스태프의 결정하에, 외부운용사 위탁으로 포트폴리오를 다양화함으로써, 보다 나은 포트폴리오를 구축한다. 이러한 모델이나 이러한 모델을 이행하고자 하는 시도는 오늘날 상위 대학기금에서는 일반화되었다.
- 내부 직접 운용. "규모에 의해 주도되는 선구적인 하버드 모델이다[122]." 기금이 특정한 규모, 예컨대 180억~200억 달러에 도달하면, 약간 다른 운용이 필요

122) **역자 주** : 하버드는 내부 투자전문 스태프에 의한 직접운용과 외부운용사에 위탁운용을 병행하는 hybrid 모델이다. 이에 따라 법무, 준법, 운영 및 IT 기능을 내부에 갖추고 있다(Harvard Mangement Company 웹사이트. 2016.11.10). Harvard shifts more investments to outside money managers, Bloomberg, 2016.6.21.

하다. 하버드는 내부운용을 해야만 했다

- 복합적 자산 운용. 이 모델은 적극적 운용, 외부운용사에 배분 및 overlay(다층)와 공동투자(coinvesting)를 활용한 직접 운용의 요소들을 가지고 있다.

유스코는 모건 크릭을 대학기금 운용의 차세대 모델로 구상하였다. "나는 모건 크릭이 투자자문사, 재간접펀드(fund-of-funds) 또는 컨설턴트라고 보지 않아요. 나는 모건 크릭을 투자자로 간주합니다. 우리는 고객과 협력하여 함께 자금을 운용함으로써, 공동투자와 특정 운용사에게 집중 배정을 포함한, 개선된 모델을 만듭니다."

3) 외주 CIO

유스코가 후커를 만났던 당시는 외주 CIO라는 명칭이 생기기 전이었지만, 그때부터 유스코는 이 체계를 옹호했다. "명백히, 나는 나의 경력의 일부를 외주 CIO라는 아이디어에 걸었어요. 나는 정말로 이것이 오래 지속될 모델이라고 믿어요. 왜냐하면 운용회사의 순수 학문 측면과 사업가 측면 간에 팽팽한 긴장을 일부 완화시켜 주기 때문입니다. 우리가 원하든 원치 않든, 대학들은 아주 커다란 사업체가 되어가고 있어요. 역사적으로 대학들은 수익성이 아주 좋지는 않았지만, 기증자의 거액 기부금 덕분에 상당한 수익을 내왔지요."

유스코는 UNC에서 자신의 경험을 예시한다. UNC는 근래의 기금모금 캠페인에서 총 20억 달러의 기부를 받았다고 얼마 전에 발표했다. 유스코는 대학들이 점점 부유해지기 때문에, 그 기금들을 보다 잘 관리할 수 있음을 보여주어야 한다고 본다. "그렇지 못하다면, 그러한 자금을 모으지 못할 겁니다."

1998년에 노스캐롤라이나에 부임하였던 당시, 유스코는 학교가 모금 캠페인을 채우는 데 아주 힘들어 하는 모습을 보았다; 오늘날 UNC는 아주 좋은 투자 성과를 보여주는 최고의 대학기금을 가지고 있다. "투자 성과가 좋으면, 대중들이 당해 대학이 그들의 기금을 관리하는 좋은 집사라고 느끼기 때문에 수십억 달러의 기금을 모으는 데 도움이 된답니다."

한편, 재능 있는 CIO에 대한 수요가 증가하면서, 전담 CIO를 채용하는 비용 부담이 다수 조직에서 과도할 수가 있다.

◈ 하버드모델과 크리스마스 햄의 사례

"최근에 하버드기금관리회사의 많은 스태프들이 떠났다는 점에서, 아마도 하버드모델은 보수적인 대학기금 세계에 존재하기 힘들 겁니다. 그 이유는 크리스마스 햄 이야기에서 찾아볼 수 있을 겁니다."

"엄마, 딸 그리고 할머니가 크리스마스를 맞이하고 있었어요. 딸이 저녁을 준비하기 시작했지요. 그녀는 크리스마스 햄의 1/3을 잘라서 휴지통에 버리더니 나머지 햄을 팬에 올려놓았어요. 경악한 엄마가 물었지요, '너 도대체 왜 그런 거니?' 그러자 딸이 '엄마가 항상 이런 식으로 했잖아요'라고 답을 하는 겁니다. 엄마는 '나도 엄마가 항상 그렇게 하셔서 그랬지'라고 답했어요. 그러고는 그들은 집 밖으로 나가서 흔들의자에 앉아 계신 할머니에게 '왜 항상 햄의 1/3을 잘라내었나요?'라고 물었더니, 할머니가 무심하게 답했답니다, '내 팬이 너무 작아서 그랬지'라고."

"사람들은 너무 오랫동안 같은 방식으로 일해서, 왜 그런 식으로 일을 하는지에 대한 의문은 아무도 생각하지 않는 겁니다. 나는 말하기 조심스럽지만, 대학사회가 세상을 보는 관점이 거의 사회주의적 관점에 가깝다고 진정으로 믿고 있습니다. 사람들은 같아야만 합니다. 사무실 크기는 같은 평수여야 하고, 부교수·조교수·정교수 같은 표준화된 직함을 가져야 합니다. 보수도 같아야만 합니다. 교수들은 학장보다 더 많이 받으면 안 되고, 학장은 총장보다 더 많이 받을 수 없습니다. 총장은 얼마나 많은 부가가치를 창출하는지와 상관없이, 그 재단 이사장의 보수보다 더 많이 받을 수 없습니다."

"때로는 대학도 운동선수들, 슈퍼스타 교수들, 세계적인 교수들에게는 예외를 인정해 주지요. 주로 어떤 기증자의 끈질긴 요청에 따라 예외가 허용이 됩니다. 하지만, 조직의 나머지 부분에서는 어떤 사람의 연봉이 다른 사람의 연봉을 초과할 수 있는 구조가 단순히 가능하지 않는, 준사회주의가 너무나 지배적입니다."

"하버드모델에서는 운용자인 내부 인력들에게, 이익의 대략 4%를 지급합니다. 스태프들이 자신의 회사를 창업하여 떠났고 하버드가 이들과 계약하게 되면, 운용이익의 20% 및 운용수수료를 지급합니다. 하버드가 지출하는 금액이 5배로 늘어나는 거지요. Grantham, Mayo & Van 운용사의 제레미 그랜담(Jeremy Grantham)은 하버드 졸업생이지요. 그의 계산에 따르면, 하버드가 잭 메이어(Jack Meyer)의 그룹을 해체하는 결정을 내린다면, 앞으로 20년간 하버드에게 매년 5억 달러의 비용이 들 수 있다네요. 깜짝 놀랄 숫자 아닙니까?"

"시간이 가면서 자연스런 진화가 있을 겁니다. 하지만 나는 속도가 느릴 거라고 봅니다. 불행하게도, 내가 보기에 보수적인 기관은 영리기업처럼 사고하지를 못합니다. 그렇게 할 수 있다면, 이들은 사업의 본질을 바꿀 수 있을 터인데, 참 안타까운 일입니다."

"오늘날 중소규모의 대학기금에서 CIO를 채용하려면, 고연봉을 주더라도 이직률은 더 높아진 상황이 되었습니다. 우수한 CIO 후보자는 말할 것도 없고, 평균 수준의 인력에게도 연봉을 1백만 달러는 주어야 하는 상황입니다. 대학기금이 1백만 달러를 지급하면 모건 크릭이나 Investure 같은 최고의 OCIO팀이 수십 년간 확보해 놓은 유능한 운용사 채널을 활용하고, 어느 누구도 베낄 수 없는 아이디어 등을 제공받을 수 있게 됩니다. 각 학교재단은 CIO 한 사람의 인건비를 지급하는 대신, 여러 학교 간에 모건 크릭의 팀을 공동으로 활용할 수 있는 것입니다."

유스코는 "나는 이 모델이 진정으로 타당하다고 보지만, 완전히 받아들여지려면 시간이 걸릴 거라고 봅니다. 가장 큰 깨달음의 순간은 아직 오지 않았습니다. 대학들은 자기들의 투자 오피스를 비용센터로 보는 관점을 수익센터라는 인식으로 바꾸어야 합니다"라고 반복해서 강조한다.

노스캐롤라이나 대학교의 사례가 이러한 관점을 명확하게 입증한다. "2002년에 대학기금 운용회사가 분사하였고, 노스캐롤라이나 재단과 관련된 몇 개의 기금과 노스캐롤라이나 내의 유관기관의 기금의 운용을 위탁받았습니다. UNC는 지금까지도 그 기금들을 운용하고 있어요. 외부의 기금 운용을 맡은 금액이 늘어났기에, 외부학교들로부터 위탁요청은 계속 들어오고 있지만 유관기관의 자금만으로 취급 제한이 설정되었습니다. UNC는 위탁을 타진해 오는 잠재고객을 지금도 나에게 소개해 주고 있지요."

유스코는 대학교 투자 오피스가 외부기관에 서비스를 제공하는 활동이 대학에서 개발한 지적재산권에 기반을 둔 상품을 판매하는 활동과 다를 것이 없다고 믿는다. 지적재산권에 기반을 둔 상품의 예로는 화학과 교수가 개발한 드라이클리닝 제품, 체육학과 관련된 유명상표의 스포츠 제품, 의대에서 연구자들이 개발한 시술 방식 등이 있다.

"학교가 투자 과정에서 지적재산권을 획득하였는데, 이 지적재산권을 자본화하지 않을 이유가 있나요? 투자 역량을 외부와 공유하면 학교에 돌아갈 수 있을 수익의 몫이 줄어든다는 쓸데없는 두려움이 문제인 것이 사실입니다. 일반인들은 소규모 기반 투자자로부터 중규모 기반 투자자로 성장하면 여건이 개선된다는 사실을 이해하지 못합니다. 투자금이 커지면, 수수료율이 낮아지고, 시장에 좀더 영향력 있는 고객으로 인정받는 등, 보다 흥미로운 일을 할 수 있어요."

"진정한 핵심은 자산운용 수수료 수입이라는 재원을 확보한다면, 여러분은 보다 유능한 인재를 유치할 수 있다는 겁니다. 모건 크릭의 팀은 노스캐롤라이나에서 내가 구성했던 팀보다 2배 내지 3배 규모입니다. 현재 모건 크릭의 팀원이라면, 보수체계 때문에 대학기금에는 일하러 가지 않을 입장입니다. 모건 크릭은 시장에서 현실적인 수수료를 받기에, 팀원들에게 적절한 보수를 지불하여 인재를 지킬 수 있는 형편이 됩니다. 하버드 대학교가 HMC 운용회사에 최고의 금융 인재들을 유인하고 유지했던 능력이 이것입니다."

기금 업계 내에서는 모건 크릭의 연봉 수준이 높다고 비판하는 사람들도 있는데, 이에 대해서 유스코는 "돈과는 상관이 없는 일입니다. 내 파트너와 내가 모건 크릭을 창업한 이유는 우리가 대학기금 운용에서 우월한 방식이라고 알고 있는 방식을 보다 많은 개인들과 소규모 기금이 누리도록 하는 것입니다. 우리는 우리의 모델이 작동할 것임을 알고 있지요. 이 세상에서 가장 최고의 투자가는 상위 40개의 대학기금입니다. 우리는 우리가 이 일을 다른 사람들을 위해 할 수 있으며, 그들에게 아주 큰 혜택이 돌아갈 것이라고 판단하였습니다"라고 응수한다.

"내가 많은 돈을 벌었냐고요? 내 아내가 '언제쯤 W2(연말소득공제표)가 개선될지'를 물어 온 적이 있어요. 나는 30명에게 급여를 줍니다. 그리고 출장비와 정보기술에 투자합니다. 우리는 우리의 미래에 투자합니다. 대중들이 생각하는 것과 달리, 우리에게 이 일은 돈보다는 소명에 관한 것입니다."

2. CIO 직위

유스코는 대학기금 조직 내에 확고하고 포괄적인 의견을 개발하기 위하여, 자산운용 정책에 대해 정말 많은 신경을 쓴다. 모건 크릭의 CIO로써, 유스코는 자신의 투자절차를 이행하기 위해 보다 강력한 철저함과 신념을 가지고 몰입한다. "신념을 가진 투자자는 차별화됩니다. 신념이 없다면, 위대한 투자자로 성장하기 어려울 것입니다."

1) 투자 철학

유스코의 투자 철학은 매우 명확하다. "투자 철학의 가장 중요한 요소는 수익률은 자산 배분에 좌우된다는 사실입니다. 그게 다입니다."

그는 그에 따라 도출되는 두 번째 결론을 제시한다: 운용사 선택은 정말로 중요하다. "그루쵸 막스(Groucho Marx)[123]는 '나는 나를 회원으로 받아주는 클럽에는 들어가지 않을 겁니다'고 말했지요. 우리는 우리의 돈을 원하는 운용사에게 우리의 돈을 맡기고 싶은 게 아니라, 원하지 않는 운용사에게 우리 돈을 맡기고 싶어요. 우리는 다른 투자자의 자금을 맡기보다는 우리의 자금을 맡으려 하는 수십 개의 운용사들과 관계를 확보하였습니다. 우리는 창업 첫날부터 이러한 지위를 확보하고 있었습니다."

이에 따라 제3의 결론이 도출된다. "내 생각에, 여러분은 일찍 움직여야 합니다."

그는 "사람에게 투자를 해야 합니다. 사람이 돈을 관리하는 것이지, 기관이 돈을 관리하는 것은 아니거든요. 이것이 가장 큰 차이를 가져오는 특징입니다. 나는 간판에는 관심이 없어요. 나는 사람에 관심이 있습니다. 팀의 이름이 중요한 게 아니라, 운동선수의 셔츠 위에 쓰여진 이름이 중요합니다"라고 말했다.

예를 들면, 유스코는 보스턴 사(Boston Company)로부터 하이록 캐피털(High Rock Capital)로 옮긴 데이비드 다이아몬드(David Diamond)와 타이거(Tiger)에서 매버릭(Maverick)으로 옮긴 리 에인스리(Lee Ainslie) 같은 저명한 펀드 매니저들을 따라 운용사를 교체한 바 있다.

"여러분은 일찍 움직여야 합니다. 만약 여러분이 펀드 매니저가 진정으로 우수한지 확인하기 위해 성과실적을 기다리느라 너무 오래 시간을 끌면, 최고 중의 최고는 당신의 돈을 맡지 않을 것입니다. 여러분이 너무 오래 기다린다면, 당신은 잊힙니다."

유스코는 간단한 일련의 투자 가이드라인을 제시한다.

---

123) 역자 주 : 미국의 코미디언이자 배우.

가. 전략적 투자정책의 시행

유스코는 Markowitz 모델을 현대화한 변형모델을 채택했다. "Markowitz는 옳았습니다. 우리의 핵심전략은 하나의 포트폴리오에 개별 위험자산을 편입시킴으로써, 전체 포트폴리오의 위험을 감소시키는 체계에 기반을 두고 있습니다. 리스크 감소는 다음과 같은 규칙으로 연결됩니다."

나. 로이 뉴버거(Roy Neuberger)[124] 규칙을 기억하라.

다른 사람들이 이 규칙을 자기 것이라고 주장할 수도 있으나, 유스코는 전설적인 투자자 로이 뉴버거에게 공을 돌린다. "제1 규칙은 '돈을 잃지 말라'는 것입니다. 제2 규칙도 '돈을 잃지 말라'는 것입니다. 제3 규칙은 '제1과 2 규칙을 잊지 말라'는 것입니다."

다. 낮은 변동성에서 수익률을 추구

"주식이 16%의 변동성에서 11%의 역사적 수익률을 내 준다면, 내가 11퍼센트보다 높은 이익을 낼 필요는 없는 거지요. 나는 16%보다 낮은 변동성에서 11%의 수익률을 내고자 합니다. 그러면 보다 좋은 복리수익을 벌게 되는 거지요. 이것은 우아하고, 간단하고 그리고 확실한 계산이지요."

라. 자산 배분 이후의 모든 행동을 포트폴리오의 리스크와 변동성 관리 및 축소에 집중

"우리는 수익률 개선을 추구하기보다는 리스크 관리를 하고 변동성을 줄이는 사람들이다."

---

124) **역자 주** : 1939년 Neuberger Berman 투자회사의 공동창업자이다. Neuberger Berman은 1950년에 Guardian 뮤추얼펀드를 출시하였고, 1999년 뉴욕 증시에 상장하였다. 2003년 리먼브러더스에 인수되었으나, 리먼의 파산 이후 채권단의 매각입찰에서 MBO 팀이 낙찰하여 독립하였다.

마. 포트폴리오 구성에 집중

유스코는 개별 자산군별로 전략적 배분 목표를 설정했다. 그는 각 자산군 주변에 전술적인 범위를 설정함으로써, 다음의 두 가지 조치를 할 수 있게 되는 것이 더욱더 중요하다고 믿는다.

a. 자산군에 대한 전망을 표현함 : 자산군의 평가 결과와 그 매력도에 따라서 목표보다 초과 배정이나 미달 배정을 한다.

b. 상하한선을 설정함 : "이 조치는 사람들의 일반적인 행동과는 반대로 행동하도록 강제하는 효과를 내 준다. 사람들은 자기가 과거에 매수하기 원했지만 못했던 것을 사는 경향이 있기 때문이지요. 가격이 전술적 범위를 벗어나는 시점에 규율이 작동하면, 오를 때 팔고 내릴 때 매수하도록 강제해 준다. 이것은 성공의 단순한 비결이지요."

유스코는 IT 버블 시기를 겪으면서, 상한선과 하한선의 필요성에 대하여 확신하게 되었다.

2000년 당시에 주식들이 너무나 많이 오르니, 모든 사람이 너도나도 수익을 좇아 주식을 샀다. 노스캐롤라이나 대학 투자 팀은 주식에 배분 상한선이 35%인데, 1999년 4/4분기 강세 장에서 매수포지션을 가지고 있었다. 유스코는 포트폴리오의 주식 익스포저가 거의 40%에 도달했다고 재단 이사회에게 설명했다. 유스코가 이제는 매도해야 할 시점이라고 말했을 때, 이사들은 매도할 이유가 뭐냐면서 그 이유가 최근에 채택한 투자정책 때문이라면 매도하지 않겠다고 했다. 이사회는 저항하면서, 투자정책을 투자지침으로 약화시키자고 주장했다. 2000년 5월에서야 유스코는 이사회를 설득해서 새로운 지침의 상단 범위로 주식 배분을 줄일 수 있었다. 마침내 9월의 회의에서, 이사회는 "좋습니다, 모든 것을 목표치에 맞게 매도하십시오. 그리고 지침을 정책으로 환원합니다"라고 결의했다.

유스코에 따르면, "당시에 내가 시장이 과열되었음을 알았던 것은 아닙니다. 나는 그렇게 뛰어나지 못했으며, 사거나 팔 시기를 잘 잡는 사람도 아닙니다. 우리가 팔아야만 했던 것은 리밸런싱의 규율이었지요. 그러한 규율을 갖는 것은 아주 중요합니다. 나는 내 초심인 '감정을 배제한 투자'를 지킨 것입니다."

"여러분이 투자결정에 감정과 자존심이 좌우하도록 놓아 둔다면, 여러분은 무너질 겁니다. 감정을 배제하고 규율을 지켜야 합니다." 요기 베라(Yogi Berra)가 "당신이 어디를 향하는지 모른다면, 결국에는 어딘가 엉뚱한 곳에 도달할 겁니다"라고 말했지요.

"여러분은 변경할 수 없는 확고한 계획을 가져야만 합니다. 그래야 길을 따라 가다가 꽃을 따려고 잠시 벗어나도, 길로 되돌아올 수 있는 융통성을 갖게 됩니다. 경로가 바뀌어 숲 속에서 길을 잃고, 영원히 발견되지 못하는 상황은 있어서는 안 되지요."

2) 자산 배분

유스코는 투자자들에게 자산군과 그 매력도를 평가할 때, 다른 무엇보다도 국내가 아니라 글로벌한 차원에서 고려하도록 권장한다.

"근시안적 관점에 사로잡혀 국내시장에 대규모로 투자하는 투자자들이 있어요. 반드시 자기들 사는 곳에 투자해야 하는 것처럼, 영국 투자자들은 영국에 기반한 투자에 보다 많은 자산을 가지고 있고, 미국에 있는 미국 투자자들은 미국 자산에, 일본에 있는 일본 투자자들은 일본 자산에 보다 많이 투자를 합니다. 우리가 미국에 살고 있기 때문에 대부분의 재산을 미국 주식과 미국 채권으로 가지고 있어야만 하는 것은 타당하지 않습니다. 완전히 미친 짓이지요. 우리는 잠재 리스크 대비 가장 좋은 잠재 수익이 있는 곳에 대부분의 재산을 투자해야만 하기 때문입니다. 우리는 과거 수익을 살 수는 없고, 오로지 미래 수익을 살 수 있는 겁니다."

"오늘 어디가 성장성을 갖고 있는가? 그리고 보다 중요하게는 내일 어디가 성장할까? 이것이 글로벌한 사고입니다. 어디가 싼가요? 내가 인도, 중국 같은 곳을 방문한 이유가 뭘까요? 투자 아이디어를 찾아서 나는 세계 방방곡곡을 돌아다녔습니다. 우리는 근시안적으로 국내시장에 사로잡혀 있을 필요가 없습니다. 어디가 성장할 것인가? 어디가 가치가 있고 보다 안전한가"

자산군의 매력도를 판단할 때, 유스코는 예상 성과의 원천과 규모를 고려하고, 투자자가 수익을 낼 세 가지 방식을 파악한다.

- 수익률
- 수익성 개선
- 자산가격 대 수익액 비율(multiple) 확대

채권투자는 단지 수익률만을 제공하기 때문에, 유스코는 채권 자산군에는 장기 듀레이션의 우량물에 한해 약 5% 비중으로 매우 적게 배분한다. 그는 이 우량채를 포트폴리오 내에서 디플레이션 헤지, 즉 재앙으로부터 방어하기 위한 수단으로 간주한다. 그렇지 않을 시기라면, 우량채를 자금압류(confiscation) 증서로 간주한다.

유스코의 자산 배분의 대부분은 지분증권(equity)이 차지한다. 여기서 지분증권은 단지 주식이 아니라, 일반적으로 부동산, 원자재, 공모 또는 사모 에쿼티 및 에너지를 포함하는 것으로 정의된다.

유스코는 "나의 투자 철학이 동업계 사람들과 가장 차별화되는 점은, 아마도 내가 헤지펀드, 대체투자, PE와 부동산 같은 대체투자를 자산분류로 보지 않는다는 겁니다. 나는 자산군에는 4가지만 있다고 믿거든요."

- 지분증권(equity)
- 채권
- 통화
- 원자재

“투자자들은 부동산 자산을 부동산 지분증권, 부동산관련 채권 및 부동산 PE나 부동산 헤지펀드로 보유할 수 있는 겁니다. 우리는 특정한 운용사를 보면 ‘이들은 무엇을 하는가?’라고 묻지요. 노스캐롤라이나 대학기금은 헤지펀드에 배분한 자산이 전혀 없었습니다. 내가 노스캐롤라이나에 합류했을 때, 이 기금은 1996년에 나왔던 ‘타이거 펀드의 죽음’이라는 기사를 보고서는 실질적으로 헤지펀드를 금지했더군요. 대학기금은 생존하는 동문 중 두 번째로 가장 부유한 줄리안 로버트슨(Julian Robertson)[125]이 주도하는 펀드에 아주 조금 투자한 것을 빼고는, 많은 헤지펀드로부터 빠져나왔던 것이지요.”

따라서 노스캐롤라이나 대학기금이 헤지펀드에 투자하지 않았어도, 놀라울 만큼 유사한 다음의 투자전략에 자산 배분을 한 것이 사실이다:

- 주식 매수/매도(long/short equity)
- 절대수익(absolute return)
- 기회주의적인 지분증권(opportunistic equity)
- 수익률이 개선된 채권(enhanced fixed income)

유스코가 부총장에게 자산분류를 보고하였을 때, 그는 “이것은 단지 명칭의 차이인 것이 맞지요?”라고 물어 왔다. 유스코가 그렇다고 답하자, 부총장은 “우리에게 헤지펀드가 없는 한, 좋습니다”라고 말했다. 유스코가 사직할 당시, 대학기금은 자산의 60%를 이 4가지 분류에 배분하고 있었지만, ‘헤지펀드’는 없었다.

기본적으로 유스코는 투자전략을 자산군에 통합시키는 것이 옳으며, 대체투자와 전통적인 투자 사이에 차이가 없다고 본다. 포트폴리오에 지분증권을 편입하기 원할 경우에, 그는 주식인지 헤지펀드인지는 상관하지 않는다.

---

125) **역자 주** : 줄리안 로버트슨의 타이거펀드는 1980년 5월 창립부터 1998년 8월의 정점기까지 연평균 31.7%를 수수료 공제 후 기준으로 달성하였다. 2008년에 36명의 타이거펀드 출신자들이 “타이거클럽” 펀드들을 결성하였는데, 이들의 운용자산을 합치면 1천억 달러에 달했다. 그리고 로버트슨은 2000년에 자신의 회사를 재편성한 이후에 추가적으로 29개의 펀드에 초기자본을 제공하였다.

"만일 리 에인슬리(Lee Ainslie)[126]가 자신의 펀드에 '확장된 인덱스 펀드'라고 이름을 붙였다면, 그는 120억 달러가 아니라 500억 달러의 펀드를 결성할 수도 있었을 것이다. 그는 S&P주가지수보다 7퍼센트 더 높은 수익을 절반의 변동성 하에서 시현하였다. 주가지수에 단순히 투자했다면 S&P 수익률보다 0.1퍼센트 낮은 수익을 시현할 수 있을 뿐이었다. 그는 주식의 매수와 공매도를 조합하며, 이것은 차별화된 매매의 실행이다."

모든 지분증권 투자는 상장이든 비상장이든 동일한 익스포저에 노출된다. 공모이든 사모이든, 투자자는 법적으로 보통주 · 우선주 또는 전환사채를 소유하며, 단지 유동성 수준만이 다를 뿐이다.

3) 유동성 자산 축소

유동성은 과대평가된다.

"대학기금의 강점은 유동성에 있습니다. 대학기금은 유동성을 요구하지 않거든요. 대부분의 대학기금은 지출액보다 기부금 수입이 더 많이 유입되므로, 실제로는 과도한 유동성을 보유합니다. 반면 재단은 매년 5퍼센트에 해당하는 지출 소요액을 조달해야 합니다. 어떤 가문재단은 현금수입을 원하고, 어떤 가문재단은 그렇지 않거든요. 현금은 그 원천이 기부금이든 투자금 배분의 형태이든 상관없이 섞이지요. 여러분은 현금을 회계상 이동시켜도 기저의 포트폴리오에 지장을 주지 않을 수 있습니다."

대부분의 대학기금 자산은 특정 목적으로 제한된 기부금으로 시작된다. 따라서 기금의 목적은 원금을 건드리지 않으면서, 인플레이션 율보다 더 높은 투자수익을 올림으로써 자산의 구매력을 보존하는 것이다. 유스코와 그의 팀은 계산을 해 보았

126) **역자 주** : 버지니아 대학교 학부와 노스캐롤라이나 MBA 출신이다. Julian Robertson의 Tiger Management 문하생인 Tiger cubs 중 하나인 Maverick Capital의 창업멤버이며, 주식 long/short 헤지펀드 업계의 전설적인 인물이다.

다. "일반적으로 대학기금은 자산의 대부분에 대해서 원금에 손댈 가능성이 전혀 없으며, 90%의 자산에는 원금 손상이 절대로 발생하지 않을 것이다. 기부금 수입도 영원히 지속됩니다. 그런데 왜 기금관계자가 펀드의 대부분 자산을 유동성이 좋은 대상에 투자해야 하는가? 나는 이해가 안됩니다."

사람들은 유동성의 필요성을 과대평가한다. "만약 여러분이 5%를 지출할 것임을 알고 있다면, 5%가 필요한 겁니다. 대학 총장이 와서는 "올해는 10% 지출이다"라고 번복할 수 없는 것이지요. 10% 지출 같은 상황은 일어나지 않거든요. 사실 실제 지출되는 금액은 통상 후행 3년간의 평균치로서, 오히려 3.5~4%에 가깝습니다."

"비영리기관에 대해서 내가 혐오하는 작은 불명예스런 비밀 중 하나는, 그들이 약정해 놓은 만큼의 지출을 하는 대신에 대학기금의 규모를 자부심의 척도로 삼고, 운용자산이 크다고 떠벌린다는 겁니다. 대학기금의 목적은 기금의 덩치를 키워서 랭킹 8위가 아닌 랭킹 6위인 기금으로 만드는 것이 아니라, 그 기금이 당초 기부자의 목적에 맞는 프로그램에 최대한 사용되는 것입니다."

4) 유동성이 낮은 사모투자를 증액

유스코는 개인 및 패밀리 오피스 고객에게도 유동성이 좋은 공모투자보다 유동성이 낮은 사모투자를 권한다. "우리는 사모투자 및 중급 유동성의 하이브리드 투자에 높은 비중을 둡니다. 나는 시장이 완벽하다면, 투자금의 절반은 사모투자에, 나머지 절반은 절대수익 포트폴리오에 레버리지를 걸어서 투자해 놓고서, 남는 시간을 골프를 치면서 보낼 거라고 농담을 하곤 합니다." 사모투자는 초과수익을 냅니다. "역사적으로 사모는 공모보다 복리로 4.3% 정도 더 수익률이 좋습니다."

대학기금과 다세대 패밀리 오피스들은 사모투자에 많은 자산을 배분해야 한다. "대학기금의 수익률과 개인의 수익률의 차이는 유동성의 차이에서 발생합니다.

많은 학교재단들은 단일 벤처캐피털 투자 건이었던 구글의 2004년 상장 후의 2년간, 구글 단일 종목으로부터 2% 및 4%의 추가 수익률을 시현하였습니다. 저 유동성 투자에서 가장 큰 차이점은 거대한 수익의 잠재성이 있다는 점이지요. 여러분은 그러한 대박이 언제일지, 어느 투자가 어떻게 대박을 칠지를 알 수 없으므로 물속에 수많은 '노'를 담그고서 배를 항해해야 합니다."

유스코가 배에 설치한 '노'는 현재 다양한 지역에 분산되고 다양한 단계의 라이프사이클에 있는 사적 파트너십 120개를 포함한다. 이에 대해서 "다변화(diversification)가 아닌 악화(diworsification)"라는 비판이 제기되었지만, 유스코는 "수익을 창출할 가능성이 가장 희박해 보이는 투자 건이, 투자 과정에서 자산 상각이 발생한 부담에 불구하고, 최대의 수익률을 창출해 주었다"라면서 비판자들에게 반박한다.

그의 설명에 따르면 "사람들은 사모투자가 너무 위험하다고 보지만, 그들의 경험의 대부분은 개별 거래에서 얻어진 것입니다. '처남이 개업한 서점이나 음식점에 투자' 건이었지요. 만약 여러분이 2,000건의 사모투자를 수행한다면, 음식점이나 서점 같은 나쁜 거래는 제로 가치가 될 것이지만, 좋은 거래는 200배를 돌려줄 겁니다."

대학기금과 부유한 가문은 영원히 존속할 것이므로, 이들은 유동성 프리미엄부 금융상품을 활용하여 초과수익을 획득할 수 있는 반면, 다른 대부분의 투자자는 "한정된 수명"으로 인해 유동성을 더 필요로 한다. 그렇지만, 유스코는 개인투자자들에게도 하이브리드 투자를 고려하기를 추천한다. 하이브리드 투자는 사모와 공모의 중간으로서, 상장주식에 사모투자(PIPEs, private investment in public entities), 중소기업투자회사(SBIC, small business investment company) 거래 및 매도 불가 기간(lokup)이 더 장기로 설정된 투자 건들이 있다.

"여러분은 하이브리드 투자에서 추가 수익을 볼 것입니다. 보다 중요한 것은, 리스크 단위당 더 높은 추가이익이라는 점이지요. 다변화된 포트폴리오는 그 위험이 아주 낮습니다. 어느 단일한 거래는 매우 위험하지요. 지리적 지역에 걸쳐서 다변화된 거래를 편입한 포트폴리오의 위험은 실제로 매우 낮습니다."

유스코는 공동투자(coinvestment)가 아주 중요한 투사 선술이고, 향후 대학기금 운용 모델이 발전하면서 보다 보편화될 것이라고 생각한다. "나는 공동투자를 노스캐롤라이나 대학기금에서 시작했어요. 가장 성공적인 포트폴리오 중 하나였고 매우 중요하지만, 그 당시에는 상당히 급진적으로 보였지요. 공동투자는 급진적인 행동이 아니며, 외부운용사 팀을 가동시키기 위해서 내부 스태프들이 수행한 노력을 논리적으로 연장하는 결정일 뿐입니다. 당신이 해왔던 일을 극대 활용하되, 비용을 줄여 주는 그런 방식입니다."

5) 장기 테마로 시작하라

유스코는 장기 테마를 설정하고, 자산을 포트폴리오에 배분하는 시작점으로 사용한다는 점에서 다른 CIO들의 패턴을 다소 벗어난다. 그는 자신의 투자 절차를 끌어내는 테마를 다음과 같이 정했다.

가. 에너지와 천연자원

유스코는 대륙지역의 산업화가 역사적으로 원자재, 에너지 및 여타 자원의 수요와 가격상승을 이끌었다는 사실에 주목하였고, 중국과 인도의 산업화를 이 테마의 근거로 삼는다.

나. 선진국에서 개발도상국 세계로의 부 이전

"1860년에서 1920년 동안 미국이 개발도상국이었을 때, 유럽에서 미국으로의 이동과 비슷합니다. 자본이 있는 나라와 싼 노동력이 있는 나라가 다르지요." 인도 및 중국에서 생산된 상품을 미국 소비자들이 사용하면서, 미국의 부가 인도 및 중국의 저축자에게로 이동한다.

다. 아시아 소비자의 성장

1982년에서 1999년까지의 미국 증시 상승 장은 8천만에 달하는 미국의 성인 베이비 부머들의 덕분이었다. 유스코는 싹을 트고 있는 아시아 중산층 소비자 수를 5억명 정도로 추산하면서, "믿기 어려울 정도의 소비 붐이 세계의 성장을 변화시킬 것"으로 예측한다.

라. 재팽창하는 일본과 독일경제

일본과 독일은 개발도상국에서 필요로 하는 물자들을 생산하는 나라들이므로, 수십 년의 경기 침체를 벗어나 서서히 경제가 개선될 것이다.

마. 헬스케어

헬스케어에 지출되는 비용의 비중은 전세계적으로 증가하고 있다. 선진국에서는 개인의 삶을 보다 윤택하게 하기 위한 의료기술에 지출을 하고 있다. 개발도상국에서는 전반적인 삶의 질을 향상시키기 위하여 기본적인 의료 서비스에 비용을 쓴다.

바. 수비! 방어!

농구에서의 "최우수 후보선수" 개념을 사용하여, 다섯 개의 테마에서도 후보선수로서 "방어적이 되어야 할 시기"가 대기한다. "모든 위험 척도가 경고 신호를 내고 있으므로, 헤지를 걸고 절대수익에 집중할 시점이다."

유스코는 급증하는 헤지펀드 수에 대한 염려를 비추었지만, 경기사이클에 대해서 더 많이 걱정하였다. "최후의 날이 올 것이라는 비관론은 아니었지만, 2007년부터 2010년은 100년 주기, 60년 주기 그리고 30년 주기의 경기 하강사이클이 겹치는, 매우 흥미로운 시기"라고 지적하였다. 이 기간 중에 3가지 순환주기가 저점에 도달하므로, 유스코의 대응은 매우 도전적일 수 있는 환경 속에서 자본을 보존하는 것이었다.

6) 내부운용

모건 크릭은 방어전략을 구사할 때, 공매도에 편향된 운용사들에 대한 배분 비중을 높이고, 포지션을 모니터링하며 익스포저를 통제하기 위한 overlay 전략을 실행한다. "우리는 시장에서 타이밍을 잡으려 하지 않습니다. 순 익스포저가 서서히 증가하기 시작하는데 우리가 운용사에게 간섭을 하고 싶지 않다면, 우리는 overlay를 걸어서 순 익스포저를 우리가 원하는 수준으로 되돌려 놓습니다."

유스코는 예일의 데이비드 스웬슨의 "리밸런싱은 목표치로 되돌아가는 것이다. 투기는 목표치로부터 벗어나게 하는 것이다"라는 발언을 재차 인용했다.

유스코는 "overlay 전술은 덜 파괴적이고 비용이 절감되는 리밸런싱 방식으로서, 운용사들과의 관계를 유지하면서도 타이밍에 덜 민감하지요. 여러분은 투자위원회의 회의 날까지 기다릴 필요도 없고, 운용사 측의 펀드 환매기간에 신경 쓸 필요도 없어요. 이런 기간을 기다리다가는 현안이 결판이 나버릴 겁니다"라면서 overlay 전술을 지지한다.

Overlay 전략과 공동투자를 실행할 권한은 모건 크릭의 대학기금 운용 모델과 직접 연결된다. "Overlay 전술과 공동투자가 이렇게 조합되면 차세대 자산운용방식을 구성합니다. 이같이 우리는 유연성을 확보하여 약간 더 주도적 · 적극적으로 포트폴리오를 운용합니다."

7) 아이디어 발굴

아이디어 및 능력 있는 운용사를 발굴하는 것은 그가 어디에 있든 항상 하는 일이다. "여러분의 삶은 투자사업입니다. 가족과 함께 백화점에서 뭔가를 관찰하거나, 그물침대에서 책을 읽거나, 책상 앞에 앉아 있는 어느 때나 여러분은 항상 일하고 있습니다. 이 모든 것이 여러분이 세상을 보는 관점에 반영되기 때문입니다.

내가 인도 및 중국을 여행 중에 실질적인 변화를 보거나 우리가 건설을 도와준 아파트 단지를 돌아보면서, 레버리지 없이 순수한 내부수익률 60퍼센트가 가능할 뿐 아니라, 현지에서는 낮은 수준이라는 사실을 알아냈음을 밝히면, 여러분은 자본시장의 글로벌화의 진가를 진정으로 인정할 겁니다."

그는 전 세계를 다니는 출장이 성공에 필수라고 간주한다. "여러분은 한 장소에서 투자 업무를 할 수 없습니다. 여러분은 출장을 다녀야 합니다. 내가 노스캐롤라이나 대학기금에서 처음 시작했을 때, 출장 예산을 편성했는데, CFO가 그 예산을 삭제하더군요. 그는 출장 예산을 잡아본 적이 없었기 때문이지요. 나는 CFO에게 '출장비만 제외하고, 다른 비용은 어떤 것도, 심지어 월급도 줄이실 수 있다'고 말했습니다." "채플 힐(Chapel Hill)의 학교에 앉아서 이 사업을 할 수는 없습니다. 출장은 정말로 중요합니다."

유스코는 탐욕스러울 만큼의 독서 습관으로부터 아이디어를 발굴하는 영감을 얻는다. "증권사 리서치는 빼고, 손에 잡히는 것 모두를, 보다 역발상적인 포퓰라 사이언스(Popular Science) 같은 잡지와 업계 전문지를 읽으세요. 나는 비즈니스위크(Business Week)지가 가장 역발상적인 지표라고 봅니다. 이코노미스트(Economist)지는 두 번째고요. 거시적인 많은 아이디어가 어디에서든지 나오며, 통상 역발상 견해도 발굴됩니다. '인도가 과열되었는가?'와 같은 기사 제목을 보면, 나는 기자들이 인도에서 어떤 일이 진행되고 있는지 모른다고 생각하게 됩니다."

유스코는 외부운용사들과 간단한 대화를 통해서도 아이디어를 찾아낸다. 모건 크릭의 데이터베이스에는 4,000개의 운용사들이 있는데, 그 중 250개 사에 투자금을 맡겼으며, 연간 3,000회의 "접촉"이 전화 및 연례회의를 통해 수행된다. 유스코는 개인적으로 약 300건의 접촉을 처리한다.

"나는 세상에서 최고의 일을 하고 있습니다. 나는 투자 측면에서 아주 영리한 사람들과 대화하면서 돈을 법니다. 나는 몇몇 놀라운 사람들을 만났습니다. 롱텀 캐피털 매니지먼트(Long-Term Management) 사태에도 불구하고, 마이런 숄즈(Myron

Scholes)는 내가 만나본 사람 중에 가장 똑똑한 사람 중에 하나입니다. 시타델(Citadel) 헤지펀드의 켄 그리핀(Ken Griffin)도 최고로 똑똑한 5명 중의 하나입니다. 그리고 아마도 지구상에서 가장 놀라운 은행경영자인 국민은행의 김행장을 만나서 영광이었지요. 그와의 회의는 1996년에 씨티은행(Citibank)의 CEO였던 존 리드(John Reed)와 이야기하고 있는 것 같았어요. 나는 기금운용자라는 직분하에, 나에게 대단한 통찰력을 주는 정말로 놀라운 사람들과 빠르게 관계를 맺는 영예를 누렸습니다. 또 다른 사람은 휴 슬로안(Hugh Sloane)[127]인데 그는 지구상에서 상위 5번째에 드는 매크로 헤지펀드 매니저입니다. 그는 통상 '너무 일찍 행동하지만'(때로는 잘못한 점을 완곡하게 표현함), 결국에는 그가 항상 옳았지요."

유스코와 팀은 운용사들을 지인으로부터 소개받거나, 기존 운용사로부터 독립하여 창업하는 투자 팀을 기용한다. 그는 기존 운용사로부터 분리 창업하는 신흥 운용사를 선호하며, 이는 그 인력들이 유스코가 알고 신뢰하는 조직이나 사람들로부터 교육과 투자금을 받았고, 경험도 쌓았다는 의미이기 때문이다.

"굵직한 아이디어는 우리가 알고 있는 사람 및 운용사들로부터 나옵니다. 우리는 신흥 운용사의 창업을 수백 개 성사시켰고, 이들이 최고의 아이디어의 원천입니다. 우리는 신흥사의 초기에 투자하려 하고, 투자를 몇 년간 유지합니다.

우리는 우수한 수익률이 달성된 이후에는 다른 운용사로 이동합니다. 이때쯤이면 운용사들의 목표수익률과 나의 목표수익률 간에 괴리가 확대되며, 그 이유는 운용사가 돈을 운용하는 사업으로부터 자산축적 사업으로 변질하기 때문입니다. 신흥 운용사들은 처음에는 수익률에 집중하다가, 이후 '내가 좋은 실적 수치를 갖고 있으니, 운용자산을 많이 축적하면 보다 많은 돈을 벌 수 있다는 사실'을 깨닫는 경우가 많습니다. 이것이 문제의 발단이 되어, 우리는 다른 운용사로 이동하게 되지요."

"모건 크릭은 운용사의 성과 데이터베이스를 유지하지 않으며, 성과를 모니터

---

127) 역자 주 : 영국의 헤지펀드 매니저로서, 1993년 George Robinson과 함께 Sloane Robinson을 창업.

한 적이 없습니다. 우리는 과거 성과를 보고서 운용사를 고용한 적도, 성과가 나쁘다고 운용사를 해고한 적도 없어요. 성과는 징후입니다. 여러분이 감기에 걸렸다면 이미 발병한 것입니다. 여러분은 병에 걸리지 않도록 예방했어야만 합니다. 여러분은 감기가 낫게 치료할 수 없습니다. 우리가 나쁜 성과를 예상한다면 이미 돈을 잃은 겁니다. 우리가 운용사들과 일을 할 때는, 조직의 변화, 개인 신상의 혼란, 거액의 이혼소송, 내가 '빨간 페라리 징후'라고 칭하는 과시 현상이 나타나면 운용 위탁을 해지합니다."

8) 운용사 선정

유스코는 운용사를 평가할 때 그의 독특하고 엄격한 테스트를 활용한다. "운용사들은 맥주 테스트를 통과해야만 합니다. 일과 후에 맥주 한잔 함께하고 싶지 않은 사람과는 절대로 계약하지 않습니다. 그 사람이 아무리 유능하다고 하더라도, 좋은 사람이 아니면 나와는 거래할 수 없는 사람이거든요."

그에게 사람이 좋다는 것은 진실하고 균형감각을 지닌 정직함을 의미한다. "어떤 운용사가 너무 바빠서 나는 그를 필라델피아 공항에서 만나야만 했던 경우가 있었지요. 그가 낼 수 있는 유일한 시간이었거든요. 그는 프리젠테이션 중간에, 자신의 이혼에 대한 그의 애통함을 길게 토로했습니다. 그는 불행하고 슬퍼서, 집중을 하지 못했지요. 20분이 지나자, 그는 '하지만 나는 항상 일합니다. 내 사무실에는 작은 침대가 있어서 일주일에 3일은 거기서 잡니다'라고 말하더군요. 나는 '당신이 집에 가서 부인과 시간을 보냈더라면 아마도 당신은 이혼하지 않았을 수도 있겠네요'라고 답했습니다. 그에게는 삶의 균형이 없었고, 그는 인생이 자기 회사를 운영하는 것만이 아니라는 사실을 알지 못했습니다. 나는 균형을 대단히 중시합니다."

유스코는 타고난 우수한 소질과 경험을 가진 운용사를 찾는다. "우리는 무엇인가에 뛰어난 사람을 원합니다. 그것이 논쟁하기든 바이올린 연주든, 운동경기든, 심지어 숫자 퍼즐이든 무엇이든 상관없습니다. 어떤 시점에서 아주 뛰어나기만 하면 됩니다. 경쟁 우위, 정직함 그리고 진실성이 나의 선정기준입니다."

유스코는 인성에 대해서는 "자기 부모, 배우자 또는 자기 친구들을 속이는 사람들은, 대개 자기 사업파트너 또한 속입니다. 일반화해서 말하기는 어렵겠지만, 개인적인 삶의 스타일은 회사에서도 작용하거든요"라고 언급한다.

운용사 인력의 지적인 능력과 사회적 위치 또한 중요하다. 유스코는 운용사 인력의 인성을 타 조직이 파악하고 개발해 놓은 결과에 의존하고자 하며, 이에 따라 시장에서 존경받는 원로, 인간성 판단 및 채용의 전문가로부터 훈련받은 인력을 선호한다. "우수한 인력을 선별하는 장치가 여러 가지 있지요. 대학원, 비즈니스 스쿨 또는 '유력 기관의 프로그램'들이지요." 골드만 삭스, 모건 스탠리, 베인, 보스턴 컨설팅 등은 무리로부터 알짜를 걸러내기를 아주 잘 해낸다.

9) 스태프 채용과 팀 관리

유스코는 팀원을 채용할 때 개인의 사회적인 계보는 고려하지 않는다. "우리에게는 중요한 차이점이 있습니다. 우리가 채용한 대부분의 스태프들은 완벽한 사회적 신분의 위치에 있는 경우가 적습니다. 많은 스태프들이 학부를 졸업하자마자, 또는 투자회사로부터 이직해 옵니다."

그 외에는, 유스코는 스태프들에게 운용사 인력과 비슷한 인성을 추구한다. "경쟁력이 있고, 유능한 조직에 의해 선발된 적이 있는 사람으로서, 우리는 모어헤드 장학생을 고려하지요." 모어헤드는 높은 선망의 대상인 UNC 장학금이다. "모어헤드 출신은 언제나 대단합니다. 한결같이 우수합니다. 그래서 심사할 때 모어헤드 출신 여부임을 보는 것은 아주 쉬운 선발방법이지요."

모건 크릭 팀원 모두에게 정말로 중요한 기질은 사업에 대한 열정이다. 열정은 자신의 것이어야 한다. 단지 업무여서는 안 되고, 단지 뭔가를 해야 하는 것이어서도 안 된다. 모든 스태프는 다른 사람들에게 유효한 대학기금 모델을 제공하겠다는 열정을 가져야 한다.

유스코는 의도적으로 급여를 적게 주고 보너스를 많이 준다. "우리는 실적주의(능력기반 보수)제도를 운영합니다. 스태프가 기여하는 게 많을수록 더 많이 가져가는 거지요. 실적주의를 운영하는 가장 좋은 방식은 보너스에 변수를 주는 것입니다." 스태프들은 낮은 기본급을 받아들이는 헌신과 열정을 보여 준다.

"나는 업계 동급자와 비교하여 말도 안 되게 적은 기본급을 받아요. 타사에서 24살짜리가 나보다 더 많이 받는 경우도 알고 있습니다. 나는 솔선수범합니다. 내가 4백만 달러를 가져가면서, 다른 모두에게는 5만 달러를 지급하는 행동은 할 수 없지요."

그는 지적 능력은 높이 사지만, 학자들을 채용하기는 꺼린다. "학자들은 대인관계 역량이 없고, 우리가 하는 일에 대한 열정도 가지고 있지 않아요. 나는 3명의 학자들을 채용했었지만, 세 명 모두 해내지 못했습니다."

화제가 균형감각에 도달하자, 유스코는 자신이 차세대 슈퍼스타인 브래드 브리너(Brad Briner)[128]를 200통의 이력서 더미 속에서 발굴했던 방식을 설명했다. "그는 Morehead 장학생으로 학생들 간의 투표에서 당선되었습니다. 생각해 보세요. 그가 얼마나 대단했었으면 확신에 찬 똑똑한 젊은이들이 그가 최고라고 인정했겠습니까? 여러 기숙사 공동체(Fraternity)와 잘 지낼 수 있는 사람이라면, 그가 얼마나 똑똑해야 할지 상상이 될 겁니다."

유스코는 '*여왕벌과 여왕벌 추종자(Queen Bees and Wannabes)*'라는 책에 대해 언급했다. 이 책은 10대 소녀 집단이 통상 한 명의 여학생과 "두 명의 폭력배"에 의해 주도되는 사회적 패턴을 분석했다. '중간지대에 속하는' 소녀는 어느 쪽 성향도 아니다. "이 아이들은 필요하다면 말썽을 부릴 수 있고, 다른 경우에는 아부할

---

128) 역자 주 : 노스캐롤라이나 대학교 1999년 학번 동문으로서, 모건 크릭의 창업 멤버이다. 마이클 블룸버그의 자선재단 운용사인 Willett Advisors로 2012년 이적.

수도 있다."

유스코가 보기에 모건 크릭의 각 스태프는 조직 안팎의 사람들을 함께 모을 수 있는 '중간지대'의 사람들이다. 그는 이러한 특성을 중시하며, 그 이유는 "모건 크릭의 일은 '합성하는 것'이기 때문이다. 30년 전에는 고든 게코(Gordon Gekko)[129]의 경우와 같이 정보에 접근하는 지위가 행운이었지요. 오늘날에는 정보는 어디에든지 넘쳐나고, 모든 일이 정보의 합성에 관련됩니다. 여러분은 긍정적으로, 또한 부정적으로 말할 수 있는 사람들과 폭넓은 관계를 가질 수 있는 넓은 촉수를 가지고 있어야 합니다."

10) 지배구조

유스코는 수년간 재단과 대학기금의 지배구조체계 모범사례에 대한 확고한 관점을 개발해 왔다. "투자위원의 수는 홀수여야 하되, 3인의 위원도 너무 많다"라는 워렌 버펫(Warren Buffet)의 말이 옳습니다. 궁극적으로 도달하기가 아주 어려운 목표이지요.

"여러분이 확보해야 하는 것은 아주 강력한 위원장을 장기간 연임시키는 것입니다. 2년이나 3년 같은 짧은 임기로는 안 됩니다. 노틀담 대학기금의 경우는 위원장이 18년 동안 재임했고, 그 후임자도 10년째 재직한 인물입니다."

유스코는 강력하고 장수하는 투자위원회 의장의 존재가 기관의 기억 능력을 구축하는 데 절대적이라고 믿는다. 투자위원회의 다른 위원들이 교체되는 경우는, 개별 위원 연령별로 세대 간 다변화가 참신한 생각을 불러오는 효과를 어느 정도 가져다주기 때문에, 유스코가 염려하는 사항이 아니다.

"투자위원의 대부분이 65세 이상의 백인입니다. 창피한 일이지요. 모범적인 실무는 세대 간 다양성을 갖추는 것입니다. 30세에서 60세 사이에 성별 그리고 문화

129) 역자 주 : 1987년 '월스트리트'라는 영화에서 마이클 더글러스가 맡았던 기업사냥꾼 캐릭터.

적 · 민족적 다양성을 가진 보다 많은 위원들이 포함되어야 합니다."

유스코는 투자위원으로 참여한 투자업계 종사자들이 투자 과정에 도리어 지장을 주는 경우도 많이 목격했다. "투자업 종사자가 적을수록 투자위원회가 훨씬 더 잘 하는 경향이 있습니다. 업계 종사자들은 통상 미국 주식, 해외 주식 같은, 오직 한 분야에만 집중을 하거든요." 어떤 투자위원회 회의에서 있었던 일이다. "우리는 신흥국 시장에 투자하고자 했어요. 그런데 미국 주식 운용을 전문하는 한 위원이 '당신은 미국 바깥 세계의 사람들이 모두 미국인보다 더 게으르다는 사실을 모르고 있군요'라고 말하더군요. 이런 발언에 어떤 식으로 대응해야 할지조차 정말 난감하더군요."

물론 투자위원회 위원들은 좋은 의도를 가지고 있다. "많은 위원회들은 투자업계 종사자를 초빙해 왔기 때문에, 자신들이 일을 잘 하고 있다고 생각합니다." 유스코가 보기에는 그렇게 함으로써, 너무 국내에 편향된 포트폴리오, 과도하게 위험 회피적인 전통자산에 배분이 과중하게 된다. "이들이 부동산, 에너지 분야와 같은 다양한 분야에 충분한 경험이 없기 때문에, 전통적인 채권, 주식, 현금 포트폴리오에 기우는 경향이 있습니다."

유스코는 투자위원들이 투자회사의 스태프들에 대해 갖는 '투자의 프로'라는 기대치가 실수라고 지적한다. "관리자인 것 또는 브로커리지 회사의 직원이라고 해서 반드시 투자 전문가가 되는 것이 아니거든요. 그러한 경험은 당사자를 단기적이고 거래 지향적으로 만드는 경향을 나타냅니다. 증권거래소에서 전문가로 근무한 경력자인 한 투자위원은 자신에게는 '장기투자란 10분을 의미했다'라고 이야기하더군요." 설사 그 위원이 자신의 전문가적 의견을 투자위원회의 결정에 적용하지는 않았다 하더라도, 유스코는 매매 관련 경력이 많을수록 실망을 안겨 주는 경향이 있다고 본다.

반면에, 특정한 투자전문가 층을 위원회에 영입하면 유익한 결과를 가져온다. "타 기관의 CIO를 투자위원으로 영입하면, 일반적으로 가치가 있습니다. 노스캐롤라이나 대학기금에서는 운 좋게도 GM 자산운용사의 사장인 알렌 리드(Allen Reed)를 위원으로 영입했습니다. 그는 제너럴 모터스의 모든 연금을 운용했었습니다. 그의 아들도 동문이지요."

대다수의 대학기금은 투자결정 절차의 4단계인 자산 배분, 운용사 선정, 포트폴리오 구축 및 종목 선정 중에서, "종목 선정을 외부운용사와 계약하여 외주화"한다. 아쉽게도 유스코의 경험에 따르면, 투자위원회는 회의시간을 운용사 프로필 및 종목에 대하여 토론하는 데 쓴다.

"위원회의 최악의 행태는 너무 많은 시간을 그러한 토론에 소비하는 것이고, 우수한 행태는 의사결정 수준에만 머무는 것입니다. 절대적으로 최선의 행태는 위원회는 자산 배분 결정에만 집중하고, 운용사 선정과 포트폴리오 구축은 스태프들에게 위임하며, 종목 선정은 외부운용사에게 위탁하는 것입니다."

유스코는 어떤 재단의 투자위원회 회의에 참석했던 경험을 상기했다. "분기별로 2시간짜리 회의가 4회 소집되므로, 위원들은 기본적으로 매년 8시간 동안 모여서 수억 달러를 감독합니다. 어떤 회의에서 그들은 한 시간은 세계 시장에 대한 모건 크릭의 전망을 듣는 데 사용하고, 나머지 한 시간은 자산 3%의 운용위탁을 3개 운용사 중 어느 회사에게 부여할지 논쟁하는 데 쓰더군요. 위원회가 논의했어야 할 대상은 운용 위탁이 글로벌 시장인지 신흥국 시장인지의 여부였어야 합니다. 운용사를 선정하는 일은 컨설턴트나 스태프에게 맡겼어야지요."

"서류 더미에 기초하여 결정을 내릴 수는 없는 법입니다. 업계에 있는 어떤 친구는 '운용사 선정을 15분 이내에 마쳐야 하는 투자위원회는 반드시 실수할 수밖에 없다. 설사 그들이 올바른 결정을 내렸다 해도, 잘못된 이유로 그런 결정을 내린 것일 것이다'라고 지적하였다."

11) 투자 실패

유스코는 투자자들이 무수한 실수를 하는 것을 목격하였다. 다른 실수보다 유독 두드러지는 실수들이 있다.

"가장 먼저 발생하는, 크고, 손쉬운 실수는 종목 선정에 너무 많은 시간을 보내면서, 자산 배분에는 충분한 시간을 쓰지 않는 행태입니다. 투자자들은 운용사 선정에 아주 많은 시간을 쓰면, 자산 배분이 나빴더라도 운용사가 자신들을 구제해 줄 것으로 생각하지요."

투자자의 또 다른 실수는 이들이 전형적으로 과거에 매수하고 싶어 했던 자산을 매수하는 데에서 발생한다. "투자자들은 인기 아이템을 추격하면서 성과를 좇지요. 이들은 성과가 어디로부터 도출되는지 이해하지 못하기 때문에, 과거 지향적입니다."

유스코는 운용사의 펀드가 단기 실적에서 우수하다는 이유로 당해 펀드에 투자를 결정하는 행동에 반대한다. 그는 대신에 투자자들이 단기 성과는 뒤떨어지더라도, 보다 장기 성과를 보여 주는 운용사를 찾아야 한다고 생각한다. 단기적으로 성과가 좋은 전략은 시장의 선호를 상실하는 것도 순식간이기 때문이다.

"투자자의 또 다른 전형적인 문제는 돈을 잃었던 그 자산에서 손실을 복구할 수 있다고 생각하는 데에서 나타납니다. 시스코 주식을 100달러에 매입한 투자자는 주가가 8달러까지 내려갔다가 24달러까지 반등하였다면, '매입가격에 도달하면, 꼭 빠져 나와야지'라고 생각합니다. 시스코는 절대로 100달러까지 오르지 않을 것인데! 투자자는 과거의 투자 결정이 옳았음이 입증될 때까지 당해 자산을 가지고 기다리기보다는, 좋은 수익을 얻을 수 있는 자산으로 돈을 옮기는 게 나은 것입니다. 그런데 여러분은 그렇게 하지 않지요. 사람들이 실수를 인정하지 않으려 하기 때문입니다. 우리 모두가 실수를 합니다. 실수한 것이 문제가 아니라, 실수를 시정하려 하지 않는 것이 잘못인 겁니다."

"사람들은 섹시한 성과 수치 및 현 시점의 유행에 너무나 중독되어, 가치 투자에 충분한 시간을 쓰지 않습니다. 내가 알기로 상황이 나빠질 때 모든 사람이 시장 밖으로 도망가는 유일한 사업이 투자입니다. 만약 여러분이 시장 안에 머물러 있기만 하면 정말 싸게 살 수 있을 텐데도"라면서 그런 행동이 안쓰럽다고 했다.

대부분의 투자자들이 대부분의 경우에 그릇된 판단을 내린다. "만약 당신이 투자업계에서 조지 소로스나 줄리안 로버트슨 같은 전설적인 인물이라면, 58%의 경우에 옳습니다. 대다수의 투자자는 35%에서 40%의 경우에서 옳습니다. 역사적으로 시장의 평균수익률은 약 11%, 뮤추얼 펀드는 평균 9% 수익률이었고 투자자의 평균 수익률은 2%였어요. 만약 여러분이 내렸던 결정이 그릇되었음을 인정하거나 실수를 시정하는 데에 자존심이 허락하지 않는다면, 여러분은 실수를 많이 하고 많은 저조한 수익률을 감수해야만 합니다."

3. 과거를 되돌아보고 앞을 내다보기

유스코는 그의 인생과 경력을 통해 그에게 가르침을 주고 멘토링해 주고 영감을 주면서 그를 지지해 주었던 여러 사람을 존경하고 흠모한다. 그는 여러 친구의 조언에 힘입어서 스스로에 대해서 잘 인식할 수 있었고, 그의 다음 경력단계에 상당한 도움을 받았다.

1) 영 향

"영향력이란 단순하지만, 매우 엄청난 것이죠. 이 측면에서 나는 지구상에서 가장 운이 좋은 사람 중 하나입니다. 믿을 수 없을 정도로 굉장히 운이 좋습니다."

그는 그의 경력 초기에 하버드의 전 CIO인 잭 메이어를 만났다. "내가 눈뜨게

도와주었고, 그를 따르게 해 준 믿을 수 없을 정도로 환상적인 분이었지요. 나는 그를 아주 많이 흠모했고 그는 내 경력에서 아주 소중한 사람입니다."

투자회사인 GMO의 투자위원회 의장인 제레미 그랜담(Jeremy Grantham)은 시장의 단순함, 수익률의 원천, '투자의 범선'이 역풍을 맞이한 때 가치가 닻이 되어 주는 방식, 각 시장에 접근할 때 접근방식의 원칙을 어떻게 수립할지에 대해 유스코의 투자 철학에 강력한 영향을 주었다. "내가 보스턴에 가면, 그가 무슨 일이 있든지 간에 그랜담과 30분을 만날 수 있습니다. 그와 함께할 수 있다는 점에서 나는 너무나도 행운아입니다."

유스코는 대학재단의 "협조적인" 업계 내에 아이디어를 교환하는 CIO 간의 네트워크를 소중하게 생각한다. 유스코의 부친도 사업가로서 부침을 겪으셨기에, 유스코가 창업할 때 많은 도움을 주었다.

노스캐롤라이나 대학교에서 유스코를 채용하였던 마크 챕맨(Mark Chapman)은 유스코에게 도전과 동기부여를 준, 아주 중요한 사람이었다. "그는 나를 믿어 주었습니다. 나는 34세의 젊은 나이었는데, 챕맨은 '나는 35세 이상인 사람은 절대로 채용하지 않는다'라고 나에게 말했지요. 그는 현명하고 엄격했습니다. 우리의 관계는 물과 기름 같았어요. 사람들은 '의장에게 그렇게 당하면서 어떻게 같이 일할 수 있지요? 의장과 당신은 싸우기만 하잖아요?'라고 물어오곤 했습니다. 그는 나를 시험했습니다. 그는 해병입니다. 내가 아이들을 데리고 챕맨 의장의 와이오밍 목장을 방문했을 때, 나는 아이들에게 '이 분은 해병이셨단다'라고 의장을 소개했지요. 그러자 챕맨 의장은 '나는 지금도 해병이란다'라고 답하더군요. 나는 그가 나를 신뢰하고 그의 지혜를 나누어 줄지를 평가하던 시기 동안 UNC에서 생존해야 했습니다."

마이클 후커 노스캐롤라이나 대학교 학장도 유스코에게 깊은 영향을 주었다. "그는 나에게 비전을 수립하고 전념하며, 의지로 실천할 중요한 의미를 알게 해 주었어요." 후커 학장은 "리더의 질은 그를 따르는 사람들의 질에 의하여 측정된다.

당신이 가장 많은 시간을 함께하는 4명의 사람을 보면 당신의 미래가 보인다"고 말했다.

유스코는 "내 인생의 가장 중요한 파트너인 아내를 빼놓을 수 없습니다. 예컨대, 내가 일주일 간을 이사회 회의로 보낸 후에, 아내는 내가 블랙스톤으로 가지 않을 거라는 것을 알아챘지요. 아내는 '하세요'라고 말하더군요. '뭐라고?'라고 되묻는 나에게 '위험하더라도 해요. 모건 크릭을 시작해요'라고 말했을 정도로 아내는 내가 기업을 창업할 수 있도록 협조해 주었습니다."

2) "작은" 기업가

유스코는 노스캐롤라이나 대학기금에서 기존의 대학기금 관리 모델에 의문을 제기하였고, 자신의 고유한 모델을 위해 싸우는 데 자신의 경력을 걸었다. 모건 크릭을 창업하고 나서는, 그는 자기가 구상한 모델을 수립하는 데 자신의 경력, 명성 그리고 생계를 걸었다. 그는 최선의 투자방식과 기금 운용으로 투자자의 요구를 맞춘다는 열정적인 그의 신념에도 불구하고 스스로를 사업가라고 인식하지 않는다.

"사업가란 내가 목표로 한 경로가 아니었습니다. 다른 사람들은 나를 사업가라고 보더군요. 대학으로부터 다른 업계로 이적하는 것은 아주 흥미로운 자기인식의 과정이었어요. 사람들은 '당신은 대단한 기업가인데, 대학에서 그렇게나 오래 재직했었다는 사실이 정말 놀라워요'라면서 다가오는데, 나는 깜짝 놀라면서 반문합니다. 뭐라고요? 나는 내 전 인생을 관료주의 속에서 살아왔습니다. 내가 더 이상 비사업가적이 될 수가 있을까요?"

유스코는 '모건 크릭 창업 이전에 UNCMC를 만들고 키워낸 성과가 기업가적 성취이다'라고 친구들이 표현하는 경우에는, 보다 편안하게 받아들인다. "사업가의 정의를 많은 기술적 리스크를 부담하는 사람이라고 설정한다면, 나는 기업가가 맞습니다. 누군가가 '유스코, 당신은 기업가가 뭔지를 이해하지 못하는 것 같군요. 기업가란 리스크를 지는 사람이 아니라, 리스크를 관리하는 사람이요'라고 말했습니다. 그렇다면 나는 나 자신을 '작은' 기업가로 생각합니다. 나는 비전을 가지고 상품과 서비스가 필요한 사람들에게 그것들을 제공합니다. 나는 사업가의 일을 하고 있어요."

그는 타인들이 자신을 세일즈맨이라고 부르는 데에는 반발한다. 어떤 다른 친구는 유스코에게 스스로가 세일즈맨이라는 사실을 그에게 역설해야 했다. "어떤 사람들은 '유스코 당신의 문제는 세일즈란 당신의 열정을 다른 사람에게 전달하는 것임을 이해하지 못하는 겁니다'라고 나에게 말합니다. 열정을 전달하는 것이라면 내가 하는 일이 맞지요."

유스코는 노스캐롤라이나 대학기금에 사표를 제출하던 때, 사업가에 대해 더 잘 이해하게 되었다. "나는 줄리안 로버트슨으로부터 '사실이 아니라고 말해요'라는 이메일을 받았어요. 줄리안 같은 억만장자로부터 메일을 받는 것이 흔하지 않은 일이었기에 나는 그를 만나러 갔어요. 나는 그가 대학기금을 떠나지 말라고 말리려 한다고 생각했어요." 유스코는 로버트슨의 화려한 사무실에서 피카소의 작품을 감상하면서, 그를 기다렸다. "로버트슨이 나와서, 그의 팔을 내 어깨에 얹고서 '나는 자네가 학교재단에서 그렇게 오래 버텨 온 데에 놀랐네. 나는 자네와 일하고 싶네'라고 말하였고, 나는 '두말하기 없기입니다'라고 응답했습니다."

로버트슨은 유스코에게 영감을 주는 아주 중요한 멘토이다. "그는 첫눈에 나를 신뢰했습니다." 로버트슨의 지원으로 유스코는 자기 스스로에 대해 더 확신하면서 모건 크릭을 세울 수 있다는 확신을 다지게 된다. "로버트슨은 대단한 멘토이고 친구입니다."

4. OCIO의 소명

막 중년에 접어든 유스코는 어떤 동기에서든 간에, 투자자이면서 기업가로서의 뛰어난 경력을 보여 준다. 많은 유능한 투자자들이 그러하듯이, 유스코도 개인적인 삶과 경력을 걸고 그 여정에서 많은 손실로 고통을 겪으면서, 성취를 달성하였다. 줄리안 로버트슨과 다른 유능한 투자자나 기업가들이 그러하듯이, 유스코도 데이터의 차이와 변화의 필요성을 꿰뚫어 보았다. 그는 모건 크릭을 시작함으로써 자기의 믿음을 행동에 옮겼다.

"내가 줄리안의 사무실에서 거래에 대한 이야기를 나누던 때였어요. 그의 비서가 들어와서는 전화가 왔다고 말했지요. 줄리안이 전화를 받더니, '응, 응. 그런데 푸틴에게 만약 그가 Yukos 석유회사를 넘어뜨리면, 지옥으로 떨어지는 대가를 치르게 될 거라고 전하세요!'라고 말하는 겁니다. 그는 크레믈린 내에서 푸틴에게 보고하는 누군가에게 말하고 있었던 겁니다. 나에게는 그런 전화가 오지 않습니다."

줄리안 로버트슨은 67세의 나이에 직업적인 투자의 세계로부터 은퇴를 하였다. 유스코는 40대 초반인데, 그에게는 아직 크레믈린에서 전화가 오지 않는다.

제 3 부

재단 운용의 투자 핵심 및 장래 요약과 분석

제16장

투자자들을 위한 교훈 : 투자원칙과 조언

이 책의 제2부를 구성한 열두 명 CIO들과의 인터뷰는 주요 투자 주제에 대한 표준 설문지에 의해 일관적으로 이루어졌지만, 답변은 관련 아이디어나 개개인의 경력까지도 커버하는 자유로운 것이었다. 이러한 질의응답에 의해서, 저자는 그들의 인성과 지적 능력에 대한 통찰을 할 수 있었고 또한 그들이 투자에 대한 지식뿐만 아니라 투자에 대해 어떻게 생각하고 접근하는지를 알 수 있었다.

저자는 전화통화나 회의실 면담, 심지어 북적거리는 맨하탄 호텔의 엘리베이터 현관 앞에서 여러 가지 답변을 들으면서, 다양한 지위, 경험과 관심사 그리고 다양한 개인적 스타일에서 우러나는 훌륭하고, 실행 가능하며, 신중한 투자 지식을 얻을 수 있었다.

제16장에서는 투자 철학, 지배구조 및 고유한 투자 테마의 세 가지 중요한 주제들에 대해서 각각 요점을 제시한다. 그 다음에는 장래의 도전 과제 및 비투자 관련 도전 과제에 대하여 기술했다.

1. 투자 철학

저자가 인터뷰를 한 대부분의 CIO들은 가치중심의 투자 철학을 공유한다. 그 이유는 모든 사람이 가치를 원하기 때문이고, 심지어는 투자 철학을 갖고 있지 않은 CIO들도 가치는 동일하게 중시한다. 대부분 사람들이 제2장에 요약되어 있는 투자 정책의 기본원칙을 따르고 있었다. 이들은 강력한 자산 배분정책과, 상호 상관관계가 없는 자산들로 구성된 다변화된 포트폴리오의 위력을 신뢰한다.

모든 투자자가 그러하듯이, CIO들도 우수한 외부운용사에게 투자를 맡기기 원하지만, CIO와 스태프들이 일반 투자자와 차별화되는 점은 우수한 운용사들을 발굴하는 작업에 상당한 시간과 노력을 투자한다는 것이다. 투자대상을 결정하고 운용사를 발굴하기 위해서는 아이디어를 만들어 내고 인맥을 통해 운용사를 찾아내며 관계를 포착하고 형성하는 과정이 수반되는 것이다.

CIO들은 이러한 기본원칙을 수행하는 과정에서 서로 다른 형태를 보인다. 예를 들어, 제12장의 조지워싱턴 대학의 Don Lindsey와 제15장의 Morgan Creek Capital Management의 Mark Yusko는 자신이 개발한 거시적 투자 테마에 근거하여 투자를 선별한다. 나머지 CIO들은 다른 사람들보다 앞서 새로운 자산이나 투자 아이디어를 채택하는 경향을 보인다.

일부는 시장에 지배적인 견해와 반대되는 역발상을 취함으로써 아이디어를 개발하기도 한다. 하지만 이런 방법이 성공하려면, 시장에서 현재 통용되고 있는 투자 논리를 잘 이해하고 있어야 하며 '이번에는 다르다'라는 논리에 대해서 의구심을 제기할 수 있는 능력이 있어야 한다.

CIO들이 떼거리 심리를 극복하려면, 자신의 통찰력이 시장과 차별화되며, 더 우수하다는 확신을 가질 수 있을 만큼 조사에 있어서 뛰어난 우위를 갖고 있어야 한다. 2003년 고수익채권이 그랬던 것처럼, 특정 자산이 시장에서 단기적으로 기피당할 때 변동성으로 인해서 역발상 투자자에게 기회가 다가온다.

CIO에게는 조직의 스태프, 투자위원회 및 컨설턴트들과의 관계, 그리고 그들의 의사결정 과정을 포함하여, 여러 가지 방식에 의해서 자신을 다른 CIO들로부터 차별화할 수 있는 방법이 있다.

1) 자산 배분

자산 배분에 대한 철학은 엄격한 Top-down 방식으로부터 보다 더 Bottom-up 방식으로 이동해 왔다. 예상수익률, 변동성 그리고 자산 상관관계 등의 데이터를 최적화 모델에 입력하여 평균분산(mean-variance) 최적 포트폴리오를 찾아내던 과거의 Top-down 방식은, 재단과 대학기금들이 투자범위를 헤지펀드, 사모펀드나 부동산 같은 대체자산으로 넓히면서 점차 비효율적이 되었다. 대체자산은 데이터의 신뢰도가 떨어지고 유동성이 낮으므로, 대체자산에 최적화 모델을 적용하려면 많은 애로가 발생하였다. 게다가 대체자산은 운용사 간에 아주 큰 수익률의 편차를 나타나게 되어, 평균 수익률이란 개념이 의미가 없어지며, 의미가 있다 하더라도 매력적이지 못한 경우가 많았다.

많은 재단과 대학기금들은 대체자산에 자산 배분을 하는 데에서 운용사들을 발굴하고, 평가하며 감독하는 실행 능력에 따라서 영향을 받는다. 최고의 대체투자 운용사를 고용할 수 있다는 확신이 없다면, CIO는 대체자산에 배분을 높일 수 없다. 일반적으로, 대체투자에 수동적인 자산 배분을 하는 것은 매력적이지 않다.

이러한 좋은 예로서, 벤처캐피털을 들 수 있다. CIO들 다수는 최상위 벤처펀드에 이미 투자하고 있거나 그러한 펀드에 들어갈 기회가 있다는 확신이 있는 경우가 아니라면, 벤처캐피털이 투자대상으로서 가치가 있는지에 대해 회의적이다. Top-down 분석에 의한 배정은 벤처캐피털에서는 타당성이 없다. 즉 최상위 펀드들에게 투자할 수 있는 경우라면 가능한 최대까지 투입을 하지만, 그렇지 않은 경우에는 전혀 배분을 하지 않는 것이다.

대체자산에 대한 배분은 투자 스태프들이 어디에서 매력적인 투자 기회를 발굴하는가에 영향을 받는다. 이는 Bottom-up 방식으로서, 규모가 적고 인원이 적은 기관은 활용하기 어렵고, 필연적으로 대체자산에 대한 배분이 적을 수밖에 없음을 의미한다.

2) 자산분류 정의의 변화(Dynamic Asset-Class Definition)

투자자들이 특정 자산들이 공유하는 위험과 수익 특성에 대한 정확한 이해를 추구함에 따라서, 자산분류에 대한 정의가 더 흥미롭고 창의적으로 변화하여 왔다. 일부 기관들이 자산 정의와 배분에 있어 상대적으로 전통적인 방법을 고수하는 반면, 다른 기관들은 기존과 다르거나 훨씬 공격적으로 투자 자산 스타일 구간(bucket)을 도입하거나 자산군의 정의를 아예 무시해 버림으로써, 기존의 틀을 깨려고 하기도 한다.

그 중 한 방법은 주식이나 채권 등 자본시장 기능에 의해 정의된 자산 스타일 구간에서 벗어나, 자산 내부의 위험 특성에 따라 정의되는 자산 스타일 구간별로 자산을 배분하는 것이다. 이런 변화는 '위험이란 단순히 포트폴리오의 변동성'이라는 기존의 정의를 재정의하려는 의도에 의해 촉발되었다. 대체자산의 경우 대부분이 시장가격을 측정할 수 없으므로, 그의 변동성은 위험 측정의 척도로서의 유효성이 뒤떨어진다. 이런 대체자산의 경우, 하락 리스크(정규분포를 벗어나는 극단적인 수익률 분포 구간인, 꼬리 부분이 넓은 fat-tail), 유동성 리스크, 복잡도 리스크 등의 리스크가 더 좋은 측정 척도가 된다.

자산분류에 대한 구분이 점점 모호해지고 있으며, 그 정의도 수렴하고 있다. 그 중 가장 재미있는 자산군은 사모펀드 · 헤지펀드 그리고 부동산의 특성을 공유하고 있는 "하이브리드 상품"이다.

일부 CIO들은 주로 overlay를 수반하는 전술적 자산 배분을 몸소 실행하여 가치를 창출하기도 한다. 한편 조지워싱턴 대학기금의 Don Lindsey CIO는 기존의 자산분류 기준에 대한 회의론자로서, 자신의 투자 테마를 실행해 줄 운용사를 선정한 후, 그들이 자산군 형태의 선택 결정을 내리도록 한다.

3) 운용사 선정

인터뷰에 응한 모든 CIO는 자신의 시간 대부분을 외부 투자운용사들을 어떻게 발굴하고, 평가하며 관리할지를 생각하며 보낸다. 운용사의 평가와 선정 과정에서는 계량적인 척도도 있지만, 대부분 정성적 요소 및 행태 인식(pattern recognition)에서 자신들의 감각에 의존한다. CIO들은 확실한 투자전략과 엄선된 포트폴리오를 갖고 있고, 좋은 경력과 안정된 팀을 보유한 운용사들을 선호한다.

가. 개인적 자질

모든 CIO는 운용사에게 있어서 좋은 자질과 신뢰도 같은 개인적 품성이 그들의 투자 능력만큼이나 중요하다고 언급했다. 운용사의 이상적인 역할은 단순히 투자수익뿐 아니라 새로운 투자 아이디어를 위한 파트너로서이다. 의사소통을 잘하고 투명한 운용자들은 CIO가 새로운 트렌드를 발견하고 대응할 수 있도록 도와준다. 몇몇 CIO들은 그들이 선정하는 운용사가 갖추어야 할 특성으로 열정, 헝그리 정신, 좋은 회사문화, 활력 등을 꼽는다.

나. 차별성/비교우위(Edge)

운용사들은 그들의 전략에서 식별 가능한 차별성이나 전략적 비교우위를 가지고서 과거의 성공적인 실적을 재현할 수 있어야 한다. 그런 능력은 특별한 정보의 발굴이나 정보의 처리능력과 같이, 다른 사람들이 쉽사리 발견할 수 없는 아이디어를 발굴 또는 기회를 포착하는 특별한 능력이라고 말할 수 있다. 또는, 이러한 차별성은 주주 행동주의자, 사모펀드, 부동산 펀드매니저와 같이 기초자산에 부가가치를 창출하는 능력을 포함하기도 한다.

중요한 것은 이런 특별한 능력이 지속 가능하여서, 운용사들이 자신의 틈새 능력을 파악하고 그런 우위를 유지하면서 투자를 하게 만들어 주어야 한다는 점이다.

다. 투명성

전술했듯이 투명성은 중요한 요소이다. CIO들은 투자 아이디어를 교환할 상대 파트너가 될 수 있는 운용사들을 선호한다. 하지만, 더 중요한 것은 CIO들은 자신이 내린 결정 및 자신이 선정하여 자금을 맡긴 운용사의 투자 결정에도 책임을 져야 한다는 것이다(운용사의 정의상). 대부분의 CIO는 최종 투자자들이 보기에 수익창출 과정이 투명하지 않은 블랙박스 같은 투자전략을 회피하려고 한다. CIO는 운용사의 투자전략을 명확하게 이해해야만 불가피하게 단기적으로 실적이 부진한 시기에도 그 전략을 설명하고 방어할 수 있기 때문이다.

라. 운용 가능 규모(Capacity)

많은 CIO가 우수한 운용사들을 찾고 있고, 따라서 특정한 선도 운용사에게 투자하려고 경쟁하는 반면, 운용사 측에서는 투자금을 받아 줄 수 있는 규모가 제한되어 있다. 따라서 투자할 수 있는지 여부가 중요한 이슈이다. 이 상황은 중소 PE, 벤처캐피털과 헤지펀드에서 더욱 중요하다. 그 결과, CIO들은 그들이 투자금을 맡기고 싶은 운용역들과 다년간 관계를 쌓기도 한다. 또한, 다수 CIO는 과거 다른 운용사에 소속일 때부터 알고 지내 온 운용자들이나 대형운용사로부터 분사하는 운용자에게 투자하는 것이 익숙한 집단과 투자를 계속할 수 있는 한편, 운용사 측이 투자금을 받아 줄 한도를 일찍 선점할 수 있다는 차원에서, 훌륭한 투자 방식이라고 간주한다. 따라서 CIO들은 자사의 투자 운용사들에 대해 제삼자와 논하지 않으려 한다.

마. 성 과

CIO들은 일반 투자자들에게 성과가 좋은 운용사를 쫓아다니면서, 최근에 좋은 실적을 나타낸 운용사에 투자하려는 행태를 자제하라고 경고한다. CIO들은 갑작스레 잘나가는 펀드는 반전의 시점에 다가가고 있는 경우가 빈발한다는 신념을 갖고 있다. CIO들이 시간과 자원을 투자하여 좋은 투자운용사를 발견하고 고용한다면, 그들은 운용실적이 저조한 기간 동안에 인내심을 가지고 기다려 주는 경향이며, 어려운 시기에 운용사를 돕고 조언을 해 줄 수 있는 길을 찾아낸다. 그렇게 하기 위해, CIO들은 이러한 결정에 대해서 용기를 갖고서, 투자위원회 또는 이사회를 안심시켜 줄 수 있어야 한다.

바. 운용보수

대부분 CIO들은 외부운용사의 펀드 운용 구조와 수수료에 내재한 본인－대리인 문제에 대해 민감하다. CIO들은 재단과 대학기금의 인센티브 요소와 운용사의 인센티브 요소를 일치시킴으로써, 운용사들이 고객에게 수익을 창출해 준 때만 수수료를 받아가기를 희망하는 것이다. 이를 달성하기 위한 한 가지 방식은, 운용사가 자기 자금을 재단과 대학기금과 공동으로 투자하게 함으로써, 투자의 이익과 손실을 함께 공유시키는 것이다.

하지만 운용사 측에서는 저조한 운용실적을 내더라도 이익을 챙겨 갈 수 있도록 전략을 채택하고 있으며, 이는 점점 확대된 현안이 되어 가고 있다. 예를 들어, 1.5%의 운용수수료를 지급하는 $200억의 펀드는 운용사에게 인센티브나 성과 보수 지급 이전에 $3억의 운용수수료를 지급한다. 이 $200억이 장기간 환매가 불가능한(lock up) 헤지펀드나, 투자자산이 매각되기 전까지 해지할 수 없는 PE와 같이, 장기간 움직일 수 없다면, 운용사들은 수년 동안 펀드의 수익률 실적 여부에 상관없이 매력적인 운용보수를 얻을 수 있다.

대체투자 전략에 엄청난 자금이 몰리는 현상으로 인해서 우수한 운용사들은 운용수수료나 Lock-up 조건의 설정을 포함하여, 재단과 대학기금에 대해 협상력을 갖게 되었고, 이 현상은 재단과 대학기금에게 위협이 되고 있다. 한 CIO는 “기관투자자와 터무니없는 lock-up을 확보한 운용사 간에 불균형이 초래되어, 운용사에게 과도한 힘을 실어 주고, 특히 유동성에 대한 취약성이 높은 재단 형태의 기관에게 악영향을 준다”고 강력하게 경고했다.

장기의 lock-up 조건을 확보한 운용사들은 운용실적이 저조한 경우 대학기금과 재단 자금을 장기간 볼모로 잡을 수 있는 것이다. 이 CIO는 이런 현상을 “fee creep”이라고 불렀다. 과거에 운용사들은 무한책임사원 계정으로부터 자체적으로 일부 비용을 지출해 왔었으나, 현재에는 그 비용을 그들이 운용하는 펀드에 다시 부담시키고 있다. 이것은 투자자들이 운용수수료, 인센티브에 추가해서 비용까지 부담한다는 의미이다.

투자 운용사의 영업형태도 CIO들의 우려사항이 된다. 만약 운용사가 사업 확대를 결정하고 자산 축적에 나선다면, 그들은 본업에 소홀하게 되고, 투자 성과를 올리기보다는 외형성장에 집중하게 된다. 결국, 전체 운용실적은 희석효과에 의해 악영향을 받게 될 것이다.

이 상황을 기관투자자 입장에서 보면 인기가 있는 소규모 펀드들이 받아 줄 수 있는 투자금이 규모상 의미가 없는 경우가 많으며, 벤처캐피털의 경우에서 이 현상이 더욱 빈번히 나타난다. 기관들은 자산을 배분하더라도 그의 수익액에 중요성이 없으므로, 그런 투자 건을 평가하는 데에 시간과 노력을 써야 할지에 대해 회의적으로 된다.

4) 내부운용(Internal Management)

일부 CIO들은 외부운용사 위탁에 대한 보완책으로서, 기관 내부에서 직접 운용하는 방식을 활용한다. 투자금을 기관 내부에서 운용하게 되면 확실한 비용 절감

이외에도, 유용한 혜택을 얻을 수 있다. 기관투자자가 직접 운용을 할 기회를 실행하게 되면, 투자 부서의 스태프들로 하여금 시장 추세를 잘 파악하며, 외부 위탁 운용사들과 더욱 밀접하게 협업하도록 지원하는 효과가 얻어진다.

기관투자자가 내부에서 직접 운용을 하는 경우는 주로 채권 포트폴리오 운영, PE 운용사들과 공동투자(coinvesting), 그리고 기관의 전술적 자산 배분을 신속하게, 그리고 적은 비용하에 변경하기 위한 overlay 포트폴리오를 운용하는 국면들로 구성된다.

2. 지배구조

CIO들은 훌륭한 지배구조와 전문적인 스태프들에 의해 운영되는 투자 프로세스가 좋은 투자 결과를 가져온다는 확신을 갖고 있다. 투자의사 결정에 깊이 관여하는 투자위원회나, 자산 배분정책의 도출과 외부운용사 선정을 위한 컨설턴트와의 협업 등의 구식 모델은 더 이상 유효하지 못하다. 투자위원회는 외부운용사로부터 한 시간 동안 '최종' 제안설명을 듣고서 이에 근거하여 투자 결정을 내리는 경우가 많다. 위원회의 위원들이 아주 훌륭한 투자자일 수는 있다. 하지만 그 위원들이 당해 기관의 자원을 활용하여 투자대상을 조사하고 모니터하지 못했다면, 당해 기관은 장기적으로 성과를 달성하기가 어려울 것이다.

최선의 접근방법은 전문 투자 스태프로 하여금 적극적으로 투자 테마와 운용사들을 찾아내고 평가하도록 하되, 아마도 투자위원회의 최종 승인을 받도록 요건을 설정하는 것이다.

내부 투자 팀의 설치와 함께 독립적이고 신속한 의사결정을 할 수 있으며 원칙에 충실하지만, 유연성 있는 프로세스를 유지하는 것은 필수적이다. CIO의 휘하에 있는 유능한 투자 스태프와 우수한 지배구조는 대형 대학기금에 있어서 높은 수익률 실적에 이바지한 요소로 입증되었다.

대형 기관일수록 많은 자원과 스태프를 보유하고 있지만, 많은 CIO는 더욱 복잡해져 가는 포트폴리오를 다룰 수 있는 스태프들을 계속 발굴하고 유지할 수 있을지에 대해 우려한다. 우수한 스태프의 연봉 측면에서, 기관투자자는 자산운용업계가 제시하는 금전적 인센티브와 경쟁하기가 어렵다. 재단과 대학기금의 투자 부서로부터 이직률은 증가하고 있는 추세이다.

하지만, 우수한 스태프를 안정적으로 유지할 경우의 혜택은 명백하다. 하버드, MIT, 노틀담, 예일 같이 최고 실적을 자랑하는 기관들에서, 동일한 CIO와 선임 스태프들이 10년에서 20년을 넘는 장기간 투자 프로그램을 만들고 운영해 왔다는 사실은 결코 우연의 일치가 아니다.

3. 투자 테마

가장 공통으로 고려되는 투자 테마는 투자 기회의 세계화이다. 세부 테마는 아시아 시장의 성장, 신흥시장에서의 경제 성장 그리고 일본과 독일의 경제 회복으로 구성된다. 모든 사람이 중국과 인도에서 나오는 10% GDP 성장이 가져다주는 놀라운 기회를 인지하였다. 하지만, 두 나라가 가진 지배구조와 컨트리 리스크에 대한 우려로 인해, 일부 투자자들은 이런 세계화 투자 테마에 직접 투자 대신 간접적으로 참여할 투자 기회를 추구하였다. 몇몇 CIO들은 신흥시장의 성장을 에너지와 천연자원 분야에서 지속하는 수요와 공급의 불균형에서 새로운 투자 기회라는 다른 투자 테마로 연결시켰다.

각 CIO마다 인터뷰에서 서브프라임 금융위기 직전에 모든 자산군이 낮은 리스크 프리미엄에 거래되던 상황에 대해서 우려를 나타냈다. 낮은 리스크 프리미엄은 필연적으로 예기치 못한 쇼크로 인한 시장 패닉을 불러오며, 그러한 상황은 대담성과 장기적 투자 안목을 가진 투자자에겐 좋은 투자 기회를 가져다준다. 일부 CIO들은 “신용이 과도하게 높게 평가된 2006년 시점의 시장에서 신용을 공매도하거나 포지션을 줄였다면, 2003년에 고수익채권이나 부실채권에서 얻어졌던 좋은 투자 기회가 재현될 수 있었다”라고 언급하였다.

4. 향후 과제

대형 재단과 대학기금에서의 성공적인 투자가 오랫동안 지속하였기에, 앞으로는 동일한 성과를 얻어 내기가 더욱더 어려워지는 상황이 초래된다.

재단과 대학기금들은 과거 30년 동안 벤처캐피털, 헤지펀드, 해외 상장주식, 신흥국의 채권, 심지어는 목재에 이르기까지 새로운 투자를 하면서, 투자의 선구자 역할을 해왔다. 시장 경제학의 모델에서 제시하듯이, 높은 수익이 있는 곳에 추가로 자금이 모여들었고, 장기적으로 수익은 낮아지게 된다. 재단과 대학기금의 뛰어난 수익률은 다른 투자자가 투자 고수의 ‘투자 비방’을 모방하게 했고, 이로 인해 거대한 자금이 대체자산에 몰려들자 결국 미래의 수익률은 압박을 받을 수밖에 없다.

향후 재단과 대학기금이 투자에 성공하려면 아직 개발되지 않은 자산군 또는 하위 자산분류를 찾아 나서야 할 것이다. 이런 노력은 투자자가 더욱 특이하고 글로벌한 기회를 향해 시각을 돌리게 할 것이다. 가치를 창출하려면, 위와 같은 투자 테마들을 포착하는 투자대상을 찾아내거나, 신규 창업했거나 외국 현지 기반으로 영업함에 따라 미국 투자업계에 아직 알려지지 않은 운용사를 발굴해야 할 것이다.

일부 CIO들은 기존의 6개 자산군을 넘어서는 7~8번째의 신규 자산군에 투자함으로써 진정한 가치 창출이 얻어질지에 의문을 제기하기도 한다. 컨설턴트들은 기관투자자들이 특이한 투자대상을 발굴하기 위해 새로운 자산군이나 국가에 과도한 시간을 할애하고 있으며, 그렇게 하여 발굴된 자산은 자산 배분을 하기에 규모가 너무 작은 경우가 많다고 주장한다. 어떤 특정 자산의 성과가 좋더라도, 전체 포트폴리오의 성과에 미치는 영향이 미미할 수도 있다는 것이다. 다른 컨설턴트들은 주주 행동주의 같은 전략을 통한 가치의 창조가 앞으로 나타나야 할 현상이라고 제시하기도 한다.

이런 여러 가지 어려움이 있음에도 불구하고, 평균적인 수익률을 시현하고서 만족할 사람은 아무도 없을 것이다. 재단과 대학기금이 투자 우위를 계속 유지할 것인지는 시간이 지나면 알 수 있을 것이다.

아마도 재단과 대학기금들이 투자 우위를 계속 유지할 수는 있겠지만, 그러기 위해선 기관으로서의 강점을 지켜나가야 한다는, 상당한 도전을 거쳐야 할 것이다. 투자 우위 다음으로 기관투자자가 추구하는 목표는 경쟁하기 위한 자원 확보, 새로운 투자의 발굴, 기금 규모의 성장 등이다. 재단과 대학기금들은 자금과 내부의 자원이 현안이 아닐 때는, CIO 기능의 아웃소싱 및 다른 대학기금 운용모델의 발전 형태에 대해 논의했다.

대학기금의 성공적인 운용은 단순히 투자 형태면에서의 운용에 관련된 것이 아니라, 사업 형태적인 측면에서의 운용에 관련된 것이다. 이제 대학기금 자산의 운용은, 투자 부서가 비영리법인의 소속 부서임에도 불구하고, 하나의 사업이 되어버렸다. 비영리법인이란 간판은 이제 의미가 없게 된 것이다. 이제 중요한 것은 사업이 전문적으로 운영이 되고 있는가이다. 제11장에서는 Bob Boldt가 UTIMCO에서 이런 변화를 어떻게 성공적으로 이루어냈는가를 전술하였다.

열두 명의 CIO들은 투자에 있어 뛰어난 생각과 통찰력을 나누어 주었다. 하지만 그들의 역할을 좀더 정확히 이해하려면, 그들의 투자 스타일과 그들이 속한 기관들에게 향후 지속해서 영향을 미치게 했던 사업적 이슈들을 제17장에서 알아볼 필요가 있다.

제17장

재단과 대학기금의 투자 운용의 사업화 : 비교, 경쟁 및 보수가 미치는 영향

투자의 환경이 복잡하고 도전적으로 되면서, 투자 부서(Investment office)의 운영도 복잡한 과제가 되었다. 많은 CIO는 투자 기회 발굴을 위해 아시아, 인도, 남미 등 신흥국가를 방문했고, 일부는 해외에 투자사무소 설치와 현지인 채용을 적극적으로 고려했다.

중요한 점은 글로벌 투자시장에서의 도전 과제에 대한 경험담을 들어보기만 해도 재단과 대학기금 운용의 장래가 다음의 핵심 명제에 좌우될 것임이 입증된다는 사실이다.

CIO와 조직은 투자수익을 내야 한다는 주목적을 달성하는 데에 어려움을 겪고 있는 사업을 잘 운영할 수 있을 것인가? 또한, 그들은 고비용 구조가 되어 버린 글로벌 조직을 관리하면서, 자산을 성공적으로 운용할 수 있는가? 어떤 면에선 대형 재단과 대학기금의 CIO들은 실질적으로 글로벌 투자 부티크의 CEO가 된 것이다.

기본적으로 대학기금을 발전하게 하는 요소는 투자자본이지만, 그 자금을 CIO가 얼마나 잘 운용할지의 측면이 아니라, 비용 상승, 기관 간의 인재 확보 경쟁, 규모 확장성이 있는 좋은 펀드, 우수한 스태프 등 사업에 관련된 여러 이슈를 얼마나 잘 다루느냐가 관건이다.

인터뷰 대상 각 CIO는 대학기금 운영에 영향을 미치는 세 가지 요소 중 적어도 최소한 하나는 거론했다. 그런 요소들, 즉 실적 비교, 경쟁, 보수들은 서로 꼬리를 물면서 영향을 미치는 악순환의 고리를 만든다.

1. 실적 비교(Comparison)

제8장에서 밴더빌트 대학교의 빌 스피츠는 그가 재임기간에 성과보수 체계 도입을 요구하였던 상황에 대해 언급했다. 스피츠가 그러했듯이, CIO들이 자신들의 시장에서의 몸값이 높아졌다고 인식을 하자, 기관의 이사회나 투자심의위원회에서는 여러 평가지표를 포함하는 복잡해진 보수 패키지를 만들었다. 다수의 패키지가 동종 업계와 상대적 비교(peer comparison) 측정을 포함하게 되었다. 하지만 CIO들의 대다수는 동 업계 비교방식은 투자성과를 평가하는 벤치마크로써 부적절하고 불공평한 척도라고 강력히 주장했다.

2. 경 쟁

상호간에 비교대상이 된 CIO들은 좋은 투자처를 찾기 위해 서로 경쟁하게 되었고, 투자업계 인사들이 각자 비밀스럽게 행동하자, 결국 투자 정보나 아이디어를 서로 나누지 않는 현상이 일어나게 되었다.

제9장에서 언급된 카네기 재단의 Ellen Shuman은 이런 현상으로 인해서 재단과 기금 업계가 대학교 공동체 분위기를 상실하였고(보다 사업적으로 됨), 상호 비교에 의한 투자성과에 따라 보수를 받게 된 현실을 받아들인다고 언급한다.

제5장의 MIT의 Allan Buffered는 많은 사람이 갈수록 수익률이 저조해지는 자산

군을 가지고 상호간에 더 앞서야만 더 좋은 보수를 받는다면 '옆 사람을 팔꿈치로 제지해야만 하는' 현상을 가져올 것이라고 언급했다. Shuman은 이런 보수 체계로 인해서 CIO들이 서로를 모방하고 비슷한 형태의 투자를 하게 되며, 모든 이들의 수익률에 나쁜 영향을 미치리라 예측했다.

기관 간 경쟁은 기금 간의 경쟁에도 영향을 미치기에 이르렀다. 기금의 규모가 기관들을 평가하는 잣대 중 하나로 사용되기 시작했다. 타 기관과 경쟁을 하려면, 투자 부서들은 상대적으로 투자 실적에서 우위를 추구하며, 그만큼 우수한 투자 인력들을 고용해야 한다. 우수한 유자격 인력들은 자신들에 대한 수요가 커지는 것을 느끼게 되었고, 결국 우수 인력의 보수도 상승한 것이다.

3. 보수(Compensation)

현재 시장에서 전문투자인력을 확보하는 것이 그 어느 때보다 어려워지고 있으며, 내부적으로 투자 부서를 설립하는 것 역시 갈수록 더 큰 난관에 봉착하고 있다. 규모에 상관없이 모든 재단과 대학기금에 걸쳐서, 경력 수준에 불문하고 전문 투자인력을 발굴하고 유지하는 데 어려움을 겪고 있으며, 이런 현상은 특히 대체자산 경력을 보유한 인재 유치에서 극심한 현상을 보인다. 밴더빌트 대학교 빌 스피츠 CIO는 보수가 상승을 지속하다가는 국세청(IRS)의 주목을 받을 수 있다고 우려를 표했다. 다른 전문가들은 성과급제도로 인해서 CIO들이 과도한 레버리지 등 부적절한 포트폴리오 위험을 떠안게 만들 수 있다고 우려의 목소리를 내기도 했다.

비록 전문 투자인력의 확보가 어렵지만, 해외기관들도 투자 부서를 설립하고, 발굴하기 힘든 투자 기회들을 찾으려는 경쟁에 진입하기 시작했다. 2007년 초 두 달 사이에 케임브리지 대학과 옥스퍼드 대학이 초대 CIO들을 뽑았다. 웰컴 신탁(Wellcome Trust) 출신의 산드라 로버트슨(Sandra Robertson)은 약 9억 파운드 규모의 대학기금을 보유한 옥스퍼드에 영입되었다. 웰컴 신탁회사의 마크 월포트(Mark Walport)는 보도자료에서 "영국 대학은 대학기금의 규모나 운영방식에 있어서 미국 대학보다 상당히 뒤처져 있으며, 영국 대학이 기금의 규모를 확장하고 그 자금으로 교육, 장학금 그리고 연구를 뒷받침할 수 있도록 해야 한다"라고 주장했다.

케임브리지 대학은 선도 대체자산 운용사인 Man Global Strategies CIO 출신인 닉 카발라(Nick Cavlla)를 채용해서 12억 파운드 규모의 대학기금을 운용하도록 했다. 예일대 CIO인 데이빗 스웬슨이 케임브리지 대학 투자위원회 위원을 맡아서, CIO 인선 과정에 참여했다. 버퍼드(Buffered)는 다수 국가의 대학들이 투자수익률을 위한 경쟁에 참여하기 시작할 것이라고 예측했고, 화려한 경력과 높은 연봉을 받는 인재의 영입 현상은 그런 경쟁이 이미 시작되었음을 보여 주고 있다.

4. 운용 모델(Management Models)

많은 기관들은, 전형적으로 과거에 재단 또는 대학기금 근무 경력을 가진 전직 CIO들이 운영하는 투자회사에 자금을 위탁하여 운용하는 소위 "외주(outsourced) CIO" 개념을 이미 채택했거나, 채택을 고려하고 있다.

아이러니하게도 이는 1960년대로 복귀하는 현상이다. 포드 재단의 맥조지 번디가 1969년 비영리기관의 투자자산 운용법 개정을 추진하던 당시, 대부분의 대학기금은 단일 운용사 또는 단일 은행 신탁 때문에 관리되고 있었다. 1974년 앨리스 핸디가 버지니아 대학교에 조인하던 당시, 학교는 단일 주식 운용사에게 운용시키던 3천만 달러의 대학기금을 3개 운용회사에 나누어 주는 과정에 있었다. 앨리스 핸디가 창업한 회사인 Investure를 선구자로 하는 외주 CIO 모델은 단일 투자회사에 기관의 전체 포트폴리오를 위탁하던 과거 방식으로의 복귀를 의미한다. 과거 방식과의 주된 차이점은 외부조직이 대체자산에 대규모 배분을 수행한다는 점이다.

대부분의 CIO들은, 대형 재단과 대학기금이더라도 지리적으로 멀리 떨어져 있는 나라에서의 투자 기회, 또는 미국 내에서도 복잡한 대체투자 전략을 발굴, 평가 및 모니터링하는 데에 부담이 크므로, 이러한 경우에 외주 모델을 사용할 장점이 있다고 인정한다.

저자가 인터뷰했던 CIO들은, 그들의 효율적인 업무를 수행하는 데 지속적으로 영향을 미치는 경영관리 현안을 제기하면서, 외주 CIO 모델을 지지했다. 우수한 투자 인력을 위해 경쟁하는 것은 점점 어려워지고 고비용을 수반하게 되어가고 있다. 지속적으로 상승하는 보수와 대체투자 경험이 있는 투자인력에 대한 수요로 인해 높은 이직 현상을 초래하고 있다. 투자에 있어 규모의 경제가 외주 모델을 정당화시키고 있다. 즉 내부 투자 팀을 구축하는 경우에 대비해 더 우수한 투자인력을 동일하거나 더 낮은 가격에 확보하는 것이 더 매력적일 수 있다.

그럼에도 불구하고, CIO들이 규모가 작은 재단과 대학기금들에게 해 주는 조언에 있어서는 차이가 있었다.

1) 작은 기관들이 더 유리할 수 있는가?

제10장에서는 브루스 매딩이라는 CIO를 영입하여 다년간 재임하도록 유지했던 카이저 재단이란 현명한 소규모 기관의 연혁을 소개했다. 이 재단은 기관의 임무를 잘 수행할 수 있도록 훌륭한 수익률을 달성해 왔다. 낮은 이직률을 유지하고 작은 조직을 슬기롭게 운영할 뿐만 아니라 실리콘 밸리의 Sand Hill Road에 위치한 장점을 충분히 살려서, 지역 내 부동산에 투자를 하고 역내의 몇 개의 성공적인 벤처펀드에 투자할 수 있었다.

다른 기관들도 동문 네트워크에 연고가 있거나 비영리사업 목적에 관심을 갖고 있는 최우수 운용사들을 섭외하고 계약 관계를 맺는 데에, 기관의 임무를 강점으로 활용한다고 언급했다.

가. 투자위원회

일부 소형 기관의 또 다른 장점은 투자위원회에서 찾을 수 있다. 소규모의 대학기금이나 재단은 대형 기관처럼 많은 인적자원을 갖출 수는 없지만, 투자위원회가 기금 운용에 시간을 충분히 투입할 수 있는 소수의 전문가로 구성되고, 민첩한 의사결정 프로세스를 갖추고 있으며, 최고의 투자 운용사들과 관계를 가진 동시에 인력의 이직률도 낮다면, 그 기관은 충분히 성공할 수 있다.

Kenyon College는 2억 달러 정도의 기금을 운영하는 오하이오 주에 있는 작은 인문대학이다. 2007년 1월 31일자 FundFire 기사에서 Jay Cooper 기자는 이 대학을 대체자산에 성공적으로 자금을 배분한 작은 기관이라고 보도하였다. 2006년 6월 기준으로 Kenyon College의 10년 수익률은 대형 대학기금의 수익률과 비슷했으며, 유사한 소규모의 기관들의 수익률보다는 200bp나 높은 수치였다. 그 대학의 성공요인 중 하나는 훌륭한 투자위원회를 운영하고 있었던 것으로 평가되었는데, 위원 중에는 우리가 제8장에서 인터뷰를 했던 밴더빌트 대학의 CIO인 빌 스피츠가 포함되어 있었다.

나. 젊은 인재의 발굴

기관들은 막강한 투자위원회가 주도하는 투자 과정에 소수의 경력이 짧은 투자스태프를 포함시킴으로써, 젊고 유능한 투자 인원들이 경험이 풍부한 투자위원회 밑에서 좋은 학습을 할 수 있도록 지원한다. 제7장의 스콧 맬패스는 작은 기관들이 이런 방법을 선택할 것을 강력히 추천한다. 그 자신이 이러한 접근방식의 좋은 모델로서, 26세에 노틀담 대학교의 CIO로 채용되었다.

투자기관은 네트워킹을 통해 투자업계 내에서의 대외관계와 포트폴리오를 구축하고, 기관이 성장해 가면서 내부의 자원을 서서히 축적해갈 수 있다. 맬패스는 내부 투자 인력의 대다수를 노틀담 동문으로 구성하였으며, 동문 스태프들은 학교의 미션에 헌신하였다.

2) 외주 CIO

소규모 기관들이 아웃소싱에 의존해야 하는가? 답변은 상황에 따라 다를 수 있다. 다시 반복하지만, 이는 당해 기관이 어떤 비교 우위(edge)를 갖고 있는가에 따라 달려 있다. 비교 우위가 없는 기관이라면 외주에 의존하거나 단순한 수동적 전략을 가져가야 한다. 단순히 1980년대와 1990년대에 대체자산 투자를 먼저 시작하였던 대형 기관들이 그 수확을 성공적으로 거두어들이고 있다는 이유만으로, 많은 타 기관들이 대체자산에 투자할 이유가 되지는 않는다. 소형 기관은, 당해 기관이 강력하고 깊은 팀을 구성할 수 있거나, 전술한 특성을 갖춘 우수한 투자위원회가 있는 경우에만, 이 책에서 제시된 "대학기금 투자 방식(endowment approach to investing)"을 사용할 수 있다. 소형 기관들은 대형 기금을 운용하는 기관과 경쟁하기 위해서는 비교 우위(edge)를 가져야 한다.

그렇지 못한 기관이라면 기능을 외주하거나, 비용이 낮은 수동적 접근방식을 실행해야 한다. 수동적 접근방식은 전통적인 자산군들(부동산 투자신탁, 인플레 연동 채권 및 수동적인 원자재 펀드를 통해 접근 가능한 실물자산 포함)에 걸친 장기 자산배분, 규율 있는 리밸런싱 및 저비용 인덱스펀드 투자를 조합하여 구성될 수 있다.

외주운용은 부분적으로, 또는 전체적으로 실행할 수 있다. 전면 외주운용은 다수의 흥미로운 아이디어들을 PE나 헤지펀드 구조에 맞추어 넣기가 여의치 않기 때문에 장점이 있다. 전면 외주운용되는 펀드는 여러 가지 자산군을 망라하는 최선의 아이디어들을 편입시키는 재간접펀드로 구성될 수 있는데, 이는 대형 재단과 대학기금들이 구사하는 접근방식과 근본적으로 동일하다. 이렇게 하면 헤지 재간접펀드 등 개별 자산대상 재간접펀드보다 더 매력적으로 된다.

외주운영을 가장 강력하게 주장하는 CIO는 6억 달러 규모의 자산을 운용하는 카이저 재단의 브루스 매딩으로서, "내 자신의 일자리가 아니었더라면, 나는 재단에 외주운용을 권고했을 것이다"라고 말했다.

그러나 매딩은 또한 자신이 18년 동안 카이저 재단을 운용하면서 유명하고 좋은 네트워크를 가진 투자자가 되었기에, 카이저 재단에 가치를 창출해 줄 수 있었다는 점도 인정하였다. 이와 유사한 이유로, 노틀담 대학의 스캇 맬패스도 외주 모델이 대학기금 관리자들이 기관의 설립 목적으로부터 멀어지게 만든다고 주장했다. 그는 대학기금 관리자들이 CIO 기능을 외주하게 되면 기관으로서의 기억능력과 중요한 관계들을 상실하게 된다고 믿는다[제7장 3. 1) '소규모 기관에게 주는 조언' 전술].

규모가 작은 기관이 외주운용을 활용해야 하는가에 대한 질문에 대해서, 앨런 버퍼드는 기관의 특성, 목표, 사명(mission) 그리고 대학기금의 사용 목적에 따라 달라진다고 주장했다. 그는 기금 관리자들이 운용 서비스를 외주하면서 '수탁자의 의무까지 이전된다'는 착각에 빠지지 말아야 한다고 경고했다.

지난 40년간 재단과 대학기금의 투자관리 부서는 엄청난 발전을 해왔다. 이제 이 조직과 능력 있는 CIO들은 점점 복잡해지는 투자환경에서 글로벌화된 사업을 관리해야 하는 도전에 직면하고 있다.

규모가 작은 기관들은 투자 스태프들을 육성하고 그들을 잘 유지하지 못한다면, 점점 불리한 위치에 처하게 될 것이다. 그렇게 된다면 그런 기관들은 포트폴리오의 복잡성을 낮추는 대안과 외주운용이라는 두 개의 대안 중의 하나를 선택해야만 하는 국면을 맞이하게 될 것이다.

어느 경우에나, CIO와 기관들은 글로벌 투자 운용 부티크로 진화해 가고 있는 조직을 운영하는 입장에 선 것이다.

제18장

진정한 보상 :
투자는 사람 비즈니스입니다

본서에 언급됐던 투자 전문가들은 각자가 소속된 기관들의 재무적 건전성에 큰 공헌을 했다. 이 성공한 투자자들은 적게는 10억 달러로부터 크게는 200억 달러에까지 이르는 재단과 대학기금에서, 다양한 경험과 배경 및 스타일을 보여주었다. 모든 경우에서 이들은 각자가 소속된 비영리기관에서 근무하면서 가치를 창출하려는 열정과 함께, 투자에 있어서 지적이고 열정적인 흥미를 갖고 있었다.

이 책을 통해 저자는 여러 투자자와 소통하며 그들로부터 학습하여 얻을 수 있는 가치를 재확인했다. 저자는 3년 전 다른 기관들을 비공식적으로 조사하던 당시에, 다수 재단과 대학기금에 있는 CIO들이 투자 철학, 지배구조, 전략에 대한 접근방식에 있어 선구자 역할을 했다는 것을 알았다. 이들은 NMS Management나 Global Absolute Return Congress(ARC) 같은 업계 포럼에 참여하면서 협동적인 관계를 유지하는 집단으로서, 투자업계 전체에 많은 것들을 제공할 여력을 가졌다. 저자는 다른 기관과 개인투자자들 역시 이런 위대한 CIO들의 통찰력에 관심이 있으며, 그로부터 도움을 받을 수 있을 거로 생각했다.

저자가 발견한 첫 번째 사실은 CIO들 모두가 사귀고 싶은 성격의 소유자, 즉 그들은 모두 맥주 한 잔을 같이 하고 싶은 타입의 사람들이다. 두 번째는 성공적인 기관이나 연금의 CIO가 되는 데에 있어 특별한 패턴이나 정해진 직업 코스가 있지 않다는 것이다. 많은 CIO가 금융의 경력을 갖고 있었지만, 다른 이들은 인문학이나 퀀트 경력을 지닌 사람도 있었고, 어떤 이들은 투자 기회를 평가하는 데에 있어 더 직관적인 능력을 소유한 사람들도 있었다.

하지만 그들은 모두 자신의 위치를 단순한 직업으로 여기지 않고, 투자하기를 사랑하며, 자신이 속한 기관의 임무에 헌신했다. 마지막으로 관찰한 사실은, 모든 사람들이 돌아다니면서 투자 아이디어를 나누는 것을 좋아한다는 것이다. 모든 CIO들이 성공적인 투자자가 되기 위해서는 직접 발로 뛰면서 사람들을 만나 투자 아이디어를 발굴하고 조사해야 한다고 얘기했다. 그 누구도 "사무실에 앉아 일하는 것만으로, 갈수록 경쟁적인 이 세상에서 매력적인 수익을 거둘 수 있다"라고 얘기한 사람은 없었다.

에필로그

처음 책을 집필하기 시작하면서 저자는 CIO들의 투자에 대한 통찰력이 여러 투자자에게 도움을 줄 거라고 믿었고, 그 믿음이 옳았다고 믿는다. 하지만, 그와 동시에 저자는 동일한 부류의 투자자들 간에도 요구와 목적이 다르다는 것을 알게 되었다.

기업 연금과 공적 연금들은 재단 및 대학기금과 동일한 현안에 직면하고 있지만, 또한 그들만의 특이한 다른 이슈들을 갖고 있다. 재단과 대학기금과 같이 연금들도 오랜 경력과 투자에 있어 흥미로운 접근방식을 가진 탁월한 CIO들을 보유하고 있다. 이제 우리가 다양한 유형의 투자자들을 인터뷰하면서 많은 것을 배울 수 있는가를 깨달았기에, 앞으로 기업 연금과 공적 연금 투자자들을 만나서 그들의 투자에 대한 통찰력을 듣기를 기대한다.

본서의 집필은 저자가 날마다 업무를 수행할 수 있도록 힘을 준 Alternative Asset Manager의 마케팅 임원인 캐서린 리터라이져의 지칠 줄 모르는 열정이 없었다면 불가능했을 것이다. 그녀는 공동 저자 중에 확실히 더 중요한 역할을 맡았다. 우리 두 사람은 이 책을 집필하면서 많은 것을 배웠고, CIO들과 테이블을 놓고 '서로(기관 고객과 운용사로서) 반대편에' 앉아 있었지만, CIO들로부터 얻은 새로운 통찰력을 배우게 되면서 결국엔 동일한 관점을 갖게 되었다.

우리 둘 다 이 프로젝트 동안 그들의 이야기를 들을 수 있었던 것은 행운이었다고 느꼈고, 나중에 더 많은 것들을 배울 수 있기를 기대한다.

찾아보기

모험자본 조성의 원천
재단과 대학기금의 투자운용

초판인쇄 2017년 7월 14일
초판발행 2017년 7월 20일

공 역 자 박원준, 송경섭, 오세임, 김규진
출판등록 2005. 2. 4
(제312-2005-000006호)
발 행 처 첨단금융출판
발 행 인 홍영숙

주 소 서울 서대문구 홍제내2라길 17-3
총 판 경제서적
전 화 (02) 736-0640
팩 스 (02) 736-0641

ISBN 978-89-97211-10-4 93320

정가 27,000원

* 잘못 만든 책은 교환해 드립니다.